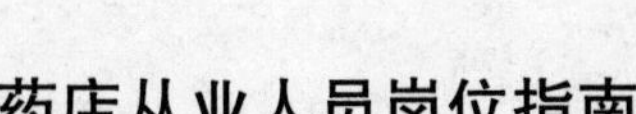

药店从业人员岗位指南

连锁药店门店实用手册

王淑玲　编著
武志昂　主审

中国财富出版社

图书在版编目（CIP）数据

连锁药店门店实用手册/王淑玲编著．—北京：中国财富出版社，2015.3
（药店从业人员岗位指南）
ISBN 978-7-5047-5519-3

Ⅰ.①连…　Ⅱ.①王…　Ⅲ.①药品—连锁商店—商业经营—手册　Ⅳ.①F717.5-62

中国版本图书馆CIP数据核字（2014）第305094号

策划编辑	寇俊玲	责任印制	方朋远
责任编辑	丁美霞　辛倩倩	责任校对	饶莉莉

出版发行　中国财富出版社
社　　址　北京市丰台区南四环西路188号5区20楼　　邮政编码　100070
电　　话　010-52227568（发行部）　　010-52227588转307（总编室）
　　　　　010-68589540（读者服务部）　　010-52227588转305（质检部）
网　　址　http://www.cfpress.com.cn
经　　销　新华书店
印　　刷　三河市西华印务有限公司
书　　号　ISBN 978-7-5047-5519-3/F·2296

开　本	787mm×1092mm　1/16	版　次	2015年3月第1版
印　张	21	印　次	2015年3月第1次印刷
字　数	485千字	定　价	63.00元

作者简介

王淑玲　1968年生于山东文登市。沈阳药科大学副教授，市场营销教研室主任，研究生导师，“药店经营与管理”“医药市场营销”教学团队负责人，在全国高校首开“药店经营与管理”专业课程。

编著的《药品零售管理与实务》成为“首届全国药品流通行业岗位技能竞赛暨第二届全国医药行业特有职业技能竞赛"指定参考书。还著有《医药促销管理与实务》是国内医药类高校影响较大的一部教材。先后主编、合编《药事管理与法规》《药店经营管理实务》《药店店员手册》《医药营销调研》《处方药营销》《医疗服务营销》等专业图书十余部，发表学术论文90余篇。

近年来，主持了“沈阳药品零售业态与药学服务体系研究”“新时期医药诚信体系建设对策建议”“省级以下行政审批标准规范化研究”“国家基本药物评价技术指标体系及评价模式研究”“基本药物特殊风险示范研究”等国家、省、市课题二十余项。

受邀担任多家医药类杂志编委和审稿人。曾先后任十余家连锁药店咨询顾问。为“全国百名排行榜”连锁药店管理者和店长作药店投资、药店商圈、药店顾客管理、药店经营数据诊断、经营类别等药店经营管理培训报告百余场。

前 言

连锁药店在药品零售业凸显规模优势和品牌效应，在数量和规模上都呈现出快速的增长趋势。连锁药店拥有众多门店，每一个门店都是连锁药店品牌的一面旗帜，每一个门店都是连锁药店的一张名片，门店经营的好坏直接影响连锁药店品牌的整体竞争力。

本书力求给门店经营提供一套实用而系统的工具，且呈现以下特点：

第一，简明扼要。采用一问一答的方式，简单明了，便于查阅，利于及时解决工作过程中遇到的经营管理问题。

第二，深入浅出。针对连锁药店门店管理内容做了系统梳理，从实用性出发呈现门店几大职能模块，详细地介绍了销售和服务中的步骤和策略，突出了药品零售的经营方法和服务技巧。

第三，通俗易懂。对陈列、店面设计、药学服务、销售、顾客管理等方法和技术进行论述时结合案例，突出了生动性和通俗性。

本书内容共分为十一块指南：指南一是药店营业场所设计，介绍了店面和店堂的设计类型与营业特点；指南二是药品陈列，介绍了药品陈列类型与销售的关联方法；指南三是销售技巧，介绍了店员在销售前、销售中、销售后的接待方法和技巧；指南四是药学服务，介绍了不同类型的药店的服务特色和药店服务内容；指南五是顾客沟通，主要介绍了与顾客交流的方式类型以及处理顾客投诉的方法；指南六是价格策略，介绍了药品零售定价策略、定价方法、辅助定价行为和定价中的法律和伦理问题；指南七是财务与收银，介绍了现金管理、表格管理、财务经营分析；指南八是药店设备与安全管理，介绍了药店需要的各种设施设备的类型与维护，以及防火防盗相关措施；指南九是药品储存与养护，介绍了药品验收、储存条件与养护方法；指南十是执业药师，介绍了执业药师考试的条件、科目和题型，以及注册和继续教育；指南十一是门店顾客管理，分析了影响顾客购药行为的诸多因素和购药决策过程。

由于水平和涉猎的典籍及涉足的药品零售活动范围有限，虽力求尽责，但仍会有不当之处，希望广大读者不吝赐教。

王淑玲
2014 年 12 月

目 录

目录

指南一　药店营业场所设计

一、连锁药店店面的设计类型

店面不同于店堂，以门口为分界线，线外可称为店面，线内称为店堂。店面是指店铺的门面、铺面，主要包含店名、招牌、橱窗、灯箱等店外的设施。而店堂是商家经营的一个地方，是商人经销货物的固定场所，是销售活动发生的场所，一般不包含店外设施。

（一）连锁药店店面设计类型有哪些？

连锁药店的店面是顾客对药店形成第一印象的要素，也是药店形象的重要组成部分，它决定了顾客是否愿意再次惠顾。如果店面不协调，招牌残缺不全或者不具吸引力一定会影响顾客光临。成功的店面设计不仅起到提升形象、美化店容的作用，而且还便于顾客辨认，有利于药店形象和氛围的营造。一个和谐、独特、鲜明的药店外观，能创造出良好的药店形象，引人注目，诱人进店。

1. 依据药店店面设计外观

可以分为现代风格和传统风格。现代风格的外观给人以时代的气息、现代化的心里感受。大多数的药店都采用现代派风格，而且如果药店是在商业区，则附近的大药店一般也是现代风格，就能与之达到和谐的效果。

一个充满古朴色彩的药店能给顾客一种亲切感，具有民族传统风格的外观给人以古朴殷实、传统丰厚的心里感受。其中以中药和中药材为主的药店，其店面设计和装饰用传统的外观风格更能吸引顾客，使人联想到我国悠久的中药文化，体会到药食同源、全身心调理的传统中药中医风格。

2. 依据药店店面设计整体效果

可以分为豪华型和简朴型。顾客对一个不相识药店的认识是从外观开始的。一个室外装修高雅华贵的药店，销售的药品也一定高档优质；装饰简朴给人的感觉是实实在在，不搞花样，其销售的药品也不会有虚高的价格。但是过于豪华或简陋的装饰，搭配不协调的布置，本身就是拒绝顾客的屏障。

3. 依据药店店面设计规模

可以分为规模大的药店和规模小的药店。规模比较大的药店，店面设计一般都有一定的气势，首先店面的宽度可以通过橱窗的幅度和牌匾的长度从视觉上来延伸店面，

而深度方面的延伸主要是入口处的空间设计，至于高度方面也要注意，可以利用招牌、旗帜、灯箱等；规模比较小的药店，店面设计应突出灵活的特色，先以深度取胜，然后再考虑宽度和高度。

（二）连锁药店店面设计注意事项有哪些？

1. 突出行业特点

在考虑药店店面设计时我们首先应该突出行业的特点，要想营造药店文化，需要在整体布置上加强药店的用药指导、购药指导、保健指导，尤其是安全用药和医药知识普及等，使药店成为顾客用药咨询、获得健康知识的窗口。在这方面药店可以充分利用药厂在当地的办事机构和工作人员，把橱窗、立牌、展板布置起来，例如定期把墙体广告换成医药科普知识。

2. 形成自我风格

差异化是竞争的关键，而药店的差异化是从店面设计的差异化做起的。特殊的店面形象是区别于竞争对手的开始，在确保整体效果的情况下突出一点或几个特点。外部装饰与整体建筑结构和设计风格协调一致，这时可以用药片的放大模型做广告。

3. 具有较高的能见度

药店外观的能见度，是指步行或驱车的行人都能清晰看到药店外在标志的程度。能见度差是指在较远的距离，有时甚至在近处都看不到药店的标志，不仅给顾客带来不便，同时也影响药品的销售。通常能见度的提高主要靠构成要素的独特性和鲜明性，如独特的建筑外形、鲜明的招牌、光彩的照明装置，宽敞的药店入口等均能吸引路人的视线，形成深刻的印象。

4. 药店店面风格必须和经营的药品品位相一致

例如一家以经营高档次药品为主的药店，就必须在店面上多下工夫，但以低廉价格进行大量销售的药店，其装潢标准如果过于豪华会使顾客感到价格也一定很高，反而吓走了顾客。

另外，对于连锁药店来说，连锁药店的经营目标、经营方针可以从店面的形式表现出来，因为药店店面在连锁药店经营中有着宣传的功能。为了达到这一要求，连锁药店在店面装潢上必须重点突出连锁药店形象的识别标记。结合中国的实际情况来看，许多连锁药店和连锁便利店的建筑物一般都是平房、楼房底层或地下室的一部分，其本身很难以建筑物的造型变化来体现自己的特点，主要依靠招牌来体现自己的特色。因此，连锁药店店面装潢的重点应突出招牌的作用。像肯德基的大写字母“KFC”标志一样，老幼皆知。

二、连锁药店出入口设计类型

（一）连锁药店出入口设计类型有哪些？

药店的出入口设计，应本着既方便顾客又美观的原则。入口选择的好坏是决定药

店客流量的关键，不管什么样的药店，出入口的设计都要易于出入。药店出入口的设计应考虑药店的规模、客流量的大小、经营品种的特点、所处的地理位置及安全管理等因素；另外，入口处一般要高于街道，否则不易排水，其有落差要用缓慢的斜坡来弥补，使顾客感到入口和街道一样高。

一般来说，大型药店的出入口可以安置在中央，而小型药店的出入口位置在中央是不妥当的，因为店堂狭小直接影响了店内实际使用面积和顾客的自由流通，规模小的药店出入口一般设计在药店店面左侧宽度的3～6米处。因为根据行人一般靠右行走的潜意识习惯，入店和出店的人不会在出入口处产生堵塞。同时出入口处的设计要保证店外行人的视线不受任何障碍而能直接看到店内情况，这样设计比较合理。另外，需要指出的是药店的店面在留出了出入口处之后，如果有剩余的店面，可以设计成广告灯箱，出售或租赁给生产商做产品宣传广告，或者可以做成连锁药店品牌形象标志形成宣传效果。关于药店进出口的具体设计，以下介绍四种常见的类型，如图1－1所示。

图1－1 药店出入口设计图

1. 封闭型出入口

封闭型药店入口尽可能小些，面向街道的一面，要用陈列橱窗或有色玻璃遮蔽起来。顾客在陈列橱窗前大致品评后，进入药店内部，可以安静的挑选药品。许多连锁药店和专门经营药品的药店，相比较来说，店面比较讲究，标志、招牌和颜色等都是统一的，从店面入口即可给顾客留下深刻印象。

2. 半开型出入口

半开型药店入口稍微小一些，从大街上一眼就能看清药店的内部。倾斜配置的橱窗，使橱窗对顾客更具有吸引力，并且尽可能无阻碍地把顾客吸引到药店内，这种药店在经营一般化妆品的同时可以延伸到中档药品，橱窗里除了摆放药品外，还可以把经营的其他物品，例如：化妆品、装饰品等引入橱窗。顾客一般从外面看到橱窗，对经营的药品感兴趣，才进入店内，但开放的程度不要太高，要保证顾客在店内安静的挑选药品。

3. 开放型出入口

开放型出入口是把药店的前面，面向马路的一侧全部开放的类型，使顾客从街上很容易看到店内的药品，顾客出入药店没有任何阻碍，可以自由的出入。这种类型的药店除了经营药品外，还可以经营生活中的必需品，如食品、水果等日用品。一般开放型出入口的前面很少设置障碍物。

4. 出入分开型出入口

出口和入口通道分开设置，一边是入口，顾客进来之后，必须走完药店才能到出口结算，这种设置对顾客来说不是很方便，有些强行的意味，但是对商家管理是非常有利的，有效的防止了偷盗事件的发生。同时，这种类型的出入口对顾客的接待效率也很高，这种出入设置与营业位置、营业规模等有关，一般比较适用于开放货架，顾客自选药品的药店。

为了店堂的安静和保暖，药店一般要设有门，店门设计还应该考虑店门前边是否有阻挡及影响药店店面形象的物体或建筑、采光条件、噪声影响及太阳光照射方位等。门店所使用的材料以往都是采用较硬质的木材，也可以在木质外部包铁皮或铝皮，制作较简便。近年来大多数药店都采用铝合金材料制作药店的门，由于它轻盈、耐用、美观、安全、富有现代感，所以有普及的趋势。无边框的整体玻璃门和造型华丽的玻璃自动门属于豪华型门，由于这种门透光性好，应用也越来越多。门的材料不能太重，以免小孩、老人等顾客开启不便，此外门的设计还要使顾客推货车可以自由出入。

（二）连锁药店出入口设计注意事项有哪些？

1. 有出入口指示

出入口最好要清楚地看清药店的内部，陈列要有强烈的吸引力，以便引起顾客的购买欲望。对于一些开设在楼上或地下室的药店，其路口要设置醒目而又有特色的标志，并采取人员促销等方式克服入口的“先天不足”。

2. 方便顾客出入

出入口一定要方便顾客进出，因为药店的出入口既有出店的顾客也有进店的顾客，所以必须排除药店门前的一切障碍，如顾客停放的车辆、路牌广告放置的位置、促销展台等。

3. 考虑行人流动线

出入口的选择应依据行人流动路线，车水马龙的大马路边不宜设出入口，而行人川流的步行街是开口的好位置。所以出入口设置务必以人流量、路线选择规律为基础，把出入口设在行人最多、路径最顺畅、最引人注目的地方。

4. 门槛的设计不要妨碍进出药店

药店出入口的地面设计，一定要有利于顾客行走的安全性和便利性。需要考虑天气状况、老人、小孩等特殊群体。另外，拐角的橱窗和展台设置要合理，通道不能太狭窄，不要妨碍顾客进入店内。

5. 考虑出入口的大小与季节的变化

出入口大小的设置要考虑当地气温情况，一般情况下要尽量避开季节变化的影响，但是不同的季节应略有变化。在寒冷的地方和寒冷的冬季里，开放程度应该小一些，而夏季则相反。

6. 考虑日光照射和灰尘污染的情况

由于日光照射会引起药品变质、变色，开放程度大了，药品容易蒙上灰尘。出入口设计时要充分考虑这些因素。

三、连锁药店招牌

（一）连锁药店招牌命名的原则有哪些？

1. 易读易记原则

易读易记原则是对店名最基本的要求，店名只有易读易记，才能高效地发挥它的识别功能和传播功能。

2. 暗示产品属性原则

店名还应该暗示经营产品某种性能和用途，但是需要注意若店内兼营其他物品就不要使用过分暗示药品的店名，否则将影响连锁药店业务的进一步发展。

3. 启发联想原则

启发联想原则的店名应包括与产品或连锁药店相关的寓意，让顾客能从中得到有关连锁药店或产品的愉快联想，而不是消极的联想，进而产生对连锁药店品牌的认知或偏好。但要注意有时从一种语言来看，它是吉利的名字，而从另一种语言读出来则会有消极的含义，而出现这种情况时，如果想进入该地区的市场，就必须改名。

4. 与标志物组合原则

品牌标志（LOGO）是指品牌中无法用语言表达但可被识别的部分，当连锁药店招牌名称与标志物相得益彰、相映成辉时，连锁药店品牌的整体效果会更加突出。例如：金象大药房门口的两头小白象，医院的红色十字“+”，可口可乐的红色丝带标志，麦当劳的黄色“M”标志等。当店名能够刺激和维持药店标识物的识别功能时，药店的整体效果就加强了。

5. 适应市场环境原则

不同国家或地区的顾客因民族文化、宗教信仰、风俗习惯、语言文字等的差异，使得顾客对统一品牌名称的认知和联想是截然不同的。因此，连锁药店招牌名称要适应目标市场的文化价值观念，而且也要适应潜在的市场文化价值观念。在品牌全球化的趋势下，连锁药店招牌名称应具有世界性，要想进入新市场，首先必须入乡随俗，有适应当地市场文化环境并被顾客认可的名称。

6. 受法律保护原则

连锁药店命名也要考虑注册问题，即招牌名称是否符合《商标法》登记的必要条件。首先，该药店名是否在允许注册的范围内，有的药店名虽然不构成侵权行为，但仍无法注册，难以得到法律的有效保护。如不允许使用地理方位、地名、第一之类为名。其次，已经有其他人登记了相同的招牌，工商部门则不会受理。再次，药店店名是否有侵权行为。药店经营者要通过有关部门查询是否已有相同或相近的店名被注册。

如果有，则必须重新命名。因此，在命名时不要总是用一些常见的思维模式来进行创意，一般来说，注册前不妨多创意几个招牌名称，做到有备无患。招牌名称受法律保护是品牌被保护的根本。

（二）连锁药店招牌命名的方法有哪些？

1. 以企业的名称命名

这种命名能反应药店经营药品的范围及优良品质，梳理药店声誉，使顾客易于识别，并产生一睹为快的心理，达到招揽生意的目的。所以连锁药店都采用统一的名称，具有统一的品牌影响力，例如："北京永安大药房""成大方圆药店""健民医药连锁""中联大药房"等。

2. 以服务精神命名

这种命名反应药店文明经商的精神风貌，使顾客产生信任感。例如："老百姓大药房""开心人大药房"等，这其中蕴涵着经营中薄利多销的经营宗旨或诚实的服务理念。一个文化含量高的品牌名，可以达到"借势、造势"的目的，招牌可以借助文化含量达到提升自我的目的，给顾客带来巨大的思维空间，对企业后期的发展创造先决条件。当然，做到这点很难，在"方寸之地"以小见大，但这种力量十分巨大，应看到这种优势并充分利用。

3. 以经营地点命名

以经营地点命名反应药店经营所在地的地理位置，易突出地方特色，使顾客易于识别。我国许多药店均采用这一命名法，例如："东北大药房""重庆桐君阁大药房"等。

4. 以人名命名

这种命名能反映经营者的历史，使顾客产生浓厚的兴趣和敬重心理，例如："张仲景大药房""上海华氏大药房""时珍阁大药房"等。

5. 以美好愿望命名

以美好愿望命名能反映经营者为达到某种美好的愿望而尽力服务，同时也包含了对顾客的良好祝愿，引起顾客有益的联想，并对药店产生亲切感。例如："同仁堂""万宁药店""维康大药房"等，这些店名使来此的顾客沉醉于美好的环境以及美好的祝愿中。

6. 以新奇幽默命名

命名风趣诙谐也容易让顾客记忆，同时也是赢取市场机会的重要环节，例如提到"老干妈"，便让人想到一张慈祥的面孔，品牌极具亲和力。例如："万草堂""福生堂""济世通"等，寓意了传统的民族文化，好的命名大多给人以正面的联想。

7. 以花卉和动物名称命名

以花卉和动物名称命名也是连锁药店命名的一种方法，例如："牡丹药房""金象大药房"等，这种方法命名是希望取其吉祥、顺利、美好的含义，但是一定要注意这种命名进入不同市场时的区域文化，营销也要随着变化。

8. 以中文和外文合用命名

药店的命名也可以走出国门，做好中文和英文的统一命名，就为药店的发展打下了伏笔；这种命名也有外国在国内的合资店或代理店，便于顾客记忆与识别。药店在命名中要把着眼点放在创造新的中文与英文字义的融合上，以有别于其他品牌。

（三）连锁药店招牌的制作类型有哪些？

设置药店招牌的主要目的是宣传药店名称、经营方向及经营宗旨，使顾客一眼就能对药店产生亲切感。因此药店招牌要求醒目，吸引路人注意，增加药店能见度。

1. 药店招牌的类型

招牌在设计时一定要讲求造型美观，字体端正易认，底色和正文要对比强烈，反差要大，使顾客从远处也能清晰辨认。随着生产技术的发展，药店招牌的制作也趋于多样化、艺术化。目前主要有以下几种：

（1）文字型。文字型招牌具有最基本的告知功能，一般用木料或粗料制作而成，构筑的字体，只写上店名和经营药品，简单明了，投资较小。有美术字和书写字的要注意大众化。有时为了让招牌在夜间也能看见，通常还在顶部装上荧光灯用于照明，这也适合有关部门规定药店 24 小时营业的要求。

（2）文图型。文图型招牌强化品牌联想，一些药店在其招牌上标有店名和经营的药品外，还设计店徽，能扩大药店的影响，增强顾客的记忆，起到画龙点睛的作用，例如：我们平时常见的李时珍的头像和店名并列在招牌上出现、用植物配合文字，或用古人携带的宝葫芦，招牌的名称和图像相应成辉等，都是强化店名或赋予了品牌的含义，增加了顾客的联想记忆。

（3）形象型。形象型招牌形象生动的展现出了药店的特色，药店可以把招牌设计成药片、胶囊、药瓶等形状，使药店招牌的造型和药店所经营的药品形象相似，若还能与店名结合起来，更能给药店增色不少。

（4）照明型。照明型招牌使药店在夜晚有了张力，增强了远距离的宣传，在夜间增强了吸引力，达到白天难以达到的效果。一般是运用灯箱或霓虹灯做招牌，以玻璃光管制作成文字或图案，夜间光彩夺目，使顾客在较远的地方也能一目了然，增强吸引力。

2. 药店招牌的位置与文字大小的关系

（1）药店招牌位置类型

招牌的形式、规格与安装方式，在遵守 GSP 的基础上，应力求多样化和与众不同。既要做到引人注意，也要与店面设计融为一体，给人以完美的外观形象。从招牌的装置位置方面，招牌主要分为正面招牌、侧面招牌、屋顶招牌、路边招牌、遮阳棚招牌等，在符合城市管理规定的前提下，尽可能多的安置招牌。

① 正面招牌。正面招牌是标明和指示药店的名称，多设置在药店的正上方的平行位置，所以也称为栏架招牌，可以用来表示连锁药店的业务经营范围、药店名、药品名、商标名等。它是所有招牌中最重要的招牌，所以也可以采用投光照明、暗藏照明

或霓虹灯照明来使其更引人注目。

② 侧面招牌。侧面招牌是用来提示过往行人，引起行人对药店的注意。此种招牌一般可位于药店的两侧，其显示的内容是给两侧的行人观看。它可以用来展示药店店名，也可以用来展示连锁药店的经营方针、经营范围和药店广告。这种招牌一般以灯箱或霓虹灯为主。

③ 屋顶招牌。屋顶招牌是为了使顾客从远处就能看见药店，可以在屋顶上树立广告牌，用来宣传连锁药店。

④ 路边招牌。路边招牌是一种放在店前行人道上的招牌，用来增加药店对行人的吸引力。这种招牌可以是连锁药店的吉祥物、人物造型，也可以是药品包装的扩大模型、医疗器械模型或一架自动售货机等。

⑤ 墙壁招牌。墙壁招牌是指利用药店的墙壁来做宣传，一般可以用来书写店名。

⑥ 遮阳棚招牌。遮阳棚招牌一般是由医药生产企业或供应企业提供，大都是印刷药品广告。遮阳棚招牌对药店来说是视觉应用的一部分，鲜明的体现了品牌的标志和招牌名称，可以增强顾客的统一识别感。

(2) 药店招牌的位置与文字大小的关系

招牌放置位置的不同，所要求的文字大小也各有差异，日本专家在《怎样经营药店铺》一书中，给我们提供了一组有价值的数据，如表 1－1 所示。

表 1－1　　招牌位置与文字大小关系

招牌位置	一楼（4 米以内）	一楼（4～10 米）	一楼（10 米以上）
视觉距离	20 米以内	50 米以内	500 米以内
文字大小	高 8 厘米左右	高 20 厘米左右	高 100 厘米左右

3. 药店招牌的选材

药店招牌的选材既要考虑其耐久性、耐污染性，又要考虑它的质感性。招牌底基可选用的材料有木材、水泥、瓷砖、大理石及金属材料；招牌上的字型、图形可用铜质、瓷质、塑料来制作。各种材料利弊明显，可根据实际情况进行选择。此外，需要注意的是招牌的制作一定要精细。

药店招牌文字使用的材料因店而异，店铺规模较大，而且要求考究的店面，可使用铜、凸出空心字，有富丽、豪华之感；定烧瓷质字永不生锈，反光强度好；塑料字有华丽的光泽，制作简便，但时间长了，光泽退掉，塑料老化，且受冷、受热易变形，因此不能长久使用；木质字制作也比较方便，但长久的日晒雨淋易裂开，需要经常维修上漆。

4. 药店招牌的色彩

招牌是企业的脸面，颜色的搭配在连锁药店形象策划中是指基本色的确定。招牌上药店全称的文字颜色，象征自我、本药店，而招牌的底色则象征社会、公众、客户等。药店能生存发展，则必须得到社会各界的支持和关照，才能“笑面纳福，

和气生祥”。

（四）连锁药店招牌命名应注意哪些问题？

1. 越短越便于传播

简短精悍的命名可以达到良好的效果，容易让顾客记忆，目前已成为众多药店追求的趋势。

2. 全球性的视野

当药店成为品牌进入国际化市场时，命名就必须考虑国际性，全球的各大跨国公司均千方百计地摆脱区域性色彩。当然，国际化的命名也要杜绝敏感性的国际和民族问题。

3. 有创意不模仿

当今，我国“克隆”风现象比比皆是，已达到疯狂的地步。在中国市场，一些国外的品牌均成了一些想钻空子商家的模仿对象。需要注意的是，模仿是条死胡同，连锁药店的命名切忌与他人相似，否则便会惹是生非。

4. 切莫自我标榜

在命名时企业往往都喜欢“大名”，例如：“霸王”“巨人”等，以致顾客对此都抱有十分反感的情绪，连锁药店命名切莫自我标榜，顾客不会因为自我吹嘘而认同，现在大众消费趋于理性，起“大名”，无“大利”，顾客当然会离你远去。

5. 莫被人拿来开玩笑

一个招牌的名称要是被别人拿来开玩笑，证明该命名存在很大的弱点，而招牌存在着弱点其销售量一定会受到影响，所以在命名时必须考虑周全。

6. 迫不得已再改名

当连锁药店感到原名不太好时，多数是已经在市场上运作有一段时间了，这时连锁药店再改名，会遇到成本损耗、顾客识别困难等诸多问题，造成不可估量的损失。

7. 口语化已成时尚

近年命名的趋势开始迈向口语化，比如“太太药业”“三金”等命名为企业省下了大量的传播费用，这类名字与那些传统的大品牌相比，让人眼前一亮，容易识别。一个新的连锁药店名称要创出知名度，采用口语化方式就有机会在短时间内创造销售佳绩。

8. 压头韵是好策略

采用压头韵的名字，更容易让人记住，它是个行之有效的命名策略。命名时，应有意识地根据命名对象的特点和整体美学追求选择合适的音节。从韵母的发音角度，中国按照地域可以分为中东韵、江阳韵、人辰韵、言前韵、由求韵、发花韵等13大类，连锁药店可以根据自己的药店属性或药品属性，适当选择风格，例如豪放风格选择发音比较洪亮的“成大方圆”等。

9. 有自己的特色

有特色才不会被市场淹没，让顾客透过名字就能感受到产品所带来的利益，“同仁

堂”就是一个成功的案例。命名要有特色就必须对一些常见的名字敬而远之，例如：亚洲、东方、联合等这些名词，不要以为这些“大名”能给企业带来更高的价值，有时它们反而会成为一种负债。

10. 有统一性

连锁药店的招牌要有统一性，这是一项国家的硬性法律规定，连锁药店的招牌要考虑表现连锁品牌的统一性、独立性，树立连锁药店品牌形象，扩大连锁药店品牌效应。

四、连锁药店橱窗

（一）连锁药店橱窗的构型设计主要有哪些?

药店橱窗不仅是药店总体装饰的组成部分，而且是药店的第一展厅，它是以药店所经营销售的药品为主，巧用布景道具，以背景画面装饰为衬托，配以合适的灯光、色彩和文字说明，是顾客接受药品介绍和药品宣传的第一视觉区域。

药店橱窗的设计，首先要突出药品的特性，同时又能使橱窗布置和药品介绍符合顾客的一般心理，即让顾客看后有美感、舒适感和向往心情。好的橱窗布置既可起到介绍药品、指导消费、促进消费的作用，又可成为药店门前吸引过往行人的艺术佳作。

1. 有底座橱窗

陈列橱窗的底基可选用不同的高度，在选用底基的高度时一般取决于所陈列的物品和观察该物品顾客最佳视觉所需的角度。一些体积小的，例如：药品、书、化妆品等一般陈列在高度为 0.75 米、1.15 米、1.50 米的橱窗平台上。这种垫高的橱窗既有利于顾客观察药品，又能更好地保护橱窗玻璃。在橱窗的后背景设计方面，既可以用全透明的，也可以是完全不透明的，还可以是部分透明的。

2. 斜坡型橱窗

斜坡型的橱窗的底基一般向前倾斜，即后面高、前面低，既可采用楔型也可采用阶梯型。这种陈列橱窗给顾客带来的视觉冲击力大。可以利用药品的包装盒设计出不同的造型，或者组合成连锁药店的标志物，有时可以产生呼之欲出的感觉。

3. 暗箱式橱窗

这种小型的盒状陈列橱窗一般安排在眼睛部位的角度，可以是半开的，也可以是全封闭的。目的是使顾客将注意力集中到特定的药品类型上，或者是符合季节性的药品。

4. 独立式橱窗

这种具有四面封闭结构的橱窗，一般同药店的其他部分相分离，这种格式的橱窗，一般适用于拱廊型门面，能有效的向顾客展示特定的药品。但是在利用这种橱窗时必须科学确定橱窗的位置、大小和数量，选定要陈列的药品，并且使整个橱窗体系同药店保持协调一致，具有良好的视觉效果。

从橱窗的封闭程度上，橱窗主要包括封闭式、半封闭式、敞开式和自由式以及创意型五种。其中，封闭式和半封闭式橱窗多为大药店和连锁药店所用，而自由式和创意式橱窗则可以在药店中获得一举两得的效果。一方面，橱窗采用玻璃质地，橱窗后壁不加任何遮蔽，保持与场内相通，使顾客在店外看到内景、在场内可以看到外景；另一方面，这种橱窗并非真的是专门用来陈列艺术品或是精品的地方，而是充当了大件药品的堆积地和药品对外宣传的传播窗。

5. 店面透明型橱窗

这种把整个店面都做成“橱窗”，即整个店面只有大面积的透明玻璃，使人对药店内部可以一目了然。也就是说，整个药店内营业现场成了“橱窗”内容。这样做的好处是：节约了营业场地；避免了橱窗设计制作的麻烦；人们一眼就清楚药店店堂的经营场面和特点，也可以利用大面积的玻璃做设计促销。但也有一定的弊病：失去了一块广告经营和深入宣传自己的媒体；如果营业现场在视觉上杂乱无章，反而会引起反感。因此，这种做法更适合大型药店和豪华的连锁药店。

（二）连锁药店橱窗的传播方式有哪些类型?

药店的橱窗只能是“大题巧做”，而非“小题大做”。根据橱窗的布置方式和空间的分配变化，主要有以下几种：

1. 综合式橱窗

综合式橱窗是将许多药品的包装综合陈列在一个橱窗内，组成一个完整的橱窗广告。这种橱窗布置由于药品之间差异较大，设计时一定要谨慎，否则就给人一种胡乱拼凑的感觉。

2. 系统式橱窗

大中型药店橱窗面积较大，可以按照药品的类别、性能、用途等因素，分别组合陈列在一个橱窗内。

3. 专题式橱窗

专题式橱窗是以一个广告专题为中心，围绕某一个特定的事情，组织不同类型的药品进行陈列，向媒体大众传输一个诉求主题。它可以分为：

（1）节日陈列：以庆祝某一个节日为主题组成的节日橱窗专题。

（2）事件陈列：以社会上某项活动为主题，将关联药品组合起来的橱窗。

（3）场景陈列：根据药品用途，把有关联性的多种药品在橱窗中设置成特定场景，以诱发顾客的购买热情。

4. 特定式橱窗

特定式橱窗指用不同的艺术形式和处理方法，在一个橱窗内集中介绍某一药品。

5. 季节性橱窗

根据季节变化把应季药品集中进行陈列，例如：节日的保健品，秋末冬初的感冒类和风湿类药品，春末夏初的肠胃类药品展示。这种方法满足了顾客应季购买的心里特点，有利于扩大销售。但季节性销售必须在季节到来之前1个月预先陈列出来，向

顾客介绍，才能起到应季宣传的作用。

值得注意的是，现代橱窗陈列的布局更加强调其立体空间感和空间布置。例如，药品的摆放多集中于橱窗的中下部分，上部空间可以利用广告张贴或悬挂吊旗等办法增加其空间感。

（三）连锁药店橱窗展示应注意哪些问题？

（1）橱窗横度中心线最好能与顾客的视平线相等，整个橱窗内所陈列的药品都在顾客视野中，而且长度和宽度的比例一定要符合视觉习惯，一般高、宽的比例以1∶1.62为佳，这便是通常所说的“橱窗的黄金定律”。

（2）在橱窗设计中必须考虑防尘、防热、防淋、防晒、防风、防盗等，要采取相关的措施。

（3）不能影响店面外观造型，橱窗建筑设计规模应与药店整体规模相适应。

（4）橱窗陈列的药品必须是本药店出售的，而且是最畅销的药品。

（5）橱窗陈列季节性药品必须在季节到来前 1 个月预先陈列出来，向顾客介绍，这样才能起到应季宣传的作用。

（6）陈列药品时，应先确定主题，使人一目了然地看到所宣传介绍的药品内容，千万不可乱堆乱摆分散顾客视线。

（7）一般药店橱窗陈列的是药品精美的外观包装，特别是一些容易液化变质的药品以及在日光照射下容易损坏的药品，要用其模型代替。

（8）橱窗应经常打扫，保持清洁。肮脏的橱窗玻璃，布满灰尘，定会给顾客留下不好的印象，引起对药品的怀疑或反感而失去购买兴趣。

（9）橱窗陈列需要经常更换。

（10）橱窗内除了展示药品外，有时也可以粘贴宣传标语。

五、连锁药店店堂空间格局形态

药店空间一般由 3 个基本空间组成：药品空间、店员空间和顾客空间，而药店的空间格局又可以依据药品数量、种类、销售方式等情况，将上述 3 个空间有机组合。

1. 接触型药店

药店空间毗邻街道，顾客站在街道上购买药品，店员在店内进行服务，通过药品空间，将顾客和店员分开，这种药品一般是经营中延伸兼营了生活必需品，一般属于社区便利店。

这种类型的空间格局，是一种传统店铺形式，没有顾客活动的空间，顾客在边上与店员接触、选择和购买药品。它有 3 大特征：一是店员空间狭窄；二是顾客活动区在店外；三是药品空间在店面。这样的设计格局多适用于兼营的药店，主要是经营OTC和保健品为主。这种形式适用于兼营低价品、便利品、日常用品的药店，它的经营规模小，带有早期店铺的种种特征，比较适用于乡村。

因为接触型药店是在行人往来的通道上陈列兼营的药品，所以接触型药店大多店员空间狭窄，但也有一些较为宽阔的，这种药店适合销售无须费时认真挑选、便于携带的药品或小礼品。

此种形式可使店员适当与所兼营药品保持距离，顾客挑选药品时自由随意，没有压迫感和戒心。店员切忌整排站在柜台前，而应运用宽阔的空间做各种工作，这样能给药店带来蓬勃的生机，吸引顾客购买。

2. 封闭型药店

药品空间、顾客空间和店员空间都在店内，药品空间将顾客空间与店员空间分开。

(1) 店员空间狭窄的封闭型空间。这种类型的药店，顾客进入店面才能看到药品，店员空间较狭窄，药店大多设立于繁华地区，顾客较多，由店员来取放顾客要看的药品，这种格局对于处方药是必须采取的，属于柜台式销售，顾客自已不可以随意取放药品，也适合贵重药品和保健品。在封闭型药店里，店员的行为对顾客购买与否起着重要作用。空间狭窄的封闭型药店，店员的一举一动异常明显，如果店员僵立于柜台前，一定会使顾客失去购买兴趣。而如果店员摆放药品、擦拭橱窗、统计数字，既可以引人注目，又可以缓解店内的僵硬气氛。

(2) 店员空间宽阔的封闭型药店。这种类型的药店是顾客、店员、药品都在室内，店员活动空间较广阔，顾客活动空间也很充裕。最为常见的是临近社区的药店，店内处方药和非处方药区域分割的很清楚。宽阔的顾客空间可使顾客自由的参观和选购，药店整体的布局给人的印象是：欢迎参观！也有开展小型健康咨询会的空间。此类药店努力制造药店的热烈气氛，靠环境、人气提高顾客的购买情绪。

3. 环游型药店

顾客可以自由、漫游式地选择药品，实际上是开架销售。该种类型可以有一定的店员空间，也可没有特定的店员空间。

(1) 无店员空间的封闭环游型药店。店员空间被限定在一定范围的柜台内，他们一般不走入顾客的空间，只有顾客将选好的药品带到收银台时，店员才会主动服务。顾客可在不受打扰的情况下，悠闲的在店内选购、参观、阅读说明书。采用这种形式的药店给人以舒适的感觉，这样的区域一般放置妇科用药、皮肤病、遗传病的药品等，处方药不可采用此方式。另外，这种格局的最大特色是向顾客发出“店员不对顾客推销药品”的信息。顾客有能力进行挑选，店员不要过于热情，更不能用狩猎的目光盯着顾客。

(2) 有店员空间的环游型药店。这种类型的药店，多为已经很有名气的连锁药店和专卖店。店员活动空间不加以区分，是专为销售贵重药品、保健品和保健器械而设计的。这种格局本身已将顾客进行了严格的过滤和挑选，同时这种药店经营的药品价格昂贵，顾客购买时较认真、仔细，常需要店员从旁说明，充当顾客的顾问。店员应当活动于顾客中间，销售行为轻松自然，店员切忌固定在店中央等待顾客招呼。

六、连锁药店药品区域布局

门店布局是最基础、最重要的工作。要成为药店经营高手，必须掌握多种高超的经营方法，而药店货架布局设计得体与否也是影响药店业绩好坏的重要因素之一，合理、得体的药店货架设计往往会吸引顾客无限向往地走进来，流连忘返，久久不愿离去，商业利润也就随之滚滚而来。

（一）连锁药店货架布局类型有哪些？

现代的药品零售企业大多运用三种类型的店铺布局设计：方格形、跑道式和自由式。

1. 方格式布局

方格式布局运用得最好的例子是在药品超市里，并且多是销售非处方药和保健性食品。它包含了重复样式的陈列药品的长货柜和通道。尽管方格形布局不是最美观、最令人愉悦的布局，但对于那些有独立购买意识和药品知识的顾客来说，它却是一种很好的布局。方格式布局也是在成本效益比方面最有效的。比起其他类型来，方格式布局是最节省空间的，因为它的通道都是同样的宽度，并且刚好允许顾客和购物车通过。最后，因为设施通常是标准化和统一式样的，设施成本也可以得到节省。

（1）优点

① 创造一个严肃而有效率的气氛。

② 通道依据客流量需要而设计，可以充分利用空间。

③ 由于药品货架的规范化安置，顾客可轻易识别药品类别及分布特点，便于选购。

④ 易于采用标准化货架，可节约成本。

⑤ 有利于营业员与顾客的愉快合作，简化药品管理及安全保卫工作。

（2）缺点

① 气氛比较冷淡、单调。

② 当拥挤时，易使顾客产生被催促的不良感觉。

③ 室内装饰方面创造力有限。

2. 跑道式布局

方格式布局的一个缺陷就是顾客不会自然地被吸引到店里来。而跑道式布局通过设置多个通道通向各个小隔间（部门设计成类似于较小的设备齐全的独立区域）克服了这一缺点。跑道式布局鼓励冲动式购物，当顾客在跑道环中浏览时，他们的眼睛会以不同的角度视物，而不像是在方格布局中只能沿一条通道浏览货架。这种布局多是传统式的封闭柜台。

（1）优点

① 可以充分的利用营业面积，在通畅的情况下利用建筑物的特点布置更多药品货架。

② 采取不同形状的岛屿设计可以装饰和美化营业场所。

③ 环境富于变化，使顾客增加购物的兴趣。

④ 满足顾客对某一品牌药的全方位需求，对品牌供应商具有较强的吸引力。

（2）缺点

① 由于营业场所与辅助场所隔离，不便于在营业时间内临时补充药品。

② 存货面积有限，不能储存较多的备售药品。

③ 现场用人较多，不便于柜组营业员的相互协作。

④ 岛屿两端不能得到很好的利用，也会影响营业面积的有效使用。

3. 自由式布局

自由式布局不对称的安排设施和通道，它成功的运用了小专业药店或大药店中小隔间的布局方式。在这个放松的环境中，顾客便于浏览，不会像在方格和环形布局中那样自然地游逛，面向个人的推销会变得更重要，还有店员不能轻易地观测到相邻的部门。因此，这里的盗窃案比起方格布局来通常要高一些。药店牺牲了一些储存和展示的空间来创造更为宽松的购物环境。然而，如果自由格式的设计能被很好的运用，就会使顾客感觉在家中一样，从而增加购物，进而使药品零售企业从增加的销售额和利润中抵消增加的成本。

（1）优点

① 货位布局十分灵活，顾客可以随意穿行各个货架和柜台。

② 药店气氛较为融洽，可促使顾客的冲动性购买。

③ 便于顾客自由浏览，不会产生急迫感，增加顾客的滞留时间和购物机会。

（2）缺点

① 顾客难于寻找出口，难免心生怨言。

② 顾客可能会拥挤在某一柜台，不利于分散客流。

③ 不能充分利用药店，浪费场地面积。

④ 这种布局方便了顾客，但对药店的管理要求却很高，尤其要注意药品安全问题。

（二）处方药布局类型有哪些？

处方药就是必须凭执业医师或执业助理医师处方才可调配、购买和使用的药品，这种药通常都具有一定的毒性及其他潜在的影响，用药方法和时间都有特殊要求，必须在医生指导下使用，因此在零售药店购买处方药要有医生开具的医师处方才行。

处方药和非处方药应当分柜摆放，并且处方药不可采用开架自选式的销售方式，因此，处方药的布局类型较单一，一般采用集中陈列进行销售并有执业药师指导用药，以提示消费者购买时出示处方，不用货架自选式的销售方式。处方药采用隔绝式的货架布局形式，隔绝式销售是指用柜台将顾客与营业员隔开，顾客不能进入营业员工作现场，顾客选购药品需要依靠营业员的辅助。常见的布局类型主要有：

1. 附墙式

即货架、柜台等陈列器具顺应墙面排列。

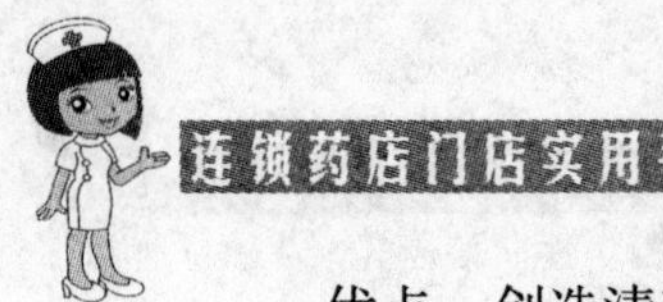

优点：创造清新明朗、高效的卖场形象，且营业现场陈列储备的药品较多。

缺点：只适用于小型连锁药店。

2. 岛屿式

连锁药店营业现场以岛屿分布，在门店卖场中央围成一个闭合空间，中央设置货架。这种闭合空间可设置成正方形、长方形、圆形、三角形等多种形式。这种形式一般用于专卖店、专业店，主要陈列体积较小的药品。

3. 斜角式

即将货架或柜台等设备根据门店的建筑格局布置成斜角式。

值得注意：一些中小型连锁药店在货架布局时，要根据连锁企业的实力量力而行。

（三）非处方药布局类型有哪些？

非处方药则不需要凭医师处方即可自行判断、购买和使用的药品。药店在摆放药品时，要把处方药和非处方药分开摆放，将非处方药摆在最醒目的位置，并尽可能地突出此类非处方药，以方便消费者选择购买，提高消费者的自我保健、自我药疗能力。非处方药的布局较为灵活，主要采用敞开式销售，这样顾客可以充分享受购物的乐趣，任意逗留，接触药品，从容挑选从而提高门店销售效果。常见的布局类型主要有：

1. 线条式

也称格子式，柜台等其他设备在门店现场中呈纵向或横向平行排列。如图 1－2 所示。

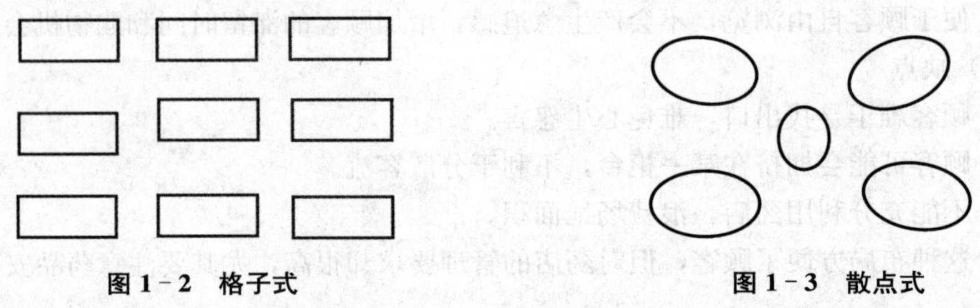

图 1－2　格子式　　图 1－3　散点式

2. 网状式

柜架或其他设备在营业现场中纵横交叉排列。

3. 散点式

也称曲线式，柜台等陈列器具随客流密度和客流走向变化情况无规则灵活布置布局形式（如图 1－3 所示）。开架式销售常采用这种形式，它能创造出活跃、温馨的气氛，顾客四处浏览无约束，他们被鼓励到达药店的任何地方，并随便采用什么路线，从而增加了随意购买的机会。但这种布局易浪费场地面积，顾客寻找货位不够方便，因此这种布局方式要求连锁药店的规模不要太大。

（四）中药饮片的布局特点

中药饮片一般存放于中药柜中，主要采用隔绝式药柜专人销售。对中药饮片的布

局应结合其自身的特性及不同的药用部位分类分区存放，以防止或减少害虫和霉菌污染，便于发放、保管和实施养护。中药饮片应当与西药、中成药分开放置。防止药品的错拿、串味等，同时植物药、动物药和矿物类也应分别储存保管。

七、服务台的设计及其功能

（一）收银台的位置设置及功能有哪些？

收银台是顾客付款交易的地方，也是顾客在药店最后停留的地方，这里给顾客留下的印象好坏，决定了顾客是否会第二次光临，对于任何一家零售卖场来说，收银台的重要性都是不言而喻的。药店的收银台一般设在出口处，由收银台在出口处分割成出入口通道。结账通道（出口通道）可根据药店规模的大小设置 1～4 条，然后根据营业规模的预测分别配置 2～6 台收银机，最好是设置几条医保刷卡结账通道，规模大的药店可以设置更多，也可以在不同楼层的不同位置设置收银台，如处方药或中药饮片等区域。收银台的数量应以满足顾客在购物高峰时能够迅速付款结算为出发点。调查表明，顾客等待付款结算的时间不能超过 8 分钟，否则就会产生烦躁的情绪。在购物高峰时期，由于顾客流量的增大，药店内人头攒动，无形中就加大了顾客的心理压力。此时，顾客等待付款结算的时间更要短些，使顾客快速付款，走出店外，缓解压力。在条件允许的情况下，还可以设置一条“无购物通道”作为无购物顾客的专门通道，以免出入口造成拥挤。

结账通道的宽度一般设计为 1～1.2 米，这是两位顾客正常通过的最佳尺寸；长度一般为 6 米，即扣除了收银台本身约为 2 米的长度之外，收银台与最近的货架之间的距离应该较宽一点，以保证有足够的空间让顾客等候。

（二）执业药师服务台的位置设置及功能有哪些？

药店要设立执业药师工作台，一般要求位置显著，有独立的区域空间。大型药店执业药师的工作台最好能与处方药区域临近；小型药店执业药师的工作台可以与咨询服务台并列设置，一般可以在药店显著的位置设置。如果药店经营规模比较大，可以增设药师数量，并且药师工作台可以设置在不同的位置，如果药店配备了 2 个以上的药师，可以把药师的工作台一个设置成开放型的，另一个可以设置成封闭型的，这样做是考虑到了顾客的隐私性。设施上除放置药师桌椅外，环境上要有舒适感。服务区的显著位置要悬挂药师服务内容标志，让顾客可以了解到药师的服务内容。

各零售药店在经营期间应确保执业药师在岗，在岗药师切实做好药方的审核、调配工作，主动为顾客提供有关的咨询服务。首先，药师必须对医师的处方进行审核、正确调配、签字、销售；药师不能随意更改处方或给予代用药品。处方中如有配伍禁忌或超剂量，应拒绝调配销售，或与医生联系，或要求购买者请医生修改处方，才能调配销售。其次，药剂师应对患者提供用药指导，特别对使用非处方药进行自我医疗的顾客进行指导。对药品的安全性、有效性应进行检测。发现药品不良反应或不良的相互作用，应及时上报，并进行追踪调查，向有关部门提供有价值的参考资料。

药师除了本职工作外，还可以拓展业务，提供更多的超值服务，如提供用药的多种方案，为会员提供跟踪服务，为重点顾客建立档案等。为此，要求药店药师必须具备良好的业务水平。

（三）咨询导购台或服务台的设置方法及功能有哪些？

一般的药店都会设立服务台或咨询导购台，很多药店是将两者合二为一的。

1. 咨询导购台

一般设在进口处，主要是为了引起顾客注意，方便顾客购药，达到服务顾客的目的。可采取人员服务和电子设备服务两种形式，实现不同性质顾客的导购方式互补。

（1）导购图

可以采用挂墙式平面图的形式，或采用立式的导购屏形式。要求美观，区域划分明确，字体大小适中。

（2）人员服务

专门配备导购员站立于入口处提供引导服务和对一些特殊顾客服务。人员服务要求导购员口齿清晰，态度亲切，所指方位明确。

（3）电子药师和电子医师

例如提供电子接触屏、多媒体等电子系统。如有要求，可以由导购员指导或帮助顾客使用电子医师、电子药师系统，在导购时给顾客明确提示。电子医师与电子药师（如电脑式触摸屏）最好能查阅三方面的内容：一是可以查阅医保卡，顾客可以查看医保卡中的款项和使用情况；二是可以查阅药品种类、名称、主治功能、适应证、服用方法、禁忌、不良反应和发生不良反应报告提示等，让顾客很容易了解自己所需要的药品，这对于特殊用品（如避孕药具、洁阴用品、女性护理用品等）可以避免难以启齿的尴尬；三是疾病知识查阅，包括病情、症状、病因、护理以及可以考虑选择的处理方法、步骤等。

2. 服务台

服务台的位置一般也位于进出口附近。服务台的功能作用比较多。

（1）退货、缺货药品登记。记录药品或其他商品被退回的原因、时间，及时向店长反应，并第一时间给顾客满意的答复和处理。记录顾客需要的药品名称、顾客电话号码，定期统计缺货的种类和数量，向有关责任人报告，保证缺货药品的供应，到货后及时通知顾客前来购买。

（2）为需要开发票的顾客开具发票。

（3）办理会员卡。服务人员应细致耐心的协助顾客填报会员资格申请表，发放会员手册，解答顾客的疑问；协助顾客填报会员资格申请表后，对顾客的会员登记资料应严格保密，对存有顾客资料的电子文档应设置密码，防止他人获取。

（4）接待和处理顾客异议。服务人员在接待顾客时，应对顾客的投诉保密，认真

倾听，不得辩驳或置之不理。对例行问题应妥善自行解决，如顾客投诉店员服务态度不满时应真诚的向顾客道歉。对例外问题或无从解决的问题，如产品问题应及时向药店负责人反应。

(四) 存包处的位置设置及功能有哪些?

规模比较大的药店，尤其是开放式自选药店，一般要设置存包处，存包处一般设置在药店的入口处，配备1～2名工作人员，可以和服务台合并在一处。考虑到顾客的不同习惯和需要，药店应采用多种形式。

1. 人工存包

顾客进入药店时首先存包领牌，完成购物以后再凭牌取包，这比较适合老年顾客的习惯。

2. 自动存包

配备自动化存包柜比较符合年轻群体的习惯。自己存包，自己取包，减少了等待的时间，提供了人性化的服务和设施，为药店的服务品质增色添彩。

八、辅助区域的设计

(一) 行政办公区和员工休息区怎样设计?

《药品经营质量管理规范》第四十三条规定：企业应当具有与其药品经营范围、经营规模相适应的经营场所和库房。同时第四十五条也规定：药品储存作业区、辅助作业区应当与办公区和生活区分开一定距离或者有隔离措施。

药店的办公室，通常也称主控室。它主要有两个功能：一是作为药店POS系统和监控系统的主机房；二是作为药店主管管理药店的指挥平台。因此，办公室的设计可以在临近药店的一侧，设置透明玻璃窗，便于药店主管能够对店内发生的事务随时监控和指挥。

员工培训区可以与员工休息区合用一个场所，区域里实现多种功能，如员工培训、更衣、储存、用餐、休息等；在该场所可以不定期的对员工进行知识和技能培训等。

行政办公区和员工休息区所提供的设备一般包括：

(1) 多媒体设备：如电脑、投影仪、话筒、电视等。

(2) 隐蔽的、能和休息区融为一体的员工物品存放柜。

(3) 桌椅、储存柜。

(4) 饮水机，绿色植物等。

(二) 药店仓库区域怎样设置与管理?

药店的仓库是药店的补给后方，对于仓库的面积、位置、各个区域的划分都要进行严格的规划。新版GSP规定库房的选址、设计、布局、建造、改造和维护应当符合药品储存的要求，防止药品的污染、交叉污染、混淆和差错。企业设置库房的，应当做到库房内墙、顶光洁，地面平整，门窗结构严密；有可靠的安全防护、防盗等措施。库房的规模及条件应当满足药品的合理、安全储存，并达到以下要求，便于开展储存作业：

（1）库房内外环境整洁，无污染源，库区地面硬化或者绿化。

（2）库房内墙、顶光洁，地面平整，门窗结构严密。

（3）库房有可靠的安全防护措施，能够对无关人员进入实行可控管理，防止药品被盗、替换或者混入假药。

（4）有防止室外装卸、搬运、接收、发运等作业受异常天气影响的措施。

1. 仓库建设的面积要求

用于药品零售的营业场所和仓库，面积不应低于以下标准：大型药品零售企业营业场所面积100平方米，仓库面积30平方米；中型药品零售企业营业场所面积50平方米，仓库面积20平方米；小型药品零售企业营业场所面积40平方米，仓库面积20平方米；零售连锁门店营业场所面积40平方米（以上面积均为建筑面积）。

2. 仓库内建设的具体要求

药店药品仓库内部建设应该达到如下要求：

（1）库内地面以水泥或其他硬质材料铺设，铺设层下应施以防水材料，如沥青、油毡等。

（2）仓库应采用易于清洁的结构，墙与墙、地面与墙、顶棚与墙相接处有一定的弧度，以便于清扫。

（3）仓库的设计建筑应能做到防止鸟类、昆虫、鼠和其他动物进入。

（4）仓库内墙面、地板和天花板表面应当坚硬、光滑、无裂缝和空隙，没有微粒脱落现象。

（5）库房主体应采用发尘量少、不易黏附尘粒、吸湿性小的材料。

（6）仓库应尽量减少窗户及其面积，门窗结构密闭，设计及造形简单、适用，易于清扫，不易积尘，门框不得加设门槛。

（7）仓库内管线、电器、给水管道和通信线路要合理布局，管道尽量暗装。

（8）仓库内装修应采用发尘量小、便于清扫、吸湿性小、隔热好、不开裂、不产生缝隙、不易燃、防静电、不易黏附尘粒的材料。

（9）墙面装修可依实际情况适当选择。如：抹灰刷白墙面、油漆墙面、白瓷砖墙面、乳胶漆墙面。

（10）地面装修可依实际情况适当选择。如：水泥沙浆地面、水磨石地面、塑料地面和人造大理石地面、瓷砖地面等。

3. 仓库布局设计应注意的问题

仓库的布局设计对药店药品的布局安排有很大影响，设计的重点在于如何最合理、最经济地解决后场与药店连接的补给线路规划。在设计中应注意以下几个方面：

（1）从后场到药店的药品补给路线要选择最短距离。

（2）从仓库到药店的流通道线应采取单行道方式，以减少各种药品补给线的交叉和共用。

（3）仓库、作业场地与药店的地面要平整一致，落差要以缓坡连接，以保障药品补给的平稳顺畅。

（4）前后场连接处建议使用推拉门，宽敞的出入口消除了大件药品进出的限制，节约了开门的空间且美观实用。

（5）对于实行正规配送货制的药店，按国外经验数据，仓库中的存货与上架药品之和是药店前一天销售量的1.5倍。

仓库中各个区域要划分明确，药品储存区域要实行统一的色标管理：待验药品库、退货药品库为黄色；合格药品库、零货称取库、待发药品库为绿色；不合格药品库为红色。经营中药饮片的还应划分零货称取专库。以上各库均应设有明显标志。

药品零售企业的仓库应与营业场所隔离，库房内地面和墙壁平整、清洁，有调节温、湿度的设备。

九、药店色彩的运用

（一）色彩与顾客感受的关系是怎样的？

顾客进入药店的第一感受就是色彩，精神上感到舒畅还是沉闷都与色彩有关。在药店店堂内部恰当地运用和组合色彩，调整好店内环境的色彩关系，对形成特定的氛围空间能起到积极的作用。

人们对色彩的感觉来源于物理的、生理的、心理的几个方面。红色、黄色和橙色是公认的“暖色”，带给人以温暖的感觉。蓝色、绿色和紫色被认为是“冷色”，通常用来创造雅致、清洁的气氛。因此，色彩可以自然形成一种直觉的心理反应：暖色给人以温暖、快活的感觉；冷色给人以清凉、寒冷和沉静的感觉。暖色向外扩张，前移；冷色向内收缩，后退。了解了这些规律，对药店购物环境设计中的色彩处理、装饰物品的大小、位置的前后、色彩的强弱等，都是很有帮助的，可以提高药店购物环境的整体效果。色彩的冷暖是最基本的心理感觉，渗入了人们复杂的思想感情和各种生活经验之后，色彩也就变得十分的富有人性和人情味。

体现药店色彩的要素有药品、陈列器具、天花板、壁面、地板及照明设施。主要考虑的因素是色调是否均衡以及协调。墙壁陈列架的颜色要将药品的特色显现出来，达到吸引顾客的目的。

（二）药店装饰用色注意事项有哪些？

在色彩布置上，药店应以让顾客感受到舒适、轻松为前提，不同的药品可以用不同的颜色做背景。例如将中药柜中的中药饮片和部分中药材布置成金黄色的背景，而将注射剂等药品专柜布置成浅蓝色背景，让顾客深临其境，勾起强烈的购买欲望。同

时需要注意的是药店的色彩应以淡色调为主，若药店的面积不大，就不应该用太多的色彩。相反，若药店面积较大甚至有多层，则可视药品、楼层的不同而采用不同色彩。色彩运用原则如下。

1. 色彩运用要在统一中求变化

药店为确定统一的视觉形象，应定出标准色，用于统一的视觉识别，显示药店特性。但是在运用中，药店的不同楼层、不同位置，又要求有所变化，形成不同的风格，使顾客依靠色调的变化来识别楼层和药品摆放位置，唤起新鲜感，减少视觉和心理的疲劳。例如药店一层营业厅入口处顾客流量较多，应以暖色装饰，形成热烈的迎宾气氛。也可以用冷色调装饰，缓解顾客紧张、忙乱的心理。地下营业厅沉闷、阴暗易使人产生压抑的心理感觉，用浅色调装饰地面、天花板可以给人带来赏心悦目的清新感受。

2. 避免大面积单纯用色

色彩也对人们的心情产生影响，不同的色彩及色调组合会使人产生不同的心理感受。例如：红色一般用于传统节日、庆典布置，创造一种吉祥、欢乐的气氛。以红色为基调，会给人一种热烈温暖的心理感受，使人产生一种强烈的心理刺激。但是如果红色过于突出，也会使人产生紧张的心理感受，一般避免大面积、单一使用。

3. 药店不宜单独使用黑色

黑色是一种消极性色彩，给人一种压抑、沉重的心理感受，药店不宜单独使用。

4. 色彩要随季节做相应的变化

药店的色彩设计也可以刺激顾客的购买欲望。在春季可以调配嫩绿色等偏冷色，给人以春意盎然的感觉；在炎热的夏季，药店以蓝色、棕色、紫色等冷色调为主，顾客心理上有凉爽舒适的心理感受；在秋季可以调配橙黄色等暖色的色彩效果，给人以秋高气爽的感觉；在冬季可以调配浅橘红色等偏暖色系列的色彩效果，给人以温暖如春的感觉。因此，必须对药店的不同区域和部位如地面、天花板、墙壁、货架、柜台、楼梯、窗户、门等以及店员的服装设计出相应的色调。

5. 根据不同地区的气候特点调配颜色

处于寒冷气候地区，可将装饰色彩调深一点；处于炎热气候地区，可将装饰色彩调淡一些。药店的装饰色彩与气候变化配合协调，不但使顾客有亲切、舒适的感觉，还会使顾客产生积极的情绪和美好的联想，促进购买行为。

6. 利用色彩影响顾客视觉

使用色彩还可以改变顾客的视觉形象，弥补营业场所的缺陷，如将天花板涂成浅蓝色会给人以高大的感觉，将药店营业场所墙壁两端的颜色涂成渐变浅的颜色，给人一种辽阔的感觉；鲜明的暖色，使得距离拉近，给人以面积缩小的感觉，改变顾客的视觉印象，给予舒展开阔的良好印象。

对于狭长的店面来说，把两侧墙壁涂成冷色（变宽），里面的墙壁涂成暖色（变短），就能给人以店堂宽敞的印象。相反，对于短小宽阔的店面来说，把两侧墙壁涂成暖色（变窄），把里面的墙壁涂成冷色（变长），能给人以店堂变大的印象。

十、药店照明类型与灯光的运用

营业场所采用自然光，既可以展示药品原貌，又能节约能源。但自然光源受建筑物采光和天气变化影响，远远不能满足营业场所需要，大型药店多以人工照明为主。

（一）不同位置光源给药店带来怎样不同的气氛？

（1）从斜上方照射的光。这种光线下的药品，像在阳光下一样，表现出极其自然的气氛。这种光线适合于店堂内及柜台的最下面和中间层。

（2）从正上方照射的光。这种光可制造一种特异的神秘气氛，高档、高价产品用此光源较合适。这种光线比较适合放置于橱窗和柜台内。

（3）从正前方照射的光。在这种光线下，顾客不可能正面平视物品，否则就会挡住光源，在物品上留下影子，因此此光源不能起到强调药品的作用。

（4）从正后方照射的光。在此光线照射下，药品的轮廓很鲜明，需要强调药品外形时宜采用此种光源，在离橱窗较远的地方也应采用此光源。

（5）从正上方照射的光。能造成一种受逼迫的、具有危机感的气氛。

在以上不同位置的光源中，对于药店最理想的是“斜上方”和“正上方”的光源。另外，对于旧灯具要常换常新，更换一个壁灯、改变一个吊灯灯罩的色彩都可以表现出与过去完全不同的气氛。

（二）药店内外照明的注意事项有哪些？

1. 药店照明应重视亮度分布

为了提高顾客注意力，提高照明对顾客购物的引导和促进作用，首先应考虑照明的变化和光的对比。药店照明应以均匀的亮度为主并作适当的阴影，使药品易见且有亲切感。其次考虑器材的角度，避免直接投射顾客，也不要有逆光。或使用具有魅力的局部照明，强化药品的质感、立体感、光泽等特性。

2. 防止照明对药品的损害

要注意光线的热度、灼烧度和药品的褪色性，考虑电灯的选择和器材安装的距离。为防止因照明而引起药品变色、褪色、变质等类似事件的发生，在平时应经常注意以下事项：

（1）药品与聚光性强的灯泡之间的距离不得少于30厘米，以免光线的热量、灼烧导致药品褪色、变质。

（2）要经常检查药品是否有褪色、变色现象。

3. 实施绿色照明工程

选用优质、高效、节能的新光源新灯具。

4. 橱窗的灯光要“画龙点睛”

光和色是密不可分的，按舞台灯光设计的方法，为橱窗配上适当的顶灯和角灯，

不但能起到一定的照明作用，而且还能使橱窗原有的色彩产生戏剧性的变化，给人以新鲜感。对灯光的要求是光源隐蔽，色彩柔和，避免使用过于鲜艳复杂的色光。尽可能在反应药品本来面目的基础上，给人以良好的心理印象。

5. 选择灯光要恰当

白灯光耀眼而显得热烈，荧光灯柔和，一般药店两者并用。从药品色彩来看，冷色用荧光灯较好，暖色用白炽灯更能突出药品的鲜艳。但在创造气氛方面，用荧光灯效果则差些。

6. 照明规划与基本要求

可参照规范照度标准，使药店的照明均匀、充分满足最基本的使用要求，如图 1－5所示。

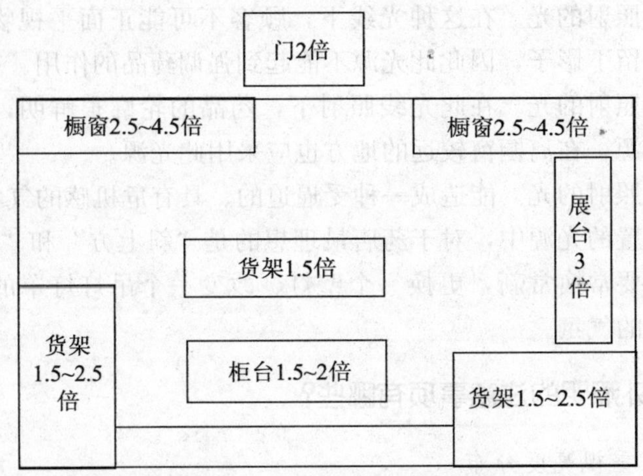

（假设店内平均照明为 1，超过 1 表示特别加强照明之处）

图 1－4　照明规划及基本要求

十一、药店温度、湿度的管理

《药品经营质量管理规范》第八十五条规定：企业应当根据药品的质量特性对药品进行合理储存，并符合以下要求：

（1）按包装标示的温度要求储存药品，包装上没有标示具体温度的，按照《中华人民共和国药典》规定的储藏要求进行储存；

（2）储存药品相对湿度为 35％～75％。

药店内顾客流量大，空气易污浊，为了保证店内空气清新通畅，冷暖适宜，应采用空气净化措施，加强通风系统的建设。通风来源可以分自然通风和机械通风。采用自然通风可以节约能源，保证店堂内部适宜的空气，一般小型药店多采用这种通风方式。而有条件的现代化大中型药店，在建造之初就普遍采取紫外线灯光杀菌设施和空气调节设备，用来改善药店内部的环境质量，为顾客提供舒适、清洁的购物环境。

对温度的管理一般用温湿度记录器。现在市面上销售的温湿度记录器用于药房管理是最为合适的。它主要应用于药品运输途中、药品的仓库和存储、大中型药店等。温湿度记录器顾名思义就是测量环境的温湿度，并记录多笔测量数据，可传输至电脑分析的一种仪器。借助温湿度记录器达到监控作用，可以实时监控药房的温湿度，并进行调节，达到适合药品的一个温度和湿度。

十二、药店声音的运用

（一）声音与顾客的关系是怎样的？

有调查结果显示，在药店里播放柔和而节拍慢的音乐，会使销售额增加40%，快节奏的音乐会使顾客在店里流连的时间缩短而购买的物品减少，这个秘诀早已被药店的经营者熟知。

1. 声音可以吸引顾客的注意

正常的、令人愉悦的声音，可以吸引人们对商品的注意。实践证明，钟表的滴答声，微风中的钟鸣声，立体声录音机、收音机以及电视机播放的声音，在各有关的售货场所，均是正常的声音，它们确实可以吸引顾客对这些商品的注意。

2. 指导顾客选购药品

药店向顾客播放药品知识、不同季节疾病预防常识、优惠信息等，可引导顾客选购。

3. 营造特殊氛围促进商品销售

在营业时间的不同时间段内，药店定时播放不同的背景音乐，不仅给顾客以轻松、愉快的感受，还会刺激顾客的购物兴趣。例如：刚开始营业的早晨应播放欢快的迎宾乐曲；临打烊时，药店应播放快节奏的音乐，提示顾客尽快选择药品；在气候变化时，播报提示信息，为顾客提供服务。

药店还可通过广播来直接宣传，包括一些活动安排、促销活动介绍等，以便让顾客及时了解药店的实时动态。

（二）使用音响时应注意的问题有哪些？

声音的种类可对药店的气氛产生积极的影响，也可以产生消极的影响。令人不愉快或令人难以忍受的音响，会使顾客的神经受到影响，甚至毁坏药店营造的购物气氛。

1. 音乐要注意播放时间

音乐可以创造药店的气氛，没有音乐的药店让人觉得安静的有点压抑。如果店内播放的音乐受顾客喜爱，所选择的药品会更多。音乐的选择应依时段不同，如开店前、上午、下午、晚间以及打烊前，而做不同的搭配。

2. 音乐的种类要对药店的销售产生积极的影响

音乐要与药店想创造的气氛协调。一般而言，以轻快的音乐为主，避免色彩太浓

的音乐，以减少部分顾客反感。

3. 音乐的密度要适度

音乐的密度指的是声音的强度和音量。如果掌握不好，声音过高，则会令人反感，声音过低，则不起作用。因此，音乐的响度一定要与药店力求营造的店内环境相适应。

十三、药店的气味和卫生条件的管理

（一）气味与顾客的关系是怎样的？

药店的气味对创造最大限度的销售额来说，是至关重要的。药店中中药材等药味在空气中弥漫，能让人感受到阵阵药香，令人身心舒畅。但令人不愉快的味道会把顾客赶走，有霉味的地毯、强烈的染料味、残留的燃烧味、汽油和油漆的味道、洗手间的气味等，这些气味不仅令人不愉快，与药店的环境、氛围也不相符。

（二）消除不良气味的措施有哪些？

消除店内不良气味可以通过以下措施：设置良好的通风设备；定期释放一些芳香气味，要注意药品释放的气味与有意释放的气味的浓度要与顾客的嗅觉限度相适应；如果新店开张或店内进行过装修，有很大异味且难以短时间消除时，药店应以张贴告示或指示牌的形式向顾客说明情况并表示歉意。顾客会觉得受到了尊重而愉快，本来比较浓的异味也会被这种愉快的心情淡化。

（三）卫生条件如何管理？

2013 年颁布的《药品经营质量管理规范》第一百三十三条规定：在营业场所内，企业工作人员应当穿着整洁、卫生的工作服。

第一百三十四条规定：企业应当对直接接触药品岗位的人员进行岗前及年度健康检查，并建立健康档案。患有传染病或者其他可能污染药品的疾病的，不得从事直接接触药品的工作。

第一百三十五条规定：在药品储存、陈列等区域不得存放与经营活动无关的物品及私人用品，在工作区域内不得有影响药品质量和安全的行为。

第一百六十三条规定：企业应当定期进行卫生检查，保持环境整洁。存放、陈列药品的设备应当保持清洁卫生，不得放置与销售活动无关的物品，并采取防虫、防鼠等措施，防止污染药品。

药店环境卫生包括营业场所卫生、药品卫生、店员个人卫生。保持环境清洁、药品整洁，为顾客创造一个整洁的购物环境，是文明经商的要求。在营业现场，每天的卫生工作要定人定时，经常打扫，将废旧包装物及时清理回收。陈列用具，展示的药品要每天擦拭，店员也要衣着整洁，讲究个人卫生。

十四、药店的装饰与用材应注意的问题

（一）装饰材料对顾客的影响有哪些？

药店内部装饰中，装饰材料质地的不同会产生不同的效果，质地粗糙的材料使人感到稳重和粗犷，细滑的表面质感材料则使人感觉轻巧精致。材料质地的不同还会给人高贵或简陋的感觉。正确的选用装饰材料能增加药店的艺术表现力。在质感处理上要考虑质感的均衡。一般来说，光滑的材料可以反射光线，粗糙的材料可以吸收光线；空间大时以质感粗一点的材料为佳，而空间小时则采用光滑细致的材料比较好；大面积的墙面可以粗糙一些，而重点装修的墙面要精细一些，以取得对比效果。

（二）建筑材料的种类与效果有哪些？

建筑市场中的材料多种多样，如金属、陶瓷、塑料、木材、皮革、玻璃、橡胶等都具有不同的材质。材料具有光泽度和透明度，一般经过精细加工的材料具有很好的光泽度，如抛光金属、玻璃、磨光花岗岩、大理石釉面砖、瓷砖等，通过镜面表面的反射使室内空间感扩大或延伸，同时还反射出多变的色彩，是丰富和活跃药店店内气氛的好材料。

建筑空间是由各个面围合而成的，一般药店内部空间大多呈六面体，由天棚、地面和墙面组成，处理好这三部分有助于药店店内空间的完整与统一。

1. 天棚

天棚的作用不仅仅是把药店的梁、管道和电线等遮蔽起来，更重要的是创造美感，创造良好的购物环境。药店的天棚力求简洁，在形状的设计上通常采用平面式的，也可以是简便的设计成垂吊型或全面通风型天棚。天棚高度根据药店的营业面积决定，如果天棚做得太高顾客就无法在心平气和的气氛下购物，但做得太低虽然可以使顾客感到亲切但也会使其产生一种压抑感，无法享受视觉和行动上自由而舒适的乐趣，所以合适的天棚高度对药店来说是非常重要的。药店天花板的高度一般是随着面积的增大而逐渐加高。

天棚的设计装潢除了要考虑其形式和高度之外，还必须考虑药店天棚的装饰。药店建筑中通常采用木天棚、石膏板天棚、金属板吊顶天棚或玻璃纤维板天棚等。

（1）木天棚。一般为木板或胶合板，它可以是狭长条板或大板块、镶板，也可以用木板组成蜂窝状顶棚。木天棚加工方便，材质轻盈，适合中小型药店的天棚装饰。

（2）石膏板天棚。石膏板表面有平板与凹凸板之分，它可组成各种图案，与灯具配合具有较强的艺术表现力。

（3）金属板吊顶天棚。这是一种华丽的装饰材料，造型多样品种繁多，但价格较贵。

（4）玻璃纤维板天棚。这种板材具有耐火、防腐蚀、质轻的特点，而且吸音效果

良好，适合于大型药店。

2. 药店的地面装饰

在药店中，顾客通行和陈列货物的地面可以作统一装潢，而不必用不同的材料铺设。但药店内地板材质的选择必须要求和天花板、墙壁选用的材料形成一个系列，三者之间应取得协调。另外，药店内的地板是店堂基本装潢设施中和顾客接触最直接最频繁的地方，要十分注意地面带给顾客的良好触觉印象，还要顾及药品陈列与它的配合效果。地板材质的基本要求是，能够承受住店铺内整个经营设施的重量，并且耐热、易清洁，有一定弹力、吸音性和防滑等特性。

地面可采用不同的建筑材料，如瓷砖、石板、木材、塑料地面、地毯等。

(1) 瓷砖地面。瓷砖是非常耐用的材料，色彩丰富。石材还可以分为大理石、花岗岩、砂岩、石板等。大理石磨光后会发出美丽的光泽，色彩花纹极为丰富，是高档的地面材料；花岗岩石质坚硬，色泽统一，光洁度极好，是豪华型地面材料；砂岩和石板风格粗犷，色泽沉稳，也是很好的地面材料。

(2) 木质地板。以木质材料为主，能保温、弹性适当、纹质优美。木板有单层和双层之分。

(3) 塑料地板。它的厚度为 3～5 毫米，平面尺寸为 300 毫米×300 毫米。塑料地板色彩丰富，图案简单，有一定弹性，施工容易，价格也很便宜，但其强度和耐度性较差。

(4) 地毯。药店采用的地毯大多为化纤地毯，它的装饰性强，保温和吸音性良好，可用于较高档的药店中。

药店中一般不选用水泥作为地板的材料，因为水泥虽然价格最低，施工简便，但不利于创造良好的购物环境，其灰色的色调很难达到理想的药品陈列效果。

(三) 药店墙面的装饰类型有哪些?

墙面是组成空间的重要因素之一，它作为空间的侧面，以垂直形式出现，对人的视觉影响很大。在墙面处理中应使它们与门窗、灯具、通风孔结合起来以取得完整的效果，墙面使用的材料种类很多，如木质壁材、涂料、油漆、墙纸等。

(1) 木质壁材。建材可分合成板、纤维板、木板。合成板就是胶合板，它富有自然色彩，表面质感较好，是高级墙面装饰材料。

(2) 涂料。它种类繁多，色彩丰富。涂料干燥后形成薄膜，色彩和表面形式可以自由选择。

(3) 油漆。是一种使用方便的墙面图层，它有较好的防水性能。

(4) 墙纸。墙纸是贴在墙壁上的装饰材料，它可分为编织墙布和塑料墙纸两种。墙纸是最常用的墙面材料，色彩、图案、质地多样，可随时改换。

药店内的壁面有 2/3 被陈列的货架和物品遮挡。相比较而言，药品陈列与壁面配合的效果要低得多，所以在药店壁面装潢上尽可能节约一些，但必须坚固，符合 GSP 的要求。

药店的空间装饰是药店顶面、墙面和地面的组合体。它不但影响药店的气氛和格调，而且与电器设备和灯光有密切的关系。它能给人们完美的空间感受，创造出一个引人入胜的购物环境。

十五、停车场空地的利用

连锁药店的外边一般都设有停车场，而这块空地常常被人们所忽略，其实这也是为药品或连锁药店做宣传的好机会。懂得充分地利用停车场空地这不仅可以帮助药店提升形象，增加人气，而且也为药店省下不少资金。

停车场空地可利用的户外广告设施包括：停车场地、药店建筑物外部、灯箱、霓虹灯、电子显示牌（屏）等，利用这些设施可以设置、悬挂、张贴或喷绘药品或药店广告、实物造型、条幅、楼幔等各种形式的广告。例如：在药店推出新药时，可以在空地摆放实物造型以吸引顾客；在销售季节性药品时可以在药店外延悬挂提示条幅等。

利用停车场做广告时应注意的问题：

（1）符合公共安全及户外广告设置规划的要求。

（2）户外广告设施的设计风格、造型、色调、数量、体量、形式、位置、朝向、材质应当与药店整体环境相协调。

（3）在夜间设置户外广告时应当安装夜间照明设施。

（4）注意户外广告设施的日常维护，及时维修或者更新破损、倾斜、残缺的户外广告设施；及时清洗、油饰、粉刷出现污损、褪色的户外广告设施；定期进行安全检测，对存有安全隐患可能危及人身、财产安全的，应当及时修复或者拆除。

（5）户外广告照明设施应当保持其功能完好，霓虹灯、电子显示牌（屏）、灯箱应当保持画面显示完整，出现断亮、残损的，应当及时维护、更换，并在修复前停止使用。

（6）注意消防安全。

指南二　药品陈列

一、货位布局方面

(一) 药品货位布局的原则有哪些?

药店内部的展示空间或者展示区，都是药店内的视觉重点，也是引导顾客浏览及促进购买的重点。这就要求药店的策划者必须科学合理地设计药店的内部环境，这不仅对顾客有着重要的意义，而且对药店自身来说也是很重要的。因为它不仅可以提高药店的营业效率和营业设施的使用率，还有利于为顾客提供舒适的购物环境，满足顾客精神上的需求，使顾客乐于光顾本店购物。

1. 舒服便利　易于选购

经营者应把销售量大、大众化、价格较低、绚丽多彩的商品布置在当门的柜台，应把花色品种复杂、需要细选的商品及贵重商品，放置在药店深处，把消费上有连带性的商品种类邻近摆放，互相衔接，给顾客提供购买与选择商品的便利条件。

2. 突出特色　易于停留

不管何种业态药店都要合理分布商品，特别是靠店门一侧是顾客出入最频繁的地方，应把商品布置得琳琅满目，丰富多彩，使之可以启发顾客的需要，便于顾客购买。

3. 营造门店形象　增长效益

需要鉴别色泽的商品，尽量选择在自然光线充足的地点。需要当场试用的商品，如保健器械，其出售商品地点应与服务设施地点邻接，便于顾客试用或安装。

4. 有效利用空间　提高效率

营业空间包括可以实地表演和操作示范的空间，如婴儿服装、测量血压和血糖的仪器、按摩设备及其他诊疗的家用器械的销售，经常要进行现场表演或操作示范。经营者应根据药店规模交易次数以及季节变化和业务规律，合理分配商品摆放位置，以便使顾客进入药店后，能平均分散开来，避免忙闲不均的现象。

5. 品类丰富　满足顾客需求

根据顾客购买习惯，药店的店堂布局也并非固定不变，它通常要根据季节变化、节日活动、经营范围和商品结构的调整等因素，做适当的调整。要常换常新，经常保持新颖动人。

6. 注意安全　符合 GSP 要求

药品与生命紧密相关，是防病治病、康复保健、防疫救灾、计划生育的重要物质；

药品同时也是高科技产品，其质量易受外部条件变化的影响。为了保障广大群众的生命安全，药品的经营管理有特殊要求。《药品经营质量管理规范》的第六十八条，实施细则的第六十一条、第六十二条等明确规定了对设施设备的要求。

(二）货架陈列有何方式？如何组合？

处方药（Rx）由于其药物依赖性强和毒副作用大等特点，需要凭执业医师或执业助理医师处方方可在药店购买使用；非处方药（OTC）由于其用药安全和毒副作用小等特点，不需医师或其他医药专业人员开写处方就可以购买；特殊药品包括毒性药品、麻醉药品、精神药品和放射药品，其中毒性药品、麻醉药品和放射药品是不允许在连锁药店零售的，精神药品又分为一类精神药品和二类精神药品，一类精神药品同样不允许在连锁药店零售，二类精神药品在具备条件的连锁药店可以零售。

连锁药店的货架陈列方式可分为开架式、货柜式和药斗式三种。

1. 开架式

开架式是指药店货架陈列采取开放式或者使用平台陈列药品，顾客与药品零距离接触，更方便顾客选购药品。非处方西药和中成药、保健品以及药店兼营的其他非药类与健康相关产品适合选用此种方式。

药品摆放用具的选择决定了药品陈列构成、药品摆放的位置和如何摆放等问题。相对于药品，货架对于连锁药店来说是辅助药品发挥其优势的配角。货架是连锁药店销售中不可缺少的主要设备，具有能吸引并激发顾客对货架上的药品产生兴趣、能诱导顾客光顾下一个货柜、组织合理的消费流和增加商场的销售额等优点。

货架有不同的规格和构造形式，其设计既要讲究实用、灵便、牢固、便于操作和便利顾客参观，又要符合各类药品的不同要求。有些药店的货架可分为两层，上层用于陈列药品，下层用于储备药品，以便周转。将需补充的商品整箱地放置在该陈列的货架上方，取之也方便。陈列药品货架规格通常长为 110～140 厘米，宽为 60～100 厘米，高度不超过 2.0 米，以普通人目视高度 1.5 米为标准，60～175 厘米是顾客容易注视的有效范围，80～130 厘米是最富吸引力且能充分展示药品的“黄金区位”，175～210 厘米这一区域难以近距离注视，但是可以远距离注视，也具有展示药品的价值，再往上则陈列效果较差。

货架设计时应注意两个问题：一个是药品陈列上架时要保持适当的空间和面积，以便使药品能水平陈列展示其不同品种、垂直陈列展示同一品种的不同规格；另一个是便于药店店员进行上货和清洁。

最常用的货架为方形，方形货架便于陈列药品与摆放，但方形货架会让人感觉呆板、单调，因此可以适当增添线条变化，使货架表现出曲线的韵味。

三角形货架适宜放在药店的角落，既节省占地又可充实药店的空间，把三角形货柜排成圆形、半圆形或面形布局，使药店内更具美感。

半圆形货架可充分展示药品，能够使顾客看到药品的全貌，并充分利用营业面积。

在药店里用于摆放药品的用具中，平面展台和货架存在很大的差别。它们都有各自的使用目的，陈列的药品给顾客的感觉也截然不同。平面展台扮演的就是那种量大、实惠、便宜的角色。因此，一般都是在聚集顾客地带使用平面展台堆放药品。非处方药中常用的价格相对便宜的感冒类、止咳类等药物适于此种陈列方式。

2. 货柜式

利用柜面和柜内陈列药品的方式称为货柜式。通常处方药中的西药和中成药、贵重药品应选择此种方式摆放。

药店的货柜由饰柜柜台、后面的货柜和二者之间构成的店员的走道组成。一般饰柜柜台高85厘米，宽60厘米，主要摆放处方药和贵重药品等，如人参、鹿茸、海马、冬虫夏草等，也可摆放在饰柜柜台并实行上锁管理。货柜的高不超过240厘米，深30～35厘米，主要摆放储备药品。摆放中药饮片时，货柜的上半部分可将党参、牛膝、枸杞子、茯苓、麦冬、桂圆、白术等放入玻璃瓶内陈列于此；下半部分抽屉可摆放山药、沙参、杜仲、百合、黄芪、首乌等，走道宽70～80厘米，便于店员取货。

3. 药斗式

这是中药材和中药饮片独有的陈列方式。药店百子柜装药的排斗的顺序称为斗谱。百子柜药斗的排列有一定的规律和要求，斗谱编排是否科学合理，直接影响配方的效率和质量，一般都是根据本地区的用药特点排列。

药斗排列需根据给药使用的不同频率及药物的性质而排列，尽量做到便于记忆、便于调配、便于统计盘点和补充药品。每个斗分为2～3个小格，治疗作用相近的、处方中常同方开出的药应排列在一个斗内，如黄芪、黄连、黄柏作为清热燥湿药，疗效相近可以放在同一个斗内。为了方便取药，使用频率高的药物宜放在中间或配剂人员就近处的药斗内；反之，那些不经常使用的药物则应放在上层或偏僻处。质重的药物，如矿物、动物、贝壳、化石放在下层；粉末、芳香挥发药及炭类、炒炙等药品，用玻璃瓶、塑料瓶或瓦罐盛装加盖放于药架上；全草类或特轻的放在较大的抽屉内，如金钱草、败酱草等。

药斗在陈列时需注意：①配伍禁忌的药物，十九畏、十八反的药物不能放入同一斗内或上下斗，以免抓错药；②对功效各异而性状相似的药物，不能装入同一斗内；③对有恶劣气味的药物，不能与其他药混装入同一斗内。

(三) 货位布局的考虑因素有哪些?

1. 确定药店店堂的分区

主通道是店内设计的第一要点，其设计要保证顾客进入店里能环顾一周。主通道是货架摆放的重要参照物，先沿着主通道靠墙摆放一圈货架或者背柜，然后是岛型布局货架。

主通道之外的通道称为辅助通道。通常，对于顾客通道的要求是：为了便于两人并排走过，其货架或货柜间的通道宽度应至少保持在80～90厘米，150厘米是顾客通道的最佳宽度；在药品混杂的地方，店员通道，尤其是墙壁和柜台之间，至少也要有50厘米。因此，在放置货架时，除了要充分利用空间，还应该保证店员工作时通道的畅通。

在摆放货架时应注意以下几点问题：货架与货架之间的距离，也就是通道的宽度；如何设计客导线；收银台设在哪里；使用货架的种类，是分层货架还是平面展台；各种辅助设施的位置，除了展示药品功能，还有保存其他药品的地方；店员在接待顾客、为顾客结账时走动的路线。

总而言之，药店分区就是为了方便顾客浏览、选购药品。在设计药店分区时，经营者的头脑中要时刻从顾客的角度出发，考虑顾客的购物顺序、购物习惯、接待顾客的方式，真正设计出一个为顾客提供方便的购物和舒适购物的环境。

2. 药店清洁卫生

清洁卫生是所有药品陈列的大前提。药店在陈列药品之前，首先要解决药店的卫生问题。

在货架或柜台中，不管陈列着多么贵重的药品，如果药店中或者药品上落满灰尘的话，那么顾客是不敢购买这样的药品的。不仅仅要时刻保持药品的清洁卫生，货架、柜台、包装也是如此，要对摆放药品的货架进行经常性的清理，给顾客一种“明亮、整洁、卫生、朝气蓬勃”的印象。

3. 设置活动空间

在药店布局中一条很重要的原则就是最有效地利用空间，毕竟营业场所的使用成本是非常高的，但能否吸引顾客的眼球才是赢利的关键。药店中设置适合举办活动的空间是十分必要的。

药店可以把刚进门的位置，空出来作为举办促销活动的空间，因为刚进门的位置是所有顾客都能看到的地方，具有很好的促销价值，药店可以每月或定期举办一次促销活动，定期更换药品陈列，给顾客一种新奇的感觉，此外可以利用平台式货架堆放药品，给人以量大实惠、便宜的感觉。店家通过举办促销活动的方式，可以将近期店内主力推荐的药品和主要经营意图传递给顾客。

4. 使用行之有效的新方法

在商圈中都会有竞争对手存在，竞争对手的药店中经营着什么品种的药品，对自家药店销售额的影响很大。为了让顾客选择自家药店而非竞争对手的商品，那就必须具备比竞争对手更有吸引力的药品、更丰富的品种。因此，药店在布局中可以尝试一些新方法，显示与竞争对手的差别优势。这里介绍两种方法：

（1）多段式陈列方法

多段式陈列就是在面积一定的药店内，在原有货架的基础上按 1.3 倍的比例增加层数。

在实际生活中，人们对长度及数量差的把握是存在分歧的。这是心理学中的一个实验发现的现象。首先给实验对象看一根 1 米长的木棒，然后藏起来，再给其看一根 1.1 米长的木棒，结果几乎没有人注意到两根木棒的长度差异。但是，当把木棒换成 1.3 米长时，几乎所有的人都觉察到了它们的长度差异。当把长度增加到 1.3 的 2 次方时，就没有人看不出存在的长度差了。这就是“1∶1.3∶1.3 的 2 次方”法则。

当货架的层数被增加 1.3 倍时，顾客不用数药品的数量也能觉察到数量增加了，

从而给顾客留下品种齐全、数量多的印象。

（2）压缩附加法

压缩附加法就是通过将大量的药品陈列在药店里来提高销售额的方法。

它是通过两个阶段来实现的：

第一阶段，保持现有的药品数量和店员数量不变，但将药店的空间压缩。这样一来，药品的陈列数量与店员的数量就会变得密集，产生一种数量感。通过压缩药店空间，使货架上不再有空位，上上下下都摆得满满的。店员负责的场所也变小了，能更积极地与顾客交流，向顾客介绍产品、联络感情。

第二阶段，通过压缩空间提高了营业额，在空出的地方就可以摆放新药品或者新商品类别。如果不想变更药店的整体布局，而又想增加新的药品群时，这个方法是个不错的选择。

5. 检查布局

药店的布局并非一成不变，要定期对布局进行检查修正。如主通道是否容易找到且畅通；客导线是否足够长；货架的使用是否与药品相匹配；是否充分利用了平台；是否根据季节和活动的频繁程度，变更布局和充分展示了布局等。

二、药品陈列方面

（一）药品陈列及原则有哪些？

药品是商品，商品陈列是POP广告之一，它是以商品为主题，利用各种商品固有的形状、色彩、性能，通过科学分类和艺术造型来突出重点、反映特色，以引起顾客的注意，提高其对商品的兴趣，增加其记忆和信赖的程度，从而最大限度地引起顾客的购买欲望，最终达到提升销售的目的。药品陈列具有POP广告共有的优点，是便利顾客、保管药品的重要手段，同时也是衡量服务质量高低的重要标志。由于药品的特殊性，决定了药品陈列的特殊性，它不同于一般商品的陈列主要以展示为目的，而是要最大程度地促进销售，从而提高药品的市场竞争力。

1. 符合GSP规定

要严格按照药品经营质量管理规范的要求分类摆放，药品与非药品分开、处方药与非处方药分开、内服药与外用药分开、西药与中药分开、拆零销售的药品集中存放于拆零专柜或者专区、易串味药品与一般药品分开存放、特殊管理药品及贵重药品应按照国家有关规定存放，药店要分区分类分柜台摆放药品。

2. 醒目原则

药店主力推荐的药品，应当放在显眼的位置，以吸引顾客的视线。药品摆放的位置尽可能设置在顾客易于看见的地方，不宜太高或太低，必要时可以附加文字说明，文字说明不仅可以阐述药品的有关事实，而且可以对药品陈列的创意进行说明。

3. 关联性原则

将功效相近的药品摆放在一起，既可以方便顾客选择购买又可以方便店员按功能

搭配推荐，增加了促进销售的效果。

4. 满陈列原则

药品种类、数量要充足，这样可以满足不同类型的顾客的购买。药品货位货架陈列不允许有空缺现象，缺货的药品位置应以其他药品及时补上空位，同时货架上不允许摆放非卖品，药品陈列丰富充盈才能给顾客留下经营良好的印象，吸引顾客的注意力。

5. 整洁美观原则

药品整洁美观，才能给人愉悦的视觉效果，以促成销售，大小标识、物价标签等都能影响陈列的美观效果，药品陈列要设法突出每种药品的优点。

6. 易见易取原则

药品上货架时，带有药品名称、厂家、药品价格标签等标识的药品包装面面向顾客，药品要不被其他种类药品遮挡视线，货架底层不易看见的药品要倾斜或前进陈列，货架最上层不得陈列太高、太重和易碎药品。销售量大的药品放在显眼位置；选购药品宜放在较安静位置；高档、贵重药品应放在僻静、深幽的地方，以突显其高档。此外，药品摆放要整齐、美观，便于拿取，顾客可以轻松地拿到药品。

7. 同类药品垂直摆放原则

垂直陈列会使同类药品成一直线系列，可以体现出丰富感，这可使同类药品都享受到货架，增加被购买的可能性，同时在顾客挑选药品时会比较方便拿放。

8. 分区定位原则

该原则是指每一类、每一种药品都有其相对固定的摆放位置，以使陈列呈现标准化，来方便忠实的多次购买顾客，药品的货位应布置在其临近或对面的位置，方便顾客进行相互比较，以促进连带购买。但需注意的是，像易串味的药品应隔开陈列，以防止影响其他货位的药品；分区定位可以根据时间、销售量的变化进行适当调整（不宜过大）。分区定位可依表 2-1 的内容进行。

表 2-1　　商品分区定位表

分区	货架方式	商品类别
药品区	可开架	非处方药
	闭架	处方药、中药饮片（背柜、柜台）
非药品区	开架或闭架	保健食品、美容化妆品（背柜）
		家庭护理品（货架）、保健品（货架）
		医疗器械、书籍

分区定位应注意以下方面：

(1) 要向顾客公布货位分布图，要在药店店堂的明显处提供分布图。店堂内要按药品大类或药品群设置药品标示牌，使顾客一进门就能初步了解所要买的药品的大致位置。同时，标示牌的形式可以灵活多样，按药品类别与陈列位置的不同而变换。

（2）要把相关药品的货位布置在邻近或对面，便于顾客相互比较，促进连带购买。

（3）把相互影响大的药品货位适当隔开。比如，易互相串味药品应隔开陈列。

（4）把同类药品纵向排列，使同类药品均等享受到货架上各段位的陈列面优势。

（5）药品货位下端应勤于调整。分区定位并非一成不变，可根据时间、药品销售周期的变化随时调整，但调整幅度不宜过大。

9. 体现公司及药店风格

药品陈列应与药店文化、药店环境、整体气氛保持一致。突出药店特色，树立良好的药店形象，使顾客无论是否得到“有形”商品，均能享受“无形”服务，即顾客对药店的良好感觉，从而提高回头率。

10. 前进梯状原则

前进原则是按照先进先出、近期先出的原则，生产批号近的药品放在前面，新批号的药品放在后面，并保持陈列整洁。梯状原则是药品应前低后高、下多上少，呈阶梯状，加强药品的稳定性，同时品种之间、药品与上隔板之间要留有空隙，以方便拿药。

11. 季节性原则

药品陈列应根据季节变化变换陈列的药品，将应季药品陈列在醒目的位置，陈列量要大并悬挂 POP，以吸引顾客来促进销售。

（二）药品陈列应当符合哪些要求？

（1）按剂型、用途以及储存要求分类陈列，并设置醒目标志，类别标签字迹清晰、放置准确。

（2）药品放置于货架（柜），摆放整齐有序，避免阳光直射。

（3）处方药、非处方药分区陈列，并有处方药、非处方药专用标识。

（4）处方药不得采用开架自选的方式陈列和销售。

（5）外用药与其他药品分开摆放。

（6）拆零销售的药品集中存放于拆零专柜或者专区。

（7）第二类精神药品、毒性中药品种和罂粟壳不得陈列。

（8）冷藏药品放置在冷藏设备中，按规定对温度进行监测和记录，并保证存放温度符合要求。

（9）中药饮片柜斗谱的书写应当正名正字；装斗前应当复核，防止错斗、串斗；应当定期清斗，防止饮片生虫、发霉、变质；不同批号的饮片装斗前应当清斗并记录。

（10）经营非药品应当设置专区，与药品区域明显隔离，并有醒目标志。

（11）陈列药品的货柜及橱窗应保持清洁和卫生，防止人为污染药品。

（12）陈列药品应按品种、规格、剂型或用途分类整齐摆放，类别标签应放置准确、字迹清晰。保持药品标志的完整，药品的原标签和说明书最好有一个“备份”，以防年深日久标签模糊或脱落。备份要包括的内容至少有药品名称、用途、用法、用量及注意事项、药品出厂日期和保质期等。

（13）对陈列的药品应按月进行检查，发现质量问题要及时处理。

（14）阳光直晒的药品陈列柜、窗应有遮光设施。

（15）药品不要互相遮挡，应该平铺的药品不要竖直陈列。

（16）缺货药品也要陈列，缺货要有标志。

（17）主力推荐药品与重点位置相匹配，主力推荐药品陈列在“黄金位置”，不要在封闭柜内。

（18）药品陈列整齐、干净，陈列面要尽量大。

（19）注重陈列规则的运用。如归类陈列、交叉陈列、关联陈列等。不同药品要归类陈列，例如感冒药不能陈列在其他类别里面；交叉陈列，如安全套在收银台附近要有陈列；关联陈列，如感冒药要与增加免疫力的药品应相邻陈列。

（20）除处方药外，尽量采取超市式的开架出售，顾客在药师的指点下，可以自行挑选药品与医疗器械，方便顾客购买。

（21）注重灵活性和实事求是。要时常改变陈列，如经常改变促销药品的位置。把自己放在顾客的角度，顾客需要什么样的陈列，我们就做什么样的陈列。店员要每天拿出时间来做陈列整理，给顾客以新鲜感，达到促销的目的。

（三）药品陈列的类型有哪些？

药品陈列类型可分为备售药品的陈列；样品陈列，如样品柜、橱顶、平台等；交易药品的陈列，如药品摆放的货架、货柜、柜台等三类。

（1）备售药品是指已经进入药店，但未摆上柜台或货架销售的备用药品。此类药品虽没有进入销售阶段，但仍需好好陈列、摆放，以利于药店节省空间、便于管理。

（2）样品陈列的目的是要给人醒目、明了的感觉，以达到一种视觉冲击，促进购买，此外样品陈列还具有美化药店的作用，因此陈列要以新产品、流行药品为主，选择色彩款式适中的药品作为样品陈列，陈列要简洁、明了，要配合药店整体布局、融入四周效果，采用无景衬托的方法，构成一个陈列的立体画面。

（3）交易药品在陈列时要遵循整洁、美观、丰满、定位、整洁的原则，要按药品大类、分类、细类，及其规格、用途、价格等方面进行分门别类的陈列摆放，使之一目了然。店员应维持药品的清洁、美观，摆放药品时力求格调一致，色彩搭配。摆放的方法要尽可能归类摆放或适度穿插排列，在不影响美观的前提下，应将滞销的药品搭配在旺销的药品之中，以利于销售；要做到药品多而不挤、少而不空、及时加货、不留空位以方便顾客的选购；要固定药品的摆放货位，这样既便于销售又易于管理。当然，药品定位应随季节变化和需求量的变化，做适当的调整。

（四）药品陈列有哪些方式？

1. 突出位置陈列

药品陈列时，要根据药品的大小、性质、出售频率和利润高低等特点，将药品摆

放在突出、容易被顾客发现的位置上，以吸引顾客的注意，通常比较突出的位置是在顾客直视时以目光为中心的上下30度角范围内。陈列时着重突出某一种药品，这种药品一般是药店的主力药品、流行性、季节性药品，这种药品一般占用较大的陈列空间，陈列在比较显眼的地方。

2. 关联性陈列

将种类不同但治疗效用互相补充的药品安排陈列在一起，不但可以为顾客提供便利，而且也可以提高药店的管理水平。这种陈列方法可增加药店陈列的灵活性，同时还可以促进药品销售。

3. 季节性陈列

药品陈列应根据季节变化变换陈列的药品，药店应了解每个季节的常发病症，来判断顾客的潜在需要，把当季常用药品摆放在较为显眼的位置，如夏季是胃肠疾病多发的季节，药店可以把治疗胃肠疾病的药品摆放在突出位置，以此来吸引顾客。

4. 定期陈列

药品的陈列不是固定不变的，为了增加顾客的新鲜感，药店可以定期更换陈列方式，以吸引顾客注意，避免顾客因缺乏新鲜感而不经常光顾药店。

5. 价值陈列

价值陈列是为了着重突出药品的品质特色，以显示其高贵、与众不同，一般适用于贵重药品，陈列时要通过灯光、饰物、色彩来配合药品的珍贵，药品本身陈列要少而精致。

6. 中心陈列

以药店的中心为重点陈列对象，将药店主推的品种摆放在中心醒目位置，辅推品种按类别组合摆放在四周显眼位置，使顾客一进药店就能看到主推药品。

7. 线型陈列

以货架、柜台为基础，将药品排列成一条平行线的方法能统一、直观、整齐地表现出药品的丰富内容，使顾客一目了然，并具有强烈的感染力。

8. 梯形陈列

利用阶梯式来陈列药品时，相对较小的药品应摆在前面，大的摆在后面；较便宜的药品应摆在前面，较昂贵的摆在后面；暗色系的药品摆在前面，明亮色系的摆在后面；季节性常用药品及新药品摆在前方，一般药品摆在后方以增强陈列的层次感。

9. 悬挂式陈列

悬挂式陈列的陈列对象可以是药品本身，也可以是POP、小件宣传物品等，可以悬挂在橱窗和样品橱里，以吸引顾客的视线。悬挂时，应注意上下左右的间隔位置，以便不影响货架陈列药品的视线。

10. 堆叠陈列

堆叠是将样品由下而上堆叠起来。堆叠是使药品个体相叠后的体积升高，从而突出该陈列品的形象，以陈列量来吸引顾客。堆叠有直接堆叠、组合堆叠（可采取由底层向上逐级递减的方法堆成山字形或其他形状）、衬垫堆叠（在每层加放一块玻璃衬垫板，使陈列药品堆叠成所设想的形状）三种方法。

11. 道具陈列

可以利用各种支架、托板、码台和模型等来陈列药品，应用道具陈列可以使陈列更具灵活性，更能充分展示药品的特点。

12. 色彩陈列

恰当搭配和运用色彩，可以促进药品的销售。不同的人对于色彩的感觉不同，不同的色彩起到的宣传效果也不同，恰到好处的色彩，具有很大的销售潜力。因此，药店陈列时，要注重色彩的运用，让色彩顺应顾客的视觉心理，利用色彩来帮助销售。色彩搭配时要注意冷色调和暖色调交错搭配、颜色亮度和饱和度对比相互搭配、花素药品交错搭配等。

13. 纵向陈列

研究表明，人的视线是上下夹角 25 度，眼睛纵向移动时，顾客在距离货架 30～50 厘米时，就能清楚地看到 1～5 层货架上陈列的商品。但当眼睛横向移动时，人的视线夹角是 50 度，当顾客距离货架 30～50 厘米时，只能看到横向 1 厘米左右距离内的商品，此结果证明两种陈列方式所带来的效果是完全不一样的，纵向陈列可以使关联商品体现出系列化，使顾客能一目了然，纵向陈列会使 20%～80%的商品销售量提高。另外，纵向陈列还可促进品牌间的公平竞争。

（五）什么是药品陈列技巧？

1. 运用磁石理论　凸显陈列生动化

磁石理论是最经典的陈列理论，是指在药店销售场所中最能吸引顾客注意力的地方，是顾客的必经之路，拥有较高的客流量，形成一个完整的磁场，吸引顾客走遍整个卖场。

磁石点一般有四个：针对药店而言，第一磁石点是位于药店主通道两侧的地方，由于药品的特殊性，此处主要陈列处方药和价值高的品牌药品；第二磁石点位于主通道顶端，通常处于药店最里面的位置，由于顾客都喜欢追求新产品，所以此处可以陈列新药品，此外还可陈列部分季节性药品或者中药等；第三磁石点位于药店的出口位置，是最能吸引顾客的地方，所以应陈列利润高、销量大的新药品或优惠药品；第四磁石点分布在药店卖场副通道的两侧，此处一般陈列的药品都是较常规的非处方药、保健品等，可以利用辅助性工具，来吸引顾客注意，如利用大的陈列面和 POP 等，如图 2－1 所示。

2. 突出展示重点　抓住顾客心理

陈列时，要突出展示药品的特点，同时要清楚顾客对药品的了解情况、抓住顾客的喜好，才能促进销售，突出展示经常选用梯形展示原则，将药品按下多上少，不规则的摆放在柜台或货架上，同时配以灯光、色彩搭配以突显药品。

3. 实行品类管理　提升品牌形象

药店实行品类管理，可以使药店看起来更规范、更系统，药品陈列的科学性和合理化，不仅代表了药店的运营水平，而且艺术、个性的陈列也能加强药店和顾客的沟通，这都有利于树立药店的品牌形象。

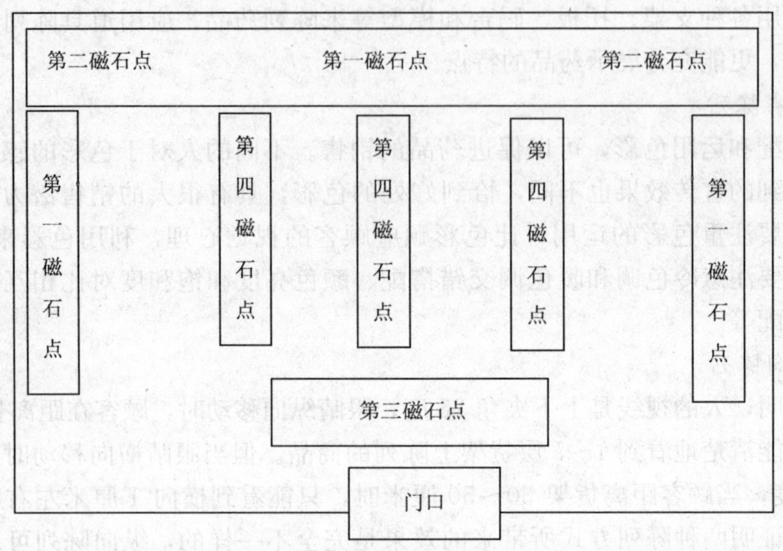

图 2-1 磁石理论

4. 配合工具陈列 增强视觉效果

利用工具配合陈列，可以增加陈列效果，药品陈列的辅助工具有 POP、橱窗、展架、购物篮、花筐、灯箱、立体广告等，除此之外还可以利用照明、色彩、装饰、形状来吸引顾客视线，陈列要以顾客的视线移动为中心，通常顾客进入药店，眼睛会不由自主地先看向左面，然后转向右面，药店可以利用这一特点，将进店左侧陈列得更引人注意，以吸引顾客停留。

5. 关联药品集中陈列 增加营销力度

关联药品集中陈列可以增加关联药品的陈列效果，使顾客能一目了然地发现药品，从而吸引顾客的注意力，刺激其购买药品，同时也可以增加店员介绍顾客药品的机会，利用畅销药品带动滞销药品的销售，拉动药店整体销售，提高营业额。

6. 利用货架黄金段位 提高销售利润

黄金段位是指事物之间一定的数学比例关系，这个比例为 1∶0.618，此比例被公认为最具审美意义的比例。黄金段位在药品陈列中主要是指货架的黄金分割，货架的“黄金线”即为药品陈列的最佳货位区，目前广泛使用的货架高为 165～180 厘米，长为 90～120 厘米，这种货架的最佳陈列位置为上段和中段之间的段位。例如 170 厘米高的货架，其黄金段位为 80～130 厘米，其货架的二、三层是眼睛最易看到、手最易拿到的陈列位置，因此此段位一般陈列高利润、有特色、独家代理、经销或广告的药品。

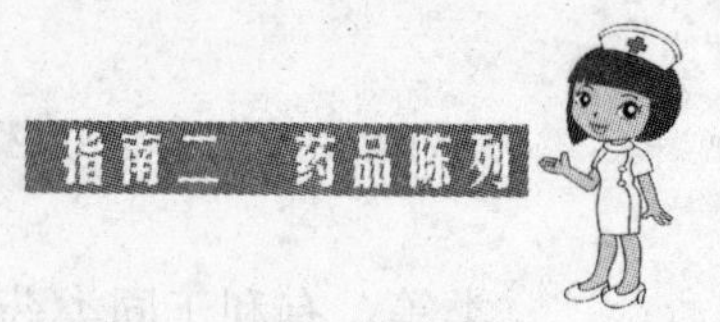

三、不同柜台的陈列技巧不同

（一）如何陈列处方药?

处方药应与非处方药、非药品分开陈列，而且应闭柜陈列，不可以开架自选，这是由处方药的特殊性决定的，所以陈列可以选择柜台陈列和柜台后货架陈列，陈列时要注意黄金段位、色彩、灯光等搭配陈列，以提高处方药的销售份额。

（二）非处方药应如何陈列?

非处方药可以采用实物陈列和POP药盒陈列相互补充的陈列方式。

非处方药的陈列技巧可以从点、线、面三个方面来陈列。

1. 陈列点

即陈列的位置，是指将药品以数量、价格、空间、组合方式等形式陈列在适当的位置，好的陈列点可以提高销量和提升品牌，一般而言店员习惯停留的位置（其后方背架视线与肩膀之间的高度位置及其前方的柜台小腿以上的高度位置）、卖场正对门口位置、光线充足的位置、同类药品的中间位置、著名品牌药品旁边的位置、顾客经常经过的交通要道和靠近柜台玻璃的位置是较好的陈列点。

2. 陈列线

陈列线是药品实物陈列和POP药盒陈列之间形成的一种线性关系，这种关系可以引导顾客的购买行为，所以如果条件允许的话，POP形式的药盒陈列应尽量和实物药品陈列接近并配合其他POP广告、指示牌等，或者店员引导顾客。

3. 陈列面

陈列面是指面向顾客的药品的单侧外包装面，成功的陈列面应具备以下特点：① 包装面正面向外，以确保顾客对品牌、品名、包装留下深刻印象；② 要注意陈列面的稳固性，以防止其翻倒，确保安全；③ 多药品集中排列；④ 至少三个排列面；⑤ 陈列面要留有缺口，给人以热卖中的感觉。

除此之外，还需注意利用各种陈列方式多方位、多角度陈列药品及POP广告，以此来增强视觉效果，柜台、背架、自选货架、橱窗、灯箱、收银台、陈列架、陈列台、陈列柜等都可作为陈列地点陈列药品。

（三）中药饮片如何陈列?

1. 中药药斗陈列

中药药斗材料应是无毒、无污染的木材和油漆，每个药斗内装有两个及以上的饮片，应有套盒，以方便清洁、养护和盘存。毒性中药不能装斗，应设专柜、双锁管理。

中药饮片应分类装斗，一般有以下几种：① 按中药材名称首字笔画排序分类（查阅方便）；② 按药用部位分类，如植物的根及根茎、茎木、皮、叶、花、果实和种子分类等，有利于同类药物性状的比较；③ 按药物化学成分分类；④ 按自然分类法分类，根据门、纲、目、科、属、种分类学思想分类；⑤ 按中药的功效分类，如解表药、清热药、芳香化湿药、祛风湿药等二十四种。

由于中药饮片是直接为医生的处方和顾客治疗提供服务的，因此，中药饮片只能按中药的功效分类进行装斗。

2. 中药饮片药柜陈列

贵细中药材应放入药柜中陈列，加锁管理。药柜的设计不宜过高，常用中药饮片装斗宜在当胸上至额头下，下至腰部以上，冷背及体轻用量少的品种置于上部；外用药应置于远端大斗格分存；量大体轻的宜装在底部大斗中，体重的矿物药宜置于下部大斗格中分存；蜜炙类饮片，若装于斗内，应有容器另装加盖，或另柜用容器陈列。

（四）医疗器械如何陈列？

目前药店最热销的医疗器械主要分两大类：一类是诊断类器械，主要与慢性病开展关联销售；一类是康复类器械，主要针对的是老年顾客消费人群。

根据规定药店经营的 19 种医疗器械产品是不需要申请《医疗器械经营企业许可证》的，包括体温计、血压计、磁疗器具、医用脱脂棉、医用脱脂纱布、医用无菌纱布、医用卫生口罩、家用血糖仪、血糖试纸条、妊娠诊断试纸（早孕检侧试纸）、避孕套、避孕帽、轮椅、电子血压脉搏仪、梅花针、三棱针、针灸针、排卵检测试纸、手提式氧气发生器。

医疗器械要专人负责、专柜陈列、专区存放。应安排专人负责医疗器械的经营管理，设置医疗器械专柜并有明显标识，按产品的储存要求划专区进行存放，并进行养护管理。

对于轮椅、拐杖、足浴盆等稍大型的器械，应陈列在药店的空白位置，应不影响顾客流通、走动，相对来说比较显眼的位置，还可以借助 POP、色彩、灯光等进行宣传。

对于像血压计、磁疗器具等稍小些的器械，可以摆放于医疗器械专柜上进行展示销售，陈列时要根据陈列技巧、货架布局进行陈列。

对于像体温计、避孕套等小型器械，除了可以陈列于医疗器械柜台销售外，还可以陈列于收银台附近，方便顾客购买，同时充分利用空间。

（五）药妆产品如何陈列？

药妆产品购买者多为女性顾客，而这些女性顾客又可分为有明确购买药妆产品动机的、没有明确购买药妆产品动机的和仅购买药品不购买药妆产品的。后两种女性顾客，根本就没有购买药妆产品的意思，但是当她们在浏览时，看到了药妆产品的独特陈列后，购买动机就产生了，因此让这些女性顾客产生药妆产品的购买动机，从而让她们消费，是药妆产品陈列的目的。

药妆产品的陈列可分为三种：封闭式柜台陈列、自选式货架陈列和封闭自选混合式陈列。

1. 封闭式柜台陈列

封闭式柜台陈列是一种传统的柜台陈列方式，这种方式将顾客与药店店员分隔开，其优点是可以最大程度地保护药妆产品的安全，同时方便养护。

这种陈列方式中，店员的位置特别明显，其行为对顾客购买起着决定性的作用，店员要注重口头语言和肢体语言的运用，店员说话要礼貌得体，语速适中，语音清晰，要学会从顾客的表情、视线、动作及彼此之间的空间距离中，感知顾客的心理状态与情感反应，了解顾客的情绪变化，然后有的放矢地调整自己的动作、姿态、表情等与之交流，从而获得顾客的好感，以提高产品销售率。

2. 自选式货架陈列

药妆产品的自选式货架陈列应遵循错落有致的原则，不能因为要尽可能地利用有限资源而将货架摆放得密密麻麻、分类混乱，要充分注意细节，因为女性顾客对于细节尤为重视。货架通道要遵循主次原则，主通道的宽度与次通道的宽度设计要有所区别，通常以 60 平方米的营业面积为例，其主通道宽为 1.5～2 米，次通道为 1～1.3 米较为合适。自选式货架一般陈列的药妆产品多为普通品牌产品和个人护理用品，在陈列摆放时，要考虑其包装的大小、颜色协调等因素，类别相同、大小相近、颜色相协调的药妆产品摆放在一起。要注意顾客在随意挑选产品时，没有顾客的示意和求助，店员不要主动打扰顾客的购买行为，以防顾客产生腻烦、抵触情绪。

3. 封闭自选混合式陈列

对于经营面积在 100 平方米以上的药店，可以采用此种陈列方式，可以更有效地利用空间，在药店中药妆产品可以和其他产品关联陈列，形成一种链条模式，从而使利润最大化，例如可以将药妆产品和保健品、医疗器械等相互关联陈列，如图 2－2 所示。

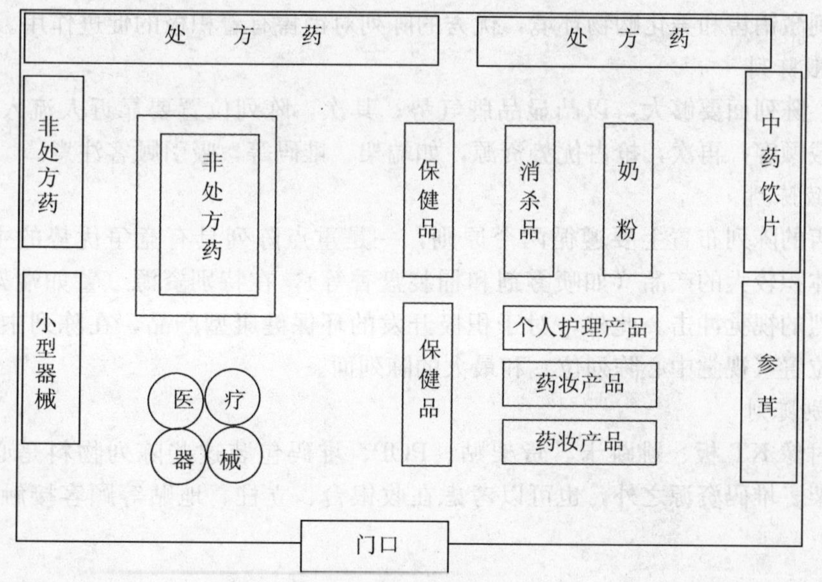

图 2－2　关联陈列

（六）保健品如何陈列？

保健品在药店中的陈列主要分为一般陈列、特别陈列和促销陈列三种。

1. 一般陈列

一般的货架陈列又包括货架陈列、供应商专有货架陈列和展示柜陈列，在陈列时，应尽量靠近店里顾客行走路线陈列。药品应放置在水平视线位置，至少有两个陈列面。

2. 特别陈列

特别陈列有地堆陈列和端头陈列两种形式，它是对正常陈列的一种补充。新品的特别陈列是其陈列方式中很重要的一种，它能使新品更快速地吸引更多进入药店的顾客，并获得顾客认可，获得更多的销售机会。

3. 促销陈列

促销陈列是为促进产品销售所做的陈列，所以在促销时，可以将保健品陈列于药店人流最多的走道中央、货架两端的上面、墙壁货架的转角处、收银台旁等位置，应尽量避免仓库出入口、黑暗的角落、店门两侧的死角、气味强烈的商品旁等位置。

此外，保健品还可以利用 POP、色彩搭配、灯光调节等方式，组合搭配以吸引顾客的注意。

保健品在大卖场的陈列主要包括以下三个类别：正常陈列、特殊陈列与促销陈列。其中，正常陈列又包括正常货架陈列、供应商专有货架陈列、展示柜陈列；特殊陈列包括地堆陈列、端头陈列等。在新品的陈列中，供应商必须充分利用这些陈列才能实现销量的稳步增长。

（七）消杀品陈列方法有哪些？

消杀品作为季节性产品，夏季是销售旺季，因此陈列显得尤为重要。陈列可以展示商品、刺激销售和美化购物环境，优秀的陈列对销售有着积极的促进作用。

1. 一般陈列

首先，陈列面要够大，以凸显品牌气势；其次，陈列位置要靠近人流入口处，第一时间拦截顾客；再次，抢占优势资源，如端架、堆码等，吸引顾客注意。

2. 细致陈列

在门店的陈列布置上要遵循两个原则，一是重点陈列具有竞争优势的主推产品；二是利用体积较大的产品（如喷雾剂和桶装盘香等），在特别资源（譬如端架和堆码）上制造强烈的视觉冲击。此外，对于积极开发的环保健康型产品，在陈列中要给予最佳的陈列位置（视觉中心陈列位）和最大的陈列面。

3. 特别陈列

陈列时像 KT 板、跳跳卡、货架贴、POP、堆码包装这些陈列物料是必不可少，在争夺货架、堆码资源之外，也可以考虑在收银台、立柱、地贴等顾客接触率高的地方陈列。

（八）婴幼儿奶粉应如何陈列？

根据国务院办公厅转发的《关于进一步加强婴幼儿配方乳粉质量安全工作意见的通知》，婴幼儿奶粉在药店试行专柜销售，北京和江苏已于 2013 年 10 月首先试行。申请销售婴儿奶粉的药店，需通过乳制品流通专项审核许可，食品流通许可管理机关还将对申请人实施经营条件现场核查，严格审核许可申请人的经营条件，不具备经营条件要求的一律不得核准许可。

药店卖奶粉需有专柜、专人管理，已取得婴幼儿奶粉流通许可的药店需实行专柜销售婴幼儿奶粉，药店应当在门店划定专门的柜台、货架摆放、销售婴幼儿奶粉，并在销售柜台、货架处显著位置设立销售专柜提示牌，并采取“绿底＋白字（黑体）”式样，专柜陈列销售也具有可以防盗的好处。

药店还应当设立专门区域单独存放库存的婴幼儿配方乳粉，符合标签标注的储存条件，并与库存的药品隔离。药店销售需配备专业人员，药店专业人员经过婴幼儿配方乳粉相关管理法律法规以及婴幼儿科学喂养知识培训后，方可对所销售的婴幼儿配方乳粉对顾客进行专业的指导和帮助。

此外，奶粉也可以通过自动贩卖机陈列和借助悬挂有奶粉字样的广告灯箱来销售，如北京的四家连锁药店就设立了 ATM 机来自助销售奶粉。

四、药品陈列艺术

（一）药品陈列的艺术趋势是什么？

现代的商业经营不再是简单的纯商业活动，而是与顾客进行各种心理交流的特殊场所，卖场的药品展示与陈列不能仅仅停留在开架售货或疏密有致的简单摆放，而要利用美学、心理学、人体工程学、社会学、行为学等方面的知识，利用药品可以缩短买卖双方的距离，了解顾客观看药品的特点和习惯，最大限度地吸引顾客的注意力。

1. 展示与陈列的个性化、多样化

药品展示与陈列设计要紧随并适应社会的快速发展，特别是随着人们价值观的变化和生活方式的变化而变化。药品展示与陈列以其多样化的形式风格，显示出一个个性化、多样化的未来。药品展示与陈列的艺术效果不仅要展现出人们目前所需要的药品，更应反映人们心目中所追求的形象与美好的未来。

2. 展示与陈列弱商业化倾向

药品展示与陈列的商业气息开始淡化，文化色彩明显增强。主要表现在以下三个方面：

（1）药店功能多样化，药店不仅是病患的购物场所，同时随着非药品经营品种的增加，它还是任何一个追求健康的人都应光顾的地方。

（2）注意情节性场面的营造，追求舞台化的艺术效果，从而在人们的思想深层留下

深刻的印记。从某种意义上讲商场就是剧场，商品就是剧场的主角，光顾的顾客就是观众。商品展示的舞台效果将给顾客带来美好的艺术熏陶和享受。

（3）现代派艺术的引入影响流派风格的形式与发展。如现代派的雕塑、绘画、建筑等均在当代卖场展示与陈列中有所体现。以至透过展示与陈列艺术，人们仿佛看到了现代艺术的生活剪影。

3. 新的销售空间设计观念

将大自然引入销售——室内外的转换与交汇。特别是室内的室外化倾向，如在大厅内修建喷泉，楼层阳台摆放花卉、草木。自然景观赏心悦目，使室内外连为一体，整个店内气氛舒适温馨。

空间消失，运用材料、色彩、光照变化等使狭小的空间扩大，空旷的空间不空荡，避免特殊空间可能带来的一切消极视觉的心理反应。

4. 展示与陈列呈现多种文化风格

在现代药品展示与陈列中，为了不断给顾客以富有新意的印象，不同的药店应风格各异，突出工业美、科技美与天然材质美，现代派与怀古之传统派并存，国际派与地方派互补，呈现出多种文化姿态。

（二）如何利用形的运用？

对于一成不变的事物，看多了容易使人产生反感。药品陈列也是如此。即使药品的陈列状况十分合理，药店店员也应该时常提醒自己："这种摆放的方式太久了，要改变一下。"这样一来，即使没有新药品销售，也会因陈列的变化使顾客耳目一新。

药品的陈列方式要风格固定中有灵活性，整齐的排列固然使药品看起来规矩，但却缺乏美感，应尝试新的方法。例如：有的药店将外包装色彩艳丽的药品摆成一个大大的"心"型，也有的将其摆放成"关注健康"等之类的艺术字。这些陈列形式的改变使药品更加立体、生动，极大地吸引了顾客的目光。

（三）如何把握好光的运用？

1. 灯光的分类及应用

零售药店使用的灯光基本上可以分为三种，分别是基本灯光、二级灯光和气氛灯光。

（1）基本灯光。基本灯光是属于药店内的基本照明灯光，能够保持店内最低的能见度，方便顾客选购药品。基本灯光可以用萤光灯或白炽灯，可以是直接照明也可以是间接照明，这主要视药店店堂类型、所陈列和销售的药品等具体情况而定。

（2）二级灯光。二级灯光是为了突出某种药品的特质，吸引顾客的注意力而设置在店内的特殊照明。二级灯光的功能主要是帮助顾客判断和比较药品，从而对药品作出最佳的选择，同时也有利于店员迅速而有效地取到顾客所需要的药品。

二级灯光具有基本灯光所不能完成的对药品做某些特殊表现的功能。二级灯光可以采用聚光灯和泛光灯，主要是用来加强橱窗照明，使货架、货柜以及药品展现得明亮，吸引顾客注意。这一类照明光，已经具备了销售货物的功能。

二级灯光包括三种类型：① 下射灯光，就是从天花板往下照射的灯光。它能有效地照明柜台上方一定位置，这个位置要选择好，以免玻璃橱面或柜台面产生的反射光刺激到顾客的眼睛。② 陈列柜灯光，主要用来克服玻璃橱面和玻璃滑门等产生的反射光所引起的眩光现象，陈列柜灯光如果高于视平线，则要注意将其隐蔽好。③ 隐蔽灯光，是对货架上和壁橱内的药品提供照明的灯光，这种灯光容易隐蔽。它们除了能强烈照射药品外，还可向上照射，突出药品的轮廓，有的经营者也用来照明墙的上部，营造舒适的气氛。

(3) 气氛灯光。气氛灯光是店内外灯光系统的重要组成部分，气氛灯光的设计应与门面整体形象协调一致。气氛灯光可以消除暗影，在特殊陈列中制造不同的效果，它不仅可以照亮药品，还可用来直接照射墙壁，营造气氛。

2. 防止照明设备损害药品

因照明设备的原因而引起药品的变色或变质等情况屡见不鲜。如果将装饰美化过的药品，递到顾客的手中，才发现已经变质，这样不仅会使药店失去销售药品的机会，也会使药店自身的信用大打折扣。为避免此类事件的发生，经常留意或利用局部照明陈列处的药品是十分必要的。对那些怕热须低温保存的药品应远离灯具；须避光保存的药品应密闭封存。同时，为了保持理想的亮度，应经常关注相关的照明器材的保养。

总之，对于药店，照明应以不影响药品质量和颜色的观感为基本点，否则就会破坏药品的价值，影响顾客的购买欲望。

(四) 如何运用色彩陈列?

在专卖店的氛围设计中，色彩设计的有效使用具有普遍意义。色彩与专卖店经营环境、与专卖药品搭配是否协调，对顾客的购物心理有着重要影响。

1. 色彩对顾客的影响

在商业活动中，顾客的色彩反应与偏好常常与顾客自身的性格、生活经验、兴趣爱好等密切相关。好的色彩设计可以起到吸引顾客、展示药品特色的作用。

在文化水平较低或经济不发达地区的顾客，一般偏爱比较鲜艳的原色，尤其是纯色系列，而配色也多为强烈的对比色调；经济发达或文化水平高的地区顾客则对比较富丽、柔和的色调与浅淡的中间色有较高的兴趣与欣赏力。因此，药店进行色彩设计时应考虑自身所在的地区及顾客对色彩的偏好等因素。

处于不同年龄段的人对色彩的偏好也不同，幼儿期一般偏好红、黄等颜色；儿童期则偏好红、蓝、绿、黄等颜色；青年期又转向蓝、红、绿等色彩；中年则喜欢紫色、茶色、蓝、绿等颜色，老年期偏好深灰、暗紫、黄色等。因此，药店进行色彩设计时应把自身的目标顾客年龄段对色彩的偏好考虑在内。

2. 色彩设计对药品的影响

暖色系列（红色、黄色、橙色）是一种很容易使人产生亲近感的色系。冷色系列（蓝色、绿色、紫色）看起来有很远很高的感觉，有扩大感，会使人感到很冷清，降低亲切感，应尽量避免使用。但在夏季为了表现山峰海涛的感觉，则可以使用冷色系列，容易产生清凉感，所以当做季节性的应用是适当的。泥土类色系（棕色、金黄色）可以与任何色彩配合。

药品讲究安全与健康，多采用中性色彩系列。偏冷色调给人以安宁不躁之感；蓝色、银色给人以安全感；金红色给人以元气、阳气、健康与活力的感受。

五、药品标价及补上货管理

（一）药品的标价卡应如何管理?

粘贴在药品上的POP中，有一种表明了药品的名称和价格，我们把这种POP称为标价卡。去购物时，65％的顾客会参阅货架上的标价，货架上的标价有助于顾客选购药品，也有助于店员快速补货。

一提到标价卡，我们大多会想到粘贴在货架上名片大小的纸片，因为这是传统的标价卡。实际上，通过改变标价卡的大小以及书写方法，可以使主推药品更醒目，可以传达店家的意图，可以提高销售额。

1. 标价卡上应该表明的项目

（1）药品名称。

（2）生产厂家名称（为了在视觉上便于顾客辨认，应该让厂家名称的字体、颜色等与商标上的保持一致）。

（3）药品的品号、型号。

（4）厂家建议价格、参考价格、定价等。

（5）现售价。

（6）折扣率（特别是优惠价药品一定要注明折扣率）。

（7）如果有附加费用，一定要注明。

标注了以上内容，需要的信息基本上都有了。、

2. 在书写标价卡时应该突出的内容

要根据不同的药品进行具体分析。比如，优惠价药品，就应该将折扣率和现价用加粗的大字书写，价格应占标价卡的3/4位置，一般药品价格应占1/3位置，高档药品占1/4位置，超高档药品也占1/4位置，但要写得小一些。总之，药品越高档，价格所占的位置应越小。

当药品价格变动时，在药品标价卡上，凡现价低于原价均可以保留原价，并做取消原价符号以示降价来吸引顾客；凡现价高于原价应将原价除去，以消除顾客疑虑。应当注意，不能在药品标价卡粘贴后再更改价格，这样会降低顾客对药品价格的信任感，同时也会使药店形象受损。

紧俏药品要令其名称醒目，如果是名牌药品，则将品牌商标画得醒目。总之，名称就是要突出药品的长处。

所有文字如果都用相同字体、相同大小进行书写，就不如将想要强调的地方用夸张的艺术变形进行处理更能吸引顾客的注意。

3. 标价卡大小和位置应该注意的内容

根据标价卡大小的不同，销售的方法也相应发生变化，对于主力推销的药品，应该用大的标记牌，可以比通常的大2倍、3倍、4倍以上。

要经常检查标价卡是否粘贴在药品相应位置货架上；对药品名称、生产厂家、定价、售价、折扣率等项目一一核实，如果发现不符或者错误，应立即进行修改。

(二) 如何做好药品价签的管理？

价签的设计要突出显示所标注的价格文字，要能够引人注目，能符合大众的审美规律，也就是无论从上到下、从左到右还是从小到大、从远到近都要符合视觉习惯，要充分考虑不同层次顾客的审美能力和审美心理等。

1. 正确选择价签的颜色

顾客对不同的颜色会产生不同的心理反应，在设计价签时一定要注意色彩的搭配，选择大众普遍能够接受的颜色，当然每个人都有自己比较钟爱的颜色，所以在选择颜色时，要选择能让顾客产生强烈视觉冲击力的。

有的连锁药店为了让自己的价签更为显眼、明目，过多地使用颜色，其实这样只会给顾客留下店铺陈列混乱、没有品味的感觉。

心理学家指出，红色、橙色能够给人温暖、热烈和兴奋的感觉；黄色充满富丽、明快之感；深蓝色给人一种舒服、放松的感觉；浅蓝、紫色和绿色使人感觉凉爽、沉静；茶色、深褐色容易让人联想到浓郁的香味等。因此，连锁药店在选择价签的颜色时，不但要注意色彩搭配，还要注意和自己连锁药店品牌风格保持一致。例如：对于药妆产品，想要突出其典雅、高贵，可以选择黑黄色搭配或是黑红色搭配，以给顾客呈现一种醒目、靓丽的感觉；对于计生用品，可以选择粉色和橙色，以体现活力；对于处方药，可以选择栗色、墨绿或者深红色，以突出其稳重、安静。

2. 价签字体和图案搭配要合理

很多人都认为文字的作用就是用来阅读，但实际上，字体本身就是一种艺术品，不同的字体实际上就是不同的图片，能够传达不同的语气及含义。

对于价签的图案设计，连锁药店可以选择标识性图案、卡通化图案或者几何形图案等。

(1) 标识性图案是指用商标、品牌或者连锁药店名称等的拼音或者外文字母来设计价签，这种设计可以为店铺增添异域风采，但是要注意避免所用字母过于艺术化或过于烦琐，这将不利于顾客识别和记忆。

(2) 卡通化的图案设计是指在设计价签时，可以结合卡通形象，采用生动、幽默、夸张的卡通图案可以为连锁药店增添轻松的气氛，这种设计可以让顾客在幽默愉快之中留下很深的印象，尤其适合儿科用药。

(3) 几何形图案是指用点、线、面、圆、方、多边形或三维空间等几何线条或图

形来设计门店的价签，这种几何图案形状多变、效果抽象、艺术感强，非常适合那些适用于年轻人消费的药品，如减肥药。

（4）对于价签中文字和图案的整体搭配，要注意保持价签的整体效果美观、和谐，线条简单、流畅，特别要注意保持视觉的平衡感，巧妙地利用反差、对比或边框等强调主题，还要注意选择大小恰当的字号与和谐的字体，同时注意整体空间的留白处理，给顾客留下一片想象的空间。

（三）如何实施药品补上货管理?

零售药店的卖场变化是相当迅速的，特别是热卖场，一天之内，畅销的药品就可能一下子全部售完。在这种情况发生之前，药品的补充必须源源不断，使货架在任何时候都整整齐齐、满满当当地摆放着品种齐全的药品。

为了保证店内的秩序、维护货架的整齐、保证药品不缺货，有必要派专人进行负责。

店员在负责接待顾客的同时，要经常检查货架上展示药品的数量，一旦即将或者已经出现空位，就应该马上从仓库中取货进行补充。要从后面上货，以便做到先产先出、近期先出。同时要核对药品的有效期。任何到期药品都应引起药师及药店员工的注意。

另外，在补充新药品时，还要注意检查标价卡是否填好、POP是否粘贴了等具体事项。没有填写标价卡的药品等于没有拿出来展示，也就失去了药品的意义。

如果对药店卖场能够进行持续有效的管理，那么销售额就会不断提高。有这样一个词叫做“补充损耗”。就是说，仓库中虽然还有存货，但是当货架上售空时，却没有及时进行补充，药品也就没有及时拿出来展示，从而造成没有销售出去的损失。为了消除补充损耗，时常维持富有魅力的药店并及时补充药品是非常重要的。

六、药品盘点

盘点是药店掌握自身资产状况和管理资产的有效方法，在门店作业中，盘点作业是一项最繁杂、最花费时间和人力的作业，但是盘点作业显示了药店的经营管理的好坏，可以说，它是衡量门店经营效果好坏的最标准的尺度。

药品盘点是指定期或不定期地对店内的商品进行全部或部分的清点，以确定该期间的实际库存和差异，从而掌握该期间内的实际损耗，它是考核商品定额执行情况的重要依据。商品盘点是经营活动中一项重要的工作环节。

（一）盘点的目的是什么?

门店在营运过程中会存在各种损耗，有的损耗是可见和可控制的，但有的损耗是难以统计和计算的，如偷盗、账面错误等。因此，需要通过定期或不定期的盘点来得知门店的盈亏状况。盘点可以达到如下目的。

1. 掌握与控制库存

全面掌握目前店面商品的库存品种、数量及金额。

2. 了解店面商品的损益状况

实盘金额与账面金额核对找出差异，并通过盘点差异表，确切掌握所有单品的调整状况。

3. 商品结构的调整

计算几大类商品的品项数、库存比率、动销比率、毛利率、销售比率、存销比等，进行销售分析，调整商品结构。

4. 了解商品效期情况

在抄写盘点表及盘点过程中，全面清理滞销品、效期商品，以便及时登记、上报、退库，调整库存。

根据盘点情况，加强管理，得知损耗较大的营运部门、商品大组以及个别单品，以便在下一个营运年度加强管理，控制损耗；对商品结构进行适当调整，防微杜渐，同时遏制不轨行为。

了解目前商品的存放位置，整理环境并清除死角。

（二）盘点应遵循哪些原则？

盘点制度一般都有连锁药店总部统一制定，包括盘点原则、盘点方法的确定等方面。一般来说商品盘点应遵循以下原则：

（1）真实。要求盘点的所有点数、资料必须是真实的，不允许作弊或弄虚作假，掩盖漏洞和失误。

（2）准确。盘点的过程要求是准确无误，无论是资料的输入、陈列的核查、盘点的点数，都必须准确。

（3）完整。盘点过程的流程，包括区域的规划、盘点的原始资料、盘点点数等，都必须完整，不要遗漏区域、遗漏商品。

（4）清楚。盘点过程属于流水作业，不同的人员负责不同的工作，所以所有资料必须清楚，人员的书写必须清楚，货物的整理必须清楚，才能使盘点顺利进行。

（5）团队精神。盘点是全店人员都参加的营运过程。为减少停业的损失，加快盘点的时间，门店必须有良好的配合协调意识，以大局为重，使整个盘点按计划进行。

（三）盘点的方法分类有哪些？

1. 按盘物或盘账来分可分为实物盘点和账面盘点

（1）实物盘点是指实际清点存货数量的方法，由门店进行实物盘点。

（2）账面盘点是以书面记录或电脑记录进出账的流动状况而得到期末存货余额或估算成本，由电脑部或财会部进行。

2. 按盘点区域区分可分为全面盘点和区域盘点

（1）全面盘点是指特定时间，将店内所有存货区域进行盘点，一般一年 2～3 次。

（2）区域盘点是对店内不同区域进行盘点，一般以类分区，部分区域盘点和抽查盘点。

3. 按盘点时间段来分可分为营业中盘点、营业前后盘点、停业盘点

（1）营业中盘点时门店仍然对外营业，包括库存区盘点和单品盘点。

（2）营业前后盘点是指门店在关门前后进行盘点，包括全面盘点和区域盘点。

（3）停业盘点是指正常营业时间内停业一段时间来盘点，包括全面盘点和区域盘点。

4. 按盘点周期划分可分为定期盘点和不定期盘点

（1）定期盘点是指盘点每次间隔时间相同的盘点。

（2）不定期盘点是指盘点间隔时间不一致的盘点。如调价、经营异常、人事变动、突发事件、重点商品和清理残货等。

此外，盘点还可采用自动方式盘点，利用现代化技术手段来辅助盘点作业，如利用掌上型终端机可一次完成订货与盘点作业，也可利用收银机和扫描器来完成盘点，以提高盘点速度及精确性。

（四）盘点前应做哪些准备？

1. 人员准备

应在盘点的前一周安排好出勤计划表，确定好参与盘点的人员，在盘点当日停止任何休假，并落实盘点各区相关盘点责任人。

2. 单据准备

为了尽快获得盘点结果，盘点前应将进货单据、门店商品互调单、净销货收入汇总、变价单据、销货单据、退货单、报废品单据、赠品单据、移库商品单据及前期盘点单据等整理好。总之，盘点前要做到“三清两符”，即票证数清、现金点清、往来手续结清、会计记账与柜组账相符，账簿与有关单据相符。

3. 环境整理

环境整理工作一般应在盘点前一天做好，包括：检查商场各个区位的药品陈列及仓库存货的位置和编号是否与盘点配置图一致；清除卖场及作业场死角；将各项准备、工具存放整齐。

4. 药品整理

药品的整理是预防盘点差错的一项重要措施。药品整理后，各区域的货品划分明确，可防止漏点或重点。

操作过程应注意以下几点：

（1）堆头是指没有放置在货架上单独存放的货品垛，是盘点工作容易忽略、遗忘或混淆的货品。盘点时应将堆头就近并入每个盘点区域之内。货架旁边的堆头应紧挨货架摆放，以免被混淆到其他盘点区域。卖场空地上摆放的大堆头若是组合式陈列的，要分清每一种商品的类别和品名，注意分类、分垛摆放。

（2）注意每一种药品是否混杂了其他药品。易出现种类混淆出错的药品要重点做

好归类工作，避免出现错位、混放的情况。特别要注意同品牌、不同型号但外型很接近的商品不要混摆在一起，以免盘点时不同商品被作为同一种商品计入盘点。

(3) 药品整齐陈列时，要确保货架后排的药品不被前排的商品所遮挡或掉落到货架后面而未计数，避免遗漏商品，造成漏盘。

(4) 要注意是否每箱都是满的，把空箱子拿掉，不满的箱子里放满；把小箱子放到大箱子前面，以免被挡住而漏计数。

(5) 一般在盘点前两小时对药品进行最后的整理，陈列在货架上的药品顺序是绝对不能改变的。

5. 工具准备

如果是使用盘点机盘点，须先检查盘点机是否可正常操作；如果采用人员填写方式，则须准备好盘点表及红、蓝色圆珠笔，电板，计算器等。

6. 盘点表准备

盘点前组织员工抄写盘点表，完成盘点表的抄写，抄写时注意核对商品的品名、规格、厂家和货号，应从左到右、从上到下地抄写，保证商品编码、名称、规格准确无误。一般抄写 3 份，以备初盘、复盘和抽盘时使用。

(五) 盘点的流程与方法是怎样的?

盘点的流程如图 2－3 所示。

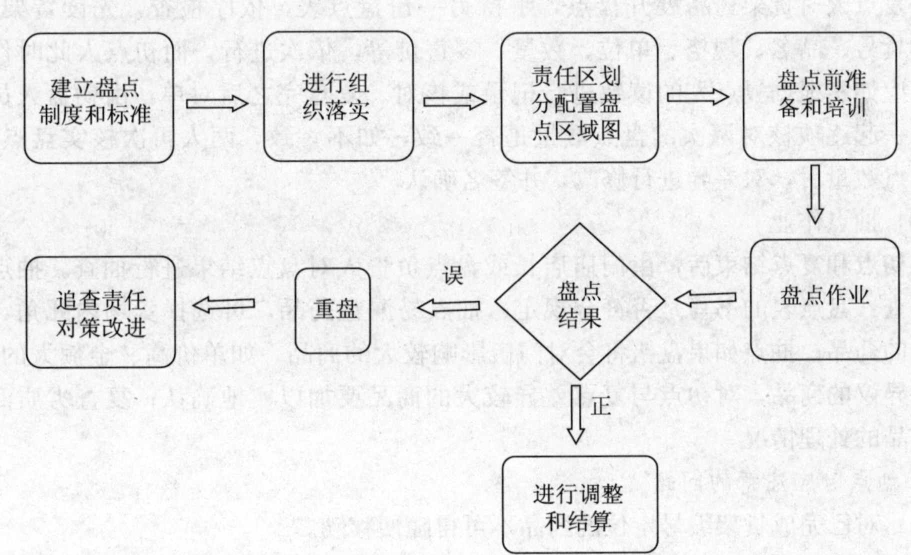

图 2－3　盘点的流程

1. 盘点作业流程的管理

(1) 盘点制度由连锁药店总部统一制定，包括盘点方法、盘点周期、账务处理、差异处理及奖惩规定。

（2）组织落实包括：全部盘点的组织落实和部分盘点的组织落实、区域划分。

（3）盘点作业要划分区域，落实到人。

（4）对于盘点前的准备，主要有人员组织、工具、通告、商品和环境整理、工作分配与盘点前培训、各种资料整理。

（5）盘点作业，主要有资料整理与分析、库存调整、差异处理和奖惩实施。

2. 盘点的三步骤

在盘点正式开始前由盘点负责人简要说明盘点工作的重要性、盘点的要求、盘点中常犯的错误及异常情况的处理。盘点作业可分为三种：初点作业、复点作业和抽点作业。盘点操作最好是两人一组，一人负责清点，一人负责记录，由初点人和复点人配合完成。在实施盘点时，应按照负责的区域，按商品货架顺序，逐架逐排依次由上至下、由左至右、由前至后进行盘点。

（1）初点作业

先由初点人对货架药品展开盘点，按盘点表顺序先读货架编号，然后读货号、品名、规格、单位、数量、零售价等，依次进行，而复点人此时作为填表者，如实根据初点人的读数进行记录或核对。初点作业须用蓝色圆珠笔来记录，并由初点人在初点处签名，以示负责。盘存者在盘点中，咬字要清楚，音量适中，以让填表者听清楚为原则。盘点时应顺便检查药品的有效期。

（2）复点作业

由复点人对货架药品展开盘点，手持另一份盘点表，依序检查，先读货架编号，然后读货号、品名、规格、单位、数量、零售价等，依次进行，而初点人此时作为填表者，应如实根据复点人的读数进行记录或核对。复盘完之后对单，由初盘人员与复盘人员一起逐项核对两次的盘点数量是否一致，如不一致，两人再次核实盘点数量，确实盘点数量后，对差异进行修改，并签名确认。

（3）抽点作业

在初点和复点结束后，由门店店长或盘点负责人对盘点结果进行抽查。抽点时应重点抽查：盘点表的书写是否符合规定；抽点易漏盘药品，可选择卖场内死角，或不易清点的药品；抽点如果盘错将会对门店影响较大的商品，如单价高、金额大的商品；抽盘有异议的商品，对初点与复点差异较大的商品要加以实地确认；复查劣质商品和破损商品的处理情况。

3. 盘点时应注意的问题

（1）对已完成货架编号定位的药品不可再随便移动。

（2）在盘点药品时，要求盘点人员在心理上应同处理现金般谨慎行事。

（3）盘点时应顺便检查药品的有效期，近效期药品应随即取下，并做记录。盘点后应将盘点中发现的破损药品、滞销药品、近效期药品整理出来，汇总起来，与正常药品分开，汇集到统一的地点，以做处理。对已过期失效的商品应按报损处理方法处理。

（4）盘点不同特性的商品时，应注意计量单位的不同。

（5）每一货架盘点后在合计与单位的空白栏间，从右上至左下画斜线，并在抽点栏签名，以发挥确实核对的作用。

（6）盘点单上的数据应填写清楚，以免混淆，注意数字的填写工整。

（7）如果写错数字，只能在原有的基础上进行增减，不能涂改，不能用涂改液或圈涂法。如必须改，可将原来的数据划掉，重新书写，并由修改人在修改处签名确认。

（8）对大件商品、堆头盘点时要注意安全，防止商品掉落造成伤害。

（9）若在营业中盘点，应注意不可高声谈论，或阻碍顾客通行；店长要掌握盘点进度。盘点人员在盘点中遇到突发情况时不能擅作主张，应及时向店长汇报。

（六）盘点后的资料准备工作包括哪些?

1. 盘点负责人负责盘点表的回收工作

盘点结束后，盘点人员将手中的盘点表按盘点区域交回盘点负责人。盘点负责人应认真检查盘点表张数是否正确无误，是否都有签名或其他遗漏，并加以汇总。

2. 将盘点结果录入电脑

按照盘点表顺序录入，必须由两个人完成，录入完一张盘点表，必须在表上签名。盘点数据录入后检查盘点数据输入是否正确，有输入错的，可进行修正。盘点表录入完后将盘点数据上传到总部。

3. 根据盘点结果实施奖惩措施

药品盘点的结果一般都是盘损，即实际值小于账面值，但只要盘损在合理范围内应视为正常。药品盘损的多寡，可表现出店内从业人员的管理水平及责任感，所以有必要对表现优异者予以奖励，对表现较差者予以处罚。

指南三　销售技巧

一、药品销售前迎宾阶段

（一）主动相迎能带来哪些好处?

1. 营造良好气氛

以前的很多经营理念，认为店员应该把顾客当作上帝。而在现在的营销理论中，顾客应被当作我们的亲友。那么，亲友来家做客时，我们应该怎样对待他们呢？打开房门，热情地迎接他们，寒暄几句，然后端茶倒水招待朋友。于是屋子里充满了久别重逢后的温馨。

药品销售也是一样，需要一种良好的气氛，这种良好的气氛从一开始就需要营造，这就是主动相迎的重要性。

2. 顾客期待主动相迎

当顾客，尤其是新顾客来到一家药店或柜台，是到了一个陌生的地方，在情势中属于弱者，所以希望一进门就被当做亲人来对待，希望有店员能主动相迎。

冷淡会使70%的顾客敬而远之。如今，商家的服务意识普遍得到提高，药店的竞争也越来越激烈，顾客在这种环境中自然会变得比较挑剔，顾客在买不到药品时，到其他药店也能买到，顾客为什么要忍受不热情的对待?

调查显示，当受到冷淡的对待后，70%的顾客会选择离开。因此，主动相迎不但可以开发新顾客，而且可以提高顾客的忠诚度。

3. 顾客心中的六个问题

有一个专门的营销调研表明：所有的顾客在消费的时候都在心中存在六个问题，这六个问题必须找到答案，否则他们不会购买，这六个问题是：

（1）“我为什么要听你讲?”

（2）“这是什么?”

（3）“对我有什么好处?”

（4）“那又怎么样?”

（5）“谁这样说的?”

（6）“还有谁买过?”

这其中的第一个问题就是：“我为什么要听你讲?”顾客会在刚刚开始的时候有一

个判断，如果你是热情相迎，如果你能吸引顾客，顾客才会在你的柜台前停留，你才有机会把产品推销出去。药品作为特殊的商品，顾客在购买时会更加小心谨慎，如果店员不能向顾客清晰地解答以上六个问题，是不可能说服顾客在你这儿购药的。

（二）怎样成为一名优秀的药店店员？

1. 优秀店员必做的六个字

药品作为一种特殊的药品，其独特性决定了在促销时必须有别于其他的商品。药店店员要成为一名优秀的店员，首先就要学会如何做好药品的促销，这就要求店员在售药过程中要做到以下六个字：一懂，二做，三说，四配，五细，六练。

“懂”。作为店员，首先要懂药：药品的功能主治是什么，适用于哪些症状，用法和用量是怎样的，在服用的过程中有可能出现哪些不良反应等。另外，从促销策略上来讲，最重要的还要准确掌握每种药品的最大优点，从而向有需要的顾客推荐，并且能为顾客解释明白。

“做”。药品的摆放是药品促销中非常基础、非常重要的一项工作。药品摆放要整齐有序，对需要重点推荐的药品要陈列在最能吸引顾客眼球的位置，最好是让顾客进店第一眼就可以看到、伸手就可以拿到的地方。宣传广告也要放在显眼的地方，要能够引起顾客的关注。

“说”。见到顾客首先应该问好，面带微笑。在接待不同层次、不同类型、不同年龄的顾客时要灵活运用基本礼貌用语及接近方式，巧妙切入主题，简洁明了地把产品的特点和主要卖点介绍给顾客。不要长篇大论，不要喋喋不休，更不要缠住不放，让顾客感到烦。

“配”。有时，对顾客所患的疾病，单纯一种药品没有什么治疗效果，或者比联合用药效果差很多。此时，店员就要在充分了解顾客情况的前提下，从疾病防治和药学的专业角度向顾客解释清楚，推荐联合用药的方案，给顾客一种你对业务很熟练、对工作很认真、对顾客很负责的感觉。

“细”。所谓细节决定成败。在促销工作中要多用心，多留意，注意细节。比如自己的仪容仪表、言谈举止等是否会令顾客反感，促销结束后有没有及时做好总结，以便于后期促销活动的开展等。

“练”。没有谁天生就懂得促销、会做促销，优秀店员都是通过不断学习、反复实践成长起来的。知识每天都在更新，市场环境每天都在变化，只有通过不断的学习、锻炼，才能成为一名优秀的药店店员。

2. 店员角色定位与心理定位

一名药店店员要想步入优秀店员之列，在售药过程中，除了做到以上最基本的六个字外，还要有正确的角色定位与心理定位。

（1）店员的角色定位误区

药店作为零售终端，药品销售链的末端，就好像顾客和医药企业“竞技”的足球场上，顾客用“拒绝、异议”紧守“购买”的大门，能否洞穿顾客把守的“购买”大门，就看药店店员的“临门一脚”踢得怎么样。他们直接面对顾客，这“临门一脚”踢得好不好与其角色定位有极大的关系。在这一脚未踢出去之前，要先找准自己的位置，弄清自己所扮演的角色，寻找“进球”成功率最高的角度。药店店员正确的工作角色定位对处理自己与顾客的关系对销售行为和工作业绩会产生重大的影响。因为这一定位是建立在店员心理基础上的，不同的心理会引致不同的服务行为，而销售行为以及其结果最终带来的是工作业绩。

每个店员应该避免的三种角色定位误区。

① 药品订货员。这样的店员在售药过程中扮演的角色是订货员。他只知道守株待兔，不会主动宣传产品，不对顾客的消费心理和行为产生任何影响，完全依赖顾客自我去寻求解决问题的方法，而忽视了店员与顾客之间药品信息的不对称性，没有及时将必要的药品信息提供给顾客。药店所经营的主要是药品，药品本身其技术含量较高，从药品外观也不能判断其技术含量、内在质量等药品信息，而且市场上药品品种繁多，顾客没有能力有效把握众多的药品信息，靠顾客自我寻求解决问题的方法是不行的，这也意味着药店开展药学服务的必要性，店员掌握药学知识的必要性。药店店员要努力改善其与顾客之间这种药品信息的不对称，从而能使顾客在把握药品信息基础上，选购适合自己病情的药品，这样，药店店员也坚持了对症售药的药品销售原则。

② 药品推销员。有时药店店员把自己看成是药品推销员，这是绝对不允许的。因为顾客是否得了疾病、得的是何种疾病以及顾客本身的用药习惯、用药禁忌等病症方面的信息，作为药店店员是不能完全把握的，店员也不具备医生才能具备的疾病诊断能力。这就存在顾客疾病以及用药信息在店员与顾客之间的信息不对称性。在店员没有弄清顾客病症的前提下，盲目的推销药品同样是违背对症售药原则的，而对症买药自然是顾客购买药品时最为优选考虑的因素。

可见，药品作为人类健康与疾病相关的特殊商品，在销售过程中，任何强行推销的意图和行为都是顾客绝不会接受的。同时，如果顾客失去了决定的自由，或其自由选购过程受到了干扰，自然不能让顾客满意而将顾客吓跑。“强扭的瓜不甜”，店员销售时功利性太强，为了业绩不遵循职业道德，这是绝对不可取的，不仅影响药店长远的经济利益，也不会取得良好的社会效益。

③ 药品交货员。药店店员把自己定位为交货员，即把药品交给顾客，回收相应的货款就是工作的全部了。在现在的买方市场上，店员如果只知道消极等待，只管收钱、开票、递货是远远不够的。这种定位既不关心顾客是否买到适合其病症的药品以满足其需要，也不关心药店经营业绩。但是依据医生开具的处方来购买处方药的顾客，店员一般可定位为交货员，无差错地进行交货就完成了销售工作。

(2) 优秀店员的心理定位——导购型店员

从市场营销观念的发展过程看，由过去的以销售为核心转移到以顾客为核心。商家不再把顾客当作上钩的鱼，进行掺杂着诸多“温柔”欺骗的推销，给顾客“温柔的一刀”。相反，想顾客所想，顾客喜欢但不适合他的东西不卖给顾客。目的由获得最大的销售额进化为给顾客提供所需求的服务，一切着眼于长期的利润和效益，不追求短期行为。

导购型店员在引导顾客消费的过程中，既能有效了解顾客需求，为顾客选购药品进行指导（事实上，购买药品的顾客非常需要这种专业指导），又能有效促进顾客采取购买行为，实现销售。从促销心理和行为上分析，导购型店员的心理和行为要符合以下几个方面的要求：

① 对待工作勤奋、敬业。导购型店员要把握住销售节奏，在销售旺季和高峰时段甚至要争分夺秒，不离开柜台半步，不要错过客流和要购买产品的顾客。对待工作的态度要认真，有良好的职业气质和素养。对待顾客谦和，热爱自己的工作，在工作中都愿意倾注个人的情感，时刻体现着用心销售的勤奋和敬业精神，会为药店经营成绩而兴奋或焦虑。

② 能担当销售顾问的角色。药店店员扮演着顾客顾问的角色，发挥着顾客顾问的功能和作用，对医药行业有一定的认识，所讲述的语言具有行业代表性和权威性，能准确、清晰表述本药品在行业中的地位，对竞争品牌企业的实力也要有研究，并能关注顾客购药的每一个细节，全面归纳出某品牌产品的比较优势。

店员一定要有条不紊的介绍药品，始终保持严谨的思维逻辑。在柜台指点药品，游刃有余，要准确把握顾客的购物心理。尽可能地为顾客提供丰富的药品信息，帮助顾客购买优质的符合顾客需要的药品，而决非是简单的药品推销员。不要自以为是的将意志强加给顾客，店员仅仅是在为顾客做参谋，提建议，要认真地将药品介绍到位，但要让顾客自己作决定。

③ 学习和效仿能力强，心理素质好。导购型店员不能满足于自我的一点点经验和技能，要博采众长，主动走访，同更多优秀的店员沟通、切磋“技艺”。导购型店员要快速发觉顾客的感受和隐含的购药意向，以顾客的实际感受来调整介绍的方式内容，即使遇到销售中的尴尬局面，也能自圆其说、自编自演也能与顾客形成默契配合。导购型店员要历练出超强的心理承受能力，在面对顾客的刁难和“不屑一顾”能自我解嘲、平静圆场，为自己找到退步的台阶，让挑衅滋事的顾客只能一笑而过。

④ 悟性好，执行力强。一个素质过硬或有潜力的店员，要准确领悟上级主管的意思，在合理事实和销售规律面前能同领导形成共识，并遵照领导的指示调整推销重点，保证药店不同时期的市场策略和销售计划有效执行。

⑤ 处世老练而不露声色，介绍药品时能旁敲侧击。导购型店员在获得介绍药品的主动性后，即使稳操胜券，也要沉住气；当顾客不能产生购买兴趣时，也不要急躁。对待顾客的反应要能屈能伸，可灵活转换介绍方式和对象，借用不同的药品或药品组合来投石问路，最终引导顾客说出购买意向；在销售现场要语言表达得体，精练的说辞掷地有声，即便是普通平实的语言，对顾客也能起到旁敲侧击的作用，对顾客有潜移默化的启示，因为顾客往往坚信是自己经过思考后做出了正确选择。

有时店员过于热情、详细的介绍会引起顾客的反感，让顾客产生疑心，所以老练的店员在和顾客沟通时能不卑不亢、有礼有节，介绍药品时话语恰到好处，让顾客有导游般的感觉，成交后给顾客留下优质服务的感觉。

店员在介绍药品时不光是单一的介绍药品功能等知识，也是在推销自己的药店，要把药店良好的信誉和商业地位方面的信息（例如有好的基础，在当地口碑好，可靠的形象，管理先进、规范等）传达给顾客，让顾客感觉到在该店购药质量和售后服务有保障，价格也合理。总之，优秀店员要从多个侧面去说服顾客，直接介绍药品后还能提供辅助信息去刺激顾客，诱发和引导顾客的购买行为。

⑥ 善于演示，同顾客共同挑选和欣赏药品。由于信息的不对称，顾客购买药品一般都比较盲目，即使是冲着某品牌而来，也对药品了解甚少。店员在介绍药品时，要尽量展示内在品质，还能根据顾客要求及时改变药品陈列方位，如果是医疗器械要勤于演示产品功能，达到全面向顾客展示产品。现场的积极演示和调配产品能调动顾客的参与积极性，营造优越的购物场面，利于顾客体验式购物，提高成交可能性。

⑦ 有惯用的说辞和介绍程序。店员在长期的工作过程中要打造了自己的工作特色，开场要用最简洁、最有效的话语去打动顾客，要能提炼和总结适合自己语言风格和适合顾客心理的介绍程序，久而久之，就形成了自己惯用的销售套路和专用话语。

⑧ 针对疑问有效解说。疑问总是影响购买决策的最大障碍，店员在介绍药品时，不要去漫天撒网，一定要有着明确的针对性和目的性，能将顾客关心的诸如药品疗效、成分、副作用和注意事项等知识一步介绍到位（即使说明书上已经有详细的说明，也要向顾客讲解），消除顾客使用上的顾虑。

（三）如何吸引顾客注意？

药店的利润之源在哪？很显然是顾客。药店是为顾客服务，同时顾客是药店存在与发展的动力源泉。如果没有顾客，一家药店能经营多久？药店的成功经营除了要有优质的服务，合理的药品，更重要的是怎样打开药店利润之源的大门——吸引顾客进药店。这就需要把药店良好的形象和购药环境展示给顾客。

1. 药店设计展示

（1）招牌的设计

在众多店铺云集的街道，顾客怎么会在很短的时间内知道哪家店是药店呢？这就是招牌的作用。药店的招牌有很多种，有正面招牌，有侧面招牌，还有如药丸或胶囊形状的标志物等。

（2）标语的设计

很多药店都有标语，标语是药店经营理念的外在表现，如“悉察顾客需求，超越顾客期待”“全心全意为人民健康服务”“顾客的健康是我们的心愿”，标语应醒目、简练、易懂。

（3）照明的设计

药店照明遵循的原则是明亮清洁。光线暗淡，药店会显得沉闷压抑，顾客不容易看清药品和说明书；而光线过强，又会使顾客感到眩晕，店员视力精神紧张，易出差错。

（4）色彩的设计

在色彩布置上，药店应以让顾客感到舒适、轻松为前提，不同的药品可以用不同的颜色做背景。如将中药柜中的中药饮片和部分中药材布置成金黄色的背景，而将注射剂等药品柜布置成浅蓝色背景，让顾客身临其境，勾起强烈的购买欲望。不过药店的色彩应以淡色调为主，若药店的面积不大，就不应用太多的色彩。

（5）顾客流动线的设计

顾客流动线是指药店店内顾客的流动方向。由于店内顾客的流动方向是被店方有计划地引导的，所以也把顾客流动路线称“客导线”。实质上顾客流动线就是药店通道，是顾客购物与药店服务员补货的必要通道，其设计要方便顾客行走和参观浏览。药店通道一般分主副通道，主通道是顾客从店门进入的店通道。药店流动线布局应充分考虑主副通道的宽度，药品补给路线选择，非营业场所与营业场所连接等各个方面。

（6）药店的装饰用材

药店内外部装饰中，装饰材料质地的不同会产生不同的效果。质感粗糙的使人感到稳重、沉着和粗犷，细滑的表面质感则使人感觉轻巧精致。材料质地的不同还会给人高贵或简陋的感觉。正确地选用装饰材料，能增加药店的艺术表现力。专业药店和社区药店以简洁清洁为主，在装饰上一般用料比较便宜，装修也比较简单。综合性药店由于功能繁多，装饰也比较繁杂。精品药店装饰显示出高贵、华丽的气息，与精品药材相呼应。

2. 药店环境展示

（1）店面的布局和陈列

药店应遵循合理布局的原则，按照GSP中的相关要求，药品与非药品、内用药与外用药、处方药与非处方药之间应分开存放，等等。为了方便顾客购买，不同种类的药品应该分别存放，有提示顾客购买品类的指示牌。药师咨询区应临近药品区，特别是处方药药品区。当药店有多个服务区时，更应该合理规划区域，如美容美体区应临近药妆柜台，医疗门诊区应临近处方药区域。

（2）气味

气味会影响形象。药店应注意保持空气的清新，消除不良气味。

（3）声音

声音往往是气氛营造的背景。药店可播放一些舒缓的轻音乐、钢琴曲、古典音乐等，营造舒适轻松的气氛。

（4）温度和湿度

药品是特殊的商品，对存放的温度和湿度有特定的标准，药店应配备检测温湿度的设备，定时检测、记录药店的温湿度。

（5）清洁度

没有顾客愿意购买外表沾有灰尘的药品，也没有顾客愿意进入满是尘尘的药店。药店的橱窗、柜台台面、休息椅等应做到清洁卫生。在固定的地点，应设立颜色醒目的垃圾桶，防止顾客随地扔垃圾。

(四) 怎样引导不同年龄段的顾客?

1. 青少年的消费心理及引导方法

主要表现：喜欢和成年人比拟、趋于稳定的购买意识、从众心理开始形成、个性化消费心理不断发展。

引导方法：恰当地运用商品的定价方法、充分发挥商品直观形象的作用、适当注意商品质量。

2. 青年的消费心理及引导方法

主要表现：追求时尚与新颖、追求科学与实用、追求自我成熟和消费个性的表现、冲动性多于计划性。

引导方法：利用青年购买的群体性、利用青年购物的快捷性、利用青年购物的时尚性。

3. 中年的消费心理及引导方法

主要表现：中年人是家庭消费的主要决策者；希望以稳重、自尊和富有涵养的风度有别于青年人；情绪不易受外界影响。购买时有理性、有计划、有主见、有求同性。

引导方法：不能欺骗、要真诚，不要夸夸其谈，要认真地、亲切地与之交谈，对他的家庭、事业说一些佩服的话，要说得实在，他们会乐于倾听，从而信任你及你的产品，不要施压和紧逼。

4. 老年人的消费心理及引导方法

主要表现：具有较强的习惯性购买心理，求方便、安全、服务以及求实。老年人心理比较敏感、多疑。

引导方法：提供耐心周到、细致入微的良好服务，提供舒适、方便、安全的购物环境。

二、药品销售过程中接待阶段

(一) 如何运用药店服务促成销售?

1. 运用微笑服务

微笑应是发自内心的，真诚的笑，通过微笑使顾客感受到温情，能与顾客进行情感的沟通。微笑是店员必备的基本素质，但是不能在实际工作中生搬硬套。

2. 讲究语言艺术

“温语慰心三冬暖，恶语伤人六月寒”。店员主要靠语言与顾客沟通交流，店员的语句是否热情、礼貌、准确、得体，直接影响顾客的购买行为，并影响顾客对药店的印象。优秀的店员说出的话应该具有逻辑性，层次清楚，表达明白，言语生动，语气委婉；讲话突出重点；不讲多余的话，不啰唆；不夸大其词，不说过头的话；在任何情况下都不能侮辱、挖苦、讽刺顾客；不与顾客发生争执；说话因人而异；不能使用

服务忌语。

讲话还要注意多用请求式，少用命令式；多用肯定式，少用否定式；多用先贬后褒的方法；当然讲话还要配合适当的表情和动作。

3. 注意电话礼貌

有些顾客会打电话到药店里，或要求送药，或需要咨询，或投诉，如果接电话的店员敷衍了事，或一问三不知，甚至极不耐烦，这会极大地损害药店的信誉。

接电话的具体规则：

（1）接通电话后，要先自报家门："您好，这里是××大药房××分店，我是×××。"

（2）接到找人电话要尽快转给被找者，找不到时要解释清楚，并尽量留言，必要时记在纸上。

（3）当自己无法明确答复时，要请对方稍候，问明白了再做答复。

（4）需要对方等待时，需向对方说："对不起，请您稍等一下。"

（5）结束通话时要注意礼节，要有致谢语和告别语。

4. 熟悉接待技巧

店员每天要面对各种各样的顾客，采用灵活多样的接待技巧，满足顾客的不同需要，使她们高兴而来，满意而去。优秀的店员接待不同身份、不同爱好的顾客的方法如下：

（1）接待新上门的顾客要注重礼貌，以求留下好的印象。

（2）接待熟悉的老顾客要突出热情，使她又如逢挚友的感觉。

（3）接待性子急或有急事的顾客，要注意快捷，不要让她因购买药品误事。

（4）接待精明的顾客，要有耐心，不要现出厌烦。

（5）接待女性顾客，要注重推荐新的药品，满足她们求新的心态。

（6）接待老年顾客，要注意方便实用，要让她们感到公道、实在。

（7）接待需要参谋的顾客，要当好她们的参谋，不要推诿。

（8）接待自有主张的顾客，要让其自由挑选，不要去打扰她。

5. 掌握展示技巧

熟练地展示药品可减少顾客挑选的时间。店员在展示药品时一定要尽量吸引顾客的感官，激发她的购买欲望。店员要双手把药品递给顾客，不能单手或把药品直接放在柜台上，同时要有适当的言语表示。

6. 精通说服技巧

顾客在选购药品时，心理不是一成不变的，店员能给出充足的理由让他对某种药品产生信赖，并得到顾客的认同，才能做出购买的决定。一般说来，只要在顾客对药品提出询问和异议的情况下，才需要店员对她进行说服和劝导。在顾客对店员推荐的药品提出异议时，店员必须回答她的异议，并加以解释和说明，这个过程，实质上就是说服过程。

说服顾客的技巧有以下几种：

(1)“是，但是”法。这是一个回答顾客异议的一种方法，其核心是：一方面店员要对顾客的意见表示同意；另一方面店员又要解释顾客产生意见的原因及顾客看法的片面性。“是，但是”法，可以在不和顾客发生争执的情况下，委婉地指出顾客的看法是错误的。

一顾客走进药店，来到保健品柜台，顾客对店员说：“我想买一盒钙铁锌给小孩吃，但是我听同事说她给孩子吃过保健品的钙，说没什么效果。”

店员和颜悦色地解释说：“是的，您说得很对，很多孩子服用过保健食品后，由于小孩的身体各项机能并不很完全，效果不能很快地显现。但是，由于小孩不能充分地从食物中摄取生长发育所需的钙铁锌，合理地补充保健食品将会有助于您的小孩健康成长，长期服用肯定是有效果的。”

在这个例子中，店员先用一个“是”对顾客的话表示赞同，再用一个“但是”解释了效果不佳的原因。这种方法可以让顾客心情愉快地纠正对药品的误解。

(2)“高视角，全方位”法。当顾客对药品的某个方面提出缺点，店员则可以强调药品的突出优点，以弱化顾客提出的缺点，当顾客提出的异议基于事实依据时，可用此法。

一中年妇女来到药店，想给父亲买降压药，店员介绍了一种，中年妇女仔细研究着，这时店员补充道：“这药是大厂家的药品，在很多媒介打过广告，降压效果很明显。”

顾客疑虑的问道：“降压效果是不错，但这药降压能保持平稳吗？副作用会不会很大？”

店员聪明的解释道：“这您放心，这药都是经过专家认定的，有大量的临床试验证明，能平稳降压，副作用轻微。”

(3)“自食其果”法。采用这种方法，实际上是把顾客提出的缺点转化为优点，并作为她购买的理由。

一位顾客买治疗脚气的产品，因为价格高，想要压价，然后说道：“你们这药不能便宜点吗？这么贵，你们制度应该灵活多变，要不，你们这药能卖出去吗？”

店员用肯定的语气答道：“我们这种治疗脚气的产品是通过质量、疗效来取胜的，不像其他的厂家仅仅通过销量，厂家认为拥有严谨、科学的制度才能制造出好的产品，才能对顾客负责，您说不是吗？

把顾客提出的缺点转化成为他购买药品的理由，这种方法能把销售的阻力变成顾客购买的动力。

(4)“问题引导”法。有时可以通过向顾客提问题的方法引导顾客，让顾客自己解除疑虑，自己找出答案，比让店员直接回答问题的效果还好些。

一顾客走进药店，问道：“我想要治疗口腔溃疡的药。”

店员拿了某个厂家生产的散剂，说道：“这药只需喷到患处即可，而且价格便宜，但需反复使用。”

顾客一听说道：“反复使用，太麻烦了。”

店员细心的解释道：“这总比您一直难受要好的多啊，价格合理，可以用很长时间，重要的是效果好啊，比口服用药起效快，比一口贴经济实惠，您说呢?”

(5)“示范”法。示范法实际上就是操作药品的表演，用这种示范来演示给顾客，具体的示范表演比单纯用语言说明更能让顾客信服。

一顾客来到医疗器械柜台，问道：“有××降压仪吗?”

店员答道：“有啊，给您看看。”

顾客看了看，说：“这我没用过啊？会不会操作很麻烦，我给我母亲买的。”

店员耐心的解释道：“不会的，操作很简单的，我给您试试，您就会用了。”说着，店员就拿起为顾客演示，帮助顾客怎样操作，最后，顾客满意的带着产品离开了。

(6)“介绍其他顾客体会”法。这种方法就是利用使用过该药品的顾客“现身说法”来说服顾客，一般说来，顾客比较愿意听使用者对药品的评价。

两个女孩正在看一种减肥药，看了好一会儿了，还是没有决定买，向店员问道：“我们用过很多减肥药，都不怎么样，这种能好使吗?”

店员很体贴地说：“很多人都这么问过我，她们都有您的疑问，但您放心，这种产品许多顾客用了都说不错，据她们反映，效果很好。就刚才有一位吃过这种减肥药的李女士又买了几盒，您不妨也试试看。”

这种说明方法具有极强的说服力，应该积极采用，但不能任意胡说。

(7)“展示流行”法。这种方法是通过揭示当今药品流行趋势，劝说顾客改变自己的观点，从而接受店员的推荐。适用对年轻的顾客身上。

一顾客来到消炎药柜台，已经挑选了好一会儿了，还是没决定买哪种。这时一位店员走过来说：“您看看这种呢，新上市的消炎药，是××大公司生产的，很多人现在都在用，效果很好，应该更适合您。”一句话，使女顾客改变了主意，欣然买下。

(8)“直接否定”法。当顾客的异议来自不真实的信息或误解时，应使用“直接否

定法”。如果不对顾客加以纠正，那么顾客从其他渠道得到真实的信息后，自会对你不信任，因为她会认为你也不懂，她也不会再来买药了。

一顾客拿着止咳糖浆，问道：“同事说这种止咳糖浆很好用，比片剂、胶囊见效快，但是我又听说这种糖浆里面都含有轻微的毒品成分，喝了会上瘾的，是吗？”

店员小宋斩钉截铁地说：“您放心，您只须遵照医生处方或药师指导适量服用，绝不会有上瘾等副作用，止咳糖浆中虽含有麻黄碱，但是药品中的麻黄碱成分很少，只起治疗作用，您只要不长期大量服用，不会有任何问题。”

由于直截了当地驳斥顾客，一定要注意说话的语气，必要时才可以使用。而且采用这种方法语气要柔和、婉转，要让顾客感觉是在帮助她才驳斥她，而不是有意和她辩论，这样才不会伤她的自尊心。

7. 创新包装技巧

这种技巧主要适用于中草药的包装，如果由于包装的不好造成顾客的损失，那是得不偿失的。包装时要注意以下几点：

（1）包装速度要快，包装质量要好，包好的药品安全、美观、方便。

（2）包装之前，要当着顾客的面，检查药品的质量和数量，使顾客放心。

（3）包装时要注意保护药品，防止药品被碰坏和污染。

（4）包装操作要规范。

（5）包装过程中要遵从三不准：

①不准边聊天边包装。

②不准出现漏包、松捆。

③不准单手把药品交给顾客。

8. 做好退换服务

药店在一定的原则下，视具体情况允许退药换药，无缘无故退换的顾客不多。相反，允许退药使得顾客增加了购买信心，这对于提高药店的信誉，吸引顾客上门有很大的作用。

在退换药的过程中，店员应做到以下几点：

（1）端正认识，深刻体会处理好退换药是体现药店诚意的最好途径。要意识到顾客的信赖是千金不换的财富。

（2）要以爱心对待顾客，不怕麻烦，不能推诿，要急顾客之所急。

（3）在退药过程中，要向顾客表达歉意，并保证不发生类似的事情。

（二）顾客行为不同应采用何种接待方法？

顾客行为，指顾客在处理与顾客有关的问题时所表现出的行为，即顾客在寻找、选择、使用、评估和处理与自身满足相关的药品和服务时所表现的行为。顾客心理，是指顾客在处理与顾客有关的问题时所发生的心理活动，即顾客在寻找、选择、使用、

评估和处理与自身满足相关的产品和服务时所发生的心理活动。顾客行为是一种外部活动，是可见的，而顾客心理是一种纯粹的内部心理活动，是不可见的。但是，顾客行为与顾客心理是密不可分的，顾客行为由顾客心理引起，同时顾客心理还规定了顾客行为的方向性和目的性。所以，店员要想根据药店顾客不同的消费行为来采取不同的促销方式，首先要了解顾客的心理。药店的顾客形形色色、各种各样，由于家庭背景、文化程度、兴趣爱好以及观念的差异，在购药过程中购买心理各不相同，表现出的购买行为也千差万别，怎样识别各种类型的顾客？面对不同类型的顾客应采取什么样的接待方法？

1. 贪利心理的顾客

(1) 顾客特征

此类顾客对药品价格比较敏感，爱占便宜，价值 50 元的东西，50 元买回来，那只能叫便宜，只有价值 80 元的东西，50 元买回来，才觉得是占便宜了，心里才感觉舒服。在购药过程中，总喜欢讨价还价，或打折购买或要点赠品。所以，在某种药品搞优惠活动时，这类顾客的购买欲望比较强烈。这类顾客以老年人和女性居多。

(2) 接待方法

对于此类顾客，店员一般能迅速地识别出来，在推荐同类药品时，可以率先介绍正在进行买赠活动的药品，或增加其购药总金额，再打折销售。店员还应该尽量的“帮助”这部分爱占便宜的顾客占便宜。在总原则不变的情况下，给有需求的顾客开绿灯，让他觉得自己占了比预期大的便宜，增强其心理上的满足感。

××药店的某厂家维生素 C 保健品，每天的销量也就 5 盒左右，销量不是很好，厂家为了提高销量，联合该药店进行了为期五天的打折促销，10 月 11 日至 10 月 15 日，凡购买此产品，买五盒赠一盒产品，买十盒赠两盒产品外加送 1 斤鸡蛋，活动开始当天药店就门庭若市，场面异常火暴，五天活动截止后，据统计，该产品的销售额飙升，一天的平均销售量在 230 盒左右。除此之外，这五天里，药店的其他产品的销售额也明显增加，可谓“双赢”。

案例分析　顾客大多都有贪利心理，只要某产品打折销售或搞买赠活动，顾客就会蜂拥而至。所以药店可以根据顾客的这种心理，不定期对某类产品搞优惠活动，对于某类产品可以定期地进行促销活动，这样可以固定“老病号”的购药周期，将这部分顾客捆绑在店里。同时，还可以增加其他产品的销售额。

2. 比照心理的顾客

(1) 顾客特征

此类顾客女性居多，金钱观念相对较强，喜欢“货比三家”，总希望购买到“价廉物美”的药品。习惯于对同类药品的功能主治、规格、价格等基本信息反复比较，选择一种她认为性价比较高的产品，一般是同类药品中价格较低的。她们还倾向于对不同药店的药品价格、店员服务水平等进行评价比较。

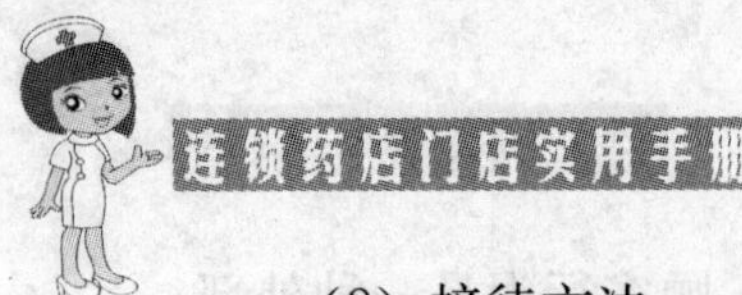

（2）接待方法

接待这类顾客，店员说话要有分寸，要把进店的每一位顾客视为自己的亲朋好友，主动热情、文明周到地为她们服务。介绍药品时，不需对药品的疗效和质量进行过多的宣传，让顾客自行比较。如果顾客有疑问，店员在作解答时应运用专业的药品知识详细地为其解释，同时可增加附加服务。

董女士走进药店问："治疗消化不良的药在哪边啊？"

店员小邵立刻答道："在这边，顾客您跟我来。"

小邵拿出治疗消化不良的药递给董女士，董女士仔细看看了药品，问道："这药怎么卖的呀？"

"7元一瓶"，小邵说道。

这时董女士看了一眼小邵，从包里掏出了一盒治疗消化不良的药，和手里的药进行比对，确认是同一药品之后，说道："这是我刚刚在别的药店买的药，和你这的一模一样，才六块五，你们怎么就这么贵呢？"

"两家药店的进货渠道不同，所以药价难免会有差异"，小邵说。

"那算了吧，我去别家药店买好了"，董女士不屑的说道。

小王为了不失掉这一顾客，最后以6.5元的价格卖给了董女士。

案例分析　案例中的董女士就是典型的具有比照心理的顾客，不但比对药品是不是一样的，还比较两家药店的价格。

3. 求新心理的顾客

（1）顾客特征

此类顾客以年轻人居多，消费时尚，反应敏感，对药品的外观和包装要求高；受广告宣传和社会环境的影响比较大，新上市的药品、新剂型药品、名气大的药品对年轻人吸引力较大，对常用的、老牌药品不愿问津；多属于冲动消费，易接受店员推荐的药品；价格敏感度相对较低，不问药品价格和规格，拿起药品丢下钱就走。

（2）接待方法

面对此类顾客，店员首先推荐新特药，并相应地解释药品的新颖之处。不过，店员还应确定其选购的药品对疾病的治疗是否有效，以免因为其盲从广告或一时冲动而购买没有针对性治疗效果的药品。在介绍药品时首先推荐新特药，语言简单明了，与他们沟通要迅速切入主题，少啰唆，尽量用快节奏的服务与他们快节奏的生活接轨。

一位年轻女孩进药店后，直接走向妇科用品专柜，店员小张急忙走过去问道："您是想买妇科用药吗？"

年轻女孩答道："是呀，我最近总感觉白带多，还有点痒，想买点栓剂用用。"

这时小张在专柜下层拿出了一包洁阴湿巾，说道："美女，这是××企业新研制出

的一种洁阴湿巾，这种湿巾是治疗妇科炎症的非处方药新产品新剂型，比起栓剂、洗液方便卫生的多，对治疗白带增多、外阴瘙痒有很好的疗效，见效很快，还获得过科技发明金奖呢!”

年轻女孩一听，欣喜地买了五包离开了。

案例分析　面对这种对新剂型偏爱的顾客，店员无须过多地介绍其他产品，简单明了地说一下药品的用法用量及注意事项即可。

4. 求廉心理的顾客

(1) 顾客特征

此类顾客以老年人居多，他们以追求药品价格低廉为主要心理特征，希望付出较少的货币而获得较多的物质利益，这类顾客对价格特别敏感，对价格的变化反应也格外敏感，喜欢选购低价、优惠价、特价、折扣价的药品。具有这种消费心理的顾客，以收入水平较低的人为多。这与顾客的经济条件有关，但也不是绝对的，也有一些收入水平较高的顾客以买到特价、折扣价的药品为满足。

(2) 接待方法

店员在接待这类顾客时，保持耐心、谦恭的服务态度，与其建立良好的关系，使其成为药店的忠实顾客，绝不可因顾客购买的药品价格低廉而心生偏见。在推荐药品时，选择同类药品中价格较低的药品，并耐心、仔细地交代该药品的服用方法及平时的注意事项。药店要尽量保持药品价格的相对稳定。

张大爷今年70岁，得高血压20年了，一直吃心痛定（硝苯地平片），因为价格便宜，一天张大爷来到药店购买心痛定，进门就问：“心痛定多少钱一瓶啊?”

店员小李答道：“3.2元一瓶，大爷。”

大爷一听惊讶的道：“什么，怎么这么贵了，我上次买还2.7元呢？我去其他药店看看。”

小李忙喊道：“大爷，这药早就涨价了，其他药店也和我家卖的一样。”

大爷不相信，唠叨着离开了。

案例分析　案例中的张大爷就具有求廉心理，只差5角钱，他也坚持不在该药店购买。对于这类顾客店员要耐心详细地向其解释，尽量做到不让顾客心生埋怨，以保持药店的良好声誉。

5. 价值心理的顾客

(1) 顾客特征

此类顾客倾向于购买名牌产品，因为他相信这种产品会给他带来比同类产品更大的价值，也就是说具有更大的潜在价值。潜在价值取决于产品的潜在质量。所谓潜在质量，它不是指质量监管部门检测出的质量，而是指顾客心中感受到的质量，是顾客主观上对一种品牌的评价。潜在价值具有独特性、独立性、可信性和重要性。潜在价

值就是名牌效应，正如名人效应一样，就是一种观念，这种观念已深深根植于顾客的心目中。

（2）接待方法

此类顾客，一般能快速识别出，店员无须过多地介绍其他药品，只需询问一下顾客的症状，保证顾客购买的药品对证，再交代一下药品的用法用量及注意事项即可。

赵女士的女儿玲玲，今年三岁了，这两天感冒，发烧咳嗽，赵女士来到药店问："有美林（布洛芬混悬液）吗?"

店员小吴拿出一瓶美林，同时她也拿出了另一个厂家生产的布洛芬混悬液，说："这个药和美林的成分完全一样，功效也一样，而且这个药比美林便宜的多。"

李女士接过两种药看了看，说："成分是一样，功效也一样，不过，我还是买美林吧，毕竟强生是有名的大公司，生产的药质量有保证，用着放心。"

于是拿着刚买的美林离开了。

案例分析 其实，有很多顾客像案例中的赵女士一样，追求品牌，一是认为品牌产品具有更大的价值，二是为显示自己的身份地位。面对这类顾客，快速达成交易是店员最明智的选择。

6. 趋同心理的顾客

（1）顾客特征

此类顾客以女性居多，她们的从众心理比较强，从众指个人的观念与行为由于受群体的引导或压力，而趋向于与大多数人相一致的现象。此类顾客容易受到外界影响，她们进行药品、保健品消费之前，经常会打听亲戚、朋友们的情况，希望在自己的身上也会产生同样的效果。

（2）接待方法

接待此类顾客，店员热情主动，细心周到，首先要判断其所购买的药品是否对症。如果前来买药的是妊娠女性或哺乳女性更应慎重，因多数药物对胎儿或乳汁有不良后果，店员不应轻易推荐药品，应劝其看医生后再用药。并详细地向顾客解释，因每个人的体质不同，同一药品对不同顾客的药效也不尽相同，建议顾客买适合自己的药品。

张女士进到药店想给母亲买延缓衰老的保健品，问道："你们这有养生堂的天然维生素E吗?"

店员小李回答说："有啊，给您看看，89元一瓶"，同时还拿出了另一个厂家生产的天然维生素E，说："我们还有一种天然维生素E，效果也不错的，是55元一瓶，价格也很合理。"

张女士接过另一厂家的产品，看了看说："算了吧，我还是买养生堂的吧，我同事的母亲都吃这种，都说效果挺好的。"

案例分析　张女士就是因为听自己同事说养生堂天然维生素 E 效果很好，才执著地购买这个牌子。其实，有很多顾客受周围人的影响比较深，用过某种药品的人对这种药的评价比任何店员、药师的推荐或广告宣传更有效。

7. 短缺心理的顾客

(1) 顾客特征

此类顾客经常认为“物以稀为贵”，当他们看到“打折销售”“数量有限”“欲购从速”等字眼，购买欲望就会比较强烈，这类顾客倾向于购买打折优惠或正搞买赠活动的产品。

(2) 接待方法

对于这类顾客，药店可以根据顾客的这种心理不定期的对某些药品搞优惠活动，增加药店人气，同时带动其他药品的销售量，以增加药店的总销售额。

一般店员很容易识别出此类顾客，要主动热情地打招呼接待，为他们详细地介绍活动的具体细节，但是也不可为了药店利益，而盲目地向顾客推荐药品，一定要遵循对症售药的基本原则，以免影响药店声誉。

某药店处在居民区中，四周都是居民区，地理位置很好，按理说生意应该很好，但实际情况确是人寥寥无几，原因是周边药店众多，附近大大小小的药店加起来有将近 20 家。药店店长为了提高客流量，增加药店人气，在门口显眼位置立了一个牌子写道，本店每周都有一类药品打折促销，数量有限，周周不同，具体促销药品会提前写在提示牌上，同时为回馈广大顾客，办会员卡就赠送创可贴一枚，每月 15 日会员日，双倍积分，全部药品 8.8 折。结果发现，药店的客流量明显增加，后来，人们发现该药店的药品价格比其他店稍低些，来买药的人渐渐多了起来，成为了忠诚顾客。

案例分析　该药店经营者就是自觉地运用了“短缺心理”，药品只进价销售两天，机会难得，让顾客感觉过了这个村就没这个店了。由此，扭转了该药店人流稀少的局面。

8. 偏好心理的顾客

(1) 顾客特征

此类顾客在购药过程中，易从经验或印象出发，对某种药品、某个厂家、某家药店或某个店员等产生特殊的好感，信任备至，在购买中非此不可。这类顾客就是药店最忠诚的支持者，他们不仅自己经常光顾，而且是药店的义务宣传员，对他们周围的其他顾客有着很大的影响作用。

(2) 接待方法

对于此类顾客，店员要像接待自己的亲朋好友一样，热情周到，与他们建立良好的个人关系，努力培养顾客的这种偏好心理，不断为药店争取更多的忠实顾客。

小王是某某药店的店长，工作半年了，小王发现自己门店的销售额始终不好，她

的门店在闹市，而且药价比旁边药店的低，但是营业额却没有旁边的好，小王搞不懂为什么会这样，这几天小王带着帽子伪装成顾客和刚刚从旁边药店出来的老大爷聊天，小王问道："大爷，您买的拜新同多少钱啊？我也想买点这个药。"

大爷说："34.5元。"

小王惊讶道："呦，大爷你买贵了，我看旁边那家才34元，一盒就便宜五角钱呢？"大爷急忙道："我知道啊，它家便宜，但是它家服务态度太差了，在这家姑娘都对我可好了，没事陪我唠唠嗑，量量血压，我岁数大怕我摔倒还扶我出来，在这儿买呀，心理舒坦。"事后，小王听了大爷的话深有感触……

案例分析 从该例子中可以得知，顾客到某家药店购药，除了药价合理是一个原因，更重要的是药店良好的服务水平。所以，药店店员服务水平的高低直接关系着药店的生死存亡。

(三) 不同柜台的销售方法有何不同?

连锁药店门店中实行品类管理，销售不同品类柜台的药品要根据其药品的独特性采用适当的销售方法。

1. 处方药的销售技巧有哪些?

2007年5月1日起国家正式施行新的《处方管理办法》，此办法规定：药店在销售处方药时将全凭处方，如若药店违反这一规定，将取消药店经营处方药的资格。但是，目前药店的经营品种中处方药占据主要地位，销售额占到总销售额的40%左右，可见处方药的销售尤为重要，因此掌握好处方药的销售技巧可以帮助药店增加赢利。

(1) 定位目标顾客，找准那些处方可以从医院流到药店的顾客，如中老年人、慢性病人、治疗费用巨大的顾客等。

(2) 店员可以在工作时间抽空去拜访目标顾客，介绍药店的价格优势和服务项目。

(3) 帮顾客解决医生处方，为目标顾客进行处方药销售。

(4) 连锁药店可以开设门诊所，以促进处方药的销售。

(5) 连锁药店的采购应根据不同门店的商圈特点，购进合适的产品。

(6) 执业药师真正驻店而不是挂牌不上岗，执业药师缺岗会造成店员缺乏安全感，不敢售卖处方药，面对复杂疾病时，店员无法与顾客好好沟通，严重影响了处方药的销量和消费者购买处方药的信心。

(7) 连锁药店管理人员应做好处方药数据的统计分析，掌握处方药的售卖情况，从而能及时调整营销策略。

(8) 连锁药店应不断提高药学服务水平，为顾客提供个性化服务。

(9) 连锁药店与处方药厂商合作，处方药厂商可以提供硬件设施来支持药店销售其生产的处方药，如厂商可以提供诊疗系统，在药店配备可视电话和网络诊疗来实现连锁药店和处方药厂商的双赢模式。

2. 非处方药有何销售技巧?

(1) 连锁药店对于非处方药可以采用开架自选的陈列方式，让消费者自行接触、

比较和选购药品。

（2）实行一对一的药学服务，更有利于执业药师发挥指导用药的作用，从而提高药店利润，消费者还可获得更多的药学知识。

（3）连锁药店借助规模优势，增加非处方药的销售，如统一采购、统一配送、统一价格等。

（4）连锁药店各门店可以推行“药品 ATM 机”24 小时自动售货，如苏州一药房就推行了这一方式，机器长的像 ATM 机，最多可装 140 种药物，可以方便顾客 24 小时买药，同时公司会安排执业药师 24 小时值班，和购药者进行实时语音视频沟通。

3. 中药饮片销售技巧有何不同？

（1）连锁药店要规范中药饮片的来源和采购，做好中药饮片的储存与养护，保证中药饮片的质量。

（2）连锁药店销售中药饮片的同时可以提供附加产品，如中药配方汤剂、药膳汤料和高档滋补礼品等。

（3）连锁药店可以提供附加服务，如中药饮片的切碎打磨、增加煎药机煎制中药等。

（4）连锁药店可以聘请老中医坐堂，如沈阳南塔大药房南塔点就聘请了中医周六坐堂，来给顾客免费看诊，开处方，从而促进中药饮片的销售。

（5）老中医社区义诊活动，可以宣传连锁药店，促进中药饮片的销售。

（6）举办健康讲座，近年来中医养生保健得到越来越多的人的重视，连锁药店可以定期举办健康讲座，提升顾客的自我保健能力，从而促进销售。

（7）连锁药店要配备中药专业技术人员，给予中药专业人员一定的激励措施。

4. 药妆产品有何销售技巧？

（1）连锁药店门店众多，但对于药妆产品的销售应选择药店面积规模相对较大、地段较好、人流量较大的商业中心区域来销售。

（2）经营药妆产品的门店中要合理布局，药妆产品专区设计要有特色，视觉要突出。

（3）药妆产品定价要合理，选择大众化的产品，便于消费者接受。

（4）注重展示和陈列，货柜摆放要形象，POP 海报要合理黏贴，报刊、产品画册要摆放在柜台上方便顾客了解，药店外周要摆放 X 展架、悬挂条幅等。

5. 医疗器械销售有何技巧？

连锁药店销售的医疗器械主要有体温计、血压计、医用棉花是、纱布、血糖仪、妊娠试纸、避孕套、轮椅等小型器械。

（1）连锁药店应加强对店员的医疗器械操作培训，对于需要展示的医疗器械，店员可以给其演示，如血糖仪、血压计的使用，店员应掌握如何测量血压和血糖，也可以为顾客免费测量，增加药店服务营销。

（2）医疗器械促销，价格标签可以做得显眼醒目，对于打折促销的产品应重点突出。

(3) 医疗器械厂商与药店合作，实行直销模式，消费者可以享受最优惠的价格，从而实现利润最大化。

6. 保健品的销售有何方法?

(1) 保健品不是药品，在药店中保健品可以通过店员的专业化药学服务和关联用药等完成销售，这有助于实现消费者对产品品牌的忠诚度。

(2) 连锁药店可以开设网上销售保健品。网上销售保健品，要选择知名度高的品牌，因为知名品牌质量相对稳定、价格合理、消费者比较熟知、消费群体稳定，更有利于连锁药店获利。

(3) 连锁药店可以聘用营养师为顾客提供专业的营养咨询服务，可以提高保健品的销售业绩。

(4) 连锁药店可以实行短信营销，相对于传统营销，短信营销针对性强、阅读及时、互动性强、价格低廉，能够促进保健品的销售。

此外，店企合作、保健品区域的设计与陈列也是连锁药店销售保健品时应掌握的销售技巧。

(四) 如何挖掘药店顾客需求?

1. 如何快速了解药店顾客的需求

药店顾客需求是药店利润的来源，由于药店是一个特殊的零售行业，满足顾客的需求就是为顾客带来“健康”，为顾客提供安全、有效的药品，让顾客满意。

(1) 观察法

通过仔细观察顾客的动作和表情来洞察他们的健康需求，找到顾客购买意愿产生的线索。

①观察动作。顾客是匆匆忙忙，快步走进药店寻找一种药品，还是漫不经心地闲逛；是三番五次拿起一件药品打量，还是多次折回观看。店员注意观察顾客的这些举动，就可以从中透视出他们的心理了。

②观察表情。当接过店员递过去的药品时，顾客是否显示出兴趣，面带微笑，还是表现出失望和沮丧；当店员向其介绍药品时，他是认真倾听，还是心不在焉。如果两种情形下都是前者的话，说明顾客对药品基本满意，如都是后者的话，说明药品根本不对顾客的“胃口”。采用观察法，切忌以貌取人。衣着简朴的人可能会花大价钱购买名贵药品；衣着考究的人可能去买最便宜的感冒药。因此，店员不能凭主观感觉去对待顾客，要尊重顾客的愿望。

(2) 推荐药品法

假如店员通过观察法并未能准确地把握顾客的用药需求，那么不妨试一下推荐法。通过向顾客推荐一两种药品，观看顾客的反应，就可以了解顾客的愿望了。

一位顾客正在仔细观看一个厂家的降糖药，店员小孙不动声色地靠近，轻轻地说：“这个牌子的降糖药效果很好，我姑姑就在吃。”

“我想买我正在吃的那种药，医生给我开的，吃完了，我忘记是哪种了，不知道是不是这一种?”顾客茫然的答道。

店员小孙说：“您别着急，慢慢想，实在想不起来，您也可以去咨询一下我们的药师。”

顾客：“哦，我想起来了，是这一种。”

案例分析 店员一句试探性的话，就达成了一笔交易。

如果店员采用一般性的问话，如：“您要买什么?”

顾客：“随便看看。”

店员：“好吧，您有需要可以随时叫我。”

店员没有得到任何关于顾客购买需要的线索。所以，店员一定要仔细观察顾客的举动，再加上适当的询问和推荐，就会较快地把握顾客的用药需求了。

(3) 询问法

在上面的例子中可以看出，“询问”在了解顾客需求的过程中是很重要的，但是作为一名顾客又非常讨厌被别人探察，不愿意被审问，有时候当店员想通过直接性提问去发现顾客的需求时，往往发现顾客会产生抗拒而不是坦诚相告。所以，提问一定要有技巧，以巧妙、不伤害顾客感情为原则。店员可以提出几个经过精心选择的问题有礼貌地询问顾客，再加上有技巧的介绍药品和对顾客进行赞美，以引导顾客充分表达他们自身的真实想法。在询问时要遵循三个原则：

①不要单方面的一味询问。缺乏经验的店员常常犯一个错误，就是过多地询问顾客一些不太重要的问题或是接连不断地提问题，使顾客有种“被调查”的不良感觉，从而对店员产生反感而不肯说实话。

②询问与药品提示要交替进行。因为“药品提示”和“询问”如同自行车上的两个轮子，共同推动着销售工作，店员可以运用这种方式一点一点地往下探寻，就容易掌握顾客的真正需求。

③询问要循序渐进。店员可以从比较简单的问题着手，如“请问，您买这种药是给谁用的”或“您想买瓶装的还是盒装的”，然后通过顾客的表情和回答来观察判断是否需要再有选择地提一些深入的问题，就像上面的举例一样，逐渐地从一般性讨论缩小到购买核心，问到较敏感的问题时店员可以稍微移开视线并轻松自如地观察顾客的表现与反应。

(4) 倾听法

“喜欢说，不喜欢听”乃人性的弱点之一，如果店员一味地去表述自己的观点，可能就会引起争论或者马上使顾客忘掉你所说的话。优秀的店员善于掌握人性共同弱点，让顾客畅所欲言，不论顾客的称赞、说明、抱怨、驳斥，还是警告、责难、辱骂，都要仔细倾听，并适当有所反应，以表示关心和重视。因为顾客所言是“难以磨灭的”，店员可以从倾听中了解到顾客的购买需求，又因为顾客尊重对那些能认真听自己讲话的人，愿意去回报。因此，倾听——用心听顾客的话，是体查顾客需求的一种有效方法。

倾听如此重要，那么要如何洗耳恭听呢？

①做好“听”的各种准备。首先，要做好心理准备，要有耐心倾听顾客的讲话；其次，要做好业务上的准备，对自己销售的药品要了如指掌，要预先考虑到顾客可能会提出什么问题，自己应如何回答，以免到时无所适从。

②不可分神，要集中注意力。听人说话也是一门学问，当顾客说话速度太快、或与事实不符时，店员绝不能心不在焉，更不能流露出不耐烦的表情。一旦让顾客发觉店员并未专心在听自己讲话，那店员也将失去顾客的信任。

③适当发问，帮顾客理出头绪。顾客在说话时，原则上店员要有耐性，不管爱听不爱听都不要打断对方，可以适时地发问，比一味地点头称是或面无表情地站在一旁更为有效。一个好的听者既不怕承认自己的无知，也不怕向顾客发问，因为她知道这样做不但会帮助顾客理出头绪，而且会使谈话更具体生动。为了鼓励顾客讲话，店员不仅要用目光去鼓励顾客，还应不时地点一下头，以示听懂或赞同。例如：“我明白您的意思”“您是说……”“这种药很不错”，或者简单地说一声：“是的”“不错”等。

④从倾听中了解顾客的意见与需求。顾客的内心常有意见、需要、问题、疑难等，店员就必须要让顾客的意见发表出来，从而了解需要、解决问题、清除疑难。在店员了解到顾客的真正需求之前，就要找出话题，让顾客不停地说下去，这样不但可避免听片断语言而产生误解，而且店员也可以从顾客的谈话内容、声调、表情、身体的动作中观察、揣摩其真正的需求。

⑤注意平时的锻炼。听别人讲话也是一门艺术。店员在平时同朋友、家人、服务对象交谈时，随时都可以锻炼听力，掌握倾听技巧，慢慢的就可以使倾听水平有很大的提高，而且也可以从倾听中学到许多有用的知识。店员千万不要自以为知道顾客想要什么，必须仔细倾听他们所讲的每一句话，而且通过顾客的谈话来鉴定他最关心的问题，而后根据他们的需要提出合理化建议，只有这样，才能收到事半功倍的效果。

2. 快速挖掘药店顾客需求的技巧有哪些

除了要了解顾客的需求之外，还需要挖掘为什么。顾客需求明确的只有50%，不太明确或根本不了解自己需求的占50%，即使需求明确的顾客，仍然有可能还有部分需求是隐含的，所以需要我们去挖掘。那怎样去挖掘顾客的需求呢？现在我们就介绍一种比较专业的销售技巧——顾问式销售技巧（简称SPIN）。

(1) 什么是SPIN

顾问式销售技巧也叫SPIN销售技巧（Situation，Problem，Indication，Need-Benefit）分别包括背景问题、难点问题、暗示问题、示意问题，因为SPIN挖掘顾客需求基本上是以提问的方式来实现的。这是一种根据顾客消费心理的变化来主动挖掘顾客需求的技巧。这一技巧的应用，将会影响顾客的心理，将顾客没有明确的潜在需求逐步发展为明确的需求，从而达成销售。

现在，我们就简单地介绍挖掘顾客需求的利器——顾问式销售的四个步骤：背景

问题、难点问题、暗示问题、示意问题，并分析这四种问题的具体使用方法。

(2) 寻找顾客的伤口——背景问题

背景问题主要是收集有关顾客现状的事实、信息及其背景情况。背景问题通常是为下一步提出难点问题和暗示问题做准备的，背景问题的提出需要在了解所要销售产品的基础之上进行，不能漫无目的地提出背景问题。

在销售补钙的产品时，可以提问这样的问题：

"您自己吃吗?"

"老人多大岁数了?"

提问这些问题是为了找到顾客的"伤口"。

问："您自己吃吗"，是为了了解顾客的身份，因为有些补钙的产品孕妇是不能服用的。

问："老人多大岁数了"，是了解老人的年龄，如果是岁数比较大的老人，就要推荐含钙量相对更高的产品。

背景问题的作用在于为下面的难点问题、暗示问题和示意问题做铺垫，让顾客说出自己的需求，是各种问题中最基本的一种，但使用时要格外小心。成功的店员只问很少的问题，但每次发问都有侧重、有目的。

如果问太多的背景问题，顾客可能会不耐烦。太多的背景问题很容易变成盘问，触动顾客敏感的神经，得到的可能是拒绝回答。

背景问题通常是与顾客有了一定的交流之后提出，提问时要与礼貌用语相搭配。

(3) 揭开伤口——难点问题

难点问题的共同点是，每一个问题都是针对难点、困难、不满来提问的，而且每一个都是在引诱顾客说出隐含需求。我们称之为难点问题。难点问题与成功销售的联系比背景问题与成功销售的联系更紧密。

在提问完上面的问题后可以接着问：

"到医院检查过吗?"

"用过其他牌子的补钙产品吗? 效果如何呢?"

提问这样的问题目的在于揭开顾客的"伤口"。

到医院检查了，如果还没有用过什么产品，那顾客总是挂在心上，这是顾客心中的阴影；如果用了某些产品，而效果不是很明显，顾客就会对用过的药品产生抱怨，店员也可借此比较一下自己店内的产品有什么优势，为下一步推荐产品做准备。

正如标题所描述的，难点问题是揭开顾客的"伤口"，直接触及顾客的不满和困难。使用难点问题时，应注意不能损害顾客的自尊和隐私。

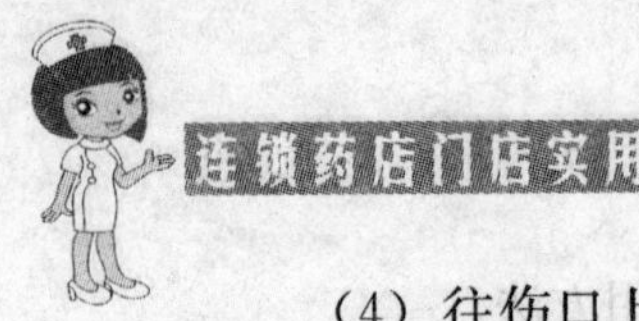

(4) 往伤口上撒盐——暗示问题

暗示问题的中心目的，是抓住顾客的问题，把其放大再放大直到大得足以让顾客付诸行动购买药品。可以看出，暗示问题与难点问题的区别在于难点问题是真实的困难，而暗示问题则是未来可能发生的更大的苦难。难点指的是现实存在的苦难，暗示问题指的是暗示这困难将来可能发生更严重的后果。

在暗示问题时，如果是老人缺钙可以提问这样的问题：

“老人是不是经常腿疼或抽筋?”

“上下楼梯是不是感到吃力?”

提问这些问题，就是为了让顾客了解到缺钙对老人健康的影响：

“老人到了一定年龄，都会骨质疏松，缺钙会造成骨折、腰椎间盘突出，严重会导致瘫痪。”

“骨折后大部分老人得长期卧床，心肺功能急剧衰退，导致高龄老人死亡。”

这样的问题，现在并未发生，但未来可能发生。而且未来发生的可能更大，这就是暗示问题的效果。背景问题是找到“伤口”，难点问题是揭开这“伤口”，而暗示问题是困难的放大，用“在伤口上撒盐”是较形象的比喻。

从例子中可以看出，暗示问题主要是夸大问题的严重性，暗示顾客可能的不良后果，但它们可能使顾客感觉不舒服，有可能引起抵触情绪。所以在使用的时候要注意时机，把握好分寸。

(5) 给伤口抹药——示意问题

已经经历了寻找伤口→揭开伤口→往伤口上撒盐的过程，所有这些做法的目的只有一个：让顾客感到痛苦后，再给顾客往伤口上抹上药膏——接受药品。

有谁会拒绝往伤口上抹药膏呢？尤其在经历了痛苦之后。这就是示意问题。示意问题的使用是为了把隐含需求变成明确需求，首先使用暗示问题提出并扩大问题，以便让顾客感到问题很严重，然后转而用示意问题揭示药品对顾客的价值或意义。

还是接着上面的例子，可以这样说：

“老年人牙口不好，咀嚼太费劲，我们这儿有一种补钙的泡腾片，放进水里即溶，吸收效果比咀嚼片要好得多。最主要的是，含钙量是同类产品中最高的，是老年人补钙最理想的产品。”

示意问题有两个特点，一是注重对症下药。不是注重问题而是更着重对策。这样可以营造一种注意提供对策和行动方案的积极解决问题的气氛，而不是只提出问题和困难。二是顾客提问答案。示意问题主要是描述可以得到的利益，从而降低被顾客拒绝的机会。

3. 如何利用好 POP 宣传

POP 广告是“Point of Purchase Advertising”的英文缩写，Point 是“点”的意

思，Purchase是“购买”的意思，Point of Purchase即“购买点”。这里的“点”有双重含义——时间的点和空间的点。POP广告是指在药店的橱窗里、走道旁、货架、柜台、墙面甚至天花板上，以顾客为对象的彩旗、海报、标贴、招牌、陈列品，以及情报的服务、指示、引导等药品广告物。

POP广告使用的主要原因通常是强化药品终端对顾客的影响力，POP可说是药店的引导，它可以代替店员将药品的特性及说明书传达给顾客，以促进销售。所以，在药店的经营中，医药企业与药店一起努力，抓住顾客的心理，促使顾客采取购药行为。那么，使用什么类型的POP广告宣传物、怎样布置POP广告、如何成功地运作POP广告活动，以达到POP广告的宣传作用？

POP广告宣传物的五种类型

POP信息宣传物的陈列位置和方式不同，将对POP的设计产生很大的影响。根据陈列位置和陈列方式不同，可把POP信息宣传物分为柜台展示POP、壁面POP、吊挂POP、柜台POP和地面立式POP五个种类。

① 柜台展示POP。柜台展示POP是放在柜台上的小型POP信息宣传物。由于宣传体与所展示商品的关系不同，柜台展示POP又可分为展示卡和展示架两种。展示卡可放在柜台上或药品旁，也可以直接贴在包装稍微大一些的药品包装上。展示卡的主要功能是以标明药品的价格、产地、等级等为主。展示架是放在柜台上起说明价格、产地、等级等作用的。它与展示卡的区别在于：展示架上必须陈列少量的商品，来直接说明广告的内容，陈列品相当于展示卡上的图形要素。展示架上放的药品一般是包装比较小的药品而且数量以少为好。

② 壁面POP。壁面POP信息宣传物是陈列在药店的壁面上的POP形式。在空间的利用上，除壁面外，活动的隔断、柜台和货架的立面、柱头的表面、门窗的玻璃等都是壁面POP可以陈列的地方。运用于药店的壁面POP，在形式上有平面的和立体的两种形式。

③ 吊挂POP。吊挂POP信息宣传物是对药店上部空间及顶面有效利用的一种POP类型。吊挂POP信息宣传物是在各类POP中用量最大、使用效率最高的一种POP。因为从空间角度考虑，无论是其他哪种POP信息宣传物形式，都必须考虑自己的位置是否影响顾客走动或顾客的视角。而上层空间受这方面的影响显然很小，甚至不受任何影响。吊挂POP信息宣传物主要包括吊旗式和吊物式两种。

④ 地面立式POP。地面立式POP信息宣传物是置于店内地面上或药店门外的空旷地面上的POP。如药店门口、通往药店的主要街道也可以陈列。与在店内柜台POP相比，地面立式POP的主要功能是陈列药品，并不完全是以宣传为目的。

⑤柜台POP广告是放置于药店营业场所地面上的POP广告体。柜台POP广告的主要功能是摆放药品，与展示架相比，以摆放药品为目的，而且必须可供摆放大量的药品，在满足了药品摆放的功能后再考虑广告宣传的功能。由于柜台POP广告的造价一般都比较高，所以用于以一个季度以上为周期的药品陈列，特点适合于处方药等药品销售的专业药店。柜台POP广告的设计，从柜台使用功能出发，还必须考虑与人体

工程学有关问题，比如大多数人的身体高度，站着取物的区域尺度以及最佳的视线角度等尺度标准，达到展示药品的目的。

4. 会员卡增值的方法

药店会员制是从欧美发达国家引用来的，最早为深圳的药店所使用。随着连锁药店竞争的加剧，药店会员制服务遍地开花。

我国早期的药店会员制主要是通过会员折扣、积分返利来吸引会员，其实质是价格战的一种变相形式。随着价格竞争的加剧，药店经营者开始意识到，价格竞争终究是把双刃剑，打击竞争对手的同时也大大地伤了自身的元气。因此，药店开始在会员服务上下功夫，为会员顾客提供增值服务，如免费健康检查、健康咨询、健康信息刊物赠阅、健康档案建立、送药上门等服务。不过，这些服务尚停留在初级水平，以“会员制”为形式的药学服务还有很长的路要走。

会员制是对光顾率较高顾客优惠的营销方式，这是会员制服务最基本、最广泛的功能。药店推行会员制能较好地避免价格战，建立和突出药店独特的品牌，会员制是药店为了锁定客源，提升竞争能力而采用的服务方式。如何有效地利用顾客手中的会员卡呢？应怎样完善药店的会员制？

（1）新会员的开发

① 鼓励员工积极办理会员卡，增加会员数量。让员工了解会员营销的意义，不断培训员工，掌握正确办理会员卡的方法。倡导员工向每一位顾客介绍会员卡的办理方法，让更多的顾客通过会员卡来了解药店，增强顾客对药店的信任度。运用激励方法，在店员之间展开办卡竞赛，提高办卡效率，增加了解顾客的机会。

② 开发商圈内的团体会员。如果商圈内有机关、工厂、学校等，要主动拜访，通过办理会员卡来接洽，后续举办健康讲座、定期回访，建立友好合作单位等来争取顾客。

（2）会员关系维护

会员制的实施过程中，会员的维护比新会员的开发更重要，这直接关系着药店固定客源的数量。如何才能做好药店会员的维护工作？下面是几点建议：

① 现场服务

通过日常管理，使药店保持整齐、整洁，创造良好的购物气氛，加上员工细心、周到、温馨的服务和关怀，使顾客切身感受到与众不同。

② 称呼顾客

名字的魅力非常奇妙，每个人都希望别人重视自己，重视自己的名字，就如同看重他一样。传说中有这么一位聪明的堡主，想要整修他的城堡以迎接贵客临门，但由于当时的各项物质资源相当匮乏，聪明的堡主想出了一个好办法：他颁发指令，凡是能提供对整修城堡有用东西的人，他就把他的名字刻在城堡入口的圆柱和盘石上。指令颁发不久，大树、花卉、怪石等都有人络绎不绝地捐出。

充分利用会员申请表中资料，记住会员，与顾客拉近距离，让顾客感觉到药店对他的重视。店员在面对顾客时，若能经常、流利、不断地以尊重的方式称呼顾客的名

字，顾客对药店的好感，也将越来越浓。

但是，具体问题也要具体分析。大多数顾客都希望自己受重视，和人拉近距离，但是有时候由于顾客性格或其他原因，不愿意店员对自己过于熟悉和接近，这时候店员称呼顾客的名字往往会让顾客产生回避的心理。所以，称呼顾客的名字也不能一概而论。

③ 积极的会员政策

店头海报昭示，吸引顾客注意，认真落实会员利益。

④ 提供个性化服务

在门店建立会员档案，记录顾客的基本资料，内容包括姓名、性别、年龄、籍贯、职业、学历、收入水平、生日、电话、地址、家庭人口构成、消费习惯、个人喜好等。并根据需要为会员邮寄、赠送健康刊物。邀请会员参加健康讲座，会员联谊活动，与顾客保持良好的沟通。在顾客档案基础上，还可制定一些特殊表格，如老人节等节日需问候的顾客目录、旅游爱好者目录、常年老主顾目录等。

⑤ 认真对待会员意见

因为药店的服务不周，或承诺未兑现等，导致顾客抱怨、投诉时，要认真听取顾客意见，及时改进，让顾客对药店有足够的信心，并根据情况适当补偿顾客。

三、药品销售完成后阶段

（一）如何抓住成交的机会促成交易?

药店店员怎样才能抓住机会，促成交易？首先要处理好顾客异议，打消顾客的疑虑，只有这样才能迈出成功销售的第一步。

促销关键是达成交易，达成交易就是店员帮助和鼓励顾客做出购买决定，并协助其完成购买手续的行为及过程。直截了当地说就是“缔结契约”，也就是让顾客表示“我买了”。如何让顾客做出购买决定，恰当的促销时机与方法的选择对店员来说是至关重要的。

1. 店员促成交易的时机

促成交易的时机在任何一个阶段都可能出现，无论是在接触阶段还是在说明阶段。任何人在做出决定时，心理上一定会有所变化，也会反映在行为举止或言语上，当顾客的表情、态度与先前不同，或者是说话的口气改变时，均是进行促成交易的最佳时机。当感觉到促成交易的时机来临时，千万不要犹豫，立即进入成交阶段。因为机会稍纵即逝，一般顾客想购买的情绪大多只维持 30 秒。

不论当时正在进行药品说明或做异议处理，一旦察觉出顾客有意购买，可直接将话题一转进入促成交易阶段，在整个商谈过程中可以说就是不断地试探、不断地做异议处理，店员采取这种方式无非就是为了引出顾客的反应，当所有拒绝的理由、困惑都一一解决之后，接下来就是购买了。只有了解病情才能对症下药，所以随时都可以

做促成交易的试探，试探的次数越多，效果越佳，成功的希望也越大。试探的主要目的就在于了解顾客的需求和反应，从而对症下药。准确把握时机，灵活运用方法，同时需要配以有效的动作加以促成交易。

2. 促成交易的常用方法

（1）激将法

激将法是常运用的一种方法，是指适时地利用激励话语，促使准顾客下决心购买。使用本方法时，应注意所引用的故事或推销用语是否足以促使顾客下决心购买。

（2）行动法

行动法是指马上行动，让犹豫不决的顾客下决心。“兵贵神速，一刻千金。”顾客需要保障。如果问顾客想不想要时，人人都会说“想”；而问顾客肯不肯花钱买时，谁都很难痛快地答复。在销售过程中，准顾客不会使用“我想买”“我愿意买”等直接表达自己的购买欲望。因此，只要确认已到了促成的时候，就可以借助一些动作来协助促成。如开票或包扎药品等。

（3）机会不再法

机会不再法可以演绎为语言：“这一次优惠的机会很难得哦！下一次就没有了，再考虑一下吧！”对于犹豫不决，三心二意的顾客，这种方式相当有效。一定要想清楚在最后关键时刻可采用强势行销的方式来达到目的。可以让顾客感受到店员劝诫自己不要浪费的苦心，同时提醒自己将这笔钱放在更有益的用途上。老实说，这套促成话可以说是老掉牙了，对于早已习惯的顾客来说，早已听腻了，可是奇怪的是，即使重复再说一遍还是会产生一定的效果。因为这番说辞，只不过给个台阶让顾客下，让顾客有做决定的契机罢了！还犹豫不决的顾客，或许正等着这番话！对于这种顾客，最好是施加一点压力。当自己有着“不成功便成仁”的心理准备时，就可以以强势行销的姿态给予顾客一点压力。进行促成时宜挺直背脊，倾身向顾客靠近至几乎脸对脸的距离，睁大眼睛，加重口气，在这之前一直保持着亲切的笑容，温和的口气，突然一百八十度大转变，大部分的顾客都会因此吓一跳，就在这一瞬间开口道出促成话。就这样完成促成交易的一幕。要注意的是，时机尚未成熟的顾客绝对不可以使用此法。拒绝处理未臻圆满时，若突然使用破釜沉舟的手法，事后容易造成顾客的抱怨，甚至解除契约，那就得不偿失了。

（4）以退为进法

有些顾客任凭店员使出十八般武艺依然不为所动，但是还是使出最后一招置之死地而后生，或许还可能再现一线生机。犹豫不决或对店员强烈不信任的顾客，纵使不断加以诱导，也很难使顾客做出购买决定，但顾客对药品又确实很动心，此时最好还是以退为进，即“买卖不成，仁义在”的劝导。

（5）恐吓法

“高血压不吃药，不注意饮食，可能会诱发脑溢血”“症状是主要危险疾病的体现，耽误一天，危险一天”“血脂高了容易引起心脑血管病”“血糖高不及时治疗可诱发并发症”“风湿不采取措施就会有残疾的危险”等表述，在医学上有据可查，而且对那些

医学常识少、对疾病重视度不高的顾客或他们的家属，都会取得很好的刺激作用。

（6）深度促销法

先销售低价药品，再渗透高价药品。一些顾客在购买了自己指定要购买的药品之后，最后却又买走了更多的药品。要抓住每一个顾客，仅仅销售其指定的药品是不够的，一定要深入了解顾客，增加购买机会。一般方法是在讲解药品知识时，注意与顾客进行交流，发现顾客健康方面的其他问题。比如一位脂肪肝顾客本来是冲着肝复春来药店的，但最后不仅买了肝复春还买了螺旋藻回去。原来，店员通过交流发现，这个顾客因为身体过度肥胖，不仅患有脂肪肝，同时也因此导致血脂升高，心脑血管方面也有问题。通过店员的解释和介绍，结果这个顾客就同时购买了肝复春和螺旋藻，还对店员感激不尽。在销售药品的过程中，以近乎聊天的方式进行深度沟通，借此发现新的购买动机并形成再次购买是完全可能的。因此，当拉近了与顾客的距离时，就会发现更多的商机；当发现顾客新的需求时，再推销药品时就容易多了，因为已经得到顾客充分的信任了。

（7）免费试用 让顾客有即时体验

免费试用策略多集中于见效较快的药品，比如清嗓药品。在顾客仍然犹豫不决时，让其免费试用一下药品，可能会很快得到顾客的认可，从而迅速达成交易。

（8）强化大周期概念 促成更大销售量的交易

这一策略对显效较慢的药品来说尤为重要。通过长期服用不仅可增强效果，同时加强了口碑宣传。目前市场上有几个增高药品就是如此。此类药品主要针对青少年儿童，以“什么都能等，孩子的身高不能等”“妈妈，我只想再长高5公分”等抓人的广告攻心。因为此类药品短期内很难见效或者基本无太大效果，所以必须诉求大周期的概念；而且其一次购买最少也应是半年的量，有些药品诉求周期达一年，这样长的时间下来，对于正处于生长发育期的青少年来说，即使不服用此类药品也会长高，何况药品还会多少起到一定的作用呢？但最终效果却全会归到药品身上，这足见商家的精明。

3. 促成交易后要注意的问题

在促成时，店员热情、积极的动作努力都是不可欠缺的。促成应保持着破斧沉舟的魄力去执行，只因为顾客是被动的，必须主动地引导顾客一步一步迈向促成的终点。但是，有一点千万不要误解，不论如何引导，千万不要忘了“最后由顾客来决定”。换言之，“请顾客做下最后的决定”乃是促成的铁则，能遵守这一项规则的才算是高明的店员！

如果一味施以压力，十个顾客中就有十个人会认为“都是你做的决定”。当离开后，搞不好越想越不对劲，始终无法释怀，最后甚至不会购买。在销售的过程中，绝对不要忘了“顾客才是主角”。

除此之外，当顾客购买后，态度也很重要，让顾客想象一下购买后的种种喜悦，也是促成的妙方之一。换句话说，让顾客想象一下购买了药品之后可享有多少利益，以提高购买的欲望，自然就会购买，这又称为“结果提示法”。这种方法不需要什么技

巧，是人人都会，也不会让顾客有压迫感，既简单又有效。

（二）不同性格类型顾客的促成交易有哪些策略？

根据顾客性格，一般将其分为七种类型：冲动型、理智型、疑虑型、情感型、随意型、专家型、挑剔型，针对不同类型顾客应当采用不同的促销手段。

1. 冲动型——正宗与权威

这类顾客的购买决定易受外部刺激的影响，相信广告的促销宣传，其购买目的不明确，常常是即兴购买；喜欢购买新药品和流行药品。这类顾客经济能力强，大多是年轻人，患病时间短，对病没什么经验。碰到这类顾客，店员就要打出正宗品牌让其相信药品，如“中国中医药学会郑重推荐，某某医药杂志推荐，以及国内某某著名专家对药品的评价”，而在顾客犹豫不决时，要迅速把药包起来，要顾客去付款；而且尽量说服顾客一次性多购买，以免其随时改变主意。

2. 理智型——勿扰与事实

这类顾客购买前非常注重收集有关药品的宣传资料、厂家、疗效等，加以对比鉴别，其购买过程长，购买时往往不动声色，一般询问一两次不会轻易做出购买决定，而是要经历四、五次。而且购买时喜欢独立思考，不喜欢店员的过多介入和打扰。对待这类顾客，店员在他阅读资料时，不要打断他的思路，对其讲的也侧重于理论知识，并且不夸大疗效，实话实说。

3. 疑虑型——举例与释疑

这类顾客性格内向，行动谨慎，决策迟缓，购买时犹豫不决，对药品和促销缺乏自信，疑虑重重，最怕上当。经常说些“听别人说这药好像没效果，有吃好的吗”之类的话。对于疑虑型顾客，店员首先要从病的危害说起，列举典型病例，使用药物后病好了。其次向顾客讲解病理知识和药品知识，弄清他担忧的是什么，针对他的病情给予分析和用药指导，让顾客把店员当专家看，从而解除其忧虑。

4. 情感型——倾听与赞同

这类人购买行为受个人情绪和情感支配，没有明确的购买目的，比较容易接受店员的建议，她们多是替孩子或伴侣购买，而且治病心切，爱把自己的事告诉别人，可以一连说上一两个小时，以中年妇女居多。对于她们，店员会装着仔细认真倾听，不时给予同情、安慰和鼓励。这都是先推销情感，再推销药品的惯常做法。等她说得差不多了，店员便会帮她分析病情，并站在她的立场上，赞同她所说的话，和她聊天，拉家常，让她对店员产生依赖。

5. 随意型——建议与恐吓

这类顾客购药目标不明确，购买中乐意听取店员建议，其对药品不了解，也不会过多地挑剔，他们往往有从众心理，意志不坚定，别人买自己就买。由于这类顾客因个性随意，坚持不够，感觉不舒服时就买，好了就不买。因此，店员要陈述病的危害，首先是让其购买，其次再让其多买，坚持服药。

6. 专家型——认同与请教

一顾客进到药店问道："有治疗胃病的药吗?"

店员小黄热情地推荐了某厂家的药品，说："这是市场上很畅销的品种。"

顾客冷笑道："这药品才没你说的那么好呢，这厂家的药材都不是地道药材，质量很差，几个月前我还听说，这厂家因药品质量问题，差点出现医疗事故。这产品我敢要吗?"

小黄一听，连忙说道："您真行啊，这事我们都不知道呢，多亏您提醒了，要不我们就犯错误了。"

顾客高兴地说："我以前就是代理药品的，你们这行的事，我比你了解。"

"您看我这真是搬起石头砸自己的脚了，还给您介绍上了，您看哪个厂家的药好啊?"

顾客得意的说道："某某厂家的药比较好，原料比较可靠。"

"那好，您等会儿，我这就给您拿去。"小黄说道。

最终，顾客拿着另一种厂家的药高兴的走了，临走小黄还补充道："您以后要常来啊，多告诉告诉我们药品知识，监督我们工作啊!"

案例分析 这类顾客多是知识分子，有的是"老病号"，对药品知识了解较多。他们相信专家、医生，认为店员与其是对立的利益关系。爱表现自己的知识水平，自我意识强，认为自己的观念绝对正确，经常会考问店员的知识水平。对于这种顾客，店员就要有足够的药品知识和疾病知识，要听他说，让他表现，即便他的观点与店员相左，店员也不要与其当面争执。在听的过程中，店员在表示"您说的对"的同时，还会虚心向他请教，满足他的表现欲。这一切过后，店员便正式登场了，一般可首先是讲一个典型病例，然后又打出正宗品牌。

7. 挑剔型—倾听与转题

这类顾客主观意识较强，往往带有某种偏见，且以前上过当。挑剔者有可能不想购买，也可能想买才挑剔。这时，店员要洗耳恭听，从顾客滔滔不绝的话语中获得新的信息，探究其挑剔的真实动机。其后，店员要讲典型病例，绕开话题侧重讲药品的疗效。

(三) 怎样提高药店的客单价?

1. 什么是药店的客单价

客单价（Per Customer Transaction），每一位顾客平均购买的商品金额。

(1) 客单价＝商品平均单价×每一顾客平均购买商品的个数。

(2) 客单价＝销售额÷顾客数。

药店如果不考虑成本因素，则药店的利润计算公式为：

利润＝客流量×购买率×客单价×毛利率（交叉率）

就是说只要提高了客单价，就可以提高其赢利水平，这就是药店努力提高客单价的原因。

2. 提高客单价的有力武器——联合用药

(1) 什么是联合用药

治疗疾病有时需要两种或两种以上的药物同时或先后使用，这在医学上称之为联合用药。

联合用药的初衷有两点：① 单用一种药物不能很好地控制疾病，为了增加药物的疗效而采用联合用药，多采用有协同作用的药物联合，如用硝酸酯类制剂和β-受体阻滞剂联合应用治疗冠心病心绞痛；② 为了减轻药物的毒副作用。如双氢克脲噻和安体舒通联合应用，即排钾利尿剂和保钾利尿剂联用，防止出现电解质（主要是血钾）紊乱。

首先我们要肯定，联合用药如果科学合理，同时能避免药物之间的相互抑制与相互作用，则药物之间会产生“协同效应”，治疗作用会相互加强。例如：阿司匹林治疗风湿性关节炎时，常与小苏打或胃舒平联用，以减少对消化道的刺激和出血等副作用。

大家都知道，幽门螺杆菌引起的胃病，治疗方法就是世界卫生组织公认的两种三联疗法：质子泵抑制剂（PPI）加 2 种抗生素（比如：奥美拉唑 20mg＋阿莫西林 1.0g＋甲硝唑 0.4g，每天 2 次，治疗 1 周），或者以铋剂加 2 种抗生素联合治疗（比如：用枸橼酸铋钾 240mg＋阿莫西林 1.0g＋甲硝唑 0.4g，每天 2 次）。其中丽珠胃三联是根据 1994 年世界胃肠病学术大会推荐的根除幽门螺杆菌（HP）的方案制定的：枸橼酸铋钾片/替硝唑片/克拉霉素片复合包装，就是说抗生素的运用一致在改进以提高三联疗法的作用。由此可见联合用药的科学性。

(2) 三联及多联疗法组合推荐使用提高客单价

除了治疗胃病的胃三联疗法外，还有肝病、肿瘤、高血压（利尿剂加β阻滞剂，或加上血管紧张素转化酶抑制剂（ACEI），或α阻滞剂；β阻滞剂加二氢吡啶类（DHP）钙拮抗剂；ACEI 加钙拮抗剂）、糖尿病、前列腺、盆腔炎、青春豆等疾病都有相应的三联疗法，都应该按照三联疗法推荐用药。此外，还有一些疾病的四联疗法、多联疗法等。

(3) 组合用药和家庭套装用药提高客单价

除了联合疗法，有些药物具有协同效应，也应该组合运用，以提高客单价；比如补钙要加上鱼肝油（比如维生素 A＋维生素 D＋钙制剂）。感冒要加上维 C，如果感冒严重咳嗽还要加上适当的抗生素等。感冒的中西药联合组合用药等。还有在不同季节还可推出家庭常用药套装。比如夏季药物组合套装为：“肠胃药＋清热解毒药＋风热感冒药＋祛虫药”等，外加一个药包赠送更能提高购买率。

(4) 怎样实施联合用药

第一，执业药师把组合用药 50 例、联合用药 50 例、套装组合 10 例编辑成册，反复论证其优劣和有无副作用和药物间的不良反应，以及会不会产生相反的作用，如果这样就会产生药理学上的“拮抗”，使合用后药效下降，甚至发生逆转，加重病情。把这些因素都确认后，然后在店里根据不同季节的发病状况，备齐这些联合、组合用药的品种。尤其是对一些公认的常见慢性病的组合联合用药，基本上是安全的！

第二，把店员进行专科分类，每个柜台店员相对固定，让其成为一两种疾病的相对"专科医师"。比如，外用药柜组人员，主要进行皮肤科疾病的诊治和组合用药知识的培训。具体可由药师和聘请医师逐一讲解其中的病理、药理，让店员背下来，记住。并教会专科店员针对这些疾病的简单闻诊和问诊判断方法，询问其疾病史和用药史，能给出初步适合的组合联合用药判断。当然如果不能判断就不要推荐，以免影响。

第三，会讲解联合疗法、组合疗法的优点，和药物协同作用的简单原理，向顾客推荐。提高其客单价。

总之，店员能否顺利合理地向顾客进行组合用药的推荐，关键还是在于店员医药专业知识的丰富、店员专业形象的树造。可以利用厂家的专业人员对店员进行培训。

3. 提高客单价的其他方法

提高药店的客单价除了上面提到的联合用药法，还有另外几种有效的方法：

（1）品类优化

在每个货架侧面挂一本缺药登记本，每天由专人汇总，通过门店缺药记录和订货丰富产品结构，根据滞销和近效期品种来调整产品结构从而达到优化其产品结构；根据门店药品零售汇总并结合季节性调整好库存上下限，使库存更合理化，从而达到加深其品类管理深度的目的，基本能够满足顾客的用药需求。

（2）关联陈列

做好陈列基础工作，卫生、价签、POP 等，店员在推荐单个药品的时候，能够便于推荐其他产品。比如顾客购买感冒药的时候，一眼就能看见维生素 C 或者消炎片。

（3）捆绑销售

利用花车或者端头，做好捆绑销售，设置不同价格档次的药品组合，以满足不同经济实力顾客的消费。比如夏天天气炎热，中暑很容易发生，因此可以组合销售防暑药物，如藿香正气水、板蓝根、风油精和体温计，或者是可以销售中药组合；腹泻可以组合销售左氧氟沙星、乳酸菌素片和思密达。

（4）促销活动

查看本店平均客单价是多少，如果是 20 元，本次促销活动如果是为了提高客单价，那么买赠设置的最低限至少要高于 20 元，比如一单消费满 25 元可以参加抽奖一次，或是可以赠送礼品，具体细节可以自己定。

（5）考核店员的客单价

调动员工的积极性，挖掘员工的最大潜力，绩效考核的关键指标里设置一项客单价，通过销售数据显示，目标明确，是谁的客单价有问题，影响了整个门店总的客单价。经理找店员谈话，分析是什么原因导致该员工的客单价偏低，然后做出相应的措施，从而提高客单价。

（6）专业知识培训

专业知识在门店起到的作用是让顾客放心，当和顾客交流的时候，顾客能够和店

员建立共同的价值观。那么在推荐药品的时候，顾客就放心。比如在和某个顾客交流如何治疗胃溃疡的时候，谈到治疗胃病的方法很多，但是在临床有一种方案治疗效果达到90%以上，顾客这个时候就感兴趣了，这时就可以推荐“克拉霉素分散片+阿莫西林分散片+奥美拉唑肠溶胶囊”。

(7) 提高员工的销售技巧

每个店员的销售能力不一样，按照药店的要求提倡“问、听、思、行”的指导思想。“问”就是多问，不停的问，让顾客感到你的热情，做销售本身就是从拒绝开始。顾客开口说话就有机会同他交流，让顾客的思维打碎重新整合，然后建立共同的价值观。“听”顾客核心内容，抓住顾客语言的关键点进行交流。“思”就是不断地揣摩顾客的心理状态，推荐什么价位的药品顾客才能够接受，什么样的药品才能解决顾客的疾病。“行”就是指行动，动作要快而稳，店员在货架用手取货的时候一定要面带微笑，表情自然。

(8) 超值服务

提高附加值是一种实用的方法，顾客在购买某个单品时价格过低，这个时候可以和他交流，购买主推单品有礼品相送，送的礼品一定要相关联。比如顾客受伤购买药品，但是他这个时候还缺少棉签，你就告诉他买某种主推消炎药就可以送棉签一把。

(9) 疗程用药

特别是有一些中成药品，在治疗某些疾病的时候需要疗程用药，这样既可治疗疾病，又可提高客单价。

(四) 交易达成后还要向顾客嘱咐什么?

1. 用药时间

不同的药品服用的时间不同对疾病的治疗或毒副作用的发生有较大影响。用药时间和用药间隔要向顾客交待清楚，以免其多用或漏用。漏服时，血药浓度会降低，对治疗疾病不利；多服容易造成药物中毒或加剧药品不良反应。

(1) 有的药品应在清晨空腹服用。如驱虫中成药乌梅丸、驱蛔丸等；盐类泻药如硫酸镁、硫酸钠等。

(2) 饭前服用，即饭前15～60分钟服用，如健胃药龙胆大黄片、小儿散等；止泻药如药用碳、鞣酸蛋白等；抗酸药如胃舒平、盖胃平等；胃肠解痉药如普鲁本辛、654-2等；滋补药如人参、鹿茸精、十全大补膏等；胃肠动力药如吗丁啉、西沙比利等。

(3) 饭间服用，如胃黏膜保护药硫糖铝、米索前列醇、麦滋林-S等。

(4) 饭后15～30分钟服用，如助消化药乳酶生、多酶片等；解热镇痛药如消炎痛、布洛芬等；抗生素如红霉素、环丙沙星等。

(5) 临睡前15～30分钟服用，如缓泻药麻仁丸、五仁润肠丸等；驱肠虫药如肠虫清、安乐士等；镇静助眠药如氯美扎酮、脑乐静、枣仁安神颗粒等。

(6) 应根据病理所需确切作用时间交待具体服药时限的药物如新康泰克缓释胶囊，

应每12小时服用1粒；乘晕宁应于乘车、船、飞机前30分钟服用；硝酸甘油片宜在胸闷、胸痛时立即取1粒置于舌下含化。

2. 用药方法

每种药品都有其使用方法，药品的服用方法对药物的吸收有重要作用，错误的使用药品不仅不能治病，还有可能致病。店员要向顾客交待清楚其所购药品的服用方法。

（1）服用硫酸亚铁、富马酸亚铁、葡萄糖酸亚铁等水剂或糖浆剂时，宜用吸管吸入，而且服药后须立即漱口，以免牙齿变黑。

（2）服用陈香片或硫糖铝时应嚼碎吞服；肠溶片、缓释片、控释片宜整片吞服，不得咀嚼或掰开后服用，以免影响疗效。

（3）利福平眼药水、白内停眼药水等需用溶媒将红色小药片溶解后才能发挥疗效。

（4）栓剂类药物应叮嘱顾客用于何处。

（5）乳剂或混悬液应用前摇匀。有的药品如华素片、碘喉片等应口含等。

3. 已知的药物副作用及服药后会引起的有关变化

（1）大部分感冒用药（新康泰克、双扑伪麻片、泰诺、扑尔伪麻片等）均含有扑尔敏，会引起轻度嗜睡，应向顾客交待清楚，以防驾驶员或操纵机器者发生事故。

（2）痛经丸、元胡止痛片等含有理气、活血的药物，易致流产，孕妇禁用。

（3）某些药物服后会发生有关的变化，如654－2片服后会有口干、面红、视近物模糊等症状。

（4）服用痢特灵、四环素可引起棕色或橙棕色尿。

（5）服用氢氧化铝壳引起大便呈灰白色。

（6）服用磺胺类药物时应大量饮水，以利排泄，避免造成结晶尿。

4. 药品的储存和效期

（1）食母生、复方甘草片、药用碳、氨茶碱等药极易潮解变质，均应放在密闭的容器里，用后应盖紧。

（2）有的药品原包装内有干燥剂，应叮嘱顾客千万不可服用，以免中毒。

（3）利福平眼药水、胃蛋白酶、乳酶生等需在2～15℃的低温下保存。

（4）维生素C片、胃复安片、硝酸甘油片等需避光保存的药品，应放在密闭的棕色瓶中保存。

（5）对储存的药品应定期检查，以免失效或变质。

5. 饮食与生活习惯对药物吸收的影响

（1）健胃药多以苦味刺激神经，增加胃液分泌，促进食欲，故不宜进食糖及含糖量高的食物。

（2）服用利尿药期间，不能食用香蕉、紫菜、海带、菠菜、土豆等富含钾的食物，否则易引起高钾血症。

（3）服维生素K时，不宜同时食用富含维生素C的山楂、辣椒、鲜枣、茄子、芹菜、西红柿、苹果等，因维生素C可分解、破坏维生素K，减弱其止血的功能。

（4）服用磺胺类药忌食酸性水果、果汁和醋，以免尿中形成结晶而损害肾脏。

四、销售促进方法

(一)如何利用好赠品促销?

1. 赠品的含义

所谓赠品，在商业领域中的应用主要指购买商品时，可获得商家免费赠送的另一种物品，即为赠品。赠品对促进买卖的达成、商品品牌的建立与传播，起着举足轻重的作用。除此以外，在各种商业交往活动中，医药企业对顾客、零售商等免费派发馈赠的物品、食品品尝、商品试用，均可称其为赠品。

赠品促销目前在药店促销中应用也比较多，一般情况下，在新产品推出试用、产品更新、对抗竞争品牌、开辟新市场情况下，利用赠品促销可以达到比较好的促销效果。但是，赠品设计中有一个基本的原则，那就是尽量赠送与产品有关联的赠品。

2. 赠品促销的优点

(1) 可以提升品牌和网站的知名度。

(2) 鼓励人们经常访问网站以获得更多的优惠信息。

(3) 能根据顾客索取赠品的热情程度，总结分析营销效果和产品本身的反应情况等。

(二)样品赠送有何优点?

1. 赠送样品的含义

将药品免费送达顾客手中的销售促进方式称为赠送样品。在绝大部分的促销方法中，顾客常须完成某些事情或符合某些条件，才可取得药品或获得馈赠。免费赠送样品则不同，顾客无须具备什么条件即可得到药品或保健品。实践证明，免费样品是吸引顾客试用其药品或保健品的好方法，特别是当新药品导入市场时运用较为有效。

但并非所有的药品均适合使用免费样品。对于高度特殊性药品或诉求的市场小又有选择限制时，运用免费样品则不可以。而当药品差异性或特点优越于竞争品牌，并值得向顾客进行披露时，运用样品赠送效果较好。对于普药适合运用此方法。药品的特性使运用免费样品来推广介绍药品效果明显，因为只要展示药品的疗效，即可获得顾客的认可。

2. 赠送样品的优点

(1) 产生购买效应

可提供快速的药品信息，并可在药店产生立即购买效应。因为免费样品直接将药品送到顾客手中，便可刺激他们立即采取购买行动，而不像其他宣传，需要不断地重复才可能吸引顾客购买。如果免费样品是医药企业提供的，可以增进药店的进货欲望，同时为了搞好销售，药店还会提供货架特别陈列，以及药店内广告辅助物品的强化活动。

(2) 使顾客转换品牌

运用弹性大，促销对象可选择性高，是促使品牌忠诚顾客转换品牌的较好方式。免费促销通常可根据药店的需要，既可设计成符合某特定对象的需要，又可全面无区别地分送。药店运用免费赠送是刺激顾客转用新品牌的有效方法，可以在短时期内得到顾客的认可。

(3) 扩大药店销售区域

可协助已有品牌强化分销渠道。免费样品是扩大药店销售区域的有效方法。

(三) 使用优惠券的优点有哪些?

赠送优惠券是指药店向顾客用邮寄、在包装中或以折页等形式附赠一定面值的优惠券，持券人可以凭此优惠券在购买某种药品时免付一定金额的费用。

优惠券的七大优点

(1) 优惠券能迅速递到大多数潜在顾客和现有顾客手中。

(2) 运用优惠券促销，无论是新上市药品还是老药品，都能很好地刺激顾客试用。

(3) 优惠券可用来推荐新口味、新规格或其他品牌延伸的药品。

(4) 与其他形式的促销活动相比，优惠券展现在“拉”的威力效果较好。

(5) 运用优惠券常可使药品试用者转变为长期的忠实使用者。

(6) 优惠券可协助增加既有消费群体的购买量。

(7) 如果医药企业运用优惠券，可增加药店的进货量。

(四) 如何利用竞赛和抽奖促销?

1. 竞赛与抽奖的区别

(1) 竞赛

竞赛是一种顾客运用和发挥自己的才能和知识，以解决或完成某一特定问题的活动。需要参赛者运用和发挥自己的能力、知识和技巧来提出某种想法、建议、构思，如挖掘老药品的新用途、构思药品广告标题、要求针对某些药品的功效的区别，或回答一些与某特定品牌药品有关的问题，如对药品的熟悉程度、对药品的看法、态度、建议、改进意见等，然后依据优劣或摇号选出优胜者，给予优胜者以奖励。这种方法不直接允诺或给予每个参赛者利益和好处，只允诺参赛者均等的取胜机会和可能性，提供给他们一种刺激。因此，竞赛通常要具备三个条件，即奖品、参与者的知识及某些参加条件限制，并以此作为评选优胜者的依据。

(2) 抽奖

抽奖的目的是促使顾客参与药店的宣传活动。奖品不能是药品本身。

抽奖的两种形式：一种是直接式抽奖，即从来客中直接抽出中奖者；另一种是兑奖式抽奖，即由药店事先选好数字或标志，当一组奖券送完或到指定的日期后，在一定的时间内告知顾客，参加者若符合已选定的数字或标志即中奖。

另外，还有一种称为“计划性学习”抽奖，参加者必须先详细阅读举办活动的宣

传材料，以便获得符合参加条件的答案，然后可以在药品的标签、包装或广告上了解某些问题，然后由药店在所有提出正确答案的参加者中抽出幸运中奖者。

（3）竞赛与抽奖不同点

竞赛需要参加者具有一定的能力和技巧；抽奖则纯粹是靠机会和运气取胜。抽奖活动实际上是一种非概率性的，碰运气的游戏；参加者无须任何技巧，每人都有均等的获奖机会。它不要求参加者交钱或购买药品，只需他们在指定期限和地点登记上自己的名字、联系地址或电话等，然后通过任意抽取方式产生幸运者。这种方法比顾客竞赛更经常被使用，因为它更具吸引力，更有趣味性和刺激性，且成本相对较低。顾客竞赛和抽奖的奖励往往都是很可观的大奖，它们不仅可使许多顾客参与活动，而且还可获得医药企业的支持。

2. 竞赛与抽奖的优点

（1）可联合数种药品进行规模促销活动。

（2）可扩大、建立或强化药店形象，借助促销活动，强化药店在人们心目中的位置。

（3）能够促使顾客阅读店内广告。

（4）适于针对目标市场进行直接的促销策划，如举办竞赛或抽奖活动的主题或奖品，可依据区域顾客的特点，精心策划，以符合不同心里层次的顾客的真正需求。

指南四　药学服务

小王是×××药店的一名店员，一天一位老大爷来到药店，想要购买治疗糖尿病的药品，小王细心地询问了大爷的症状后，选择了一家企业的治疗糖尿病的药推荐给大爷，并告诉大爷这药是专门治疗Ⅰ型糖尿病的，效果很好，而且口碑也非常好，价格相对合理，并细心地叮嘱大爷如何用药，一天吃几次，大爷听后兴高采烈地走了。

大爷走后，店员小李凑到小王面前，说道："小王啊，某某家的治疗高血糖的药和你刚才推荐的价格差不多，但是提成要比你刚才推荐的高多了，你不知道吗？"小王微微一笑答道："我知道某某家的药提成高一些，但是刚刚大爷的情况，用我给推荐的那个厂家的药会更好些，咱不能因为光想着提成，而不顾顾客的健康啊！"

上面的例子说明了一种服务思想对连锁药店经营行为的影响。事实上，连锁药店的任何经营行为总是受某种服务思想或意识的影响和支配的。在符合顾客利益和社会目标的服务思想影响下的连锁药店经营行为，自然会得到社会的普遍认可并能够拥有良好的社会声誉，连锁药店才能够持续发展。这种以顾客为导向的服务主张、服务思想和服务意识被称为服务理念。

一间中药铺，门口的对联上两行大字赫然入目："但愿人间无病痛，哪怕架上药生尘"。

一、服务理念及其性质

(一) 何为服务理念?

服务理念是连锁药店实施和贯彻的以顾客为导向的服务主张、服务思想和服务意识。服务理念是服务活动的指导思想，是药店使命和宗旨的具体体现，也是连锁药店服务的责任和目标。

服务理念是一个系统的概念，是由服务宗旨、服务使命、服务目标、服务政策、服务原则和服务精神组成的统一体。

(1) 服务宗旨，是创造连锁药店的根本目的和意图。

(2) 服务使命，是连锁药店在社会化分工中所承担的任务和责任。

(3) 服务目标，是连锁药店所要实现的连锁药店发展目标和经营目标。

(4) 服务政策，是连锁药店在处理服务关系或配置服务资源时所提出的关键的、

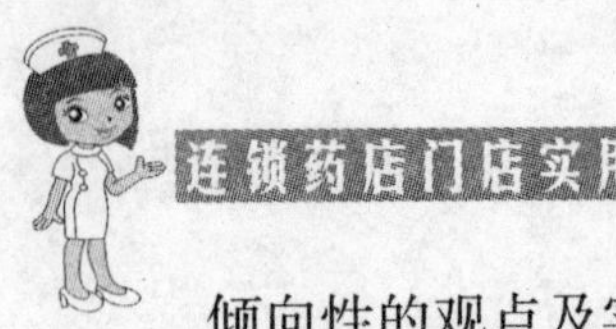

倾向性的观点及实施方案。

（5）服务原则，是连锁药店在营销行为中必须遵守的准则和必须坚持的思想。

（6）服务精神，是连锁药店希望实现的理想追求或基本的指导思想。

（二）服务理念有何性质？

（1）服务理念具有顾客导向性。服务理念的核心就是顾客导向观念，一切服务主张、服务思想和服务意识都要以满足顾客的期望和要求为目的，顾客导向是服务理念基本的特征。

（2）服务理念具有公开性。顾客导向的服务理念应该是公开的，可以让顾客认识和识别的，它代表和表示了连锁药店的承诺和真诚，并有可能被社会和公众理解和认可。

（3）服务理念具有传播性。理念是连锁药店与顾客和社会沟通的最好工具，应该通过各种传播方式和传播媒体不断向社会传播。

（4）服务理念具有一贯性。服务理念是连锁药店要实现的目标和理想，不是心血来潮的想法，不能随意改变，它是连锁药店在较长时期内要实现的战略目标。

（5）服务理念具有独特性。不同连锁药店有不同的服务理念，它是连锁药店个性和差异的体现，是连锁药店价值和文化的体现。

（6）服务理念具有前瞻性。服务理念的核心是满足顾客的需要和期望，顾客需要的动态性和变化性要求服务理念具有前瞻性。

（7）服务理念具有继承性。连锁药店是发展的，今天的连锁药店服务理念是过去优良传统的继承和发展，连锁药店在不断发展的过程中应继往开来，不断创新。

（8）服务理念具有挑战性。服务理念代表了连锁药店想要的更高水平的服务，存在现实和理想的差距，这种差距就是挑战，服务理念是一种追求，一种更高的追求。

（9）服务理念具有竞争性。树立独特理念的主要目的就是在竞争激烈的市场中向顾客提供更好的服务，以获得顾客的满意和忠诚，服务理念是有竞争和战略意义的。

（10）服务理念具有深刻性。服务理念是指导服务行为的。只有好的理念、深刻的理念、有意义的理念，才能作为行动的指南。

尽管服务理念是药店个性的反映，不同的药店其服务理念也千差万别，但药店在有效提供服务的过程中也存在一些普遍性和一般性的思想和意识。这些普遍性和一般性的理念包括：使顾客需要得到满足和顾客利益得到保障的顾客满意理念，以及在提供服务过程中要与顾客形成和谐关系的关系营销理念。这些理念是由服务是一种能够有效地提供某种满足或利益的活动过程这一概念所决定的。

二、顾客满意理念

通用系统公司（General System Co.）时刻告诫他的员工：“如果全球市场中的 1 个顾客对某产品或服务的质量满意，会告诉另外 6 个人；如果不满意，则会告诉 22

个人。”

日本历史上的名将石田三成未成名之前在观音寺谋生。有一天，幕府将军丰臣秀吉口渴到寺中求茶，石田热情地接待了他。在倒茶时，石田奉上的第一杯茶是大碗的温茶；第二杯是中碗稍热的茶；当丰臣秀吉要第三杯时，他却奉上一小碗热茶。

丰臣秀吉不解其意，石田解释说：这第一杯大碗温茶是为解渴的，所以温度要适当，量也要大；第二杯用中碗的热茶，是因为已经喝了一大碗不会太渴了，稍带有品茗之意，所以温度要稍热，量也要小些；第三杯，则不为解渴，纯粹是为了品茗，所以要奉上小碗的热茶。

丰臣被石田的体贴入微深深打动，于是将其选在自己幕下，使得石田成为一代名将。

服务以攻“心”为上，自然应做到体贴入微。当今，药店要在市场竞争中获得成功，就必须从顾客的角度认真体查顾客的需要，服务也必须能满足顾客的需要和要求甚至超出顾客的期待，才能使顾客满意。

所谓顾客满意是指顾客接受有形产品或无形服务后对其需求的被满足程度的感受状态。

满意是顾客的实践反映，是顾客根据其需要或期望是否被满足而对服务的评价。没能满足需要和期望的服务将导致顾客的不满意。顾客满意除了是实现需求而产生的满足感外，也可能是在特殊条件下产生的不同感觉。如：满意可能是顾客对自己未注意的日常所接受的服务所作的一种积极反应；满意还可以是一种顾客因享受满意的服务而产生的愉悦感，对那些令顾客惊喜的服务，满意即意味着高兴；在排除消极因素而导致的满意状态下，顾客也可能把满意当做一种放松。

（一）顾客满意理念及其发展有哪些？

1. 顾客满意理念

顾客满意理念是指药店的全部经营活动要从顾客的需要出发，以提供满足顾客需要的服务为药店的责任和义务，把满足顾客的需要和顾客满意作为药店经营目标的一种理念。

顾客满意理念是对20世纪50年代形成的“以顾客为中心”的理念的发展。“以顾客为中心”的理念取代了传统的“以自我为中心”的旧观念，而顾客满意理念在“以顾客为中心”基础上还要求药店把顾客的需求作为药店一切工作的指导思想，在整个营销活动中尽量满足顾客的要求，并要研究顾客的满意度，以调整药店的服务策略。

2. 形象设计

顾客满意理念是对20世纪70年代风靡世界的CI理念的补充。CI即形象识别，也称为形象设计。CI是指连锁药店可以通过系统的设计改变形象，有计划地将连锁药店的各种鲜明特征向社会公众展示和传播，在市场上形成连锁药店的一种标准化、差异化的独特形象，从而达到提高连锁药店经营业绩的目的。CI 由 MI（理念识别）、BI（行为识别）、VI（视觉识别）三个子系统组成。

客观地看，CI 对连锁药店的营销产生了积极的作用，但随着竞争的日益激烈和认识的深化，CI 的局限性也暴露出来了。形象设计是连锁药店自我设计和自我包装的，是连锁药店美化和强化自我，“强迫”顾客认识并接受连锁药店自身形象的行为。CI 的重点是连锁药店自身，而不是顾客。所以，CI 是建立在传统经营理念上的。

而 CS 对 CI 进行了补充和发展，强调营销对象——顾客的满意。其主要内容包括：

（1）CS 的目标指向是建立完善的顾客满意系统，以更好地为顾客服务，获得顾客的满意。这体现了现代营销以顾客为中心的理念。

（2）CS 明确地把服务满意纳入自身系统，从而强化了连锁药店与顾客之间的紧密联系，充实了以顾客为中心的内容，弥补了 CI 的不足。

（3）CS 提出的服务、满意，不是局限于顾客个人，而是将社会满意作为最高目标，从而将顾客满意扩大到了社会和全体公众层面，突出了连锁药店的社会价值和责任。

（4）CS 引入了顾客满意度和顾客满意评价指标体系。

（5）CS 体现了连锁药店从市场营销导向向社会营销导向转化的需要和水平。社会营销导向和市场营销导向在性质和水平上存在较大的差别，具体表现在：连锁药店市场占有率和顾客满意率并不构成正比关系；连锁药店知名度与美誉度也不完全一致等方面。

20 世纪 80 年代后，当我国很多连锁药店开始导入 CI 理念时，CS 理念已在发达国家开始盛行；20 世纪 90 年代末，我国连锁药店开始接受 CS 理念时，CS 理念又获得了更高境界的拓展和延伸，即 CL（Customer Loyal）——顾客忠诚。

3. 顾客忠诚

顾客忠诚的基本含义是：连锁药店以满足顾客的需求和期望为目标，有效地消除和预防顾客的抱怨和投诉，不断提高顾客满意度，在药店与顾客之间建立起一种相互信任、相互依赖的“质量价值链”。

在半个世纪的时间里，经营理念经历了三次跨越：CI—CS—CL。三者相互间的关系是包容而非排斥：前者是后者的基础，顾客满意需要良好的企业形象，顾客忠诚必须建立在顾客满意的基础之上。

（二）药店顾客满意的基本内容有哪些?

顾客满意的内容是个系统，分为横向并列五方面、纵向递进三方面。

1. 横向并列层次

（1）药店理念的满意。它是指药店经营理念带给顾客的满意程度，具体包括经营宗旨、经营哲学和特有的价值观等。

（2）经营行为的满意。它是指药店全部的运行状态带给顾客的满意程度，包括行为机制、行为规则和行为模式的满意。

(3) 视觉形象的满意。它是指药店可视性和可听性外在形象带给顾客的满意程度，包括药店标识、标准字、标准色和药店外观设计、店内清洁度等。

(4) 药品的满意。它是指药品带给顾客的满意程度，包括药品质量、功能、设计、包装、品位和价格满意，以及药品是否对其病症有效等。

(5) 服务的满意。它是指服务带给顾客的满意程度，包括绩效满意、保证体系满意、服务的完整性和方便性满意、情绪和环境的满意等。

2. 纵向递进层次

(1) 物质满意层。它是指顾客对药店产品的核心层，如对服务产品的功能、品质、品种和效用感到的满意。

(2) 精神满意层。它是指对药店服务的形式层和外延层的满意。如对服务来讲，表现为对服务的方式、环境、态度、有形展示和过程的满意等。

(3) 社会满意层。它是指顾客在接受药店服务过程中对所体验到的社会利益维护程度感到的满意。具体包括顾客在消费过程中，充分感受到的药店在维护社会整体利益时所反映出的道德价值、政治价值和生态价值等。

(三) 提高顾客满意度的影响因素和途径有哪些?

台湾有一位博士，在意大利某名牌鞋店买鞋。最合脚的尺寸卖完了，选了一双小一号的，但有一点紧。反正鞋穿穿会松的，于是要掏钱买，可售货员拒绝卖给他，理由是顾客试穿时表情不对劲。售货员说："我不能将顾客买了会后悔的鞋子卖出去"。

上面的例子很好地说明了顾客满意度对企业的重要性，企业在服务顾客的时候要以顾客的利益为出发点，以顾客需求为导向。

1. 何为顾客满意度

顾客满意与否，取决于顾客接受服务的感知同顾客在接受之前的期望相比较后的体验，通常有三种感受状态，如图 4-1 所示。① 不满意。当感知低于期望时，顾客会感到不满意，甚至会产生抱怨、投诉；如果对顾客的抱怨和投诉采取积极措施并妥善解决，顾客的不满意可能会转化为满意，并最终会成为忠诚的顾客。② 满意。当感知接近期望时，顾客会感到满意。③ 很满意。当感知远远超过期望时，顾客有可能从满意产生忠诚。

顾客满意度是指顾客事后可感知的效果与事前的最低期望之间的一种差异函数。

感知效果 (Perceived Performance) 是指购买和使用产品以后可以得到的利益总和。

期望值 (Expectations) 是指在购买产品之前对产品所能提供利益的预期。即

顾客满意度 = 感知效果 − 期望值

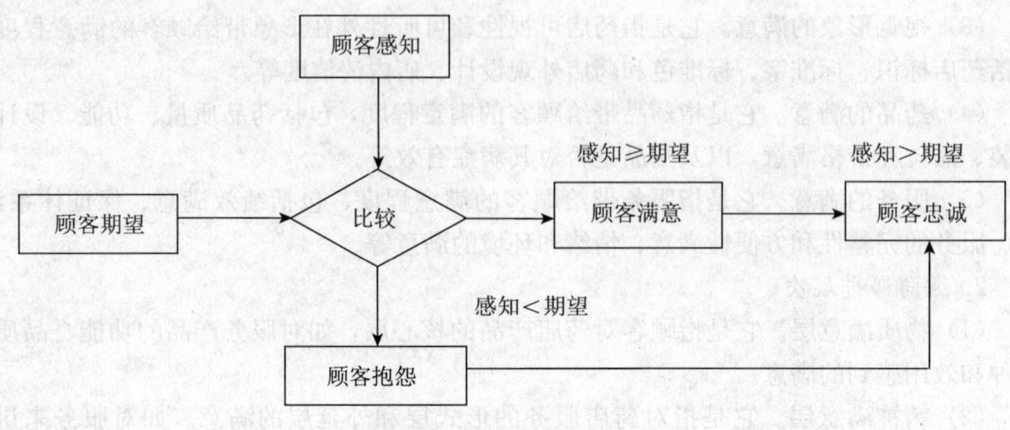

图 4-1　顾客感受状态

2. 顾客满意度的影响因素有哪些

根据顾客满意度的定义，顾客满意度受顾客的感知效果和期望值两个因素的影响。

（1）顾客感知

顾客感知是指顾客在购买和使用产品或服务后，对实际效果的感受和认识。顾客对服务的感知一般是根据服务质量及其在服务过程中所体验到的总体满意程度来感知的。由于服务的特殊性，顾客对服务质量的感知还包括：① 在服务过程中对交互质量的感知；② 在服务过程中对有形环境质量的感知；③ 对服务结果质量的感知。

事实上，顾客对店员服务质量、产品质量、价格、环境因素以及个人因素的感知都会对顾客满意产生影响。

药店顾客满意的感受具有即时性和滞后性双重特征。即时性的顾客满意感受发生在顾客与店员之间接触的服务提供和接受过程中，而滞后性的顾客服务感受发生在顾客用药之后。对药店顾客而言，滞后性的服务感受更为重要，因为这满足了病人症状减轻或治愈的根本需要。药店只要提高药学服务水平，坚持对症售药的基本服务准则，顾客这种滞后性的服务满意就很容易得以实现。本章开篇卖鞋的例子中就是突出强调了滞后性顾客服务感受。

（2）顾客期望

顾客期望是购买决策前对其需求的产品或服务所给予的期望和希望。顾客一旦对某种事物产生了需求，期望便随之产生。

服务期望是顾客对所接受的服务质量水平的预期，顾客在评价服务质量时，会把对服务绩效的感知与服务期望进行比较。所以，了解顾客期望和顾客期望的产生是很重要的，顾客的期望正是药店希望通过服务而努力去达到的。

顾客对服务期望的高低会影响到他对服务绩效的评估，从而影响顾客的满意程度。顾客对服务的期望可以分为理想服务和适当服务。理想服务是顾客期望得到的最高水平的服务，是顾客在接受某项服务时所希望实现的绩效水平。但是，顾客希望达到的服务期望又常常被认为是不可能的。因为这个原因，顾客可能愿意接受服务的另一个较低水平的服务期望，这个低水平的期望就是适当服务，即顾客可接受的服务水平。适当服务水平远低于理想服务水平，它表示顾客最小的可接受的期望，即顾客可接受服务绩效的最低水平。

从药店作为服务提供者的角度来说，由于服务的异质性，不同的药店、同一药店的不同店员、甚至相同店员提供的服务都是有差异的。同样，顾客对服务的期望也不是一成不变的，不同的顾客对相同服务的期望也是不同的。

从顾客的角度来说，顾客对服务的期望不是单一的，通常顾客的服务期望是介于理想服务和适当服务之间的一个区域范围。这个范围就是顾客承认并愿意接受的服务差异范围，是顾客对服务差异可以容忍的区间或程度。

顾客对服务期望差异的容忍区间有以下几个特点：

① 理想服务水平和适当服务水平之间的容忍区间不是固定的，而是可以扩大或缩小的。

② 不同的顾客具有不同的容忍度，即使是同一个顾客的容忍度也可能发生变化。某个顾客容忍度的扩大或缩小依赖于多种因素，例如：当药品价格提高时，顾客对劣质服务的容忍度降低；当药品价格下降时，顾客对服务质量的容忍度有可能升高。

③ 越是重要的属性，容忍度可能越低。这是因为，顾客对最重要的服务属性和特征有较高的期望，对比重要的属性，容忍度可能较高。

总之，顾客期望产生于顾客需要，不同的顾客有不同的需要，因此会产生不同的期望，并且其期望水平也是不同的。

3. 提高顾客满意度的途径有哪些

通过对顾客满意度影响因素分析可以看出，为了提高顾客满意度，其基本途径有：

（1）提高顾客的感知效果。主要从顾客满意的内容入手，即建立使顾客认同的药店理念，合法、便利、规范的经营行为，设计健康向上且舒适的药店视觉形象，销售有质量保障且对症的药品；提供快捷、方便、内容完整、过程规范的服务。不仅要重视顾客对药店提供服务的物质和精神方面的感知，还要重视其对药店的社会责任感和社会利益维护程度的感知。

（2）降低顾客期望。如强调药品的对症而不是价格，强调药品的质量而不是包装等。

（3）提高顾客的感知效果的同时降低顾客期望。

药店坚持顾客满意理念可以提高顾客满意度，进而在一定程度上增加顾客忠诚度。虽然满意度增加并不一定代表顾客忠诚度的增加，但高的忠诚度总是以高的满意度为基础的。在药店中可以看到一些不能令顾客满意的情形，如下例：

一天，一个孩子走进药店，向店员小李问道：“姐姐，买×××药。”

小李问道：“买哪一种的？”

孩子皱着眉头，犹豫不决道：“这……”

小李见状不耐烦了：“到底要买哪一种啊？”

见孩子还在犹疑，催促道：“快点决定，就这个好了。”半强迫地将药塞给小孩，小孩只好交了钱，低头走了。

显然店员的接待方式不能让顾客满意，有点强卖的味道，顾客不满意自然会转身而走。

在药店中也可看到令人满意的情形，如下例：

（A——店员；B——顾客）

A：您好！需要帮助吗？

B：哦，我是来给我爷爷买药的。我爷爷老关节痛，能用什么药啊？

A：哪儿的关节？是胳膊、腿，还是肩呀？

B：好像哪儿都痛过，有时候是膝盖这块，有时候是肩，厉害的时候痛得都直不起腰来。

A：那痛的时候关节红不红，感到热吗？

B：好像关节有些肿，还特硬，有时候连路都走不了，一到早上痛得更厉害。

A：他应该是风湿性关节炎吧？

B：对了，医院就是这么诊断的。现在他关节有点变形了，治风湿的药他倒是吃着呢。对这种病，有什么中药能吃吗？

A：有。您爷爷是不是一冷了关节就痛得厉害，而且怕阴天下雨？

B：对。下雨前他腿就有反应，特准。

A：风湿症都是这样。您给他买点风湿骨痛药酒吧，不知道他喝过没有，木瓜酒也行，还有史国公酒，但一定要记住，喝这些酒的时候千万别兑白酒，有的老人嫌药酒不好喝，常往里兑白酒，那可不行。

B：好吧，我买瓶风湿骨痛药酒，让他喝喝试试。

A：还有，让他少吃高脂肪、高蛋白的东西，多吃点水果，还得补充点维生素，关节痛得厉害的时候还可以去按摩按摩，但是平常一定不能着凉，得多穿点，别冻着。

B：好，我知道了，谢谢！

虽然顾客不是用药者本身，但店员能详细询问用药者的身体状况、病情、注意事项等，从而正确指导用药，使顾客很放心，顾客自然就会有满意感。

（四）药店如何制定顾客满意战略并提高顾客让渡价值？

1. 如何制定和实施顾客满意战略

顾客满意战略把药店的发展和顾客的利益紧密联系起来。顾客满意战略的实施，会极大提高顾客满意度。药店树立以顾客为中心的服务理念，研究和了解顾客需要，提供顾客需要的药品和服务，实施顾客满意战略是提高顾客满意度的主要战略措施之一。

（1）顾客满意战略及其特征

顾客满意战略是 20 世纪 90 年代在国际上广泛流行的一种新型战略，顾客满意战

略是指企业在激烈的市场竞争中为了获得竞争优势，不断根据顾客的需要来完善企业的产品和服务、不断提高产品和服务满足顾客需求的能力，以提高顾客满意为目的的一种经营战略。顾客满意战略有以下几个方面的特征：

① 以提高顾客满意和顾客忠诚为目的。顾客满意战略以顾客为核心，以最有效的方式服务顾客，最大程度地满意顾客需求，力求获得顾客的满意和忠诚。顾客满意战略含有"顾客总是对的"经营服务理念，失去顾客就失去了一切。

② 强调定期进行顾客满意测评。要使顾客满意，必须清楚地了解顾客是否满意，以及满意或不满意的原因，这就需要进行定期的顾客满意度综合测评，以此来了解顾客的需求和期望。

③ 强调一体化改进。影响顾客满意的因素是多方面的，实施顾客满意战略就要从各方面、通过各种途径、依靠全体员工共同努力、综合地、一体化地改善连锁药店的产品和服务，改进药店的营销服务策略，才能收到满意的效果。

(2) 药店实施顾客满意战略的措施有哪些?

① 使药店全体人员牢固树立顾客满意理念

药店的一切营销活动要从顾客的需要出发，以提供满足顾客需要的服务为药店的责任和义务，全心全意为顾客服务。要把为顾客服务、提高顾客满意的理念作为药店每一项工作的指导思想和每一名员工的自我要求。药店的一切经营行为只有满足顾客要求，才能增强竞争力，才能发展壮大。

② 不断提高营销水平以有效地满足顾客需求

为了更好地满足顾客的需要，药店要准确了解和把握顾客的需要。因此，药店应该对顾客的需要进行认真调查和研究，发现顾客的真正需要，从而制定出有效的营销策略和提供有针对性的服务。药店要不断提高营销水平，通过有预见性的服务活动来更好地、更有效地满足顾客的需要。

③ 不断创新

顾客的需要是发展变化的，顾客的满意度也是发展变化的。今天顾客对某项服务感到满意，但明天就有可能感到不满意，甚至感到反感。所以，药店要不断创新，千方百计利用新技术、新方法、新设计来开发顾客喜欢的新服务。

④ 健全顾客服务体系

药店的服务质量直接关系到顾客的满意和忠诚。药店在经营活动中很难使每一个顾客都感到满意，所以药店要建立专门的机构和设立专人来接待和处理顾客投诉，加强与顾客的沟通和联系，倾听顾客的不满，不断纠正药店在营销活动中的失误和错误，及时补救和挽回给顾客造成的损害。只有这样，药店才能不断地留住顾客，并吸引新的顾客。

⑤ 了解竞争对手

一个追求顾客满意的药店，不仅要了解顾客的需要，还要了解竞争对手的情况。在市场竞争越演越烈的条件下，只有了解竞争对手并且比竞争对手做得更好，才有希望在市场竞争中获得成功，才有机会获得不断的发展。

2. 如何提高顾客让渡价值

顾客的购买行为，是一个对药品的选购过程。在这个过程中，顾客运用自身的知识、经验、努力和收入等，按照价值最大化原则选择自己需要的药品和服务。其中，“价值最大化”是顾客在每次交易中力争实现的目标，也是顾客评判交易成功与否的标准。

顾客让渡价值理论认为，只有那些能够提供比竞争对手更大的顾客让渡价值的药店，才有可能争取和保留顾客。因为顾客让渡价值最大的产品是顾客优先选购的对象，顾客在交易中能够得到更多的让渡价值。提高顾客让渡价值是提高顾客满意度的又一主要战略措施。

(1) 何为顾客让渡价值

顾客让渡价值是指顾客总价值与顾客总成本之间的差额，即

顾客让渡价值＝顾客总价值－顾客总成本

顾客总价值是顾客购买某种服务所期望得到的一组利益，包括产品价值、服务价值、人员价值和形象价值。

顾客总成本是指顾客为购买某一产品所耗费的时间、精力、体力和所支付的货币等，包括货币价格、时间成本、精力成本和体力成本。

(2) 提高顾客让渡价值的途径有哪些

总的顾客价值越大，总的顾客成本越低，顾客让渡价值越大。总的来说，提高顾客让渡价值，有两种途径、三种组合：① 尽力提高顾客价值；② 尽力减少顾客成本；③ 在提高顾客价值和减少顾客成本两个方向上都做出营销努力。如图 4－2 所示。

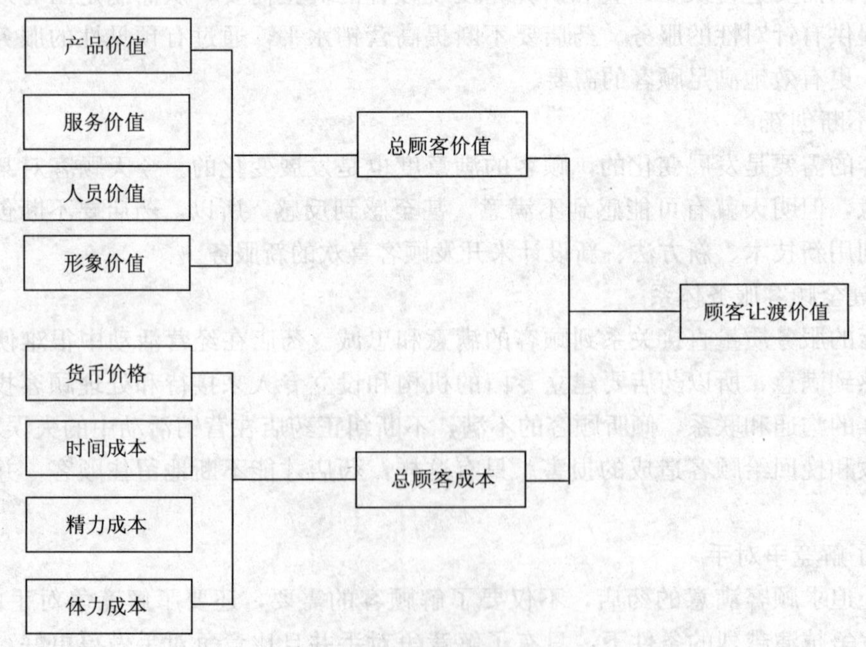

图 4－2　顾客让渡价值

实际上，从图4-2可以看出，提高顾客让渡价值有多种途径和组合方法。比如：提高顾客总价值可以有多种选择；降低顾客总成本也有不同的组合；药店应根据实际需要选择不同的组合方法来提高顾客让渡价值。药店只有提供比竞争对手更大的顾客让渡价值，才有可能争取到更多的顾客并保留顾客。

(3) 药店经营中的如何应用顾客让渡价值理论

秦皇岛的范女士和朋友到本地一家药店买某种药品，该药品价格标注为16元，但是当她的朋友拿出医疗保险卡要刷卡时，药店却告诉他们用医疗保险卡买药要另加1～2元的税钱。范女士和朋友从来没有听说过用医疗保险卡要另加税钱，认为这是乱收费，而药店坚持要收钱，范女士和朋友就离开了这家药店。

上例是药店通过增加了货币价格增加了总顾客成本，从而使顾客满意度降低。下面是对药店发展历程中的一种现象的剖析。

2001年至今，可说是中国零售药店的多事之秋。连锁药店如雨后春笋般遍布全国各地，随着药店数量的激增，竞争也开始加剧，于是中国药店贯用的“价格战”就见诸于各地，南有武汉、长沙、南京、重庆，北有北京、哈尔滨，一时间，各媒体推波助澜，“平价药店”“价格战”字眼开始见诸于各地报刊媒体。某个地方出现了“平价药店”，就成了当地媒体的明星。对“平价药店”的出现，业界也是褒贬不一、各执一词。

“平价药店”的出现打破了原有的市场平衡，是一种“抢钱”行为，药店已是微利，“价格战”的结果是使各家药店疲于应付、劳民伤财。可是，这些情况顾客知道吗？顾客只是知道通过“价格战”，对药价虚高的多少有了一定的可量尺度，对于“药价平均降25%～40%”这类字眼，顾客除了震撼之外，还是震撼：我们以前多花了这么多的冤枉钱来买药，药品的利润高得惊人！随之而来的就是：商人最精，赔本买卖绝对是不会干的，虽然降了这么多，但还是有利可图的，看来以后还能降；这样在顾客心中就有了降价预期。

在上述历史发展过程中，药店是通过降低货币价格的方式来降低总顾客成本，从而提高了顾客让渡价值，进而提高了顾客满意度。这就是零售药店为什么要打价格战的原因。但在上述现象中，我们同时看到，价格战的结果又使得顾客产生了“以前多花了这么多的冤枉钱来买药，药品的利润高得惊人”的“震撼”，这种“震撼”又同时降低了零售药店的形象价值，从而降低了顾客让渡价值，进而降低了顾客满意度。降低货币价格所降低的总顾客成本与贬值的形象价值所降低的总顾客价值，孰多孰少值得商榷。

上面两个例子中均是主观上通过货币价格来影响顾客让渡价值的。顾客让渡价值理论表明，价格不是影响顾客让渡价值的唯一因素，因此，价格战也不是药店竞争的

唯一有效手段，况且，价格再低的药品如果不对症，对顾客就没有价值（顾客总价值=0）。顾客如果购买和使用了不对病症的药品，其顾客让渡价值不是零，而是小于零（因为购买和使用过程中产生了顾客总成本）；由于不对症用药而延误了疾病治疗，顾客总成本就继续增加；不对症所用药品的毒副作用对健康造成的损害还会继续增加顾客总成本；不对症药品加重了现有疾病的病情，顾客总成本还会继续增加。

这样，顾客总成本=购买和使用不对症药品的成本+延误疾病治疗使疾病恶化的成本+毒副作用对健康损害的成本+不对症药品加重现有疾病的成本。如此的成本不断累加，顾客自然就不能可满意。可见，对于理性的顾客而言，提供合理用药指导等药学服务比低价格更具有吸引力，药店的服务竞争也比价格竞争能更多地提高顾客让渡价值。

下面的2004年4月北京青年报的一篇报道说明了药店是如何通过提高服务价值来提高顾客让渡价值的。

京城药店绕开价格竞争，全力开打“服务牌”。在药店竞争越来越激烈的今天，药店在拼价格的同时，又全力打服务牌。京城著名的药品连锁店金象大药房，金象会员不但享受购药九折、免费代煎、送药上门等服务，还享受金象大药房定期举行的健康讲座、免费健康体检等健康配套服务。另外，会员还可享受金象提供的免费郊游活动。

有关专家认为，药品零售行业以服务来吸引顾客，标志着行业竞争又上了一个新台阶，这种竞争将给药品零售业带来崭新的面貌，使顾客得到更多的实惠。

此外，药店还可以通过其他多种途径来提高顾客让渡价值。如药店的经营行为符合《药品经营质量管理规范》的要求，严把质量关，杜绝经营假劣药品，这是通过提高产品价值来提高顾客让渡价值，从而提高顾客的满意度的；药店培训店员来改善其服务态度和服务技能，使店员能更好地为顾客服务，是通过提高人员价值来提高顾客让渡价值的；药店干净的店堂、高雅的店面设计、符合社会目标的服务理念传播等，这些都是通过提高其形象价值来提高顾客让渡价值的。又如连锁药店较密集的布点或社区型便利药店降低了顾客的时间成本，简捷明快的药品导购指引、良好的药学服务人员和设施降低了顾客的精力成本，电话咨询或送药上门降低了顾客的体力成本等，这些方式均可降低总顾客成本，从而提高顾客让渡价值，进而提高顾客满意度。

（五）如何加强顾客关系管理?

顾客是药店的生命之源，顾客需要是药店营销的出发点。拥有顾客就意味着药店拥有了在市场中继续生存的基础，而拥有并想办法保留住顾客是药店获得可持续发展动力的源泉。因此，越是在竞争激烈的市场环境中，药店越应通过实施“顾客关系管理”来满足顾客、赢得顾客、提高顾客满意度和忠诚度。加强顾客关系管理是提高顾客满意度的第三个主要战略措施。

1. 何为顾客关系管理

顾客关系管理是一个通过详细掌握顾客有关资料，对药店与顾客的关系实施有效

的控制并不断加以改进，以实现顾客价值最大化的协调活动。顾客关系管理源于“以顾客为中心”的营销理念，是一个不断加强与顾客交流、不断了解顾客需求、不断对产品及服务进行改进和提高，以满足顾客需求的连续过程。它要求向药店的销售、服务等部门和人员提供全面、个性化的顾客资料，并强化跟踪服务和信息分析能力，与顾客协同建立起一系列卓有成效的“一对一关系”，并在有条件的情况下，开展一对一的营销，使药店能够提供更快捷和更周到的优质服务，提高顾客满意度，吸引和保持更多的顾客。

由于信息化和网络化，今天的顾客有更多的机会与权利对产品和服务进行选择和比较，消费方式也由被动接受变为主动选择。这种变化了的市场环境，对药店既是挑战也是机会。药店需要有一套完整的顾客关系管理理论与技术来实现对顾客的管理。目前，许多有进取精神的药店都采用了顾客关系管理系统。目前，零售药店广泛采用的会员制服务就是加强顾客关系管理的基本方式。

2. 顾客关系管理的主要任务

顾客关系管理注重的是对顾客的了解和与顾客的交流，药店应以顾客为中心，而不是以产品或者市场为中心。顾客关系管理的主要任务是：

(1) 顾客分析。主要分析谁是药店的顾客、顾客的基本类型、顾客的需求特征和购买行为以及顾客差异对药店利润的影响。

(2) 药店对顾客的承诺。明确药店为顾客提供什么样的产品和服务，并请顾客予以监督。

(3) 顾客信息交流。这是双向的信息交流，其主要功能是实现双方的互相联系、互相影响，有效的信息交流是与顾客保持良好关系的途径。

(4) 取得顾客信任。以实际行动来取得顾客信任，如承诺的兑现、合同的履行、对顾客抱怨的处理和改进等。

(5) 搞好信息反馈管理。建立信息反馈管理制度和考核办法，使顾客的意见能得到及时处理，直到顾客满意为止。

3. 顾客关系管理的运作流程

顾客关系管理能充分利用顾客资源所产生的大量有用信息资料，作为药店各种决策的重要依据。搞好顾客关系管理必须有一组完整的运作流程：

(1) 收集资料。利用新技术与多种方式，收集顾客的个人情况、消费偏好、交易历史资料等并储存在顾客资料库中，建立顾客数据库。

(2) 对顾客进行分类。将顾客按消费特征进行分类，就可以预测各种营销活动下各类顾客的反应，降低营销成本，提高营销效率。

(3) 规划与设计营销活动。根据对顾客的分类，分别为各类顾客设计相应的服务与促销活动方式，提高营销活动的目的性和针对性。

(4) 例行活动管理。药店与顾客建立并保持长期关系，双方越是相互了解和信任，交易越是容易实现，并可节约交易时间和成本，并发展为例行程序化交易。这样，药店与顾客的交易活动便是例行活动。

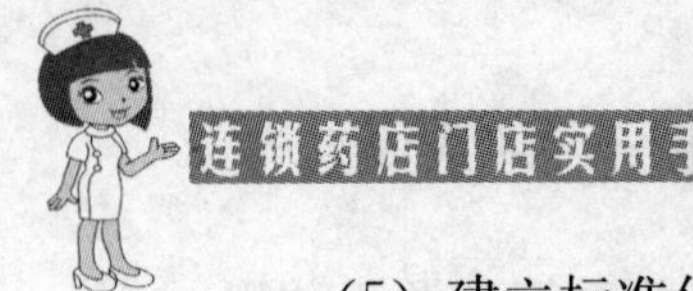

(5) 建立标准化分析与评价模型。通过顾客资料分析，建立一套标准模型，对经营状况和绩效进行分析和评价，一旦发现问题，能迅速地采取措施解决。

以上的各种程序环环相扣，形成一个不断循环的运作流程，从而能以最适当的途径、在正确的时间，传递最适当的药品和服务给真正需要的顾客，实现药店与顾客的双赢。

4. 实施顾客关系管理的关键问题

(1) 准确定位自己的药品。药店能够生存发展，对顾客来说必然具有其存在的价值，这个价值对顾客的期望有决定性的影响。准确的顾客定位能够得到目标市场的认同。对药店而言，准确定位自己的产品就是明确经营哪些品种和提供什么样的服务的问题。

(2) 了解顾客的消费经历。在开展顾客关系管理时，应当充分了解顾客的消费经历和消费行为，特别要了解顾客在消费行为过程中所遇到的问题，以便采取有效的针对性措施使顾客满意，保持与顾客长期稳定的合作关系。

(3) 选择最佳运作流程。为了建立良好的关系，药店必须不停地与顾客互动。值得注意的事项，药店的最佳流程也必须是顾客的最佳流程才有意义，否则会给药店与顾客的关系带来伤害。如果能引导顾客进入药店来接受服务是最佳渠道，药店将可省下巨额的成本。目前，深入社区开展药学服务也是目前药店采用的较为普遍的方式。

(4) 实施分类管理。为顾客提供量身定做式的服务，是顾客关系管理最极致的目标。这个目标或许很难真正达到，但按顾客不同的特性、需求和使用经验，予以区分、归类，以提供“最适当”的服务，却是顾客关系管理的一门基本功课。

(5) 建立信息系统。建立顾客关系管理的资料库和信息系统，运用高科技手段建立灵敏、高效的信息系统也是现代顾客关系管理相当重要的环节。但由于药品消费的私密性要求药店要注意保护顾客的隐私权，药店建立完备的资料库存在相当大的难度，因此，这一信息系统的安全性很重要。

(6) 实施一对一营销策略。如果应用得当的话，一对一营销对于拓展并巩固顾客群体将大有裨益。所谓一对一营销，就是药店愿意并能够根据顾客的特殊要求调整自己的经营行为，如针对中老年患者的送药上门服务或电话保健医生咨询服务等。这些特殊的需求可能是顾客主动提供的，也可能是药店从各种渠道收集得到的。个性化服务是增强竞争力的有力武器，并能很好地增加营销的有效性。

5. 如何利用服务要素维系与顾客的关系

(1) 为顾客提供新服务

为顾客提供新服务项目是使药店与其竞争对手区别开来的重要策略，也是提高总顾客价值的重要方法。新服务通常包括咨询服务、信息服务等。为顾客提供新的服务往往会导致药店成本投入的增加，所以药店在推出新服务之前，必须将增加的成本和由此可能带来的收益进行比较。

(2) 开发隐性服务

开发隐性服务是指通过开发顾客关系中已经存在、但药店尚未利用或未意识到的

服务项目，以达到强化顾客关系的目的。在顾客关系中，这种隐性服务项目通常包括不定期的咨询服务、接受订货、送货、顾客抱怨处理、服务台、电话接听等。隐形服务具有一个共同的特点，就是药店往往将其视为日常管理程序来处理，而不是主动为顾客提供服务。但事实上，意识到这些潜在服务的存在对药店来说具有非常重大的意义。如果药店以顾客为导向来处理上述问题，使这些工作被顾客视为具有附加价值的服务，那么药店就可以将隐性服务转化为现实的服务并达到提升服务质量、强化顾客关系的目的。值得注意的是，开发隐性服务并不需要以大幅度的增加成本投入为前提，药店所要做的就是充分利用现有的资源要素，以新的理念来重组工作流程，使顾客从中得到更多的利益。

6. 顾客关系管理在药店服务中的意义

(1) 有利于药店制定有针对性的服务策略

不同的药店有不同的顾客群，药店可以根据不同的顾客提供不同的、有针对性的服务，如平价大药房针对的是大数目的顾客，针对不同消费类型采取更有针对性的销售定位和宣传策略，如传统节日里促销老年保健品，向三口之家促销儿童保健品等。

(2) 提高顾客忠诚度降低药店成本

顾客关系管理可降低因失去老客户吸引新客户的成本。研究表明，获得一个新顾客的成本是保留一个老顾客成本的 5～6 倍；一个不满意的顾客会转告 10～20 个潜在顾客，20％的顾客可提供给药店 80％的利润。因此，药店经营业务的重中之重就是得到并保留顾客。例如：社区药店可以与当地的社区卫生站、卫生所相结合，了解该药店能力范围之内的顾客群的身体状况，通过储存顾客的调查表和病史，随时了解其健康状况，收集对药店弥足珍贵的来自于顾客的反馈。例如：有的社区以老年人为主，药店就可以为常来的顾客建立“药历”，用彩色卡片制作，上面记录每次购药的品种、数量等，并根据顾客的重要性选择卡片的红、黄、白等不同颜色，将顾客分类，对于某些行动不便的顾客送药上门，对慢性病、需长期调理的顾客主动给与关心和提醒，为顾客提供满意的服务从而留住老顾客、吸引新顾客，培养顾客忠诚度。

(3) 有利于管理

一方面，在药店人员发生变动时，通过顾客关系管理系统，新来的人员可以很快地掌握顾客资料。另一方面，对相同的顾客提供的针对性的服务有一定的统一性。如不同的店员可根据顾客的药历信息提供一致的用药建议等。

三、药店服务的类型和内容

(一) 基础的商业服务有哪些?

基础服务是指药店在销售药品时提供的与药品销售相关的基本服务。

1. 导购服务

包括墙挂式导购图或电子导购屏、员工咨询导购服务、药店店员或药师的导购服务和电子药师和电子医师服务。所谓电子药师、电子医师就是电子触摸屏或多媒体等电子系统，可以帮助顾客查询药店销售的药品品种、名称、数量、价格、陈列位置、适应证、功能主治、用法用量等药品相关信息，顾客还可以查看医保卡的使用情况和疾病的症状、病因和护理等相关信息。

2. 投诉处理服务

连锁药店可以设置意见箱、投诉热线等方法，来收集顾客对药店服务的评价并恰当地处理顾客的各种投诉，以求在顾客心中树立良好的药店形象。

3. 提供便民伞

药店可为进店的顾客或路过药店的行人提供便民伞。将有关药店的信息印到便民伞上，既体现出药店的人文关怀，同时也让顾客及其身边的人记住了该药店，起到了对药店的宣传作用。

4. 设置休息区

休息区已经成为药店布局中不可或缺的配套区域，连锁药店可在药店的某一角落设置椅凳、提供报纸、杂志和健康手册、配备饮水机、垃圾桶等便民设施。

5. 存包服务

对于开架自选、规模较大的连锁药店可以设置存包处，以方便顾客购药。

6. 会员制服务

连锁药店可以建立会员制模式，并针对会员提供一系列服务措施。如建立会员健康档案、进行患者用药病情跟踪、针对会员举办健康知识讲座等，以提高药店的竞争力。

除此之外，药店还可以提供出售彩票、电话卡、公交卡、报刊等服务，为顾客提供打字、复印、干洗、冲印、订票等服务，在药店内安装 ATM 取款机、安装 IC 卡电话、公用电话、自动售药机、24 小时零售、免费送药等服务项目。

（二）专业的药学服务有哪些?

药学服务是药师应用药学专业知识向公众（含医务人员、病人及其家属）提供直接的、负责任的、与药物使用有关的服务（包括药物选择、药物使用知识和信息），以期提高药物治疗的安全性、有效性与经济性，实现改善与提高病人生活质量的目标。

药店药学服务是提供与药品使用相关的各种服务的一种现代药房工作模式。药店的药学技术人员在任何情况下首先关注的是病人或顾客的健康和利益。

药学服务已经成为药店的核心竞争力，一个药店要想拴住顾客关键看药学服务。药店药学服务具有无形性、服务效果难于客观判断、可变性大、易消失性、专业性强、易获得性、连续性和有效性 8 个特点。

1. 药店药学服务的内容

（1）由药师提供的药学服务

顾客选购药品时，药师或执业药师需根据用药者的具体病情并结合其购买承受能力，推荐安全、有效、经济、合理的药品，介绍用法用量，确保用药安全，有需要时

可以建立健康档案并定期回访或随访。药师是直接面向顾客实施药学服务的主体，药师要严格按照处方或病历卡上医嘱调配处方药，提供合理用药指导和药学咨询服务，进行药品不良反应报告等工作。

（2）由店员提供的药学服务

店员处在药品销售的第一线，每天和顾客打交道，和顾客接触的频率比药师要高许多。药品不同于其他商品，关系到顾客的健康甚至生命安全，因此店员也应掌握一些常用药品的基础药学知识和服务技巧，及时地对顾客进行说明和提醒是十分必要的。作为店员，除了介绍药品的适应证信息外，还要向顾客交代的内容包括用药时间、用法用量、药物副作用及服药后会引起的有关变化等内容。

（3）中药加工服务

随着我国社会进步和经济的发展，社会趋于老龄化，新的疾病不断出现，选择传统中药的越来越多。但是，除了选择中成药外许多患者一般很少选用中药煎剂，其原因很简单，因为服用中药太麻烦，要买药罐，还要天天煎药。许多顾客因此对中药“敬而远之”。因此，药店提供相关服务理所当然。药店所能提供的中药加工服务，应包括中药的粉碎、切片、制丸、煎药等方便化的药学服务项目。

（4）药店药学信息系统提供的药品及药学信息服务

药店开展药学服务的目的是保证药品的使用安全、有效，从而促进病人或顾客健康水平和生活质量的提高。完善的信息系统可以使药师及时、方便地查阅顾客健康状况和药物治疗情况，保证服务的连续性和有效性。药店计算机的使用及相关软件系统的开发，可以建立药师与医生、药师与顾客间的信息桥梁，也是开展药学服务的必要条件。药店要应用药学专业知识和工具向公众提供与药品购买和使用有关的服务。

2. 药店药学服务的三个层次

（1）核心服务

核心服务是药学服务最基本的层次，目的是保证用药效率的最大化和尽量避免不必要的用药负面效应。药师在任何情况下首先应关注顾客的健康；药店所有活动的核心是将合格的药品提供给合适的顾客，并为其提供适当的建议等。为做好核心服务，药师应了解用药的主体，向用药者推荐合适的药品，介绍科学的用药方法、解释药品的不良反应。

（2）感知服务

感知服务层次中，药师的言谈举止、沟通能力和服务水平是否令购药者感到亲切、信服和满意，对于药学咨询服务的有效开展和买卖的最终达成是十分重要的。感知服务要求药学服务人员恰当地履行服务的程序，恰当地掌握服务的时间。

（3）扩展服务

药店应该主动开拓日常服务以外的药学服务内容，这就构成了扩展服务。扩展服务并非可有可无，它不仅可以深化并提升药学服务的内涵，还可以展现连锁药店特色，达到与竞争者区分的效果。

(三) 初级的医学服务有哪些?

药店可以根据实际情况，对药店的医学服务进行一定的规划。如可以提供一些免费的医疗检查服务，提供、传递医学保健知识，条件允许的还可以开设医疗门诊服务。药店可以根据自己的实际情况选择适合自己的医学服务方式。

1. 一般性的医疗检查服务

一般性的医疗检查服务是指在药店内摆设一些医疗检查设备，开展一般性的医疗检查项目，如测量血压、血糖、体温、身高、体重等，这些一般性的体检服务应是免费的，且应该是客观真实的，引导与健康相关的消费，但是不能误导顾客消费。

2. 提供和传递医学保健知识

提供、传递医学保健知识是指顾客进入药店后就能够感受到药店传递给他们的有关医疗保健的医学知识。这种知识是药店主动提供的，而不是顾客自己索取的，顾客接受到这些医学知识后，可以对自己所患疾病及怎样进行治疗有一个大致的认识，从而在以后的生活中加强健康保健意识，做到未病先防。

3. 医疗门诊服务

在药店＋门诊的业态中开设医疗门诊服务，是一种新型的服务方式，在国内已有多家先例，但还不是很普遍。所谓的药店医疗门诊服务就是在药店经营中增设一个医疗门诊，作为药店服务的一种辅助手段。这种服务项目的开展需要一定的条件，特别是要经过卫生部门的批准，并要求有与药店相对独立的顾客通道。

通过这项服务的开展，可为药店带来更多的客源，同时通过优惠的诊疗服务可在一定程度上减轻百姓看病难、看病贵的压力，可提高居民的医疗保健意识，帮助他们树立正确的“小病去门诊，大病去医院”的医疗消费观念，对一些常见病、多发病进行预防，使他们无病先防，有病早治。

(四) 健康信息服务有哪些?

健康信息服务是指药店通过一定的方式方法将健康信息传递给顾客。药店通过选择合适的信息服务方式，细分服务市场，定位明确，把必要的信息有效地传递给顾客，以此树立公众形象和提高顾客满意度及忠诚度。

1. 健康大课堂

健康大课堂是指药店通过各种讲座给顾客传播健康知识，使顾客获得与自己身体健康状况相关的健康知识，提高顾客的生活质量。健康大课堂通常包括以下几种形式：健康讲座、专家演讲、召开研讨会等。

药店开展健康大课堂不仅可以为顾客传递健康知识，塑造专家效应，吸纳人气，体现社会责任感，更重要的是它可以提高顾客满意度，进而提高药店在顾客心里的地位以及社会形象。

2. 电话保健医生

电话保健医生是指药店为患者提供的 24 小时医学、药学、饮食健康等方面的咨询

服务。电话保健医生可以提供以下3个方面的服务：①医学咨询服务，电话医生可以对慢性病和急性病提供防治、就医和用药指导；②药学咨询服务，面对各种常见多发病的用药咨询，执业药师或医师可以对各种疾病的发病机制、预防措施、常用药、饮食结构等常识为患者提供电话咨询；③饮食健康咨询服务，药店由专业营养师对不同人群、不同时期市场需求，提供营养咨询，根据个体特点制定营养计划。如糖尿病、高血压饮食咨询，妇女更年期饮食咨询，等等。

3. POP信息宣传

POP广告是指在药店的橱窗里、走道旁、货架、柜台、墙面甚至天花板上，以顾客为对象的彩旗、海报、标贴、招牌、陈列品及情报的服务、指示、引导等药品广告物。

POP信息宣传物的陈列位置和方式小同，将对POP的设计产生很大的影响。POP信息宣传物可以分为柜台展示POP、壁面POP、吊挂POP、柜台POP和地面立式POP 5个种类。POP信息宣传可将药品信息、服务信息和健康信息等直接传递给顾客，以促进销售，从而强化药品终端对顾客的影响。

4. 社区关怀性服务

社区关怀性服务就是药店通过走进社区，以药店服务人员为主体，针对社区居民开展的一系列健康服务活动，以达到提高居民满意度和提高药店品牌价值内涵等目的。

药店积极地投身于社区服务，并成为社区医疗服务体系重要的一环，其作用不仅体现出了市场行为，还体现出了药店社会责任感，容易获得政府、社区、顾客的认可。

5. 药店印刷品

药店印刷品又称为连锁药店杂志，如果有正式的刊号，还可以称为连锁药店发行物，这是以药店的内部员工、顾客或潜在顾客为读者对象，所制作发行的定期或不定期连锁药店发行物。

药店印刷品有利于培养员工自信心和积极性，将自己视作药店的主人；培养顾客对药店的好感和信赖，并增强对药品知识的了解，强化药店与顾客的联系；使连锁药店刊物成为顾客信息反馈的有效渠道。

药店制作药店印刷品时，必须注意采取适当的形式，并且使其内容能够准确地向顾客传达本连锁药店的重要信息。可以采取报纸、健康手册、店员工作手册、店长工作手册、小折页等几种形式。

6. 广告媒体宣传

广告媒体宣传作为现代连锁药店最常用的信息传递方式之一，已经受到了各类连锁药店的高度重视，药店当然也不例外。广告能够有效地唤起顾客对商品的注意力，激发顾客的兴趣，刺激顾客的需求，并导致顾客的购买行为。

药店在选择广告媒体类型时，首先要考虑的就是各种媒体的优缺点，如广告传递效果、辐射大小、费用多少、顾客印象深浅，等等。

根据药品零售业的具体特征，一般药店优先选用的广告媒体排列顺序依次为户外广告、报纸、电视、广播、杂志。

药店顾客服务流程如图 4－3 所示。

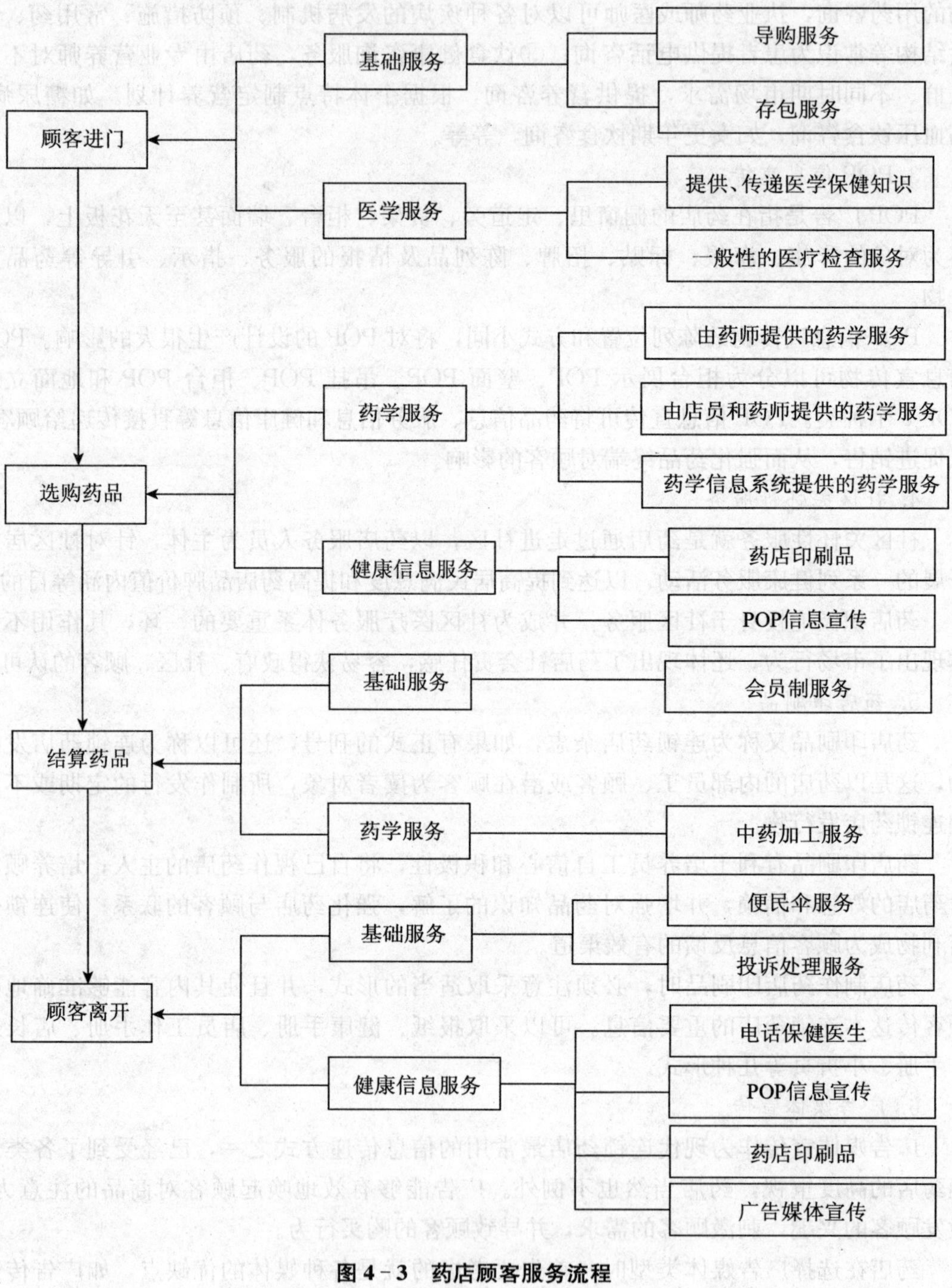

- 顾客进门
  - 基础服务
    - 导购服务
    - 存包服务
  - 医学服务
    - 提供、传递医学保健知识
    - 一般性的医疗检查服务
- 选购药品
  - 药学服务
    - 由药师提供的药学服务
    - 由店员和药师提供的药学服务
    - 药学信息系统提供的药学服务
  - 健康信息服务
    - 药店印刷品
    - POP信息宣传
- 结算药品
  - 基础服务
    - 会员制服务
  - 药学服务
    - 中药加工服务
- 顾客离开
  - 基础服务
    - 便民伞服务
    - 投诉处理服务
  - 健康信息服务
    - 电话保健医生
    - POP信息宣传
    - 药店印刷品
    - 广告媒体宣传

图 4－3　药店顾客服务流程

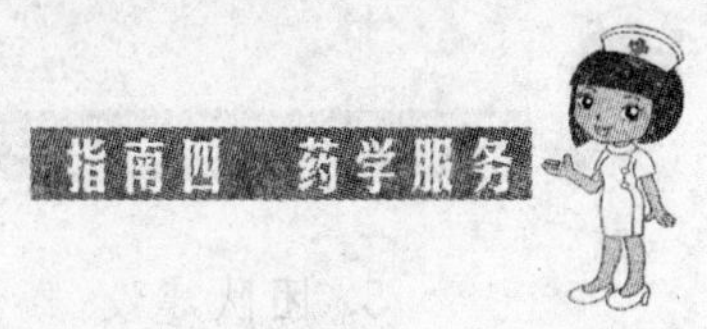

四、药店服务理念

服务理念在药店的倡导和树立需要采取一系列有力的措施，尽管服务营销活动的全部内容和过程均是为了贯彻和实施药店的服务理念，但从宏观上加以总结和概括，服务理念的实施包括以下几个方面的措施保障。

1. 组织措施

服务理念的核心是顾客导向，贯彻服务理念的组织措施就是建立顾客导向的组织结构。顾客导向的组织结构是水平型的。水平型组织按照服务过程分工，员工关注的是服务过程而不是职能，由于顾客的直接参与影响服务过程，员工就不能不把关注的重点放在顾客身上。所以，建立水平型组织是贯彻以顾客导向为核心服务理念的有效措施。

水平型组织具有以下要点：①按过程而不是按职能进行组织，建立3～5个核心过程，并由专人负责；②删除无价值的工作，减少每个核心过程的管理层次；③核心服务过程实行团队管理，建立团队之间的共同目标，并对团队实行有效的监督；④让顾客引导服务，根据顾客满意度考核服务绩效；⑤奖励团队的表现而不是个人的表现；⑥加强顾客关系培养；⑦关心、培养和信任员工。

2. 人事措施

贯彻服务理念的人事措施主要包括选聘、理念教育和技能培训。首先是选聘高素质服务人员，药店应该选聘那些素质与服务理念相一致的人员；其次，对受聘人员进行服务理念的教育，改变其旧的顾客意识，树立新的顾客导向的服务理念；最后要加强员工的服务技能培训，通过具体的岗位培训，使受聘人员不仅具有为顾客服务的理念，而且具有为顾客提供良好服务的能力，切实把服务理念贯彻在员工的实际工作中，只有这样，才能真正树立并实施服务理念。

3. 激励措施

为了贯彻和落实服务理念，药店需要对员工进行激励，主要的激励方式有：

(1) 行政手段。通过岗位调动、职位晋升等行政手段对员工进行激励。

(2) 树立先进意识。树立服务先进个人意识。

(3) 授权。给予服务人员更多的处置权或自由度可以起到激励作用。

(4) 考核目标的先进性。药店应制定具有挑战性的考核目标，并激励员工去实现这个目标。

(5) 奖励。适当的辅以物质和精神奖励来刺激员工更加努力地执行顾客导向的服务理念。

(6) 自我激励。服务人员在顾客导向的服务中不仅能让顾客满意，而且会获得某种自我满足，而这种自我满足对以后的工作将起到激励作用。

4. 信息反馈

为了贯彻服务理念，药店要建立和加强有关执行服务理念的信息反馈机制。药店必须认真听取顾客和员工的反映，认真处理顾客投诉。

5. 团队建设

团队是水平型组织的要素，是核心过程的组织方式，团队建设的关键是培养和树立团队精神。药店要把团队建设和团队精神作为贯彻和实施服务理念的重点。优秀的服务营销一定是团队的合作和团队精神的体现。

6. 创新精神

服务创新是实施服务理念的根本。顾客的需要和期望是不断变化的、发展的，要坚持顾客导向，就要不断创新服务，以新服务适应和满足顾客需求的变化。药店要敢于创新，善于创新，实实在在地把服务理念贯穿于药店的整个服务营销活动中。

五、不同类型药店提供不同药学服务

（一）综合健康广场的药学服务包括哪些内容？

综合健康广场一般采用多元化经营模式，除经营药品外，还经营与健康相关联的其他产品，如保健品、食品、化妆美容品、保健药材、健康保健类书籍、医疗器械、消杀产品等。产品的结构决定了服务的类型。因此，综合健康广场所提供的服务除了核心服务——药学咨询服务外，还包括针对白领女性的美容美体服务，针对中老年人的营养保健服务，为购买中药材顾客提供的中药加工服务等，为了尽善尽美，药店还可提供存包服务、导购服务、会员制优惠服务等。

除药品陈列区域外，还可按服务功能把药店内部分成以下几个区域。

1. 药师服务区

药师服务区是主要由药师提供药学咨询服务的区域。为了保证顾客用药安全有效，药店应将药师服务台置于显著位置，并且用醒目的标示语提醒顾客“安全用药请咨询药师”。药师服务区紧靠位置可设置多媒体电子药师、电子医师，以辅助提供详细的药学、医学咨询服务。

设施上，除放置药师桌椅外，还要设置顾客座位，提供饮水机、一次性纸杯。服务区的显著位置要悬挂药师服务内容的标志，让顾客可以了解到药师的服务内容。

2. 门诊区

按照顾客的偏好，分为中医诊疗室和西医诊所。

中医诊疗室要与我国传统的文化相承接，外观上就要体现出古朴、典雅的风格，聘请经验丰富的专家为顾客提供中医诊疗。

西医诊所采取引进医院或社区卫生服务中心门诊的形式运营，主要为顾客提供输液、体检、常见病的治疗项目等。

3. 服务台

服务台的主要功能：

（1）退货、缺货药品登记；记录药品或其他商品被退回的原因、时间，及时向有关负责人反映，第一时间给予顾客满意的答复和处理。

（2）为需要开发票的顾客开发票。

（3）办理会员卡，协助顾客填报会员资格申请表，发放会员手册，解答顾客的疑问。

（4）接待和处理顾客异议等。

4. 导购区

导购一般临近进口处，主要是引导顾客购物，方便顾客，可以采取人员服务与提供设施两种形式，实现不同性质顾客的导购方式的互补。

（1）导购图：可以采用挂墙式平面图的形式，或采用立式的导购屏形式。

（2）人员服务：配备导购员站立于入口处，提供引导服务和对一些特殊顾客如残疾人或老年人提供引导帮助服务。人员导购要求导购员口齿清晰，态度亲切，所指方位明确。

（3）电子药师：可提供电子触摸屏、多媒体等电子系统。电子药师要能查阅三方面的内容：一是可以查阅医保卡，顾客可以察看医保卡中的款项和使用情况；二是可以查阅药品种类、名称、功能主治、适应证、服用方法、禁忌、不良反应和发生不良反应报告提示等，让顾客很容易了解自己所需要的药品，这对于特殊用品（如避孕药具、洁阴用品、女性护理用品等），可以避免难以启齿的尴尬；三是疾病知识查阅，包括病情、症状、病因、护理以及可以考虑选择的药疗方案、处理方法、步骤等。

5. 存包区

考虑到顾客的不同习惯和需要，药店可选择以下几种形式的存包服务：

（1）人工存包：顾客进入药店时首先存包领牌，完成购物以后再凭牌取包（老年顾客）。

（2）自动存包：配备自动化存包柜（年轻群体）。

（3）提供封包服务：携带贵重提包的顾客等。

6. 健康服务区

该区域应设置顾客休息椅；医药知识宣传栏（常见病的预防、日常保健常识，定期更换内容）；提供报纸、书和杂志等（可出售，也可免费阅读）；提供意见簿、垃圾桶、便民盒（老花镜、紫药水、针、线等）；可设免费吸氧区，提供免费吸氧设施；可提供触摸屏式电子药师系统、多媒体系统；可提供免费多种体验服务设施，如测血压、测体重、理疗等体验器械项目，设施可以放在不同的位置；该区域还可布置绿色植物，进行艺术装点，美化环境，达到调试顾客心理的目的。

在收银台附近还可设立小型货架，陈列一些家庭常用药、应季商品、常用小食品等商品，如润喉片、风油精、皮肤科软膏或口香糖等，方便顾客购买。

（二）保健品复合药房的药学服务包括哪些内容？

保健品复合药房的目标顾客一般为长期从事高压力工作或用脑工作，收入较高但身体素质较低，期待提高身体素质，并且希望通过药物以外途径达到增强体质目的的人群。保健品服务药房的服务特色就在于引进专业营养师，根据不同人群、不同时期市场需求，提供营养咨询、根据个体特点制订营养计划服务，提供营养产品，达到增强营养健康意识、提供健康服务的目的。

营养师的作用在于：针对不同人群提供营养知识咨询；依据不同季节、时期要求，向顾客提供营养保健知识、制定营养计划；针对药店经营品种特点，制订适合本地的营养保健茶、营养餐等；提供个性化特色营养服务，为顾客开具营养处方。如婴儿营养、产后营养、输血后营养等。

（三）药妆店的药学服务包括哪些内容？

药妆店的目标群体以20～40岁收入中高等水平的女性为主，体现现代女性的自信、健康、美丽的愿望。专门经营与美容美体有关的产品，包括药品、保健品、健康器械以及其他具备同类功能的商品，以专业美容师进驻该馆为核心，对顾客的需求提供专业指导，提供美容媒体资讯，引领健康消费方式。

药妆店的服务特色在于聘请美容业资深专家，进行挂牌服务，为顾客量身定做适合的美容美体方案，结合介绍产品。由于店内品类相对齐全并且可提供全方位服务，所以不会产生推销之感，明示服务也可增强知名度和可信度。

（四）社区型便利店的药学服务包括哪些内容？

社区便利型药店的商圈辐射半径一般在500米左右，主要服务社区周围的顾客。因此，药店有必要对此范围内的顾客作系统的市场调研，了解顾客的年龄层次、收入水平、常见病症、希望药店提供什么服务等，以便于药店围绕顾客的需求开展服务。

社区型便利店的服务也应该具有其特色，应该充分发挥药师和店员的作用，并注意和社区卫生所或街道办事处联合开展活动，如为社区居民发放小药箱、举办免费体检日、药师、医师专题健康讲座等。对社区里行动不便的老人，提供电话购药、送药上门服务等。

（五）专题药店的药学服务包括哪些内容？

专题药店指重点为患有某一类疾病的顾客提供专科产品和专业服务的药店，如心血管药店、乳腺专科药店、新特药店、肝胆药店及肿瘤药店、糖尿病药店、妇科专题药店等。

专题药店的特色在于服务更专业，治疗某疾病的产品品种齐全。

药店可经常组织专家对采购人员、服务人员等进行药理知识、病理知识的培训，使他们在经营专科品种上始终保持最新的观念，为患者提供最新的产品。因为专柜营业人员销售对象和一般的顾客不同，他们针对的是病情比较顽固、对药品知识了解较少的顾客，在专柜的营业人员必须得根据采购人员采购的新品种了解新的药理知识，所以需要经常参加专科知识的培训，使自己的营销水平和药学知识水平不断提高，才能满足广大患者不断提高的消费需求。

专题药店可以利用专科的优势，实行会员制，为会员定期开办健康讲座，请执业药师和厂家对会员强化某一方面的用药咨询；为会员建立用药档案，掌握顾客病情状况，根据这些资料为顾客提供咨询，推荐药品。

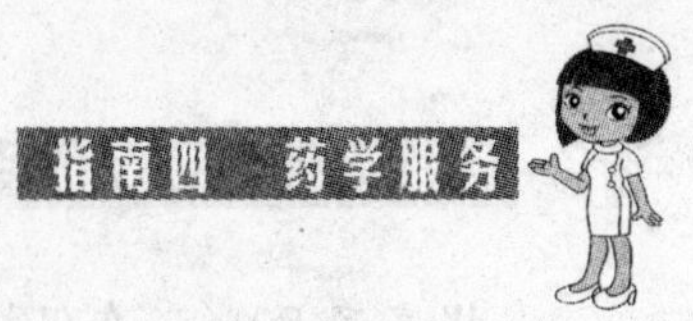

（六）平价药店的药学服务包括哪些内容?

所谓平价药店，指借鉴了仓储商店的布局和运用模式，提供简单服务，药品流量大，顾客可以提篮自选，药价低廉的零售药店。

平价药店的优势主要体现在：借鉴了仓储商店的布局和运作模式，经营面积大都在1000平方米以上，装修简单，管理机构精干，工作人员少，顾客提篮自选，主要依靠大规模的客流量和药品流量运转来降低经营成本。并且，平价药店往往直接从厂家或大型药品批发企业进货，之后药品直达顾客终端，药品进入平价药店流通环节少。因此，平价药店满足了老百姓对低价药品的渴望与需求，尤其是那些对药品价格敏感、不能享受“医保”的消费者。

平价药店受总成本和价格的限制，一般可为顾客提供相对较少的服务，主要靠低价格来吸引边缘商圈的顾客，顾客的流动性较大。但是，为了保证顾客用药的安全合理，平价药店也应该重视药学咨询服务的开展。

（七）店中药店的药学服务包括哪些内容?

传统上，药品只在药店与医院药房销售，店中药店弥补了超市药品销售的空白，为顾客提供了更大的便利。在处方药与非处方药分类管理的今天，由于销售乙类非处方药必须经过药监部门的审核，并且在人员、采购、储存等方面也都有相应要求，这对于没有经营药品经验的超市有一定难度。所以，从超市角度看，更愿意直接引进一个药店进驻超市以店中店的方式来经营药品。而对于药品连锁企业而言，开店中店的好处有：首先，药店的部分费用是和超市共同负担的，降低了经营成本；而超市的客流也会对药店的销售带来很大的帮助。其次，药店的管理方式多数沿袭传统，管理模式单一，进入超市，可以借鉴超市先进的管理方法，有助于提高药店的管理水平。最后，规模较大的连锁药店经常检查各门店的服务质量，几乎是不现实的，而超市有其一整套规范的服务标准，约束着店中药店的服务行为。连锁药店和某些连锁超市合作发展店中药店，充分利用超市的网点，选址问题等于转嫁给了超市，节省了大量的人力与物力，但可共享超市的客流。

已取得《药品经营许可证》与《营业执照》的超市店中药店与一般独立药店在经营范围上无区别，但是店中药店一般面积较小，所提供的药品类别有限，提供的服务也有限，因此店员接待顾客的技能就显得特别重要。

（八）精品药店的药学服务包括哪些内容?

对于怎样的药店才能称其为精品药店，业内并无定论，以其店面外观及装修来判定似乎是最直观的办法。

以金康大药房天河城精品店和采芝林水荫路店为例。

金康大药房天河城精品店的装潢用料、货柜装修等方面的成本相比金康其他药店

提高了50%。在保持连锁药店形象中原有的元素不变之外，店面风格从灯光色彩等视觉效果上给顾客更时尚、更高档的享受。天河城店设有五大区域，每个区域色调都不同：参茸区为传统的金色或古木色，突出高贵的感觉；药妆区为浅蓝白色结合，突出明亮的感觉；中药柜摆设瓷具、字画、牌匾等，突出古典的感觉；妇婴用品区选用浅茶色系，突出柔和的感觉；药品货架则选用惯常的白色，突出简洁的感觉。顾客进门，立即能感觉到精品药房的与众不同。

与普通药房有所区别的药品品种，在精品店内亦能一目了然。

在采芝林的水荫路店，华丽的室内装潢对应的是占据半个店面的高档专柜。由外至内分为3个区域，外侧的宝生园蜂胶专卖区，中间的雪蛤、燕窝、冬虫夏草等高档补品，最里侧是品种丰富的人参。此外，还设有两个专门陈列高档保健品的货架。

在精品店里，普药的选择和陈列更为讲究。既要突出高档药店的精品特色，又不能失去作为药店满足顾客寻医问药的本来用途。与药店特色相符的则是普药在价格上的变化，相比金康大药房平价卖场的价格平均要上浮15%左右。对于其他普药，选择知名品牌和顾客购买率频繁的产品上架，并集中库存。占据20%品种的药品将带来80%的销售额贡献，并足以满足90%以上的消费人群。选择的关键即是挖掘此20%的品牌，摒弃其他杂牌产品。

除了在经营品种、店面形象以及药品价格上，精品药店呈现出相似特征以外，选址上的一致性也是精品药店的重要特征：集中在大中型城市的繁华商业区以及高档商务区。原因很简单，在这些区域里才有精品药品所需要满足的中高收入消费人群，主要集中在中青年白领阶层，他们具有一定消费实力以及消费需求。

正是精品药房面向中高档消费人群的顾客定位，决定了其所具有的各种相似特征。满足其所面对的消费人群的需求，是精品药店立足与发展的根本。

平价药店是以低价格策略吸引消费群体，精品药店则是以高档产品及更专业化的优质服务吸引中高消费人群。精品药店可提供专业化服务的区域，有药师、医师、营养师、美容师等专业人士。他们的作用是：医师，免费诊断、对症下药；药师，免费咨询、合理用药；营养师，专业策划、营养健体；美容师，度身定做、美容美体。

（九）网上药店的药学服务包括哪些内容?

国家食品药品监督管理局规定，从2005年12月1日起，具备相应资质的企业可以在互联网上为药品生产企业、药品经营企业、医疗机构及个人提供药品交易。网上的交易品种，能够细分为中药材、中成药、西药、保健品、化妆品、医疗器械、GSP和招标软件、医药书籍等；有的网站，还设有礼品专柜、精品推荐区、特品展示、特价区、销售排行等。每种商品都标注了详细名称和价格，注明了各种付款方式，如银行转账、在线支付、邮局付款等。

网上药店可在一定程度上减少药店商品周转的大量仓储、门面、人员等的费用，由于网上比价容易的原因，其所售药品的价格也会更加便宜，这也是吸引顾客的最重

要的方式。而对于顾客而言，除了能够获得更便宜的产品之外，不必再到店里购物，时间、交通等隐性成本也随之降低。另外，网上药店还可以为顾客提供本地市场难以寻觅及更为私密的产品。

但是，并不是每个想节约成本的连锁药店都可以实现药品网上经营。开设网上药店要求企业具备以下条件：

首先，药店有品牌、有信誉、顾客认知度比较高。

其次，药店专业化程度较高，能够提供更加专业化的药学知识服务。顾客打去电话或在网上留言或写封邮件，都会有专门的药师提供咨询服务。另外，一旦出现问题，可以追踪调查，药店会认真解决问题。

再次，药店有能力保证为顾客进行快速准确的配送。

事实上，互联网的魅力更在于药店之间联合起来做事情的力量，第三方网站和药店、药店和药店合作共享。网站希望借助大的连锁药店的执照和品牌信誉，药店也希望和网站合作拓展新的销售渠道。如果每家连锁药店各建一个网站，投入和维护的资金比较高，比如一家药店需要投入 200 万，那四家联合起来投入就会少得多，且运营费用会降低，而市场宣传、市场推广方面的力度也会增加。

作为连锁药店而言，如果选择与知名网站合作，希望这个网站的媒介效应要好，不用花费力气去宣传。如新浪、搜狐、网易以及一些购物网站，如淘宝网等。而如果做区域的网站，应该选择本地区顾客比较熟知的网站合作。

六、关系营销

一家大药店内，一位年轻的父亲牵着小女孩走着，小孩子突然哭了起来。父亲莫名其妙地一看，糟糕：孩子已经忍不住尿出来了。年轻的父亲愣在那里，又无助、又羞愧，真想找个地缝钻进去。这时，女店员走了过来。

“先生，交给我处理好了，这边请。”

说完，抱起小女孩引导那位顾客到店内一角的卫生间。没多久，小女孩欢欢喜喜地被女店员抱出来。女店员满脸堆笑殷勤地招呼：“好了，已经处理干净了，不过裤子有些潮，我用卫生纸垫着，免得她不舒服。”她又走回原来的柜台，好像没发生事情似的。年轻的父亲如绝处逢生，难掩心中的感激之情。

广义的服务概念被定义为一种活动的提供过程，服务的提供和接受就是一种关系的建立。所以，建立并与顾客保持良好的关系，向顾客提供高质量的服务，提升顾客的满意度和忠诚度是服务追寻的目标。

从某种意义上讲，市场营销就是在不断变化的环境中保持与环境的适应性。所谓与环境的适应性，就是与各种影响药店的力量建立和保持一种平衡和协调的关系。药店必须与影响行为的主要力量建立和维持一种积极的关系，药店的营销才有可能获得成功，药店才能获得发展。影响药店服务行为的主要力量包括顾客、供应商、竞争者等，如何处理与他们的关系，将极大的影响药店的市场地位。而服务营销本身就是建立在以顾客为主的一种相适应关系上的营销，即保持与各方的服务关系或顾客关系。老百姓大药房提出的“三个善待”——善待顾客、善待供应商、善待员工的服务宗旨就是关系营销理念的具体体现。

（一）何为关系营销？有何特征？

关系是指人与人、人与事物之间的某种性质的联系。人为了某种利益或目的，需要与特定的对象保持一定的相互协调关系。药店的关系营销就是从研究关系的角度来研究药店的营销行为。而药店关系营销理念即是以关系营销的理论来指导药店的行动所形成的指导思想及经营哲学。由于服务及服务营销的特征，关系营销理念是服务营销必须具备的理念和思维方式，是顺利实施服务营销的基础。

关系营销是指药店与顾客、供应商建立和维持一种长期、信任、互惠的关系，以利于关系的各方实现自身的目标和价值。药店必须向顾客承诺和提供优质的产品和良好的服务，从而与顾客建立和保持一种长期的经济、技术和社会的关系纽带。关系营销作为一种新型的营销理念，对营销理论和营销实践都会产生重大的影响和作用。

关系营销中所反映的“关系”是组织与个人或组织与组织之间的一种互动的、公开的关系，有利于实现社会资源的优化配置和实现社会整体利益最大化。通过建立一种兼顾双方利益的稳定的合作关系，能有效减少交易成本。市场营销的功能也随之发生了变化，从过去每次交易的利润最大化转变为网络成员利益关系最大化，并在此基础上使顾客的需要得到满足，使连锁药店与供应商互惠互利、共同发展。

关系营销与交易营销有着本质的区别。交易营销注重与顾客进行的每一次交易，而不考虑与顾客建立一种长期、持续的行为关系。关系营销与交易营销的比较结果如表 4－1 所示。

表 4－1　交易营销与关系营销的比较

交易营销	关系营销
关注一次性交易	注重顾客保留
较少强调顾客服务	高度重视顾客服务
关注短期利益	重视长期利益
价格是主要竞争手段	价格不是主要竞争手段
对价格非常敏感	对价格不是很敏感
有限的顾客承诺	高度的顾客承诺
适度的顾客联系	高度的顾客联系
交易利润最大化	关系的最佳化
质量是生产部门所关心的	质量是所有部门所关心的
市场风险大	市场风险小

(二) 关系营销在药店经营中有什么意义和作用?

关系营销是在20世纪90年代伴随着市场营销理念的发展而产生的。关系营销把营销活动看成是一个药店与顾客、供应者、竞争者、政府机构及其他公众发生互动作用的过程，药店营销活动的核心是建立并发展与这些公众的良好关系。

1. 更好地满足顾客的需要和实现药店的基本目标

关系营销的核心是为了满足顾客的基本需要和实现药店的基本目标——利润。关系营销把实现药店的目标建立在与顾客保持良好关系的基础上和满足顾客需要的前提下。

2. 建立顾客忠诚

顾客忠诚对药店是至关重要的，顾客与药店关系不仅仅是朋友关系，还应该是更高层次上的“亲属”关系，这也是营销所追求的目标。但顾客的需要是变化的，药店要使顾客成为自己“亲属”般的友好关系，就要更好地满足顾客的需要。通过顾客满意，建立良好的关系，从而建立顾客忠诚，顾客忠诚又进一步促进药店与顾客的关系。

3. 提高药店为市场服务的能力和竞争能力

通过关系网络的建立，使药店能更有效地获取为顾客服务所需要的各种资源，从而使药店能更有效地为目标市场的顾客服务。由于网络的建立，竞争就变成了网络的竞争。

4. 节省资源　提高效率

营销网络的建立，可以减少交易成本和促销费用，实现资源的合理利用和优化配置。网络成员为了共同利益，会更好地满足顾客的需要，从而极大地提高营销的有效性和经营的效率。

5. 关系营销间接的利益是留住优秀员工

当连锁药店拥有一个稳定的满意的关系网络基础时，留住优秀员工就显得更加容易。

6. 有利于创造良好的营销环境

通过关系营销，药店与顾客及供应商等其他组织密切合作，为药店的营销成功提供了可靠的保证。

(三) 药店与顾客间的基本服务关系类型有哪些?

1. 关系营销的水平

药店与顾客的关系一般可分为五种不同的水平:

(1) 基本关系。这种关系是指药店的店员在药品销售后，不再与顾客接触。

(2) 被动式的关系。药店店员在销售产品的同时，还鼓励顾客在购买药品后，如果发现药品有问题或对服务质量不满意时应及时向药店反映。

(3) 负责式的关系。药店店员在药品售后不久，就应通过各种方式（如打电话）了解产品或服务是否能达到顾客的预期，并且收集顾客有关改进的建议，以及对药品或服务的特殊要求和不满，并把得到的信息及时反馈给药店，以便不断地改进服务。

(4) 主动式的关系。药店的工作人员经常与顾客沟通，不时地与顾客联系，向他们提出改进产品或服务使用的建议，或提供新的产品或服务信息，促进顾客使用新的产品或接受新的服务。

(5) 伙伴式的关系。药店与顾客持续的合作，使顾客能更有效地使用自己的资金或帮助顾客更好的使用产品或服务，并按照顾客的要求来调整经营品种或设计新的服务。

在实践中，药店因药品和市场的不同，可以分别建立不同水平的营销关系。一般来讲，如果药店的产品有众多的顾客，且单位产品的边际利润很低，则宜采用最基本的关系；如果药店的顾客相对较少，且边际利润很高，则宜采用伙伴式营销关系。如规模较大的大卖场式的药店一般可采用最基本的关系，药店所要做的只是建立售后服务部，搞好售后服务工作，对顾客在购买和使用产品中提出的问题进行解答和帮助解决；而社区便利型药店，则要与顾客加强联系，按照顾客的需要调整经营药品品种和开发服务项目，并保证满足用户的要求，要与顾客保持着密切的伙伴关系，这既满足了顾客的需要，又促进了药店的发展。

基本关系和伙伴关系是药店营销关系的两个极端，药店可以根据客户数量的不同、产品边际利润的不同，采用不同的关系营销。表 4－2 反映了药店与顾客之间九种不同的营销关系，各个药店应根据本药店的实际情况，选择不同的关系水平。但服务产品的特性决定了服务关系要高于一般有形产品的关系。

表 4－2　　药店与顾客之间不同水平的营销关系

顾客类型	高边际利润	中等边际利润	低边际利润
大量的顾客	负责式的关系	被动式的关系	基本或被动式的关系
中量的顾客	主动式的关系	负责式的关系	被动式的关系
少量的顾客	伙伴式的关系	主动式的关系	负责式的关系

2. 顾客份额

唐・佩珀和玛沙・罗杰斯针对市场份额提出了顾客价格的概念，认为顾客作为药店营销活动的中心，是关系营销或“一对一”营销这一新营销范式的本质。

市场份额与顾客份额是不同的，表现在：

(1) 时点与事段：以往对销售效果的测量，是“以特定时期内某一选定市场上发生交易的多少”作为标准；而现在则以“在一定时期内和一定区域内所获得的顾客份额的多少”来衡量。这就是目前我国某些药店能通过某种方式“集客”（增加新顾客）以促进销售的原因。

迅速成长的老百姓大药房

2001年10月27日，从医药批发行业起家的谢子龙受常德益丰大药房平价药店试验的启迪，在长沙湘雅路开办了一家面积达1200平方米的老百姓大药房，以“平均降价45%”作为口号，并开创了处方药闭柜销售、OTC开架自选的经营模式，店内出现“提着篮子买药，排着长队付款”的独特景观，由此在业内引发一场轩然大波。

2002年10月27日，新华社、《人民日报》、中央电视台、《中国青年报》《湖南日报》《陕西日报》《浙江日报》《杭州日报》《都市快报》《钱江晚报》、湖南卫视、陕西卫视、浙江卫视等媒体均对“老百姓现象”进行深度报道，对老百姓大药房给予了强大的舆论支持。这也为老百姓大药房做了无形的广告宣传。

“平价+大卖场”的经营方式是老百姓大药房在中国药品零售业的首创。“平均降价45%”这个口号更富有冲击力，这正迎合了我国药价虚高、广大中低收入群体不堪用药重负的国情。

四年里，老百姓大药房从窄小的湘雅路走向全国，年销量从400万元到20亿元，成为了年销售额、发展速度、总营业面积、单店日均销售与净利润“五个全国第一”的龙头连锁药店。被业内外人士视为“创造了药品零售领域的一个奇迹”。

经营规模、选购方式、有吸引力的宣传口号大大拓展了药店的商圈范围，顾客份额迅速增加，进而实现了市场份额的提高。但这一切均是老百姓大药房“一切为了老百姓”经营宗旨的体现。

（2）静态与动态：

销售收入＝使用人数×每个人的使用量

＝（新顾客＋原有顾客×顾客维系率）×每个人的使用量

顾客维系率是一个动态的概念，说明连锁药店在一段时间内的顾客变化情况。关系营销的绩效体现在维持原有顾客的数量，而不是靠吸引新顾客来增加顾客数量。

（3）现状与预期：希望提高顾客份额的药店，首先应了解顾客有可能产生的潜在需要。老百姓大药房就是在充分把握顾客潜在需要并准确预期和有效适应宏观政策环境的基础上迅速发展起来的。

（四）如何建立与发展药店关系营销网络？

1. 药店建立关系营销网络的途径有哪些

（1）药店在向顾客提供产品的基础上提供附加的经济利益

药店向经常使用和购买本药店产品和服务的顾客提供额外的利益，如药店可以向经常购买本药店产品的顾客提供中药加工、健康检测、送货上门及其他一些免费服务项目，从而建立顾客偏好，使药店与顾客之间建立起某种关系。然而，这种方法通常很容易被竞争者模仿，难以形成永久的差异。

（2）药店在提供附加的经济利益基础上向顾客提供附加的社会利益

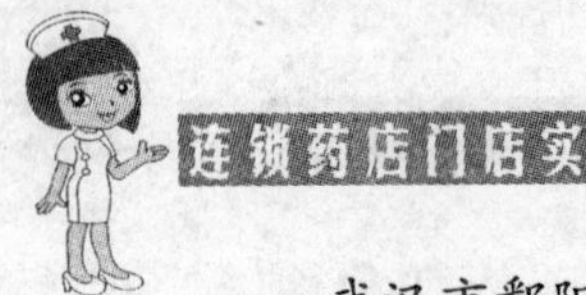

武汉市鄱阳街有一座1917年修建的6层洋楼，这座名叫“景明楼”的楼宇在度过80个春秋后的一天，该楼的设计者——英国一家设计事务所远隔万里来信一封，告知：景明楼为本所1917年设计，使用期限80年，现已超期服役，敬请业主注意。

上面的例子充分说明了一个企业的社会责任感。药店在工作中也要不断强化员工的社会责任意识并勇于承担社会责任。药店通过更好地了解顾客个人的需要和欲望，使药店提供的服务更加个性化和人性化，以更好地满足顾客的需要，使顾客成为药店忠实的顾客。如对顾客的选择表示赞赏、向顾客提出更好的产品使用和服务的建议、不回避产品使用服务中的问题、勇于承担责任并通过有效的方法进行解决等。

勇于承担社会责任的老百姓大药房

2002年6月29日，开展“老百姓帮老百姓”现场捐赠活动，全体员工共计捐赠现金12000元，捐赠药品10万元，同时向全省医药界同人发出为灾区老百姓献爱心、与受灾老百姓共患难的倡议。

2004年12月4日，陕西老百姓大药房开展关注铜川矿难“为了166名阶级兄弟”大型社会公益活动。

2004年12月31日，捐助湘西卫生院建设30万元。

2005年1月13日，广西公司桃源店、东葛店全体员工举行了向“海啸灾民捐款”献爱心活动。

2005年1月29日，河北公司捐助中华蓝天孤儿院，举办大型公益拍卖活动。

通过上述事例，我们可以看出“老百姓”在向社会传播企业的社会责任这个光辉形象。这无形提升了“老百姓”的品牌价值，提高了店的社会形象。同时，药店为了宣告“一切为了老百姓”这一经营宗旨，每年举办“老百姓”健康主题公园系列活动、义务献血、为老区疾病缠身的状元郭锋筹款、爱心护考、给困难户发放捐助卡、给特殊儿童教育中心的孩子送去学习用品、为偏远地区卫生院捐款……通过这些活动真正把社会责任融入老百姓大药房药店文化中，体现了老百姓大药房对社会责任的不懈追求。

（3）药店在提供附加的经济利益和社会利益的同时建立药店与顾客之间的结构性纽带

药店可以通过向顾客提供更多的服务来建立结构性的关系。如建立顾客档案，及时向顾客提供有关医药和服务的各种信息等。

2. 药店营销网络的发展措施有哪些

药店的营销网络一旦建立，为了保持良好的营销关系和保证这种关系不断地发展，药店主要应加强以下三个方面的工作：

（1）保证服务的质量

服务质量是建立营销关系的基础。如果不能保证服务的质量，或是服务的质量不能满足顾客的要求，或是服务的质量随时间的推移有所下降，即使建立起了某种营销

关系，这种关系也是脆弱的，很难维持下去。因为它损害了顾客的利益，损害了网络中各成员的利益，从而损害了网络的整体利益和效益。所以，药店要建立良好的营销关系，就应保证并不断地提高服务质量，使营销关系建立在坚实的基础上。

（2）加强服务工作

搞好产品的售前、售中、售后服务，不断提高药店的服务水平，开发新的有吸引力的服务项目。加强服务可以说是营销关系的强化剂，药店应建立和完善自己的服务队伍，及时了解和帮助顾客解决在药品使用过程中遇到的问题，赢得顾客对药店的满意和信任。

（3）制定合理的药品价格

药店不能见利忘义，在保证药店赢利的条件下，要兼顾顾客的利益和网络中各成员的利益，使药店营销关系网络中的每一个成员都能互惠互利，取得共同的发展。“互惠互利”可以说是药店进行关系营销的核心，只有这样，顾客的利益才能得到满足，顾客才能成为药店的忠实顾客，药店的关系营销网络才能真正发挥作用。

（五）关系营销有哪些类型？

在药店营销活动过程中，影响营销水平的五种重要的基本关系是：药店内部关系、药店与竞争者的关系、药店与顾客的关系、药店与供应商的关系以及药店与影响者的关系。药店与顾客的关系是关系营销的立足之本，但关系营销不能仅将注意力集中于与顾客的关系，药店还必须正确对待和处理关系营销所涉及的药店与其他利益相关者之间所发生的所有关系，这样才能真正建立和保持与顾客之间良好、有效的关系。

1. 内部关系营销

（1）内部关系

内部营销是服务营销的组成部分，内部关系营销是服务关系营销的基础。药店内部营销首先要系统、充分地认识药店内部关系的结构和特点。药店内部关系是指药店组织机构内部各组成元素之间的相互联系，是由药店与其内部成员之间的利益关系构成的一种客观的社会关系。

药店内部结构可分为三个层面：从事药店基本活动的执行层（核心层）、提供相关支持的管理层（辅助层）、由股东构成的决策层（影响层）。每层的活动情况取决于药店的客户需要，并将决定一个药店相对竞争能力的高低。

（2）内部关系营销理念

①新契约关系。在连锁药店和员工的新契约关系中，药店不能奢望员工永远忠诚于药店，要给员工就业选择的自由。

②连锁药店文化。连锁药店文化不是指药店的组织结构，而是连锁药店的价值观。连锁药店价值观是连接感情与行为的纽带，决定着员工工作的内在动力，是现代高效连锁药店管理原则的决定因素。

③连锁药店伦理。连锁药店伦理是连锁药店处理内外部各种关系时，应遵循的行为规范。一方面，要求连锁药店根据自身的特点形成自己独特的连锁药店伦理；另一

方面，为了与外部环境和睦相处，需要所有连锁药店对一些基本行为规范达成共识并努力遵守。

(3) 内部关系营销管理

药店内部关系是指药店与其内部成员之间的关系。药店内部关系营销的目的是协调和促进药店内部所有员工之间、部门之间以及药店与股东之间的相互关系。药店内部关系营销管理主要包括部门关系管理、员工关系管理和股东关系管理。

药店可以采取以下措施建立良好的员工关系：① 树立明确的事业发展道路；② 重视双向沟通；③ 关心员工利益，从物质、精神层面对员工进行激励；④ 提供员工参与管理的机会；⑤ 加大对员工的培训力度。

股东关系管理的三项目标是：① 稳定现有的股东构成；② 创造有利的投资环境和投资气氛；③ 增加股东对药店的关心程度和支持程度。

2. 竞争者市场关系营销

(1) 竞争者市场细分

凡是提供与本药店产品功能相近的产品的药店都是竞争者，按照波特的分析框架，将竞争者分为了以下三类：

① 现有竞争者。现有竞争者指已进入市场，提供与药店相似或同类的产品，并拥有一定的顾客和市场份额的竞争者。

② 潜在竞争者。新竞争者的加入，有可能对行业内已有药店构成威胁。威胁程度的大小取决于该行业的进入壁垒和现有药店的反应程度。

③ 替代品竞争者。当一种产品或服务代替另一种产品或服务时，会从现有市场中夺取市场份额，从而给被替代的药店带来很大的威胁。

(2) 竞争者市场关系营销哲学

竞争对手的确可以给药店带来威胁，但合适的对手能够加强而不是削弱药店的竞争地位。合适的竞争对手带来的好处可以归纳为四个方面：增加竞争优势；改善当前产业结构、协助市场开发、遏止其他药店的进入。激烈的竞争可能会把竞争对手赶向绝境；反之，接受“协同”竞争的思维方式，药店与竞争对手寻求共同利益，就可能达成双方的互惠互利。

(3) 竞争者市场关系营销策略

① 博弈方略。超越了竞争与合作太过简单的概念，利用该理念可以解释竞争与合作的结合，从而实现“协同竞争”的理想。这种策略又可分为三种类型：零和博弈、常和博弈、变和博弈。一方收益必来自另一方的损失，这样的博弈叫零和博弈，零和博弈的博弈方始终是对立关系；各方都会有收益，但收益总和是一固定常数，这样的博弈为常和博弈；各方不同的策略组合会有不同的收益，这样的博弈称变和博弈。

② 合纵战略。经济领域内的合众联盟指两个或两个以上的药店为了一定的目的，通过一定的方式组成的网络式的联合体。组建联盟克服了完全独立药店之间协调的困难，从而有助于达到合作开发、价格同盟和优势互补的目的。联盟的实施步骤分为：选择合作伙伴、建立合理关系和加强沟通。药店吸收加盟店就是这种合纵战略的表现

形式。

③ 竞争者关系协调。在协调过程中，应遵循公平竞争、相互学习和彼此沟通的原则。

3. 顾客市场关系营销

（1）顾客市场细分

顾客是药店的上帝，关系营销的目的不仅是争取顾客，更重要的是保留原有顾客。顾客市场细分，是营销前的必要准备。由于顾客之间存在着不同的利益需要和差异性，因而应根据规模、性别、年龄等划分不同的顾客关系类型，这也是营销中市场细分的基础。对于复杂多样的顾客关系，必须有针对性地采取措施。

（2）顾客市场关系营销哲学

① 顾客价值。关系营销的首要原则是充分满足顾客需要。药店应当把满足顾客价值期望的良好努力定量化，通过多种经营活动向顾客提供价值。

② 真正的顾客导向。在传统的市场供求中，没有充分的信息传递和融洽的情感沟通，商品交换关系就难以建立和维持。顾客化经营可以为顾客提供个性化的产品和服务，满足顾客的特殊需求。

（3）顾客市场关系营销策略

① 频繁市场营销理论。奖励经常光顾的顾客是增加顾客忠诚度的好办法。通过顾客购买频率的增加来推动销售，会给药店带来很大的竞争优势。目前，药店开展的依购买额积分奖励就是这一理论应用的具体体现。

② 顾客忠诚计划。最好的忠诚计划是努力获得更大的顾客份额，允许通过创造交互的环境发展关系。忠诚计划的五个关键因素是：将忠诚项目融入药店文化中；使用已有顾客信息和知识去了解顾客，已获得更大的顾客份额；在适当的时候，将具体和适当信息传递给适当的顾客；树立可获得目标；计划衡量所有的结果。

③ 后营销理论。保留现有的顾客胜于用大量的广告预算或间接的市场调查去争取新的顾客。

④ 接触计划。药店通过与顾客的接触，巩固与顾客的联系。如药店的社区服务计划。

⑤关系管理。增加顾客的转移成本是维系顾客的间接手段。对于影响药店未来的主要顾客，必须制定直接、有效的关系管理计划。具体措施是：选择关系营销顾客；提供优质产品、完善的服务；及时的双向信息交流。目前，药店会员制是关系管理的具体表现形式。

4. 供应商市场关系营销

药店与供应商之间的关系应该遵循求实为本、互惠互利、讲究信用、相互理解、以诚相待的原则，着眼于建立长远关系和良好的发展前景。药店应采取有效措施建立、维护与供应商之间的关系。包括：有组织、有计划地制定和推行与供应商有关的政策；采购部门的升级；与供应商进行有效的沟通交流，了解对方的经营状况和未来规划，树立长期合作的信念；以诚相待，共同解决在供销中存在的问题，从而达到共同发展。

5. 影响者市场关系营销

(1) 影响者市场细分

药店的影响者包括政府、药店所在的社区、媒体及其他一些公众团体。

政府关系是药店与政府各级行政及其官员和工作人员之间的关系。政府是药店的领导者和监督管理者，可以限制和影响产业的发展。政府的政策严格影响到药店的经营管理活动和经营行为，如药店要按 GSP 的要求搞好药品经营质量管理工作等。

社区关系是以地缘为纽带连接和聚集的若干社会群体或组织之间的关系。由于社区的公众是药店充足的劳动力资源、社区是药店的经营保障、社区的文化影响着药店的文化，所以社区关系是药店重要的外部关系之一。药店商圈范围的有限性决定了社区关系对于药店绩效的影响非常大。

此外，工商职业团体、宗教团体、社会名流、媒介关系和医疗保健机构对药店的经营活动都具有重要影响。

(2) 影响者市场关系营销理念

良好的药店形象、药店的社会责任和正确处理与政府、社区以及其他公众之间的关系，对市场关系营销都有重要的影响。

(3) 影响者市场关系营销策略

① 药店形象设计（Corporate Identity，CI)。通过对药店的精神特征、行为表现、外显识别等把药店的整体形象推向社会，并努力使公众认识、认可药店的整体形象。

② 与管理部门沟通。关系营销是药店建立和发展与政府关系的主要方法，并最终实现药店与政府的双向沟通。包括了解政府、熟悉政策、沟通信息和扩大影响。

③ 与社区建立良好的关系。药店需要了解社区，积极参与社区的建设和活动。开展有针对性的社区保健知识的宣传和社区药学服务。

指南五　顾客沟通

一、连锁药店与顾客沟通的特点

沟通是将观念或思想由一个人传递至另一个人的过程，其目的是使被沟通者获取思想上的了解和行动上的认同。

沟通对我们非常重要，“双70定律”说明了这一点，管理者70%的时间用于沟通，70%的出错是由于沟通失误引起的。著名世界级管理大师德鲁克认为：沟通不是万能的，没有沟通是万万不能的！

在零售药品的销售过程中，存在着交易多、品种多、现金多、沟通多等现象。因此，连锁药店与顾客沟通相对于供应商（医药生产企业、医药批发企业）与顾客沟通，在沟通时间跨度、沟通目标、受众范围、产品数量方面，连锁药店与顾客交流时具有独特性。

1. 沟通时间跨度短

连锁药店与顾客的沟通目标主要是用于推广促销活动和特定的销售活动，并以此获得短期收益。因此，一般情况下连锁药店的促销计划具有时间短的限时性特点。与之不同的药品生产企业，与顾客沟通主要是用于树立某品牌药品的长期形象，所以时间跨度很长。如果是为了树立药品生产企业的整体形象则沟通目标就是企业发展的某个战略阶段，可能是5年、10年；如果是为了宣传产品，则目标可能是1年、2年，并随着产品生命周期的不同而有很大的变化。所以，沟通目标根据其服务对象的不同而时间跨度有差异。

2. 沟通目标指向性较明确

连锁药店促销的主要目的是吸引顾客光临连锁药店所有的门店。而一个药品生产企业为其药品做广告时，并不关心顾客去哪儿购买其药品。对于连锁药店来说，只要顾客在其任意一个门店内消费，连锁药店并不关心顾客购买的是哪个生产企业的药品。因此，药品生产企业沟通目标一般是让顾客知晓某品牌药品，连锁药店的沟通目标是让顾客知晓药店的某个特征，达到认同或者信任的目的，如针对某个产品做销售活动，那这个产品往往只是“道具”。

3. 受众区域范围集中

由于人们倾向于在其居住地或工作地点附近的药店购药，这就决定了连锁药店门店的信息传递范围不用很广，对于单店来说可以集中在药店附近1500米左右的区域内，一般采用本地媒体、折页、POP等向其顾客传送相关信息，对连锁药店及其所销售的产品进行宣传，就可达到较高的实效性。

单店与顾客的交流，关键是要与商圈内的顾客进行沟通，因为这是主要的客流量来源，信息传递要直达目标群体，可以通过商圈调查与分析，进行有计划地信息传递以达到扩大商圈，但商圈扩大要循序渐进，不可盲目贪大，否则会造成人力、物力的浪费。相对而言，绝大多数的药品供应商是在全国范围内销售其品牌药品，因此，多倾向于利用全国性的电视和杂志发布信息。

4. 提供的药品种类广泛多样

连锁药店需要为其本身的存在做宣传，以及为拥有的众多系列产品做广告，并且常常还得将主要精力集中在短期的销售活动上。如果将零售沟通方式运用于不同的产品，而且没有形成一种始终如一的连锁药店整体形象的话，那么这种交流方式就很难使顾客对连锁药店有一个清晰的认识，所以应采取主题促销、会员促销、节日促销等能够突出连锁药店整体形象的活动，但是提供的药品往往不是固定的，而是一系列的药品。作为产品的生产厂家，只能提供单个品类或几个品牌的药品，因此生产企业做广告的产品数量相对很少，往往可以针对某种药品进行长期信息传递。这样，生产企业就能够针对其生产的每一种品牌药品，全力以赴来发展始终如一的交流计划。

二、连锁药店与顾客沟通的方式

将连锁药店的沟通方式以图5-1的形式做分类比较。此图纵轴代表费用的支付情况。横轴代表传播的途径，公众媒介或者是个人信息传输。

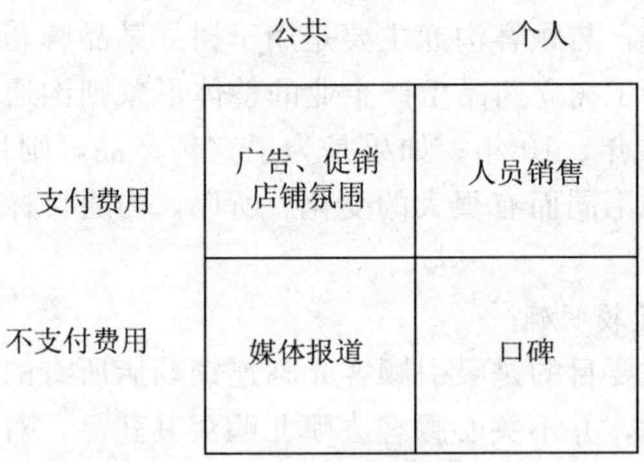

图5-1　沟通方式分类

(一)支付费用的沟通方式有哪些?

1. 广告

广告是由明确的主办人发起，通过付费的任何非人员形式介绍和促销其创意、商品或服务的行为。

广告是医药生产企业经常使用的一种宣传方式，目前连锁药店利用广告促销的寥寥无几，主要在于连锁药店的规模和实力有限。不可否认广告交流接触面广，信息传递范围广，传递时间和信息量可控性强，但广告的费用高，随着企业数量的增多而媒体可用的广告空间及时段并没有太多的增加，造成广告费用日益上升。

快速发展壮大的药品零售连锁可以适当的利用媒体，设计出完整可行的交流计划，因为据专家统计，医药生产企业投入的药品广告费用能真正起作用的没有达到1/2，所以连锁药店广告要树立连锁药店整体形象，做到传递信息准确，并有针对性，提高广告的到达率及受众的认知度、记忆度和信任度，真正让广告达到实效。

2. 促销

促销是由利益驱动的交易参与者所做出的促销买卖双方交易达成的活动。促销是连锁药店近年来最常用的交流方式，各种形式的促销活动，一方面能够聚集人气，另一方面可以在短期内促进药品销售。

促销这种沟通方式被越来越多的连锁药店所使用，由于市场竞争激烈，促销手段越来越多样化，如与供应商联合促销，重阳节、三八妇女节、元旦等各种节日期间的主题促销，长期的会员积分、每月固定的“会员日”制度，对会员实行分级管理，送服务、送体检项目等措施，便于顾客付费与城市公交卡联网合作，农村与邮政系统联手合作达到便于送达药品，药品价格策略中的招揽价格、奇数定价、多单位定价、会员折扣价及DM单等。另外，与供应商合作，提供一定数量的礼品，在合适的时机定期不定期向会员赠送，以增加连锁药店的客流量，最终提升连锁药店形象和知名度，提高连锁药店的销售量。

3. 氛围

氛围（Drugstore Atmosphere）是连锁药店通过对营业场所的设计，各种物理特征形成独特的综合，向顾客进行公共信息的交流。营业场所的氛围诸如建筑式样是古典型还是现代型，装潢是豪华型还是简朴型，货架布局属于方格布局还是自由流动布局，店面招牌和标识是否醒目？橱窗设计或产品展示是否和谐和统一，药品陈列、标签、吊牌是否醒目？店堂色彩是否协调？店内的气氛是否压抑？以及店内气味等。

目前国内的营业场所氛围与国外相比，顾客感觉单调、压抑和一成不变，药店往往忽视顾客的体验，不能随节日及重大事件的变化而变化。顾客对营业场所的诸多因素都有所体验，产生不同的感受，在顾客的头脑中形成了一种综合印象，这种印象直接影响到顾客的购买决策。

营业场所的氛围主要是营业场所的设计，从多层次、多角度向顾客传递着有关连锁药店定位、规模、实力、服务，以及其药品分类、定价、功效等方面的诸多信息，使顾客对众多连锁药店自动形成排序。

4. 个别销售

个别销售（Personal Selling）是一个信息交流的过程，在这个过程中，无论是药店店员，还是药师，通过面对面的信息交流来帮助顾客以满足其需求，也称为一对一销售。药品销售人员是支付费用的、个人沟通方式的主要途径。随着以顾客为中心—顾客终生价值研究的进展，对于店铺式的药品零售，应努力追求为顾客提供良好的服务，为顾客留下一次舒心、愉快的购物体验，以吸引其下次再来光顾。店员的服务表现至关重要，每位店员的服务质量直接影响着顾客的心理感受，甚至一位优秀的店员本身就拥有一批忠诚的顾客。

目前有的连锁药店为了增加赢利水平，大力发展和鼓励店员销售高毛利产品，并出台了相关的提高连锁药店高毛利产品销售的内部激励政策。如将门店店员的收入与产品销售量进行紧密挂钩，鼓励店员销售连锁药店高毛利产品，并制定出相应的奖励政策，店员工资降到200～300元/月，其他收入靠销售提成，经营的高毛利产品店员的销售提成可以达到15%～20%。这样当顾客来买品牌药或自己喜欢的药品时店员只会介绍高毛利的药品。如果顾客指定品牌，个别店员会告诉没货，甚至干脆将这些品牌产品摆放在隐蔽陈列位置。有时店员向顾客推荐很长时间，而顾客仍不购买，店员对顾客的态度就有所转弯，这样最终损失的还是连锁药店自身。

长此以往，店员的个人利益可能得到了满足，但对于连锁药店来说却流失了大量的顾客，承受损失的只能是连锁药店。因此，一方面，连锁药店加强对销售人员的培训，均衡业绩提成和服务质量激励政策，推动销售人员的服务水平提高，另一方面，连锁药店增加和延伸为顾客服务的范围和内容，有效地改善销售环节中存在的问题，即追求短期内的销售业绩与连锁药店培育长期信誉之间的矛盾，要从销售人员的服务环节作为切入点。

（二）不支付费用的沟通方式有哪些?

（1）宣传（Publicity）是在公共传媒中通过对有关连锁药店的不支付费用的系列介绍（通常是一个新闻故事）来传递信息的方式。需要连锁药店整合本身的资源，并通过创意性的活动或事件，使之成为社会大众关心的话题、议题，从而吸引媒体报道和顾客参与，最终达到提升连锁药店形象以及销售药品的目的，这也是所谓的事件营销，即创造出新闻事件，吸引媒体记者的关注，为连锁药店做免费的宣传和连续的专题式报道。

这种沟通方式的特征：一是具有对外部事件的依托性，自始至终围绕着同一个主题运作，敏锐地抓住公众关注的热点并进行创作性的对接，从顾客利益和社会福利的角度出发，从而实现营销的目的。二是从第三方立场上进行信息传递，其公正性比广告更具隐蔽性和持久性，其关键是能够抓住亮点、热点和记忆点，从而带动卖点。三是具有双重目的性，可以提升注目率和销售促进，能够避开媒体的高收费，注目率的上升和成本的下降，必然更有利于拓宽利润空间。

（2）连锁药店可以不花费成本地通过口头的方式（Word of Mouth）（人际交往间关于某连锁药店情况的议论）与其顾客进行交流。连锁药店的服务状况让顾客满意，顾客在人际交往中不自觉地传递对连锁药店的评价，这种“口碑力”往往是连锁药店难以控制的。“口碑”的影响力可以穿越不同年龄层次的人，可以渗透到不同知识结构的人，还可以辐射到富裕程度不同的人，这种影响力不同于电视广告的高投入，不同于

电台节目受时间上限制，不同于报纸广告受文化程度的约束，不同于路牌、DM单等广告的局限性……口碑可以形成高度集中的区域性特点，因此口碑效应在人际关系交往密切的农村、在城镇有大量富余时间的老年人群中，口碑力的作用尤其不可小视。

另外，因为顾客不仅可以传递他们满意地评价，对连锁药店不利的口头议论也同样能够严重地影响连锁药店的形象。调查表明，那些对零售服务有着不满意经历的人，一般会对其遇到的所有人讲述其经历。因此，不支付费用的个人沟通是一把双刃剑，连锁药店可以适当通过培养典型顾客或公益活动等，来鼓励那些对其有利的街头巷尾议论，并鼓励他们向其朋友传递有关连锁药店及其药品的信息。

（三）四种顾客沟通方式的特点有哪些？

从可控性、灵活性、可靠性、互动性角度出发，对不同的沟通方式进行比较分析，（见表5－1）。连锁药店管理者要明晰各类沟通方式的优缺点，把握各种沟通方式能给连锁药店带来的潜在影响，掌控好运用每种交流方式的尺度，做到扬长避短。

表5－1　　四种与顾客沟通方式比较表

沟通方式	可控性	灵活性	互动性	可靠性
支付费用的公共沟通方式（广告、促销、氛围）	最强	弱	弱	弱
支付费用的个人沟通方式（人员销售）	强	最强	强	一般
不支付费用的公共沟通方式（新闻报道）	一般	弱	弱	强
不支付费用的个人沟通方式（口碑）	弱	一般	最强	最强

三、与顾客沟通的基本原则

长期以来，药店主要强调店员如何售药以及业务的熟练程度，即便要求提高服务水平也只是要求店员热情、周到，而忽视了顾客的要求以及与顾客的沟通。随着售药模式的转变，掌握与顾客沟通的艺术和技巧，树立良好的形象，建立良好的买卖关系已成为药店店员售药工作的重要内容。实现与顾客的良好沟通起码应重视以下几项。

1. 给顾客留下好印象

印象是店员给顾客留下的反映，而第一印象又决定了顾客对药店的认识程度，因此店员应注重留给顾客良好的第一印象，注重外在形象和称呼极为重要。仪容、仪表、服饰、精神状态等外在形象对建立良好的沟通关系起着重要作用，如果一个店员不注重外在形象，仪表邋遢，说话唾沫星乱飞，顾客会极为讨厌。对不同的顾客应当用各不相同的沟通方式，沟通才能起作用，面对开朗的顾客，店员应愉快、热情地迎接，使其感到亲切；面对愁容满面，情绪低落的顾客，店员应以微笑、和蔼可亲的态度，拉近与顾客的关系，化解顾客的忧愁；面对害羞胆怯的顾客，店员应平易近人，放松

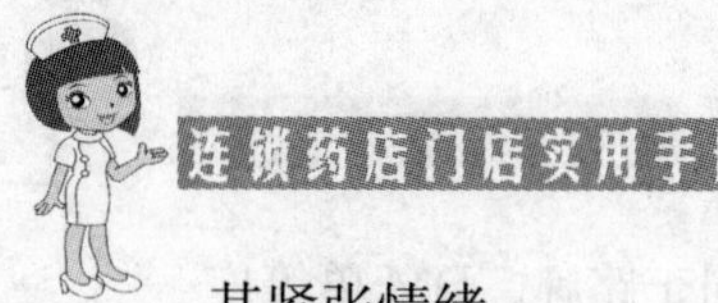

其紧张情绪。

2. 学会“说话”与倾听

语言是沟通的重要手段。店员应主动开口，只有开口才有加强沟通的机会。加强与顾客语言沟通，要抓住有利时机，以此促进双方感情交流。一般应注意三个重要机会：一是在顾客进店时，店员应主动使用问候语，并借此加强交流；二是在顾客购药时，店员在介绍药品知识时，主动进行沟通；三是在顾客购药离开时，注意使用礼貌送别语，切实让顾客感到宾至如归。

3. 与顾客交流不是闲聊，应有主题和目的

要针对顾客年龄、性格、职业等的不同，选择不同的谈话方式和内容。一般要以顾客关心的情况为交流的切入点展开沟通。患者及其家属面对不幸时，希望得到别人的安慰和鼓励，应多用安慰性语言和鼓励性语言。

现代经营学要求店员不但要熟练掌握经营技巧，还要具有专业知识和各个领域的常识。只有掌握了全面的知识，才能对顾客提出的各种问题做出科学回答，取得顾客的信任。对心理敏感的顾客，要学会用积极的暗示，有些话就不能太直白，如不问“你得的什么病?”，而是说“这种药具有什么样的疗效和功能”。倾听过程包括了接受口语和体语这两种信息，在与购药者交谈过程中，店员要全神贯注地听购药者倾诉，注意保持眼神的交流，并给予恰当的反应，如适时地以语言或点头表示接受对方说的内容，希望他继续讲下去，不要随便打断顾客的讲话。

4. 善用其他方式沟通

说起沟通，人们自然会想到最直接、有效的口头语言。不错，人与人之间的思想交流、情感联络都需要简明、直接的语言来表达、传递。除此之外，动作、表情、视线等肢体语言，虽然也被人们在不经意地运用着，但它在沟通交流中的影响力和特殊作用却没有引起人们的注意。就药店经营而言，销售药品的过程就是店员与顾客直接沟通、交流的过程，经营药品就是经营与顾客的关系。一方面要求店员说话礼貌得体，语速适中，语音清晰；另一方面，店员的一举一动，哪怕是一个瞬间的表情变化，也可能影响顾客的情绪，改变顾客对药店的印象。“此时无声胜有声”，说的就是无声的肢体语言在人际交往中能产生生动的效果。

(1) 理解顾客的肢体语言

每个人都能够通过特有的形体动作、信号传达丰富的信息。所以，作为店员，准确理解顾客的肢体语言非常重要，它是读懂顾客的购买意图与主观诉求的重要途径之一。店员要学会从顾客的表情、视线、动作，以及彼此之间的空间距离中，感知顾客的心理状态与情感反应，了解顾客的情绪变化，然后有的放矢地调整自己的动作、姿态、表情等与之交往，通过展示合适得体的肢体语言，达到与顾客轻松交流与沟通的目的。

(2) 恰当使用自己的肢体语言

不同的人有不同的肢体语言表现形式，所产生的沟通效果也大不一样。店员如何做到恰当自如地使用肢体语言，通过富有个人特质的肢体动作和表情与顾客拉近距离，

为顾客提供满意的服务，是很有学问的一件事，需要店员经常有意识、有针对性地加强研习，多加揣磨与总结。如在动作处理上，要求店员结合药品经营服务规范和岗位特点，参照礼仪培训中对身体动作的规范要求，从站姿、坐姿、行姿、服务手势、导引动作等方面进行强化训练，力求自己的举手投足规范得体，符合礼仪标准，让顾客看着舒服、亲切；在表情运用上，要以热情、大方为原则，强化微笑服务，讲究自然流露，不能矫揉造作、刻意装扮，不能让顾客产生虚情假意之感，因为店员面部表情传递的信息最容易进入顾客的视线，而且顾客对此非常敏感，有时直接决定顾客的购买选择；在视线交流上，要充分发挥眼睛是心灵的“窗户”的映射作用，懂得通过不同的视线传达不同的含义，与顾客进行目光交流，既不能目不转睛地直视顾客，也不能将目光在顾客身上扫来扫去，更不宜不看顾客自说自话；在交谈距离的把握上，店员的站立位置很重要，既不能挡住顾客的视线，影响顾客浏览柜台上摆放的药品，又要注意保持与顾客适度的距离，太近，会让顾客感到局促不安，太远，难免有生疏隔膜感。

此外，店员的发型、脸部化妆、身上的气味等也都是值得注意的方面。店员的穿着应力求自然得体，或略加修饰搭配，以给顾客干练、卫生、清爽的第一感觉为宜，切忌过分装扮粉饰，使顾客产生不信任感。有的店员化浓妆，着奇装异服，容易引起顾客的反感，有些传统型的顾客一见店员这副模样，往往会掉头就走。所有这些，都不得不特别注意。

四、引起顾客沟通的障碍因素

（一）个体自身因素有哪些？

一方面，管理者在组织沟通中占主导地位。除管理者的观念和行为不当是组织沟通中的障碍外，对于连锁药店而言，管理者的药学专业知识缺乏是其又一重要障碍，因为药品不同于其他物品，有其特殊性，缺乏相关的药学专业背景可能使管理者做出错误的行为，从而为连锁药店带来不可挽回的后果。另一方面，我国连锁药店店员专业性不强，缺乏相关专业背景，其中药学相关专业毕业的店员占调查人员的32%，医学相关专业的店员占调查人员的10.6%，而其他专业的人员占到58.4%。由此可见，绝大多数店员系统的药学知识的缺乏将远远不能满足消费者自我医疗的需求，因此提高药学专业技能和素质尤为重要。

（二）组织层级因素有哪些？

1. 组织结构的影响

组织结构代表企业经营运作的方式，直接或间接地影响着信息的沟通。组织结构越复杂、经过的环节层次越多，职能越不清晰，信息遗漏的可能性越大，沟通效果就越差。连锁药店中连锁门店规模越大组织结构越复杂，从而直接影响信息传递的质量

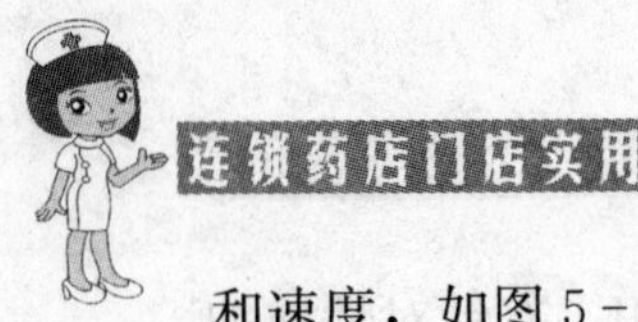

和速度，如图 5－2 所示。

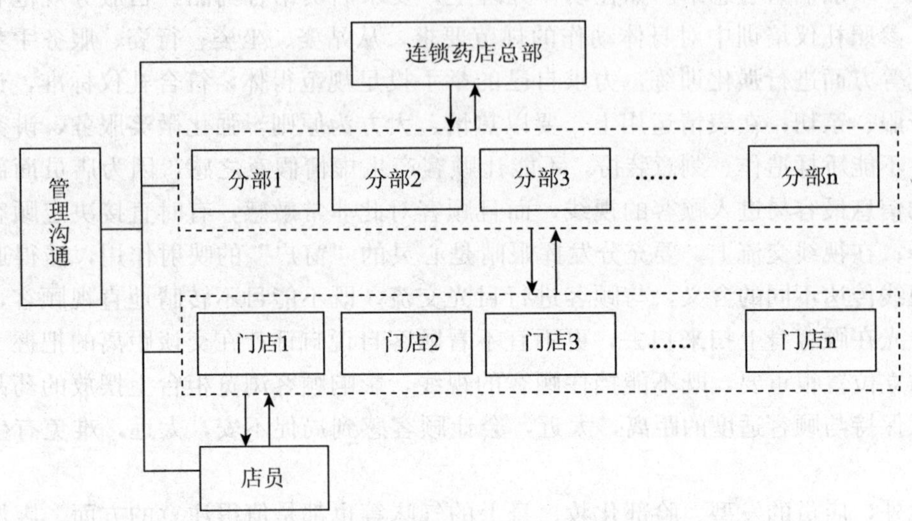

图 5－2　连锁药店管理沟通中组织层级障碍

2. 沟通渠道的影响

第一，沟通信息与渠道的选择不匹配，会造成在沟通过程中信息的流失或歪曲。第二，沟通渠道过于单一，管理者忽视正式沟通渠道和非正式沟通渠道的优缺点，从而制定错误的沟通渠道。第三，反馈和评估的缺乏造成沟通渠道的单向性，使沟通失去真正意义。连锁药店遍布全国，连锁总部管理者不可能充分了解各个门店店员的需求与反馈，管理存在盲目性。因此，管理者与店长、店员的管理沟通难度加大，产生沟通障碍。

五、接待顾客的基本能力

1. 交际能力

（1）真诚待客

真诚的店员能给人产生一种安全感，受人欢迎，易于让人接受。真诚要求店员讲真话，对药品的功能主治、疗效、副作用等应实事求是地介绍，不能隐瞒或夸大。对顾客错误的认识，店员应善意的指出。

（2）宽厚待客

店员对顾客不斤斤计较，一切为顾客着想，从顾客的根本利益出发，保证顾客用药合理经济。对某些顾客的刁难和不友好，店员应在坚持原则的基础上，以促成交易为大局，不要因为顾客的态度而改变自己的热情和真诚。

（3）兑现承诺

店员不应该只为了促成交易而向顾客进行虚假承诺，一旦答应顾客的事情一定要办到、办好，直到顾客满意为止。

(4) 待客热情

热情主要体现在：主动地创造促进销售和相互了解的机会。在顾客对销售有异议时，店员要热情主动地为顾客解决，而不要被动地等待顾客的指责。

2. 表达能力

在日常销售中，店员做得最多的就是向顾客介绍药品的功能和特点，以及适应证等事项，这就要求店员有很强的表达自己意思的能力。这就要求表达具有目的性、表达要明确清楚，用词简练通俗、突出重点，少用专业术语、表达通俗化，同时还要注意表达的艺术性。

3. 应变能力

应变能力是指店员在遇到意想不到的情况时，能在不利的形势下扭转局势，或遇到突发事件时处惊不乱，果断的挽救可能出现的失误的一种能力。这要求店员具有灵活的头脑及敏捷的思维，能够快速地分析、综合问题，判断准确、沉着、冷静、果断，能够触类旁通，随机应变，在危机中找寻转机，将失误降至最少，短时间内使工作恢复正常。

4. 洞察能力

在药品销售中，店员应具有敏锐的洞察能力，从视觉上探求顾客的信息，如观察顾客的外表、衣着、对待其他店员的方式等，抓住顾客的心理变化和探询购买需求，及时地促成交易。

六、接待顾客的基本步骤

一天，一位中年妇女走进药店准备购买儿童药品，人刚到儿童药柜台，店员就跟了过来，马上招呼道："您好，这些都是儿童常用药"，顾客没说话，又走到保健品柜台，停留一会，这位店员见状，急忙又问道："请问是要买保健产品吗？是要补钙还是美容养颜的？您用还是孩子用……"问得顾客心烦意乱，话没说完就转身离开了。

案例分析　上述的例子，是由于店员不懂营业的基本规程，使得顾客在药店里如芒刺在背，很不舒服，本来有强烈的购买欲望，也被打消了。这是因为店员不了解顾客购药过程中心理变化所导致的，所以研究顾客的心理对促进销售至关重要。下面将根据顾客的心理变化，制定接待顾客的基本步骤。

(一) 顾客购买药品的心理变化是怎样的?

顾客购买商品的过程中，其心理活动是一个变化的过程，在这个完整的过程中顾客的心理活动一般经历 8 个阶段：

1. 注视阶段

俗话说，"百闻不如一见"，在这一阶段顾客希望有一个自由的空间，可以随意地

观看药品，顾客还可要求把药品拿在手中，仔细阅读说明书，此时药品最能打动顾客的心。

2. 兴趣阶段

顾客注视药品，会对药品的疗效发生兴趣，还会注意药品其他方面的介绍。店员此时可以适当提升顾客的兴趣。

3. 联想阶段

顾客对某一种药品发生兴趣，自然联想服用该药品之后疾病痊愈的情形。在顾客选购时，店员一定要适度提高她的联想力，促使她下定决心购买药品。

4. 欲望阶段

顾客在产生购买欲望时，极有可能又会产生疑问；“有没有比这种更好的药呢?”由此进入同类药选择比较阶段。

5. 比较阶段

顾客的购买欲望产生之后，会多方比较权衡。这时，她对此种药品和其他药品的各项指标产生比较，如适应证、剂型、价格、服用是否方便等问题会使顾客犹豫不决，这时，需要店员就这些问题给顾客提供咨询。

6. 信心阶段

在经过一番权衡与咨询后，顾客会对该药品产生信心，这一信心来源于三个方面，即相信店员的诚意，相信药品的生产商和品牌，相信某种惯用品。店员从这三个方面进攻，能够全面地帮助顾客建立信心。

7. 行动阶段

顾客的决心下定之后，就会当场付款购买药品。这时，店员要熟练地开好销售小票，交给顾客，并包装好药品，等顾客付款后来拿，还可以向顾客推荐其他药品，以加深顾客对本店的印象。

8. 满足阶段

顾客在完成购买之后，一般会有一种欣喜的感觉，这一感觉来自两个方面：其一，购买产品过程中的满足感（包括享受到店员的优质服务）；其二，药品使用后的满足感，这种满足会促使顾客再次光临药店。

(二) 接待顾客的基本步骤有哪些?

在了解了顾客的购买心理活动的八个阶段之后，就要有针对性地制定接待顾客的具体步骤。

(1) 顾客上门前。顾客上门前，店员要随时做好迎接顾客的准备，不能松松垮垮，无精打采，不能交头接耳，聊天闲扯。

(2) 初步接触。顾客进门之后，店员一边和顾客寒暄，一边和顾客接近，这是“初步接触”。从顾客的心理来说，在兴趣阶段和联想阶段之间最容易接纳店员的初步接触行为，在注视阶段接触会使顾客产生戒备心理，而在欲望阶段接触会使顾客觉得受到冷落。

与顾客接触的最佳时机有以下几个时刻：

① 当顾客长时间凝视某一药品，若有所思时；

② 当顾客抬起头来的时候；

③ 当顾客突然停下脚步时；

④ 当顾客的眼睛在四周搜寻时；

⑤ 当顾客与店员的眼光接触时。

此时，优秀的店员一般会以三种方式与顾客初步接触：与顾客随意打个招呼，直接向顾客介绍她中意的药品，询问顾客的购买意愿。

（3）药品提示。让顾客了解药品的详细说明，即所谓“药品提示”。要对应于顾客心理过程的联想阶段和欲望阶段之间。此时，要使顾客了解以下方面：

① 药品使用过程；

② 药品的禁忌症；

③ 药品的疗效；

④ 提供几种药品让顾客选择（仅供选择应用）。

（4）揣摩顾客的需要。顾客的购买动机不同，需求自然不同，所以店员要善于揣摩顾客的需要，明确顾客要买什么样的药品？治疗什么病？才能向顾客推荐最合适的药品，帮助顾客做出明智的选择。

如何揣摩顾客的需要，应从以下几个方面入手：

① 通过观察顾客的动作和表情来探测顾客的需要；

② 通过向顾客推荐一、两种药品，观看顾客的反应，以此了解顾客的愿望；

③ 通过自然提问询问顾客的想法；

④ 善意地倾听顾客的意见。

（5）应用专业知识说明。顾客在产生购买欲望之后，并不能立即购买，还需进行比较、权衡，直到对药品充分信赖之后，才会购买。在此过程中，店员要利用专业知识向顾客介绍药品，说明时语言要通俗易懂，有针对性，打消顾客的疑虑。

（6）劝说诱导。在讲解了药品相关知识后，顾客开始决策，店员要把握机会，及时劝说诱导以达成购买。劝说应从以下方面进行：

① 实事求是地劝说；

② 投其所好地劝说；

③ 辅以动作地劝说；

④ 用药品本身的质量劝说；

⑤ 帮助顾客比较、选择地劝说。

（7）销售要点

最能导致顾客购买的药品特性称为销售要点。当店员把握住了销售要点，并有的放矢地推荐药品时，交易是最容易完成的。顾客对于药品的需求是多方面的，其中必有一个是最主要的，而能否满足这个主要需求是促使顾客购买的关键因素。

一个优秀的店员在做销售要点说明时，一般会注意到以下五点：

① 用“5W1H”原则，明确顾客购买药品时要由何人使用（Who），在何处使用（Where），在什么时候使用（When），想要用什么（What），为什么必须用（Why）及如何使用（How）；

② 说明要点言词要简短；

③ 能形象、具体地表现药品的特性；

④ 针对顾客提出的病症进行说明；

⑤ 按顾客的询问说明。

（8）成交

顾客在对药品和店员产生了信赖之后，就会决定采取购买行动。此时，需要店员做进一步的说明和服务工作，打消顾客的一丝疑虑，此步骤称为“成交”。当出现以下八种情况时，成交的时机就出现了：

① 顾客突然不再发问时；

② 顾客的话题集中到某个药品上时；

③ 顾客不讲话若有所思时；

④ 顾客不断点头时；

⑤ 顾客开始注意价钱时；

⑥ 顾客开始询问购买数量时；

⑦ 顾客关心售后服务时；

⑧ 顾客不断反复地问同一个问题时。

在成交的时机出现时，店员应采用以下四种方法：

① 不给顾客再看新的药品了；

② 缩小药品选择的范围；

③ 帮助顾客确定所要的药品；

④ 对顾客想买的药品作一些简要的重点说明，促使其下定决心。

在这一过程中店员应注意方式，不能用粗暴、生硬的或急迫的语气催促顾客，不要使顾客有强迫推销的感觉。

（9）收款、包装

顾客在决定购买后，店员要填写收银小票，并交给顾客，请顾客到收银台付款，然后包装好药品。收银时应唱收唱付，声音要清楚准确，态度友好。

（10）送客

待顾客付款后，店员应将药品双手递给顾客并做好用药事项交代，并向顾客诚挚地道谢，顾客走时，要道别。

七、处理顾客异议

(一) 顾客异议的根源何在?

顾客异议产生的根源主要来主观、客观两个方面。

1. 主观方面的根源

(1) 借口

当顾客未完全信服店员的介绍和解释，或者发现自己购买这种药品的欲望不是那么强烈，就会以推迟做出购买决定的时间为借口；或是挑剔药品功能和价格，把好的硬说成不好的或者强调自己特殊的情况，来达到取消交易的目的。借口其实是烟幕，它掩藏了顾客不想购买的真实理由。店员辨别借口可以通过顾客说话内容的实质性和观察其说话时的语气、神态来判断。例如："我再看看吧""这药我吃过，服用有点不太方便"(同种类的药品没有服用方便的)"我们的情况和您说的不太一样"。顾客的这种异议并不是决定药品好坏的重要方面，它只是顾客不想购买药品而找的种种借口。

(2) 偏见和成见

这种异议常带有强烈的感情色彩，大多数顾客在提出对药品的不同看法时，都从自己的主观感受出发，往往带有某种偏见。有一类顾客会用过时的经验和观点来看待当前的事物；也有一类顾客非常坚持己见；还有一类顾客可能在某一店里与店员发生了某些不愉快的争执，而导致他对所有药店及其服务的不认可。这些顾客往往在销售刚开始时，就表现出一种强烈的反对。例如："我一看这药就不喜欢，不买不买。"就这样，一口否决，情绪性非常强。

(3) 自我表现

这种异议产生的原因，一种是因为顾客天生好表现自己见多识广，喜欢"无的放矢"地到处炫耀自己的知识，这类顾客在选购药品时会把自己所懂的都表现出来，而且会把自己的看法当做真理；另一种是因为店员流露出的某种言行激怒了顾客，使顾客产生要和店员对抗的逆反心理。例如："这药厂家我都没听过，咱还是看看外企的吧""医生劝我不要用这种药……"

不论出于哪一种原因，店员都要记住：不要采用居高临下的姿态教训顾客、轻视顾客，应当向顾客请教，满足顾客的自尊心理。

(4) 有意压价

这种顾客异议很常见，它不是在挑药品真正的毛病，而是为了压价。顾客对药品质量、功能等方面比较满意之后，可能会针对药品的一些小毛病，提出该药品不值这个"价格"，以期店员做出让步。例如："这瓶药的商标都不见了""这种药成本低得很，也不过就是十几块钱"。或者把其他竞争店的最低价格拿来做比较。例如，顾客说："你们的药比那家的贵两块钱呢。"

(5) 恶意反对

恶意反对，即没有任何反对的原因和理由就是故意无理取闹的。

2. 客观方面的根源

(1) 顾客对药品不太了解

人们对应用自己原有知识和经验都达不到的领域是不太感兴趣的，经过店员的一番说明之后，顾客对药品的新名词、新术语、新的使用方法等方面还是不太了解，但由于面子的问题不好意思让别人知道自己不懂这种药品的使用方法，一部分顾客就会以种种借口离开药店，另一部分顾客则期望从店员口中得到更多有关于药品的知识，就会故意反对店员所说的话。例如："有那么好吗""一天吃四次，这也太多了!"

(2) 顾客缺乏所需要的信息

顾客由于对信息的需求而产生的反对。例如："看着还行，不知效果怎么样呢?"

(3) 客观批评

这是顾客对药品已经非常了解之后提出的批评意见，是药品或服务本身确实存在的问题。往往有购买兴趣的顾客才会提出来这样的问题。例如："这种药是不错，但孩子不喜欢吃。"

(4) 顾客处于两难境地

即将购买药品的顾客，内心常常处于激烈的矛盾冲突中，因为药品自身的利与弊势均力敌，一方面是购买后对自己的好处，一方面是即将付出的代价。占有欲望和付出代价的不平等致使顾客下不了购买决心。心理学上称其为接近——回避型，这种情况下，要靠顾客自身的努力做出购买选择是很难的，其主要心理原因有：

① 怕吃亏。顾客有一个更高的期望值，如"另一种药会不会比这更好?"或者心里在嘀咕："这个价格是不是太高了?"

② 时间上的拖延。绝大部分的顾客不到非买不可的时候是绝不会掏钱的，他可能会想："过两天再买吧，这病再拖两天也没事的，或许能找到更好的。"

③ 对药品的某一方面不是特别满意。药品本身或其附加价值没有完全满足顾客的需要，顾客喜欢药品的这一面，但又讨厌药品的另一面，使其处于购买两难之中。

④ 店员的某一句话或某一个动作，可能会伤害到顾客的感情利益，让顾客感觉不愉快，使其产生"不在此地购买"的想法。

由此看来，顾客下不了购买决心，是他心存"在这儿买，在这个时间买，买这种东西值不值"的疑问，那么店员就要利用药品说明书和积极推介的方法来消除顾客的疑虑，向顾客证实现在买这种药品是他最好的选择，从而扫清销售中的障碍。

(5) 最后的反对

顾客在购买之前，常常会提出"最后的反对"，这不是新的异议，而是在重复"买两瓶能优惠吗?""真的有那么有效吗?"等在早些时候就已经提出的某些疑义和意见。这实际上是顾客下定决心购买的信号。

(二) 顾客异议的类型有哪些?

顾客异议既是药店经营不良的直接反应，同时又是改善药店销售服务十分重要的

信息来源之一。事实上，并非所有的顾客有了异议都会向药店提出，而是以“拒绝再次光临”的方式来表达其不满的情绪，甚至会影响所有的亲朋好友采取一致的对抗行动。反过来说，如果顾客是以异议来表达其不满的话，至少可以给药店有说明与改进的机会。通常，顾客的异议和抱怨主要表现在对商品、服务、安全和环境等方面的不满。

1. 对商品的异议

顾客对商品的异议内容主要集中在以下几个方面：

（1）价格过高

目前各个药店出售的药品大多相似，而顾客对药品价格较为敏感，因此顾客往往会因为药品的定价较商圈内其他药店的定价高而向药店提出意见，要求改进。

（2）商品本身问题

商品质量问题往往成为顾客异议和抱怨最集中的反映，主要表现为：① 商品品质往往要打开包装使用时才能做出鉴定，打开包装或使用时发现商品数量有差别，是顾客意见较集中的方面；② 包装破损等。

（3）标示不符

药品包装标示不符往往成为顾客购物的障碍，因此也成为顾客产生异议和抱怨的原因。通常顾客对药品包装标志的反映主要有以下几个方面：

① 药品上的价格标签模糊，看不清楚；

② 药品上同时出现几个不同的价格标签；

③ 药品上的价格标示与促销广告上所列示的价格不一致；

④ 进口药品上无中文说明等。

（4）药品缺货

顾客对药店药品缺货的异议和抱怨，一般集中在热销药品和特价药品上，或是药店内没有销售而顾客想要购买的药品，这往往导致顾客空手而归。更有甚者有些药店时常因为热销药品和特价药品售完而不及时补货，从而造成经常性的药品缺货，致使顾客心怀疑虑，有被欺骗感，造成顾客对该药店失去信心。这样不仅流失了顾客，而且损害了药店形象。

2. 对服务的异议和抱怨

店员为顾客提供服务，缺乏正确的推荐技巧和工作态度都将导致顾客的不满，产生抱怨。

（1）店员服务态度不佳

表现为：不尊敬顾客，缺乏礼貌；语言不当，用词不准，引起顾客误解；有不当的身体语言，例如对顾客表示不屑的眼神；无所谓的手势，面部表情僵硬等。

（2）缺乏正确的接待方式

缺乏耐心，对顾客的提问或要求表示烦躁，不情愿，不够主动；对顾客爱理不理，独自忙于自己的事情，言语冷淡，似乎有意把顾客赶走；一味地推销，不顾顾客的反应；紧跟顾客，好像在监视顾客等。

（3）缺少专业知识

因医药知识不足，无法回答顾客的提问或者答非所问。

（4）过度推销

即过分夸大药品与服务的好处，引诱顾客购买，或有意设立圈套让顾客中计，强迫顾客购买。

（5）现有服务作业不当或服务项目不足

促销活动不公平；顾客填写药店发出的顾客意见表得不到任何回应；顾客的异议和抱怨意见未能得到及时妥善的解决；营业时间短，缺少一些便民的免费服务；没有洗手间，或洗手间条件太差等。

3. 对安全和环境的异议和抱怨

（1）意外事件的发生

因为药店在安全管理上的不当，造成顾客受到意外伤害而引起顾客异议和抱怨。

（2）环境的影响

药品柜展示影响行人的交通；药店内音响声太大；药店内温度不适宜；照明设备的亮度不够或亮度太强；店铺的地面太滑；药店外的公共卫生状态不佳；药店建筑及设计影响周围居民的正常生活等。

（三）如何巧妙地处理顾客异议？

顾客异议必须恰当地处理，否则会严重影响药店的声誉，进而影响药店的销售业绩，怎样正确地处理顾客异议？应选择恰当的时机与有效地应对技巧。

1. 处理顾客异议的时机

（1）在顾客提出异议之前进行处理

如果店员已察觉到顾客会提出某种异议，最好争取主动，抢在顾客提出异议之前把问题提出来，然后予以解答。这种先发制人的处理有以下好处：

①可以赢得顾客的信任。这样做会使顾客感觉到你没有隐瞒自己的观点，甚至认为店员非常了解他，说出了他想说而未说出的意见，顾客就不会再提出异议。

②有利于化解异议。店员自己主动提出异议，可按自己的意思措辞，相对由顾客提出要婉转得多，这样就有利于把大事化小，小事化了。

（2）在顾客提出异议时当即进行处理

一般情况下，顾客都希望店员尊重和听取自己的意见，并做出满意的答复。因此，当即处理是解决顾客异议的最佳时间，也是店员必须作答的时间，否则顾客会认为店员不能处理这些异议而不愿做出处理。

（3）推迟处理

以下情况采取推迟处理的策略是正确的：若不能当即给顾客一个满意的答复时，应说明情况，暂时搁置，有了满意的结论再予以答复。如此处理，说明店员不是随便对待顾客意见，不会影响顾客对店员的信任。

如果希望对顾客异议不进行任何反驳，可以不马上回答；若顾客异议离题太远也

可以不马上回答。

(4) 不予处理

由于顾客心境不佳而提出的一些借口或异议，最好不予理睬；那些与销售活动无关的异议更不应理睬。

2. 处理顾客异议的技巧

根据不同顾客的异议和抱怨，店员应选择相应的处理方式，并加以解释和说明，这种回答和解释的过程，实质上就是说服的过程。在这个过程中，店员绝对不能把异议和抱怨变为对药店有影响的负面效应。

(1) 先发制人

在服务过程中，如果店员感到顾客可能要提出某些异议和抱怨时，最好的办法就是自己先把它指出来，然后采取自问自答的方式，主动消除顾客的异议。这样不仅会避免顾客异议和抱怨的产生，同时店员坦率地提出服务中存在的某些不足还能给顾客一种诚实、可靠的印象，从而赢得顾客的信任。

但是，店员千万不要给自己下绊脚石，要记住：在主动提出服务不足之处的同时，也要给顾客一个合理的、圆满的解释。例如："您可能认为它的价格贵了一点，但这种药是同类型里最便宜的了""您现在可能在考虑是否有副作用，不必担心，副作用的影响微乎其微"等。

(2) 自食其果

店员让顾客对药品或服务中提出的缺点变成他购买药品的理由，这就是自食其果法。对因价格较高而产生异议的顾客，可以采用这种方法。例如，某顾客："你们的制度为什么那么死，不如别的商家灵活，你们能卖出去吗?"此时，店员要用肯定的语气回答："因为××药品是通过质量创建品牌，而不是通过销量创建品牌，药店一直认为没有一个严谨的、稳定的制度是不能制造出好的声誉的，也不能对顾客负责。您说呢?"

(3) 摊牌

采用摊牌法，可以表示诚意。当店员和顾客在互相不能说服对方的情况下（如顾客始终处于两难境地），店员要掌握主动，可以采用反问的方式以表明自己的诚意，借此来答复顾客的异议和抱怨，这样不仅可以获得顾客的好感，削弱反对程度，还可以使顾客不会再纠缠这个问题了。例如，顾客一再询问："我用这种药品真的能有效吗"，店员可以笑着回答："您说吧，我要怎么才能说服您呢"或"那您觉得呢"。

(4) 归纳合并

把顾客的几种异议和抱怨归纳起来成为一个，并作出圆满的答复，不仅会使顾客敬佩店员的专业知识和能力，还会削弱意见产生的影响，从而使销售活动顺利进行。

(5) 直接否定

当顾客的异议来自不真实的信息或误解时，可以使用此方法。但由于"直接否定法"直接驳斥顾客的意见，所以，店员只有在必要时才能使用。而且，说话的语气一定要柔和、婉转，要让顾客觉得是为了帮助他才反驳他，绝不是有意要和他争辩。这样，顾客的自尊心才不至于受到伤害。

（6）有所保留

对自我表现和故意表示反对的顾客，店员不必与他们讨论自以为是的看法，但为了不忽视顾客，店员还要在言语上附和以求得一个稳定的销售环境，从而避免了双方在细枝末节上的讨论、解释和无谓的争辩。在保证顾客不会做出强烈反对的情况下，店员可以主动的推进销售进程，在药品介绍中，自行消除这种异议和抱怨。例如：“您说的对极了，您似乎对这个问题很在行。我们还是来看看药品的原料吧！”“您真会开玩笑，这个药品与众不同的地方是……”或“对，您了解得真是太透彻了！”

（7）询问论证

有些顾客热心地挑选了一阵药品之后，突然找借口说不要了，这对店员来说无疑是个打击。那么该如何来处理这样的事情呢？是激愤？还是早早鸣金收兵，随其自便？优秀的店员总是想办法让顾客重新“回心转意”。店员可以交替运用“询问”“论证说明”。使用这种方法时要尽量以求教式的谦虚态度，切勿伤害到顾客的自尊心。

首先，要弄清楚顾客说“不”的原因，当然不能直接问：“您为什么不买？”这种责问式的语气只能使顾客产生一种敌对的心理，更加坚定自己不买的决心，店员应该使用试探询问的方法，使顾客道出不买的原因。

例如，顾客看完一种药后对店员说：“谢谢你刚才的介绍，我再看看其他的吧！”对于这种以推迟时间为借口的反对意见，店员必须要找出它背后的真正理由，可以适当询问：“请问，您还要考虑什么问题呢？是不是我还有什么地方没有解答清楚？”或者“请问，是不是您对这种药还有其他更关心的地方？”就这样，用询问的方式可以帮助店员揭开借口的烟幕，再次打开话题，推进销售活动。

顾客看到店员这么诚恳，会说：“我觉得这种药好是好，就是贵了点儿。”店员可以继续询问：“您说它贵，那么请问您拿它和哪种药品相比呢？”顾客说：“这种药和那种差不多，但是差着××钱呐。”

其次，要论证说明。在得到顾客的确切回答之后，店员要先肯定顾客的看法，随后提出问题，诱导其思考，让顾客自己排除疑虑，再摆出此种药与其他药之间的实际区别等事实，随后可以使用高价药品所拥有的更符合顾客需要的附加特性、优点和好处来说明此药品价格的合理性。采用论证说明的方法，实际上是把顾客眼里的缺点转化成优点，并作为他购买的理由。这种方法能把销售的阻力变为购买的动力。店员在说明事实时语气一定要坚决，因为这能让顾客感到信服，当然，先决条件是要对各类药品都熟悉。

八、顾客投诉

(一) 顾客投诉对药店的影响有哪些?

李丽是一位连锁药店门店的店长,工作已经有一段时间了,工作进展还算顺利,但有一点让她甚感头疼,那就是经常会有一些顾客和店员发生争执,要找她给解决问题,有的是因为店员在柜台取完药后,没有亲自送到顾客面前,却让顾客自己上前取,有的是在交款时顾客发现自己的药品漏开、少开等,其实很多时候问题都很小,但是顾客就是抓住不放,要向她讨个说法,有的时候李丽好言相劝,有的顾客就是得理不饶人,李丽是个急脾气,耐不住性子,她一着急就会直接提出一个处理方案,顾客同意也好,不同意也罢,心想着大不了以后不做这人生意了。但事后,她心理还是不踏实,毕竟这样下去不是办法,会影响门店业绩,可又想不出什么好主意。

案例分析 目前,顾客投诉现象在药店时有发生,不论药店大小,顾客投诉都是不容忽视的,它往往体现了药店在经营运作中存在的问题和顾客的潜在需求。以顾客为导向的服务,能激励顾客对药店的信任与支持,保持长期的购买关系,传播积极的口碑效应,使药店在激烈的市场竞争中处于有利地位。如果有顾客抱怨并提出投诉,至少证明他对该药店还有信心,在很多情况下,顾客更愿意选择“一言不发”的方式,这样药店就失去了一位顾客的信任。可别小看这一位顾客,在未来的日子里,他至少会对 10 个或者更多的人说:“千万别去那家服务不好的药店!”这样,药店就失去了 10 个或者更多顾客。所以,顾客的投诉一定要认真对待,用心处理。而对于顾客投诉,有些药店的管理者心存恐惧,只要有顾客投诉,不是把问题转移,就是拖延解决时间,使那些不满意的顾客投诉不成。其结果是顾客离开了这些想方设法阻止他们投诉的药店,而到其他药店消费去了。

美国商人马歇尔·费尔德曾说过这样一段话:“那些购买我产品的人是我的支持者,那些向我埋怨的人是我的老师,只有那些一走了之的人伤我最深,他们不愿给我一点儿机会”。其实,投诉对顾客来说也是有成本的。市场如此大,顾客有许多选择,但当他们对某一药店不满时,没有转向其他的药店,而是不辞辛苦地投诉,反映出顾客对药店的信任和厚爱——他们希望药店做得好,而不是希望它垮掉。很多药店错误地将顾客投诉看成是管理和服务质量的测量标准。他们认为,投诉率降低是服务与管理质量提高的标志。其实,投诉的数量相对于心存不满的顾客来说只不过是“冰山一角”。

调查结果显示,在每 100 位不满意的顾客中,只有 23%的顾客向身边的服务人员提出来过,而这些提出不满的顾客中只有 8%的顾客由于抱怨未得到解决,而向有关部门进行投诉。另一项研究结果显示,即使遇到问题,69%的飞机乘客以及 82%的出租车乘客都不会去投诉。所以少量的投诉也许意味着大量顾客已经离药店而去。

实际上，投诉是联系顾客和药店的一条纽带，是一条很重要的信息通道。精明的药店管理者要善于从顾客投诉中挖掘商机，寻找市场潜在的需求。虽然听到顾客投诉并不是一件愉快的事情，然而实践表明，发展一个新顾客的成本是留住一个老顾客的10倍。而要想保住老顾客，药店必须在内部建立起良好的顾客投诉管理体系，并不断研究如何从“投诉管理”走向“投诉经营”，这样不但能够使顾客的投诉得到很好的处理，而且也能使药店得到长足的发展。

（二）为什么要处理顾客投诉?

1. 提高顾客的满意度，增加顾客信任

如果在处理顾客的不满或投诉时能够表现出药店的经营诚意，为顾客更好的解决实际问题，那么将增加顾客对药店的依赖和信任，从而提高顾客的满意度。

2. 有利于培养忠诚顾客

对不满或投诉的有效处理，可以建立顾客与药店之间的感情，使其成为忠诚顾客，有很好的口碑效应。

3. 提高药店经营的绩效

从顾客的不满或抱怨的事件上，可以反映出药店的经营弱点，从而使药店不断改进以提高药店的经营绩效。

（三）处理顾客投诉需要遵循什么原则?

药店的经营之道，不只是在于能吸引顾客，更重要的是要能留住顾客，让来过的顾客在有需求时愿意再次光临。因此，面对顾客的投诉，店员必须从顾客的思维模式出发，寻求可以解决问题的方法。所以，药店在处理顾客投诉时应遵循以下原则。

1. 树立正确的服务理念

药店是服务性行业，每一位员工都要树立全心全意为顾客服务的思想和“顾客永远是正确的”的观念。接待投诉者的人员在面对愤怒的顾客时，一定要注意克制自己，避免感情用事，始终牢记自己代表的是连锁药店的整体形象。

2. 有章可循

药店要制定相对完善的制度，并确定专门人员管理顾客的投诉问题，使各种情况的处理都有章可循，同时也有利于保持药店服务的统一和规范。另外，还要注意做好各种可能出现情况的预防工作，防患于未然，尽量减少顾客投诉。

3. 及时处理

处理顾客投诉时切记不要拖延时间，更不能推卸责任。所有店员、各部门应通力合作，迅速作出反应，向顾客“稳重＋清楚”地说明有关情况和事件的原由，并力争在最短时间里全面解决问题，给顾客一个圆满的答复。须知：拖延或推卸责任，会进一步激怒投诉者，使事情进一步复杂化。

4. 分清责任

不仅要分清造成顾客投诉的责任部门和责任人，而且需要明确处理投诉的各部门、

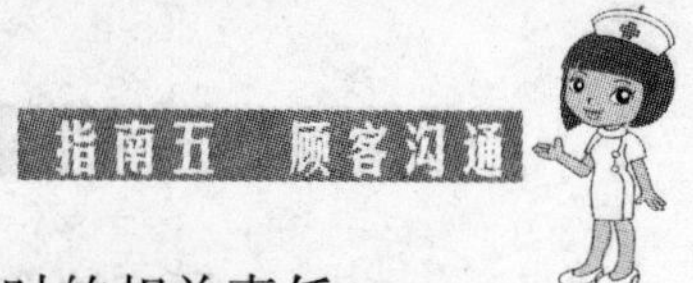

各类人员的具体责任与权限，以及顾客投诉得不到及时、圆满解决时的相关责任。

5. 留档分析

对每一起顾客投诉及其处理结果，要由专人负责进行详细的记录，内容包括投诉内容、处理过程、处理结果、顾客满意程度等。通过对记录的回顾，要让店员吸取教训，总结经验，为以后更好地处理顾客投诉提供参考。

(四) 如何有效应对各种形式的投诉?

顾客投诉的方式通常分为电话投诉、信函投诉、当面投诉三种方式。根据顾客投诉方式的不同，可以分别采取相应的行动。

1. 电话投诉的处理方式

(1) 有效倾听

仔细倾听顾客的抱怨，站在顾客的立场分析问题，同时可利用温柔的声音及耐心的话语表示对顾客不满情绪的支持。

(2) 掌握情况

了解顾客所投诉事件的基本信息。内容包括：什么人来电投诉、该投诉事件发生在什么时候、在什么地方、投诉的主要内容是什么、其结果如何。

(3) 存档

如有可能，可把顾客投诉电话的内容予以录音存档，尤其是顾客投诉情况较特殊或涉及纠纷的投诉事件。

2. 书信投诉的处理方式

(1) 转送店长

药店收到顾客的投诉信时，应立即转送店长，并由店长决定该投诉今后的处理事宜。

(2) 告知顾客

药店应立即联络顾客，通知其已收到信函，表示药店对该投诉意见极其诚恳的态度和想认真解决问题的意愿。

3. 当面投诉的处理方式

对于顾客当面投诉的处理，应注意以下几个方面：

(1) 将投诉的顾客请到接待室，以免影响其他顾客的购物情绪。

(2) 千万不可在处理投诉过程中中途离席，让顾客在会客室等候。

(3) 耐心倾听投诉者申诉，认真填写“顾客投诉记录表”。对表内的各项记载，尤其是顾客的姓名、住址、联系电话以及投诉的主要内容必须复述一次，并请对方确认。

(4) 如有必要，可亲赴顾客住处访问、道歉解决问题，体现出药店解决问题的诚意。

(5) 所有的抱怨处理都要制定最后的期限，善意的让步可以让投诉适当结束。

(6) 顾客投诉意见处理完毕，书面通知投诉人，确定每一个投诉内容均得到解决及答复。

（7）由顾客协会移转的投诉事件，在处理结束后须与该协会联系，以便让对方知晓整个事件的处理过程。

（8）谨慎使用各项应对措辞，不让事件扩大，以免影响药店商誉。

（9）检讨结果，注意避免同类事件的投诉。

（五）处理顾客投诉的管理制度与办法有哪些？

1. 顾客投诉处理管理制度

（1）目的

为了及时有效地处理顾客投诉，达到顾客满意，保证药店服务质量，特制定本规定。

（2）适用范围

本规定适用于顾客对药店各部门及工作人员的口头、电话与书面投诉。

（3）职责

① 质量管理部门（顾客服务中心）是处理顾客投诉的归口部门。质量管理部门应设置顾客的投诉电话，公布电话号码。

② 中心负责人代表药店接受及处理顾客对药店内所有部门及工作人员的投诉。

③ 各小组组长负责本部门业务范围内顾客意见的处理。

（4）工作程序

① 工作人员在直接与顾客接触的服务过程中，接到顾客投诉时，若属于本部门的问题，本部门经理立即处理，并记录。若涉及其他部门时，应向中心负责人汇报。

② 中心负责人接到顾客投诉时，应记录，并及时协调有关部门经理处理。对本职权范围应无法解决或顾客要求店长出面解决时，应立即报告店长。

③ 向店长汇报投诉内容，接受指示并及时传达到有关部门处理。

④ 质量管理部门接到的顾客电话投诉、书面投诉时应记录，本职权范围的应立即处理。需回复顾客的函件，经店长审批后发至顾客。一般情况下，一周内必须给予答复。

⑤ 对由顾客协会转送的投诉事件，按上述程序办理，处理结束后与协会联系，告知事件的处理过程。

⑥ 对于一般的顾客投诉，在每周例会上通报。重大的顾客投诉，由店长主持处理。

⑦ 每年组织一次顾客投诉处理情况总结，广泛了解顾客对药店服务质量方面的意见和建议，并予以改正。

⑧ 顾客投诉的原始记录、书面原件以及顾客投诉的处理结果由质量管理部门保存。

⑨ 对投诉中涉及的责任部门和责任人，一经查实，给予责任人相应的行政和经济处罚。

（5）相关记录

①《顾客投诉处理记录表》，见表 5－2。

②《用户投诉处理情况登记表》，见表 5－3。

表 5-2　某药店顾客投诉意见处理记录表

编号：

顾客姓名		受理日期	
地　址		发生日期	
联系电话		最后联系日期	
投诉项目		结束日期	
发生地点		投诉方式	

投诉内容：

处理原则：

处理经过：

处理结果：

处理接待人员：

意见备注：

表 5-3　用户投诉处理情况登记表

日期	顾客名称	反映事由	处理责任人	处理结果	处理资料存档号

2. 顾客投诉处理的具体办法

药店在处理顾客的抱怨时，要注意与顾客的沟通，改善与顾客的关系，培养四种基本能力：观察、聆听、询问和表达。同时掌握一些技巧，有利于缩小与顾客之间的距离，赢得顾客的谅解与支持。在处理顾客投诉时，应做好以下几点：

（1）保持心情平静

当顾客对着药店工作人员发泄其不满时，往往在言语与态度上带有激动的情绪，甚至有非理性的行为发生。面对这种不满的发泄或是毫无尊重的责骂，很容易使接待或处理该顾客投诉意见的工作人员，觉得顾客就是在指责他个人，在顾客情绪的感染之下，也很容易被激怒而产生对抗性的态度与行为。因此处理顾客投诉意见时，应把

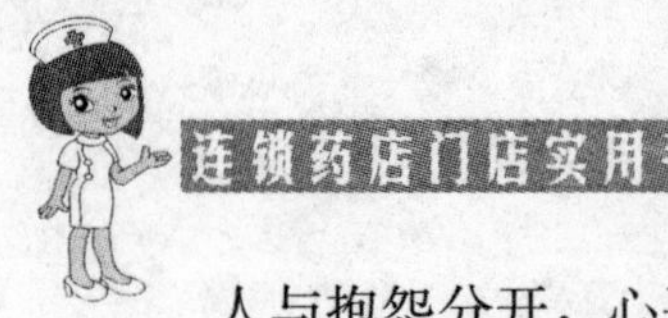

人与抱怨分开，心平气和地保持沉默，用和善的态度请顾客说明事情的原委。

(2) 有效倾听

所谓有效倾听，就是诚恳地倾听顾客的诉说，并表示你完全相信顾客所说的一切，要让顾客先发泄完不满的情绪，使顾客心情得到平静，分析顾客不满发生的细节，确认问题的所在，千万不要在立场上争执不休。同时，在倾听过程中，也不能让顾客有被质问的感觉，遇到不明白的地方，应以婉转的方式请顾客说明情况，并且在顾客说明时投以专注的眼神，随时以间歇的点头或“我懂了”来表示对问题的了解情况。

(3) 运用同情心

在有效倾听顾客投诉后，应以同情心来回应顾客的投诉意见，要不带任何偏见地站在顾客的立场来回应顾客的问题，即扮演顾客的支持者角色，让顾客知道接待人员对问题的了解和态度。

(4) 表示歉意

在听完顾客的投诉后，应向其表示歉意，并针对事情的原因加以探讨判断。同时婉转地向顾客说明，以取得顾客的了解与谅解。

(5) 分析顾客投诉的原因

① 抓住顾客的投诉重点。掌握顾客投诉问题的重心，仔细分析该投诉事件的严重性。同时要有意识地充分试探和了解顾客的期望，这是在提出解决问题方案前必须要先评估的部分，这一点对于药店也是至关重要的，因为多数顾客的要求往往低于药店的预期。

② 确定责任归属。顾客投诉意见的责任不一定是店方，可能是供应商或是顾客本人所造成的，因而药店应确认责任归属。如责任在于药店，药店应负责解决（如销售了已过保质期的药品）；如责任在于药品生产厂商，药店应负责联络厂商共同协助解决；如责任在于顾客，店方则要心平气和地做出令顾客信服的解释，并尽可能提供顾客其他建议等补救措施。

(6) 提出解决方案

对所有的顾客投诉，都应有处理意见，都必须向对方提出解决问题的方案。在提出解决方案时，以下几点必须加以考虑：

① 药店既定的顾客投诉意见处理规定。一般药店对于顾客的投诉意见都有一定的处理政策，药店在提出解决顾客投诉的方案时，应事先考虑到既定方针以及顾客投诉意见的有关处理规定，既要迅速，又不能轻率地承担责任。有些问题只要援引既定的办法，即可立即解决，如药品退、换货的处理等。至于无法援引的问题，就必须考虑药店的原则做出弹性的处理，以便提出双方都满意的解决办法。

② 处理权限的规定。处理负责人还必须考虑到每一个处理人员的权限规定，或是否能在权限内处理。如让顾客久等之后还得不到回应，将会使顾客又回复到气愤的情绪上，前面为平息顾客情绪所做的各项努力都会前功尽弃。按处理权限确定处理责任人，可以使顾客的意见迅速得到解决。但店方必须向顾客讲述清楚，以取得顾客的谅解。

③ 利用先例。同类事件处理原则保持一致，在处理抱怨时要注意适当地利用先例。

对药店来说，能坚持以公平一致性的态度对待所有顾客的投诉，也能提高药店对顾客投诉意见处理的效率。

④ 让顾客同意提出的解决方案。处理人员所提出的任何解决方案，亲切与顾客沟通，以期望获得顾客的同意，否则顾客的情绪还是无法回复。若是顾客对解决方案仍然不满意，一定要多考虑顾客的立场，须进一步了解顾客的需求，以便做新的修正。

（7）执行解决方案

① 亲切地让顾客接受。如果是权限内可处理的，应迅速圆满解决。此时应向顾客陈述解决的具体方法并详细说明，以促使顾客愉快地接受。当双方都同意解决方案之后，药店应立即执行该解决方案。

② 不能当场解决的投诉。若由于种种原因（如必须与厂商联系后方能答复等），药店不能当场解决的投诉，应告诉顾客原因，详细说明处理的过程和手续，双方约定其他时间再做出处理。此时应将经办人的姓名、电话等告知顾客，并留下顾客的姓名与地址等联系方式，以便事后追踪处理。在顾客等候期间，处理人员应随时了解该投诉意见的处理过程，有变动必须立即通知顾客，直到事情全部处理结束为止。

（8）检讨与通报

① 检讨。每一起投诉都应在统一的顾客投诉意见处理记录表上书面记录，并应存档，以便日后查询，定期检讨产生投诉意见的原因，从而加以修正。在检讨时有两点需要管理者注意的：一是许多投诉都是可以事先预防的，药店若一旦发现某些投诉意见是经常性发生的，就必须组织力量进行调查，追查问题的根源，订出此类事件的处理办法，并及时做出改进管理和作业的规定。二是偶然发生或特殊情况的顾客投诉意见，药店也应做出明确的规定，作为再遇到此类事件的处理依据。

② 通报。对所有顾客投诉意见，其产生的原因、处理结果、处理后顾客的满意情况以及药店今后的改进方法，应及时利用各部刊物，告知药店的所有员工，使全体员工能迅速改进造成顾客投诉意见的种种行为，并充分了解处理投诉事件时应避免的不良影响，防止今后类似事件再次发生。

九、提高药店顾客的忠诚度

药店的利润之源在哪里？答案显而易见是顾客。顾客到药店购买药品的决定因素很可能不是药品本身而在于药店品牌，“品牌药店”满足了顾客的情感和精神寄托。现代意义的品牌已经变成了一种体验。如果这种体验是正面的，那顾客就会成为药店忠实的顾客，因为顾客相信如果在一棵果树上摘下的一个果子是甜的，那么这颗树上的其余果子也都会是甜的，这就是药店的利润之源。所以，怎样提高药店顾客的忠诚度？

正如前面所述药店坚持顾客满意理念可以提高顾客满意度，进而在一定程度上增加顾客忠诚度，但是，顾客满意度增加并不一定代表顾客忠诚度的增加，只能说明忠诚度是以高的满意度为基础的。

怎样才能提高顾客的忠诚度？可以参考以下几点建议。

1. 激发顾客的购买冲动

顾客的消费冲动，往往与店员的销售技巧息息相关，药品虽说是一种特殊的商品，但要知道顾客并不一定是因为有病才进入药店购买药品。如果能够激发顾客的购买冲动，那么所卖出的就不仅仅是药品，而是与之相关的服务与购物经历，这就要求药店的店员在熟练掌握相关的药品知识外，还要采取新型的交流方式，从另外的角度介绍所买药品的特点，从而使顾客产生购买的愿望。如顾客购买罗红霉素，可重点强调是否有过敏史，服药的注意事项等。

2. 使顾客参与购买决策

药店店员应当主动询问并了解顾客的打算与需求，在其购买愿望达成前，采用引导的方式向其推荐药品的属性，重点推荐目标的药品（疗效好、利润空间大的药品），使顾客感觉交易的结果比他们预想的更加圆满，从而获得顾客的好感，使他们乐于经常光顾你。

3. 推销关怀服务，再推销产品

药店提供的服务应该说是商业领域里最有特色的，药品既然是一种特殊的商品，那么提供关怀服务也是顾客非买不可的理由之一。在通常情况下，顾客事先并不明确购买具体哪一种药品，购买的随机性很强，提供关怀服务，可加大顾客的购买欲望。如顾客患感冒，可用简单的话语进行问候，除向其推荐药品外，在饮食、衣着提醒其注意，使其感到温馨的关怀。要知道提供出色的销售服务，会使产品销售容易得多。

4. 与顾客建立亲密的伙伴关系

要想成为顾客的朋友，所要做的无非是倾听、回应、认可并尊重他。用所拥有的医药知识为他提供建议，倾听他的感受，指导他用药。使顾客在同店员交易时，就成为伙伴。要知道顾客知道做生意是为了赚钱，但是他并不一定非要成全你，服务态度的好坏与其他的药店形成鲜明的对比，亲密的伙伴关系与买卖的对立关系，是顾客下次光顾药店的基础。

5. 关心顾客家人健康

每一个人都生活在一个特定的群体中，同样每一个走入药店的顾客也相当于一个群体走入这个药店。在为顾客提供药品和服务的同时适时的关心其家人的健康，往往会有意想不到的效果。如顾客患感冒，可询问其家人是否有老人和儿童，针对感冒的不同时期，提醒其注意事项，这时顾客往往愿意询问哪些药品能起到预防措施，进而主动掏钱购买这些预防的保健药品。在交易结束后，也会把这些感受适时传递给其亲朋好友。这样一来，顾客的忠诚度提高了，药店的销售额也会上升。

6. 提供便利的措施

连锁药店作为社区的组成部分，应充分考虑其便利性，除在药店设立公共饮水机外，可增加中药材的煎药设备为顾客省去煎药的麻烦，在此基础上提供送药服务，定期或不定期的提供义诊、对一些医疗设备进行有偿的租用等，这些便利措施可有效的提升顾客的忠诚度。

7. 成为家庭的药箱

一次高质量的购物经历，使顾客享受到更完善的购物服务、使顾客的购物过程更加圆满、使购买药品和服务的过程变得更加愉快，可有效地提高顾客的忠诚度。是对那些以价格战为主要经营手段的药店最好的防御，一个连锁药店如果不从顾客的需求入手，不断提高顾客的忠诚度，而单凭价格战、广告战生存，相信过不了多久就会倒闭的。

指南六 价格策略

一、药品管理法对药品价格的管理

(1) 国家对药品价格实行政府定价、政府指导价或者市场调节价。列入国家基本医疗保险药品目录的药品以及国家基本医疗保险药品目录以外具有垄断性生产、经营的药品，实行政府定价或者政府指导价；对其他药品，实行市场调节价。

(2) 依法实行政府定价、政府指导价的药品，由政府价格主管部门依照《药品管理法》第五十五条规定的原则，制定和调整价格；其中，制定和调整药品销售价格时，应当体现对药品社会平均销售费用率、销售利润率和流通差率的控制。具体定价办法由国务院价格主管部门依照《中华人民共和国价格法》(以下简称《价格法》)的有关规定制定。

(3) 依法实行政府定价和政府指导价的药品价格制定后，由政府价格主管部门依照《价格法》第二十四条的规定，在指定的刊物上公布并明确该价格施行的日期。

(4) 实行政府定价和政府指导价的药品价格，政府价格主管部门制定和调整药品价格时，应当组织药学、医学、经济学等方面专家进行评审和论证；必要时，应当听取药品生产企业、药品经营企业、医疗机构、公民以及其他有关单位及人员的意见。

(5) 政府价格主管部门依照《价格法》第二十八条的规定实行药品价格监测时，为掌握、分析药品价格变动和趋势，可以指定部分药品生产企业、药品经营企业和医疗机构作为价格监测定点单位；定点单位应当给予配合、支持，如实提供有关信息资料。

二、影响连锁药店药品定价策略的因素

影响连锁药店定价策略的因素有很多(如图6-1所示)，这些因素的影响可能并不大，但在某些情况下，它们可能对连锁药店的定价选择起着严格制约的作用。

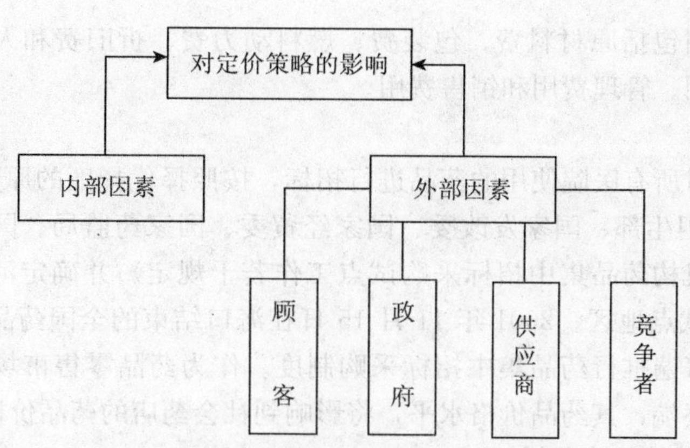

图 6-1　影响连锁药店药品定价策略的因素

1. 外部因素

影响药品定价策略的外部因素主要有顾客、政府、供应商和竞争者四个方面。

(1) 顾客方面

价格与顾客的购买行为及其对药品的看法是密切相关的。顾客对不同类药品的价格敏感程度也存在着差异。对连锁药店定价而言，考虑到药店营业额、毛利和投资回报等因素，顾客的购买行为与其对商品的看法是有联系的，连锁药店在对商品进行定价时必须考虑顾客对商品的价格的看法，表现为对价格敏感度或者说需求价格弹性为依据制定价格策略。

(2) 政府方面

政府对定价策略的影响主要体现在各种政策法规上，各级政府都制定有各种相关的价格法规与规范，2000 年的《关于改革药品价格管理的意见》指出，药品的政府定价是指在药品定价范围之内，价格主管部门制定最高零售价格的行为，药品零售药店根据具体的情况制定实际销售价格，其价格必须在政府制定的最高零售价格的范围之内。在我国，药品大多都属于政府定价范围。

依据 2010 年《国家发改委定价药品目录》，药品政府定价的范围包括五种：属于处方药的剂型及国家基本药物的西药 1151 种与中药 766 种 ；麻醉药品、一类精神药品调整为政府指导价，由发改委制定最高出厂价和最高零售价；国家统一收购的计生药具和国家免疫规划疫苗；血液制品；处于中国药品物质专利保护期内的药品。

目前，政府对药品定价仍以成本加成为基础，按社会平均成本定价。对药品进行定价时成本构成主要考虑制造成本和期间费用，在加成方面根据药品的价格规定不同的差率，同时考虑药品的创新程度（即新药类别，如 1 类新药、2 类新药等）给予不同的加成率。

药品定价的公式为：

零售价＝含税出厂价（口岸价）×（1＋流通差价率）

国产和进口分装药品含税出厂价＝(制造成本＋期间费用）÷（1－销售利润率）×（1＋增值税率）

其中制造费用包括原材料费、包装费、燃料动力费、折旧费和人工费用等，期间费用包括财务费用、管理费用和销售费用。

① 招标采购

招标采购是对所有医院使用的药品进行招标，按照择优择廉的原则决定中标品种。2000年7月7日卫生部、国家发改委、国家经贸委、国家药监局、国家中药管理局联合下发了《医疗机构药品集中招标采购试点工作若干规定》并确定河南、海南、辽宁和厦门作为国家试点地区。2001年11月15日在海口结束的全国药品集中招标采购会议决定，在全国普遍推行药品集中招标采购制度。作为药品零售市场的两大阵营之一的医疗机构销售终端，其药品价格水平，将影响到社会药店的药品价格。

② 政府采取持续的降价措施

我国政府从1997年以来已经连续二十余次采取降低药品价格的措施，尤其是最近这几年，降价的幅度更是空前的，这些措施是为了解决药价虚高的问题，毫无疑问，这项政策一定会影响到医药流通领域的各个环节。

③ 新颁布的《基本药物制度》及零差率的政策

我国政府新颁布《基本药物制度》，选择307种基本药物，这些基本药物的价格实行零差率，由政府定价，并且报销比例较高。虽然基本药物制度以及零差率主要是针对医疗机构而言的，但是如果这些制度实施顺利的话，势必会对现有药店带来影响。

(3) 供应商方面

连锁药店和供应商都希望能够控制最终价格，都希望自己有一个良好的正面形象，而连锁药店面对激烈的市场竞争则希望根据自己的定位和目标来定价商品，有时连锁药店甚至故意对品牌商品定高价格，以此来推动自有品牌商品的销售。

(4) 竞争者方面

在市场竞争环境下，连锁药店对价格的控制也取决于所处的竞争环境，对连锁药店而言，随着连锁药店之间竞争的加剧，人们对于药店有很多选择，因此通常选择同种商品价格最低的药店，所以竞争者也成为连锁药店定价的又一因素，甚至决定了连锁药店的定价，促使连锁药店采取跟随市场定价的方式。

2. 内部因素

从经营目标和经营战略出发，连锁药店定价是药店营销组合中最容易调整的一个元素，而销售额、利润额和投资回报率等经营目标都和连锁药店的商品定价有直接关系，但需要根据市场份额和最大利润等指标进行战略调整，价格策略是药店实现经营目标的重要环节，因此药店的定价策略和定价方式都是由药店的经营目标决定的。

三、药品定价的三种模式

1. 政府定价

是指由政府价格主管部门或其他有关主管部门，按照定价权限和范围制定的价格。药品实行政府定价的目的主要有三种：①维护药品市场的价格秩序；②保持药品市场

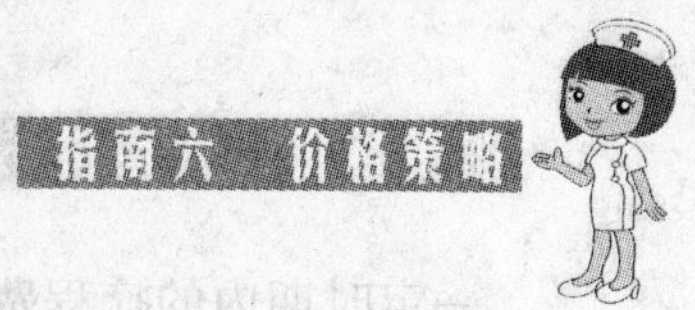

价格水平的相对稳定；③减轻社会医药费用负担。

政府定价的药品由国家发改委和省级政府定价两个方面：

（1）国家发改委定价的药品包括：

① 列入《国家基本医疗保险药品目录》的甲类药品；

② 生产经营具有垄断性的药品，即专利药品、创新类新药、麻醉药品及一类精神药品、避孕药具、计划免疫药品。

（2）省级政府定价的药品包括：

①《国家基本医疗保险药品目录》的乙类药品；

②《医保目录》中规定的民族药品、中药饮片、医院自配制剂、纳入地方计划供应的预防免疫药品。

纳入《国家基本医疗保险药品目录》的药品和医保目录以外的少数生产经营具有垄断性和特殊性的药品，如麻醉药品、一类精神药品、计划生育药品、药具和计划免疫药品等，实行政府指导价或政府定价。对这些药品，政府规定最高零售价。

2. 政府指导价

指依照《中华人民共和国价格法》规定，由政府价格主管部门或者其他有关部门，按照定价权限和范围规定基准价及其浮动幅度，指导经营者制定的价格。

政府根据它的权限和市场现状，给出的强制性的价格范围。政府指导价是由县级以上各级人民政府物价部门，业务主管部门按照国家规定权限，通过规定基准价和浮动幅度，最高限度和最低保护价等，指导药店制定药品价格和收费标准。

3. 市场调节价

市场调节价是由经营者自主制定，通过市场竞争形成的价格。

除政府定价的药品外，其他产品应由药品生产企业根据生产经营成本和市场供求状况制定其零售价格药品的批发、零售药店以及医疗机构应在不超过零售价格的前提下，确定药品的实际销售价格。

四、药品价格的定价机制

1. 成本定价机制

以药品的社会平均成本以及社会先进生产成本为基础，国家在社会平均生产成本的基础上，通过明确相关最高利润率来确定产品最高零售价格。

2. 差比定价机制

针对同样的化学名称、不同剂型、不同包装、不同规格的药品，通过国家发改委制定的差比价来制定相关药品的零售价格。

3. 供求定价机制

根据药品在市场上的供求情况来自主确定药品的市场价格。

4. 药物经济性定价机制

根据药品的药物经济性，即不以绝对价格来衡量药品价格高低，而主要通过衡量

一定时期内的疗程费用比来确定药品价格。

五、影响价格敏感度的因素

价格敏感度是指顾客对药品的价格变动在心理上的反应速度和程度。顾客对于药品价格有一个相对稳定的估算区间，药品价格的大幅上涨会超出估算区间，使顾客心理会失衡，产生紧张、不安甚至反感的情绪。通常情况下，顾客对价格的敏感程度会因为药品种类、档次或购买频率的不同而有所差异，顾客对日常生活密切相关的药品价格敏感性会明显的高于高档药品，因此，顾客会强烈抵触日常生活必需品的价格上涨，但对高档、耐用商品的价格上涨却持宽容的态度。此外，价格敏感度是基于顾客行为学来分析顾客对于价格变动所产生的心理反应，在连锁药店价格策略制定过程中，更应注意顾客对价格变动的敏感度。

连锁药店在制定药品价格时要以顾客对药品价格的敏感程度为依据，要认真分析影响价格敏感度的影响因素，找出价格细分市场，设计出有效的定价方案，以此来降低顾客的价格敏感程度从而增加药店利润。影响价格敏感度的因素主要有以下九个方面。

1. 认识替代效应

认识替代效应就是指顾客对药品或替代药品的价格越了解，药品价格越高，购买者的价格敏感性越高。生活中顾客对药品价格的信息了解并不完全，经常情况是多走访几家药店去比较价格，尤其是老年人，闲来无事，多走几家药店就当是散步了。因此，连锁药店对于顾客了解程度高的药品必须定低价。

2. 最终利益效应

顾客在购买众多药品时，每种药品都是为达到某一目的的，这一目的对于顾客越重要其最终利益效应越明显，药品作为和生命息息相关的产品，其最终利益效应相对于其他商品都要强，一般而言，某种药品的最终利益效应越明显顾客的价格敏感度就越低，因此，连锁药店在销售时，可以突出药品对最终利益的影响，按最终利益影响的大小定价。

3. 公平合理效应

顾客对药品的价格有其自己所理解的公平合理范围，如果所制定的药品价格超出了顾客所认为的公平合理范围，顾客的价格敏感度就会变高，公平合理是顾客的心理感受，顾客会对价格进行当前和原先价格的比较，人们普遍认为大幅度涨价是不公平合理的，所以，价格一旦下降了就很难再升高，因为人们会认为这有失公平。此外，顾客还会与其他购买同一药品的顾客进行价格比较，如果价格变动了，价高购买的顾客就会产生不公平感，影响再次购买，因此连锁药店在回提价格时要小幅度调整，同时要告诉顾客调整的原因。

4. 比较困难效应

顾客对于不同药品的价值是很难比较的，因此对于难以比较的药品，顾客往往会

选择知名品牌的商品，来降低风险。例如，名不见经传的小药厂推出的新药，顾客对其价格敏感度就不高，原因是顾客根本无法比较它同其他药品的价值。所以，对于连锁药店而言，容易比较的药品，要低于市场定价；难以比较的药品，要利用辅助信息来增加可比性，来降低价格敏感度；品牌药品要低于市场定价。

5. 成本转换效应

对于连锁药店而言，成本转换效应是指顾客从现有光顾的连锁药店购买药品就不必追加投资，而如若光顾新的药店就要重新进行投资，这会降低价格敏感度。顾客更换药品或服务的药店所提供的附加成本越大，顾客对药品的价格敏感度越低，因此连锁药店可以增加价格辅助信息，以方便顾客比较转换的成本，如会员积分可兑换奖品。

6. 框架效应

当顾客认为购买某一价格的药品带来的不是收益而是损失时，其价格敏感度就越高，此时连锁药店应针对损失中的风险规避和收益中的风险偏好来制定药品价格。

7. 质量—价格效应

对于像形象商品和排他性商品这种只有价格能象征质量的商品，价格不仅仅代表负担，而是一种顾客能够获得的价值象征，对于这种商品其价格敏感度受质量—价格的影响，当高价能反映顾客的自身价值、声望、地位和形象时，人们认为具有很好的质量，顾客的价格敏感度就越低，因此，连锁药店针对这一特点可以对可比较的高质量商品实行高定价。

8. 成本分担效应

成本分担效应是指顾客在购买某种药品时，由他人付款。这种方式会降低顾客的价格敏感度，因此连锁药店可以制定有针对性的促销定价方式，如赠送优惠券。

9. 独特价值效应

独特价值效应是指连锁药店可以提供一种独特的药品，这种药品可以消除顾客对替代品的偏好，愿意出高价购买，即顾客对此种药品的特色价值越高，其价格敏感度越低。连锁药店可以努力使自己的药品或服务更具特色，来发挥药品的独特价值。

由上述可知，顾客对药品价格的了解程度和药品的可比性直接决定顾客的价格敏感度，即使是日常生活用品消费，如果顾客对价格了解的程度很高，仍然会有很高的价格敏感度；对于难以比较的药品，顾客会选择品牌药品；顾客的价格敏感性跟顾客的家庭收入关系不显著，但绝大部分顾客都是价格敏感的；在经济发达地区时间取代价格成为影响顾客更重要的因素；对于炫耀性消费，具有特殊价值的商品和需要用价格来表示质量的商品顾客对价格相对不敏感甚至偏好高价格；转换成本和最终利益会影响顾客的价格敏感度。

六、建立价格形象

相对于连锁药店而言，价格形象是指顾客对连锁药店价格定位的整体感觉和印象，价格形象决定卖场能否吸引顾客。顾客是如何判断药店是便宜还是贵的，连锁药店是如何建立价格形象的呢?

顾客是根据过往得出的对各个药店价格形象的经验来决定去哪家药店购买药品的，而并非根据要买药品的具体价格。影响药店在顾客心中的价格形象因素主要包括 3 个方面。

1. 价格优势

连锁药店在使用降价或变相降价等手段吸引顾客购买药品时，必须明确能影响价格形象的药品和真正对降价感兴趣的顾客类型。要知道什么样的顾客是对价格敏感的，什么样的顾客热衷于寻找最低价格和比较药品价格。像关注特价药品的顾客往往就是对价格敏感者，他们通常拥有较低的收入，他们对促销药品最感兴趣，他们热衷于交流和传递各个药店的价格信息，所以认识和发现这部分顾客是建立连锁药店良好价格形象必须重视的问题之一。此外，品牌药品在顾客评判连锁药店价格优势时也具有决定性的作用。

连锁药店要想保持良好的价格形象，要准确挑选与人们生活息息相关的必需药品，并将毛利投资到这些药品上，由此可知，短时间的促销活动并不能建立绝对的价格优势，要对顾客必需的药品进行价格投资，以此来保持价格优势，传递价格形象。

2. 性价比

顾客在购买药品时最关心的就是买来的药品是否物有所值，也就是所购买的药品价值是否超出了顾客的心理预期，所以为顾客挑选高使用价值的药品是建立药店价格形象的出发点。顾客在购买过程中，除了关心买到药品的实际质量外，还关心在购买时所享受到的购物体验，这种体验主要包括五点：①顾客想要购买的药品从不缺货；②顾客总能在药店发现最新的产品；③这家药店的药品陈列、货位布局便于选择和购买；④药品销售人员很友善、热情地为我服务；⑤在这家药店购药很便捷等，顾客对这些体验的实现程度决定了他们对这家药店的性价比评分。

影响顾客对连锁药店性价比高低的因素包括药品库存、货架管理、货位布局、药品陈列、药学服务、收银设施、药品信息、与顾客沟通和品类结构等因素，这些因素做得得体、合理都能有效地提高顾客性价比的分数，顾客收入越高，其对药店性价比的重视程度就越高，此类顾客正是连锁药店应把握的高端客户。

3. 价格忠诚度

所谓价格忠诚度是指药店有规律并稳定的标示价格和定价，也就是顾客对连锁药店公平定价的信任程度。顾客对价格的公平感知是其作出购买决策的重要影响因素，由药品过往价格、不同地区该药品价格、药品成本估计和竞争对手药品价格四个维度构成，因此连锁药店要想给顾客呈现价格公平诚实的形象，其药品价格就必须保持同过往价格和不同药店相比具有更高的稳定性和合理性。此外，让顾客不必担心假货、做到实际收款与标价相符和容易退换是价格忠诚度的又一方面。

价格忠诚度的建立不是一件容易的事情，它需要很长时间来确定顾客对连锁药店价格的认识，为了让顾客加深印象可以借助有力的公关活动，同时连锁药店要规范自己的价格和经营行为来保持良好的价格形象。

因此，价格形象主要由上述三个方面组成，按照其对连锁药店的重要程度可排序为性价比、绝对价格优势和价格忠诚度。

七、药品的定价策略

（一）适合利润定价策略包括哪三方面？

连锁药店可以根据影响定价行为的内外部因素，来制定自己的价格策略，包括以下三种情况。

1. 平均利润价格策略

平均利润价格策略是以连锁药店获得正常利润为目的的一种定价策略。通常采用这一价格策略的连锁药店比较注重长远利益，他们希望通过维持价格稳定来实现药店利润的增长。采用这一策略要求药品的供求大体相等或是药品的成本相对稳定。药店需注意，在谋求平均利润同时利润水平也可随短期市场供求和成本的变化而变化，商品供过于求，利润水平下调；供小于求，利润水平上调。

2. 高价格高利润价格策略

高价格高利润的价格策略是指连锁药店在给药品定价时，为了能和同类药品拉开档次，同时使连锁药店扩大利润，而有意地制定高利润水平的一种定价策略。采用这种价格策略的药品有两个明显优势：一是药品质量优良、性价比高并且具有独特功效；二是药品具有较低的需求弹性，不能通过降价来促进销售。

3. 薄利多销价格策略

连锁药店在制定药品价格时，有意识地制定相对低廉的价格以刺激消费，在保证利润的前提下，来提高规模效益。通常注重长远利润和提高市场占有率的连锁药店较喜欢采取这一策略。适用这一策略的药品，通常具有较高的需求弹性和较大的产量，它对连锁药店、供应商和社会都有好处，既满足了顾客对物美价廉商品的追求，又能为药店节约成本。

（二）产品生命周期应采用何种定价策略？

产品生命周期是指产品从进入市场到退出市场所经历的市场生命循环过程。产品只有经过研究开发、试销，然后进入市场，其市场生命周期才算开始。产品退出市场，标志着生命周期的结束。典型的产品生命周期一般可分为四个阶段，即：导入期、成长期、成熟期和衰退期。在产品生命周期的不同阶段，采取的价格和营销策略是不同的。连锁药店应对处于产品生命周期不同阶段的产品采取不同的价格策略，以此来增加产品的竞争力，为连锁药店创造最佳经济效益。

1. 导入期的价格策略

导入期开始于新产品首次在市场上普遍销售之时，新产品进入导入期前，需要经历开发、研制、试销等过程。当新产品投入市场，市场特点是产品销量少，促销费用

高，制作成本高，销售利润常常很低甚至为负值。顾客对新产品的特点、性能都还不了解，其生产经营者很少，针对这一阶段特点可以采取如下的价格策略：

（1）撇脂定价策略

新产品上市之初，将价格定得较高，在短期内获取厚利，尽快回收投资。就像从牛奶中撇取所含的奶油一样，取其精华，称为“撇脂定价”策略。这种方法特别适用于有专利保护的新产品的定价。

① 快速撇脂定价策略

这种策略采用高价格、高促销费用，以求迅速扩大销售量，取得较高的市场占有率。采取这种策略必须有一定的市场环境，如大多数潜在顾客还不了解这种新产品，已经了解这种新产品的人急于求购，并且愿意按高价购买；药店面临潜在竞争者的威胁，应该迅速使顾客建立对自己产品的偏好。

② 缓慢撇脂定价策略

以高价格、低促销费用的形式进行经营，以求得更多的利润。这种策略可以在市场比较小、市场上大多数的顾客已熟悉该新产品，购买者愿意出高价，潜在竞争威胁不大的市场环境下使用。

撇脂定价策略适合需求弹性较小的细分市场，其优点包括三点：

第一，新产品上市，顾客对其无理性认识，利用较高价格可以提高身价，适应顾客求新心理，有助于开拓市场；

第二，主动性大，产品进入成熟期后，价格可分阶段逐步下降，有利于吸引新的购买者；

第三，价格高，现在需求量过于迅速增加，使其与生产能力相适应。

缺点为：获利大，不利于扩大市场，并很快招来竞争者，会迫使价格下降，好景不长。

（2）渗透定价策略

市场渗透定价是零售药店通过制定较低价格，薄利多销，以获得较高收入的一种定价策略。这种策略的目的是获得最高销售量和最大市场占有率。这种方法适用于没有显著特点的产品。

① 快速渗透策略

实行低价格、高促销费用的策略，迅速打入市场，取得尽可能高的市场占有率。在市场容量很大、顾客对这种产品不熟悉，但对价格非常敏感，潜在竞争激烈，药店随着生产规模的扩大，可以降低单位生产成本的情况下适合采用这种策略。

② 缓慢渗透策略

这种策略是以低价格、低促销费用来推出新产品。这种策略适用于市场容量很大、顾客熟悉这种产品但对价格反应敏感，并且存在潜在竞争者的市场环境。对于药店来说，采取撇脂定价还是市场渗透定价，需要综合考虑市场需求、竞争、供给、市场潜力、价格弹性、产品特性，药店发展战略等因素。

（3）适中定价策略

这是介于撇脂定价策略和渗透定价策略之间的一种定价策略。也就是制定不高也不低的价格，既能对顾客产生一定的吸引力，又能使生产经营药店弥补成本并有一定的赢利，以达到生产者、经营者和顾客都满意的效果。这种策略尽量降低价格在药店营销中的地位，重视其他更有利的手段，当药店不适合用撇脂定价或渗透定价时，通常会采用适中定价策略。

对于连锁药店而言，撇脂定价策略适用于自己独有的商品；为了占领市场、建立药店良好的形象，对于价格敏感度高的商品或是新店开张应采用渗透定价策略；在商圈成熟和稳定以后，应采用适中定价和渗透定价相结合的策略占领市场，以防止竞争对手进入并争取合理的商业利润。

2. 成长期的价格策略

新产品经过市场导入期以后，顾客对该产品已经熟悉，消费习惯也已形成，销售量迅速增长，这种新产品就进入了成长期。进入成长期以后，老顾客重复购买，并且带来了新的顾客，销售量增加，药店利润迅速增加，在这一阶段，利润达到最大。药店为维持市场继续成长，需要保持或稍微增加促销费用，但由于销量增加，平均促销费用有所下降。在产品的成长阶段，价格制定应根据导入期采用的是撇脂定价还是渗透定价策略而定。在适当的时机，可以采取降价策略，以激发那些对价格比较敏感的顾客产生购买动机和采取购买行动。据此，药店可以采取以下策略：

（1）目标价格策略

药店可以根据投资额或销量的一定比例来制定价格策略，成长期的产品生产和销售相对稳定，是药店最好的获利时机，绝大多数药店都是按照目标价格来定价的，因为这样可以保证药店稳定的获利。这种策略对于拥有相对稳定市场和较少竞争者的药店有较好的效果。

（2）小幅提价的价格策略

小幅提价的价格策略适合在导入期实行渗透定价策略并在成长期有较高市场占有率的药店，以使药店在成长期能够获得较多的利润。采用这一策略需注意，价格不可提得过高，以免引起顾客的注意。

3. 成熟期的价格策略

产品经过成长期后，销售量的增长会缓慢下来，利润也开始缓慢下降，这表明产品已开始走向成熟期。进入成熟期以后，产品的销售量增长缓慢，逐步达到最高峰，然后缓慢下降；该产品的销售利润也从成熟期的最高点开始下降；市场竞争非常激烈；各种品牌、各种款式的同类产品不断出现。对成熟的产品，只能采取主动出击的策略，使成熟期延长，或使产品生命周期出现再循环。此时，竞争激烈，药店首要工作要考虑是否降低价格。

4. 衰退期的价格策略

在成熟期，产品的销售量从缓慢增加直到缓慢下降，如果销售量的下降速度开始加剧，利润水平很低，在一般情况下，就可能认为这种产品已进入市场生命周期的衰

退期。

衰退期的主要特点有：产品的销售量急剧下降；药店从这种产品中获得的利润很低甚至为零；大量的竞争者退出市场；顾客的消费习惯已发生转变等。

面对处于衰退期的产品，药店需要进行认真的研究分析，决定采取什么价格策略。

(1) 维持价格策略

产品虽然进入衰退期但是药店并不进行降价，而是保持和成熟期价格水平相仿，只是小幅度降价，这种策略具有不影响产品在顾客心理形象的好处，给顾客一种有生命力的感觉，来吸引顾客，争取最后阶段的经济利益。此外，药店还可借助奖售、馈赠等方式来配合这一策略，以尽量延迟产品的生命周期。

(2) 驱逐价格策略

在这一策略中药店采用大幅度降价，以阻止产品销量的下降，使处于衰退期的产品早日出手。药店可以直接按成本定价或是低于成本，以防止产品积压，占用药店资金。

(三) 什么是心理定价策略?

1. 尾数定价策略

尾数定价又称奇数定价，是利用顾客在数字认识上的某种心理制定尾数价格，使顾客产生药品价格真实、合理，商家定价认真及售价接近成本等信任感。

(1) 非整数定价策略

标价397元的保健器械要比标价400元的更容易让顾客接受。原因就在于顾客不相信产品的成本与合理利润之和正好等于400元，397元让人产生真实感。经营者对非整数定价策略运用是很普遍的，调研显示，确实很少有整数价的药品，如阿奇霉素片29.00元，头孢拉定胶囊15.80元，阿莫西林胶囊9.20元。

(2) 非吉利数字定价

使用尾数定价法时，价格尾数应当避免使用吉利数字，如6、8、9，而应当采用1、4、7等不好听、不好看的尾数。这样更可给顾客一个标价真实的感觉。

(3) 四舍五入定价策略

研究表明，在价格方面中国人比西方人更为敏感，中国人不会忽略最后一位，而会五舍六入，也就是说中国人会将从66元到69元的价格进为70元，而将61元到65元之间的价格视同60元。因此，在中国把价格的最后一位定成“5”最为合适。

2. 招徕定价策略

招徕定价是利用顾客求廉的心理，特意将某一些药品价格定得较低或特低，让顾客产生该家连锁药店药品价格低的错觉，从而吸引大量顾客光临。使用该种策略的理由是：顾客在购买低价药品时，总会顺带购买一些正常价格或是价格不便宜的药品。

A连锁药店：感冒冲剂11元，止咳糖浆9元，银翘片7元。

B连锁药店：感冒冲剂9元，止咳糖浆10元，银翘片8元。

C连锁药店：感冒冲剂11元，止咳糖浆11元，银翘片6元。

倘若一个感冒的顾客能够了解这三家药店的价格详情并且在这三个连锁药店门店相邻的前提下，那么最优的选择无疑是到A连锁药店去买止咳糖浆，到B店去买感冒冲剂，到C店去买银翘片，但事实上没有一个顾客能够如此做。

究其原因，并不是顾客不屑去这样做，而是连锁药店的价格策略给了顾客一个误导性信息。如甲顾客买感冒冲剂，那么他会发现B连锁药店是最便宜的，所以以后他都会去B药店买药，很少比较其他的药品价格；乙顾客买止咳糖浆，那么他会发现A连锁药店是最便宜的，所以以后他都会去A药店买药；丙顾客买银翘片，那么他会发现C连锁药店是最便宜的，因此他会成为C药店的忠实顾客。从中很容易看到，每一个连锁药店都选择了一个较为常用的药品作为招徕品种，招徕品种一般是一些品牌药品，从而引导买了“招揽品种”的顾客认为这家连锁药店的药品是最便宜的。

3. 声望定价策略

声望定价是指连锁药店利用顾客仰慕名牌或名店的声望所产生的某种心理，故意把药品价格定成整数或高价。质量不容易鉴别的产品容易采用声望定价策略。市场上有一股趋“高”若鹜的消费心理，许多保健品标上实价很难出手，可把价格标高到一定程度，就会有人购买。在现代社会有时消费高价位的物品被当做财富、身份、实力和地位的象征。因为顾客往往以价格来判断质量，认为高价格代表高质量。如某药品一片装128元。因此，声望定价策略的应用，主要是抓住人们的心理，一分钱一分货、便宜没好货、低价低档次。所以，巧妙地运用声望定价策略，还能刺激高收入阶层购买。

(四) 何为价格折扣策略?

折扣价格策略是连锁药店为了销售，促进和维护客户关系的一种方法，主要包括现金折扣、数量折扣、主题折扣和底价折扣等策略。

1. 现金折扣策略

连锁药店的现金折扣多数采用会员制，目前很多连锁药店为了稳定顾客群，都会推出会员制度，并给予一定的折扣，会员制不是一种简单的打折方法。连锁药店推出的会员现金折扣有两种：一种是指会员当场能享受实实在在的药品现金价格折扣；另一种是捆绑的现金折扣，指会员虽不能享受药品价格折扣，但能得到相关的其他额外服务，后者属于一种价值促销策略。

(1) 当场现金折扣

采用的当场现金折扣是对每一个前来连锁药店购药的顾客免费办理会员卡，连锁药店有一些特定的药品有会员价格，会员能享受到当场现金折扣，让会员当场就可以感觉到自己这次购买省了多少钱，根据顾客购药的现金数额给会员积分，以后可根据积分状况给予奖励。

这种价格促销策略药店发展初期运用的比较多，促销效果直接、明显，但是往往

会使销售利润下降，当药店处于成长期给品牌带来负面效益，特别是不同竞争对手效仿时，负面效应更为明显。

(2) 捆绑的现金折扣

为了给会员提供实实在在的服务，连锁药店投入了大量成本，包括购置健身设备、添置新的软件系统，以及投入大量的人力。只要连锁药店开门，会员就可以不限时、不限次地免费使用健身房。

在现实市场上，许多连锁药店采取价格促销，而不采取能给品牌带来增值的价值促销，答案在于竞争，激烈的竞争往往会使药店放弃对品牌培养和对长期价值的重视，转而选择最原始又最直接的价格竞争。

(3) 复合现金折扣

复合现金折扣是当场现金折扣与捆绑的现金折扣的一种结合形式。

金象大药房就同时采用两种现金折扣，结合了两者的优点。金象大药房曾经免费发放了60万张为期1年的金象会员卡，持卡购药享受9折优惠，这时会员只采用了当场现金折扣。第二年，又推出价10元的终身会员卡。持卡者能够享受指定门店购药9折优惠，还可以根据积分水平，享受免费量血压、称体重、代客煎药、电话购药、参加金象健康大课堂、免费测血糖、体检、私人保健医药咨询及健康旅游等多项服务。为会员提供更加广泛的服务，此时的金象大药房就是采用复合现金折扣。

2. 数量折扣策略

数量折扣策略也称为批量折扣策略，是指顾客凭借购买药品数量的优势能享受一定现金折扣。数量折扣在传统药店很少被采用，新兴的网上药店采用的比较多，主要是通过团购和购买量大的个别顾客实现的，网上销售范围是全国，可以到有特约的药店购买或是邮购。数量折扣是为了促进顾客的购买数量。

数量折扣主要有两个特点：

①团购优惠，价格比率是按购药数量来逐渐降低的，一般是越多越实惠；

②购买数量有一个最低限定线，超过者享受折扣比率。

3. 主题折扣策略

现在有许多连锁药店也会利用各种节日推出主题折扣策略。折扣大部分针对的是保健品，近几年很流行节日送保健品，但是也有许多非保健品也采用节日推广折扣。

山东医药大厦真正医药连锁总店主办的《真正抗癌药物网》，秉承“服务患者，诚信为民”的宗旨，2005年推出“庆元旦迎新年，所有药品特价优惠”活动，活动期间所有药品优惠20%～50%。

4. 底价折扣策略

底价是连锁药店将药品按照分类预先制定一定数量的价格点。也就是降低药品的单体利润，用较低的价格吸引较多的顾客，达到销售数量上的优势而使销售的总体利润上升的策略。

有的连锁药店采取了一种新的价格策略：1元药策略。一家连年亏本、濒临倒闭的连锁药店利用1元药的策略冲击市场，仅感冒药，一年内销量就翻了10倍。

(五) 何为相关商品价格策略?

相关商品包括互补品和替代品，对于功能上相互补充的商品来说，可以把一种商品价格定得低点，而另一种商品价格定的高点来赢得利润。对于可替代性的商品，定价要此消彼长，不要轻易做出价格调整。

八、药品的定价方法

合理的药品价格标准是其价格既受顾客欢迎又使药店满意且具有相当的竞争力。因此药店在确定药品价格时至少必须考虑三个主要因素：产品成本、竞争者和替代品价格、顾客的认知价值，药品价格必须处于产品成本与顾客认知价值这两个极端之间，且需充分考虑竞争因素，才能使药品价格合理并有弹性。药店可以采用的定价方法包括以下4种。

1. 成本导向定价法

成本导向定价法是以药品成本为中心，制定对连锁药店最有利价格的一种定价方法，即药店为达到一特定利润目标可接受的最低价，它是连锁药店定价首先要考虑的方法。成本是药店经营过程中所发生的实际损耗，包括租金成本、人工成本和销售成本，它要求通过药品的销售而得到补偿，以实现药店利润。成本导向定价法可包括以下3种方法：

(1) 完全成本加成法

产品单价＝平均成本＋平均利润

大多数商品都采用此种方法，具有公平合理和简单易行的优点。但需要注意的是，这里的成本是考虑了机会成本和税收的完全成本。

(2) 边际成本定价法

边际成本指的是增加（减少）一个单位产品的生产所增加（减少）的总成本

药店利润最大化的充分条件是边际收益的变化率小于边际成本的变化率，必要条件是边际收益等于边际成本，所以，把商品的售价为边际成本时药店可以获得最大利润。

(3) 盈亏平衡定价法

保本定价＝固定成本/损益平衡销售量＋平均可变成本

损益平衡销售量＝固定成本/（单位产品价格－平均可变成本）

盈亏平衡定价法因其能够保证回收成本，所以也是一种被广泛采用的定价方法。

2. 需求导向定价法

需求导向定价法是连锁药店依据顾客对药品价值的感受、理解程度和需求差别来

制定价格的方法，也就是说，因为顾客需求和认识的不同，相同的药品也可以是不同的价格。此方法的关键是要正确掌握和预测顾客的期望价格和能够接受的价格。以市场需求情况为定价依据，所制定的价格最容易得到顾客的认可；在成本允许的条件下依据市场需求定价，有利于药店实现收益最大化；在产品供过于求时，药店运用需求导向法定价效果会更好，包括以下方法：

（1）理解定价法

根据顾客对产品价值的感觉制定价格的办法。顾客对不同商品的价值都有特定的感受，往往在购买时会权衡相对价值的高低，来决定是否购买，因此，连锁药店要努力采购销售产品和同类产品的差异，运用营销手段来影响顾客的价值观念并通过价值观念来确定商品的价格。

（2）需求差异定价法

根据需求的差异对同种商品制定不同的价格的方法。对于连锁药店而言主要有三种形式：① 不同式样和外观的产品价格不同；② 相同的产品地区不同，销售价格也不同；③ 相同产品销售时间不同其价格也不同，如季节性产品，需求旺季的价格要明显高于需求淡季的价格。

3. 竞争导向定价法

连锁药店根据竞争对手的价格来决定自己的价格，其竞争对手的价格水平直接影响连锁药店的定价，这种定价方法是以市场上相互竞争的同类药店为定价基本依据，并随着竞争状况的变化来调整价格水平。竞争导向的连锁药店可以把价格定的低于市场价格、等于市场价格或高于市场价格。表 6-1 概述了影响定价的条件。

表 6-1　竞争导向定价的选择

综合因素	可选择的定价策略		
	定价低于市场价格	定价等于市场价格	定价高于市场价格
位置	位置较差，交通不便	靠近竞争者，无位置上的优势	无强大的竞争者，方便顾客
顾客服务	自我服务，销售人员对产品的了解很少，不进行产品展示	销售人员提供适当的服务	针对个人销售，送货等，服务水平较高
类别	侧重于畅销品	种类和数量中等	品种齐全
环境	廉价的设施和货架	中等购物环境	吸引力的营业场所
创新型	潮流追随者，保守型	集中精力于已经被接受的产品	领导者
特殊服务	不提供	不提供或需要向顾客额外收费才提供	已经包括在产品价格中
经营的产品系列	自有品牌，抛售的名牌，小药厂品牌	名牌	独特的品牌

4. 折价优待法

药店有时为了增强自身的竞争力，会对不定期的某些药品打折销售，这是药店最常用的促销方法之一。

折价优待是指药店在一定时期内调低一定数量药品的售价，也可以说是适当地减少自己的利润回馈顾客的销售促进活动。药店之所以采用折价优待，其主要原因是可以与竞争者相抗衡，同时，折价优待可积极地用来增加销售，扩大市场份额。从长远角度来说，折价优待也可增加药店的利润。

一般来说药店可以运用折价优待来巩固已有的消费群，或利用这一促销方式来抵制竞争者的活动，通常折价优待在销售中能强烈地吸引顾客的注意，并能促进购买欲，提高药店的销售，甚至可以刺激顾客购买一些单价较高的药品。

折价优待法具有如下优点：

(1) 能够抓住现有顾客，促进销售升级

折价优待促销能使顾客立即享受折现或节约费用，对于既了解本药品，又在满意地使用本药品的顾客而言，自然会促使其继续购买，并且给顾客留下以较低的花费买到较大、较高价值药品的印象。

(2) 提高顾客忠诚度

可使初次使用者通过折价优待产生购买欲望，切实得到减价的好处。对于初次使用者，若以折价优待促销，更能促使其成为经常使用者，因为这可直接从药品的价格上得到优惠；同时也控制了流通渠道上借机截取顾客应得的折价利益。

(3) 鼓励顾客大量购买

提高药品在货架上的注目率，从而鼓励顾客大量购买。同类药品若与竞争品牌并排陈列，包装上加一个设计突出的色彩丰富的促销贴纸，势必使该药品更受瞩目。

(4) 维护药店的既得利润

如果折价优待是厂家优待顾客的，那药店的利润仍可维持在一定的水平上，如果折价的同时再辅之以“经销补贴”“主推”费用，则更能吸引药店大面积货架推销该药品，效果更好。

(5) 有弹性，易控制

折价优待具有弹性，药店可以完全掌握促销品的数量和地区，且每一环节都较容易控制。

连锁药店应将这三种定价方式结合应用，追求销售份额或市场份额的连锁药店可以采用需求导向定价方法，以此来估计顾客在不同价格水平的需求数量，将价格重心转移到促进药店的销售上，但是，在目前竞争相对激烈的情况下较少使用。成本导向定价方法在连锁药店中使用较多的是成本加成定价法。竞争导向定价方法是目前被广泛使用的方法，连锁药店通常不会因为需求或是成本的变化而改变其商品价格，而是根据竞争对手来调整他们的价格。连锁药店通常根据药店所处的地理位置、顾客服务、药品种类、购药环境、药学服务以及所经营的药品系列来决定是低于还是高于市场定价。

九、不同类型产品的定价方法不同

（一）处方药是如何定价的？

处方药因其必须凭医师处方才能购买的特点，决定了其定价基本都采取政府定价或是政府指导价。对于处方药的这一特点连锁药店可以采用成本导向定价法，以药品成本为中心，制定对连锁药店最有利的价格，以实现价格优势，来吸引顾客的购买，最终实现药店利润。

处方药定价可以选择的定价策略有以下两种。

1. 心理定价策略

（1）尾数定价策略

顾客一般比较喜欢商品的价格带有尾数，因此连锁药店可以利用顾客的这一心理，对处方药制定带有尾数的价格，可以给顾客一种所售药品价格便宜、合理的感觉，能够促进销售。

（2）招徕定价策略

连锁药店可以利用顾客的求廉心理，采用招徕定价策略，将一些药品价格定得比较低让顾客产生此药店所有药品价格都相对便宜的印象，从而可以吸引顾客持处方来店购药，达到促进处方药的销售。

（3）声望定价策略

连锁药店可以抓住顾客喜爱知名品牌的心理，故意把药品价格定成整数或高价，充分运用声望定价策略，紧抓顾客心理，来刺激高收入阶层购买价格高的处方药。

2. 现金折扣策略

连锁药店可以利用会员制来给予顾客一定的现金折扣，以稳定药店顾客群。

（二）如何定价非处方药？

非处方药由于其受政府鼓励、报审容易、开发费用小、价格开放、顾客可直接购买等特点，相对于处方药较为便宜。对于非处方药可以采取价格折扣策略，但要注意折扣的时间并不是越长越好，一般以一个星期为准，时间太长顾客缺乏紧迫感，折扣的幅度避免过大，因为这会让顾客对产品质量产生怀疑。

1. 数量折扣策略

对于非处方药来说，可以充分发挥数量折扣的优势，促进药品销售，但要注意折扣幅度，例如：某药品在某连锁药店的包装规格为每盒 24 粒，一天 3 次，一次 4 粒，所以每盒可吃 2 天，但如果要缓解症状的话患者要吃 3～4 天，因此数量折扣的数量应为两盒以上。

2. 累计折扣策略

连锁药店可以实行会员积分活动，每年顾客总消费量达到多少费用可以兑换相应

的礼品，第二年可升级为尊贵会员，顾客可以享受更多购药优惠。

3. 新会员折扣策略

连锁药店可以为初次来店购买药品的顾客免费办理会员卡，以增加顾客的购买机会。

（三）中药饮片的定价策略有哪些?

国家把中药饮片列入《国家基本药物目录》，一方面是保证群众的用药需求；另一方面也是为了推动我国中医药事业的发展，有利于中药资源的充分利用和中药行业的发展。

中药饮片只有质量上乘、药材道地，才能发挥应有的作用。而中药饮片质量是一个复杂和多环节的工作，必须从道地药材的种植、药材的采收、饮片的炮制、饮片的管理和人员素质等方面采取严格的管理措施，才能保证中药饮片及药材市场的有序发展；同时中药饮片也只有建立了国家级质量等级标准和实施批准文号管理，其质量才能得到保证，而中药饮片的质量和价格成正比关系，也只有国家多个部门参与质量监管和价格管理，才能实现中药饮片的产业化、科学化、现代化，才能增加民族医药竞争力。

对于中药饮片来说，顾客对药品的价格敏感度并非很高，而更重要的是注重药品的质量和服务。因此，药店在价格策略上不能走低价之路，“否定低价、品质取胜”。

药店在制定价格策略时，一方面尽量降低成本以适应消费群体急需的品种，争取较低价格的销售；另一方面，不能盲目追求低价，更不与大型西药为主的药店竞价，药店吸引顾客的是以中药养生为主的优质高附加值的服务。购进的中药饮片定价，必须同质量紧密结合。高质高价，优质优价。

（四）医疗器械应如何定价?

连锁药店对于医疗器械的定价，应采用以需求为导向的定价方法，并根据顾客需求的变化，实时调整价格。连锁药店应根据市场供求关系及时调整价格，来满足市场变化的需要；根据顾客的需求强度和对产品价值的理解来制定价格，以获取竞争优势。

连锁药店在制定价格策略时，应充分考虑产品市场生命周期、市场购买力、顾客心理因素、竞争环境等因素，应充分考虑整个市场环境的状况，并遵循以下原则：

（1）市场需求量大、竞争强度小时制定高价格。

（2）市场需求小时，降低价格以拉动顾客需求。

（3）竞争强度大时，制定低价来提升产品竞争力。

连锁药店对于医疗器械的定价还可采取统一定价策略，这种定价策略既有利于连锁药店树立品牌形象，又能够增强顾客的购买信心，增加顾客的忠诚度。

（五）如何定价药妆产品?

药妆产品在进入连锁药店时，都要在药品监督管理局进行严格的药检，所以药妆

产品比普通护肤产品更具安全性，更能让顾客放心。对于药妆产品来说，采用的定价方法主要是顾客导向定价和竞争导向定价相结合；对于系列产品的价格通常采用心理定价法和习惯定价法；对于新产品可以采用竞争为导向的定价方法。

目前，药妆产品的定价策略主要包括以下几个方面。

1. 渗透定价策略

连锁药店对于新产品的价格，可以定的相对较低，以吸引消费的注意，来快速提高市场占有率。

2. 折扣定价策略

为促进顾客的购买欲望，连锁药店可以适当采取数量折扣、现金折扣等折扣手段。

3. 满意定价策略

这种介于撇脂定价和渗透定价之间的价格策略，可以使连锁药店和顾客都比较满意。

(六) 保健品的价格策略有哪些?

保健品作为连锁药店的朝阳产品，其定价要考虑以下几点。

1. 市场环境

连锁药店应根据保健品的需求——价格弹性和市场竞争状况制定合适的价格策略。

2. 产品市场生命周期

保健品处于市场周期的不同阶段，市场的需求量不同，连锁药店因根据不同的市场生命周期制定不同的价格策略，以保证连锁药店的最大利润。

3. 顾客因素

连锁药店应探寻顾客的心理因素，了解顾客的购买动机，对于求新、求美动机的顾客，他们对价格重视程度不高，较为重视产品款式；对于求廉动机的顾客，尤其重视产品价格。对于喜欢主观评价、愿意根据主观经验来判断保健品的顾客，定价不能过高也不能过低：过高，顾客觉得贵；过低，顾客认为产品质量有问题。此外在制定价格时，还应考虑顾客的收入水平、受教育程度、消费倾向等因素。

(七) 消杀品有哪些定价策略?

随着生活水平和卫生意识的提高，消毒产品渐渐走入百姓生活，在卫生清洁、健康维护、清除病原微生物、防止传染病流行等方面起着重要作用。消毒剂不同于抗生素，在防病中的主要作用是将病原微生物消灭于人体之外，切断传染病的传播途径，达到控制传染病的目的。消毒产品不是药品，不具备药品的特性。消毒产品的标签（含说明书）和宣传内容必须真实，不得出现或暗示对疾病的治疗作用。

对于消杀品的价格制定，连锁药店应考虑市场竞争的激烈程度，实时调整价格策略，以满足顾客的需求。

(八) 婴幼儿奶粉的定价策略包括哪些?

由于三鹿奶粉等奶粉药害事件的曝光，人们在购买奶粉时不再只注重奶粉价格，

而更加注重的是奶粉的质量。因此连锁药店定价时应注意：①奶粉在定价时可以采用成本加成定价法和以价格竞争为基准的定价方法，以产品的成本、竞争产品价格和顾客的购买心理为依据，制定合理的价格。②要给顾客一种所购买的产品物超所值的印象，通过产品的质量、药学服务和品牌来吸引顾客。

差异化定价策略是奶粉定价最常用的定价策略，连锁药店可以针对不同顾客群、不同时段、不同市场制定不同的价格，来扩大销售量。差别定价的形式主要有四种，即产品形式差别定价、顾客差别定价、产品地点差别定价和销售时间差别定价。连锁药店可以根据这四种形式，制定不同的价格，如同一奶粉的不同包装形式袋装、听装或盒装的价格不同；根据顾客购买奶粉的累积金额积分，达到某一数量给予顾客相应的价格折扣；同种奶粉在不同的销售区域可以制定不同的价格，以满足当地顾客的购物水平等。

（九）如何定价计划生育药品?

随着人们观念的改变，计生用品成为新的赢利产品，其主要定价策略有以下几种。

1. 分级定价策略

分级定价是指药店根据市场细分理论，对不同档次的商品采取差别定价的技巧。必须充分考虑不同顾客的心理需要，商品档次的划分应根据不同的商品而定，既不能过多，也不能太少，要便于顾客挑选。价差要符合顾客的购买心理，既不能过大，也不能过小。例如，杜蕾斯的避孕套有 16 个品种，每个品种的价格根据其特点和质量进行分级。

连锁药店可以根据市场变化调节产品价格和产量，以达到总利润最大化，对于顾客而言，丰富的产品种类可以充分满足顾客的需求，达到社会福利最大化。

2. 渗透定价策略

对于市场占有率不高的品牌计生药品，可以选择渗透定价策略，以低价来占领市场，扩大规模，同时顾客可以得到实惠。

3. 成本加成定价　边际成本定价策略

成人用品不同于信息产品，它有固定成本，所以通常来说会采取成本加成和边际成本定价。这样的定价是保证产品销售不至于亏本。

4. 产品捆绑定价策略

在产品销售中，将不同的产品打包成一个包裹以同一价格销售。这样做可以产生范围经济，也是差别定价的一种手段。连锁药店可以选择一款热销单品与其他产品捆绑销售，从而带动销量，提高顾客的接受程度，这样的策略减少了顾客支付意愿的分散，可以谋取更多的顾客剩余价值。

5. 尾数定价策略

顾客乐于接受带有零头的价格，这种尾数价格往往能使顾客产生一种似乎便宜且定价更为精确的感觉。

十、纳入国家基本药物目录中的药品的定价

国家基本药物目录，是医疗机构配备使用药品的依据，包括两部分：基层医疗卫生机构配备使用部分和其他医疗机构配备使用部分。基本药物目录中的药品是适应基本医疗卫生需求，剂型适宜，价格合理，能够保障供应，公众可公平获得的药品，自2009年9月21日起施行。

为配合国家基本药物制度的实施，国家发展改革委于2009年9月28日发布《国家发展改革委关于公布国家基本药物零售指导价格的通知》，公布了国家基本药物的零售指导价格，共涉及2349个具体剂型规格品。其主要内容包括：

（1）国家基本药物零售指导价格是按照药品通用名称制定的，不区别具体生产经营企业，各级各类医疗卫生机构、社会零售药店及相关药品生产经营单位经营基本药物，可依据市场供求情况，在不超过零售指导价的前提下，自主确定价格。

（2）原来针对具体企业定价或特定包装规格定价的药品，作为基本药物销售也要执行此次公布的统一零售指导价格。

（3）各省、自治区、直辖市价格主管部门要加强对国家基本药物市场购销价格的监测，发现问题，及时反映，国家发展改革委将适时调整价格；各地要加强对基本药物价格执行情况的监督检查，发现存在价格违法行为的，要依法严肃查处。

（4）国家基本药物零售指导价格定价原则。

①确保企业能够正常生产和经营基本药物，保障市场供应。基本药物价格要充分反映成本变化情况，合理补偿企业成本，正常赢利，有利于调动企业生产积极性；

②充分考虑当前我国基本医疗保障水平和群众承受能力。制定基本药物价格，要在企业获得正常利润的前提下，切实压缩不合理的营销费用，使基本药物价格总体水平有所降低，以适应现阶段医疗保障水平和群众承受能力医学教育网；

③结合市场实际和供求状况，区别不同情况，采取“有降、有升、有维持”的方法调整价格。对于市场竞争不够充分、价格相对偏高的品种，加大降价力度；对于市场需求不确定性强、供应存在短缺现象的品种，适当提高价格；对于市场竞争较为充分且价格相对低廉的品种，中药传统制剂及部分国家规定需较大幅度提高质量标准的品种，少降或维持现行价格。

（5）基本药物目录实行国家统一定价

在现行的制度下，我国按社会平均成本对国家基本药物进行定价。在此基础上，由国家公布零售指导价。在指导价规定的幅度内，省级人民政府根据招标形成的统一采购价格、配送费用及药品加成政策，确定本地区医疗卫生机构基本药物具体零售价格。现行的这一定价机制具有一定的合理性，但也存在诸多问题。

①国家药品零售指导价的形成机制不完善。按照社会平均成本定价的关键在于获得企业真实的生产成本信息。但在目前，国家主要依据企业上报的生产数据来获取药品的成本信息。由于价格审批环节存在问题，药品成本往往被夸大。在缺乏对企业生

产和经营有效监督的情况下，企业往往将流通成本计入生产成本，上报的成本信息虚高，据此计算出来的社会平均成本是不准确的，依据此成本确定的国家药品指导价自然就要大打折扣，直接导致药品居高不下。

②制约国家基本药物供给。在国家基本药物制度的实施过程中，降低基本药物价格似乎是社会的一个共识，不少地方政府在实际的药品招标采购中也是“唯低价是取”。不论是降价还是“唯低价是取”，其结果只有两个：一是基本药物生产企业的利润空间下降，进而压缩甚至放弃基本药物生产，这直接导致基本药物供给得不到保障和药企的怨声载道。二是导致柠檬市场形成。指导价的下调和招标价的下压可能导致企业采用违法违规手段来降低成本，廉价的劣质药品就可能会驱逐了价高的合格药品而迈入了政府的招标大门，柠檬市场因此出现，导致质量优先原则难保障。

③不利于医药产业的可持续发展。其一，低价导向取向制约医药企业的自主创新。其二，低价导向取向不利于民族医药产业的发展。其三，低价导向取向不利于中小医药企业发展。

(6) 对于基层医疗机构实行基本药物“零差率”政策

基本药物“零差率”，就是指对基本药物实施“零差率”销售，即基本药物由政府统一招标采购、统一配送，在基层医疗机构内基本药物零售价格按其招标价进行销售，不再按以往惯例加价15%，医疗机构产生的收支差额由政府进行补偿。

21世纪以后，随着“看病贵、看病难”“药价虚高”等呼声日益增高，国家曾几次对医院药品加成政策进行调整，但均未解决彻底问题。2006年开始有省份开始探索实施药品“零差率”政策，并在各省内推行试点。2009年8月在实施基本药物制度时，政府将“零差率”政策作为基本药物制度的一条重要政策，目的就是取缔医院药品加成，降低药品价格，让利于老百姓。药品零差价模式实质即为药品价格的政府规制，模式的提出具有一定的理论依据，只是对药品的价格一味进行政府规制，而不以遵从市场调节为主，终将导致医药市场不端的不良局面。此外，现行的基本药物定价原则在制定上较注重弥补生产经营者的合理成本，体现审场误需关系，但在实践中却存在漏洞，大量质优价廉的廉价药因利润不高而无厂家愿意生产，造成这部分药品的资源浪费，产生价格“逆调节”现象。

十一、药品价格调整应考虑的因素

连锁药店把价格作为一种调节手段，面对竞争、成本、季节性波动等因素，调整价格成为必要的应对手段。激烈的竞争促使价格趋于透明，每个连锁药店都会定期对竞争对手的药品价格进行市场调查，然后为了吸引顾客、保持价格形象都会根据竞争对手的价格来调整自己门店的价格，降价现象司空见惯。

注意降价的使用频率，连锁药店往往对于新品总先定高价然后为了吸引顾客再进行大幅度降价，过度使用降价频率，这会使顾客对价格产生怀疑的态度，从而影响到连锁药店的价格诚实度。

对于由于成本或需求的变化所引起的某种产品需要大幅加价或降价的时候，连锁药店要及时通知顾客，并告知原因，降低顾客的反感并维持良好的价格形象。

十二、药品零售定价中的其他相关问题

（一）何为价格歧视和维持转售价格？

1. 价格歧视

供应商以不同的价格把同一种药品销售给两个或多个连锁药店时，就会出现价格歧视。一般来说，下列情况是可以实施的。

第一种情况是由于销售者（供应商）销售药品的方法或数量不同而造成销售者的生产成本、销售成本或者运输成本不同，销售者就可以向不同的连锁药店索要不同的价格。这是因为通常生产、销售或运输大批药品比少量药品的单位成本更低。生产者可以通过在长期内生产大量药品来实现规模经济。把一种药品销售给顾客的成本随着顾客订购的货物数量的增加而减少。这些事实产生了数量折扣，也就是对购买数量较多的连锁药店可以索要较低的价格。不同价格的销售方法就是所谓的功能或商业折价。功能或商业折价是指给予不同层次上的买家的不同价格，或不同的折扣百分比。即使是对于同样数量的药品，给予批发商的价格也比给连锁药店的价格低。这样做是合法的，理由是批发商在销售过程中执行的功能比连锁药店多。批发商需要储存和运输药品，还要人员写订单和处理储存中的问题。生产者给予批发商较低的价格本质上是用来“偿付”批发商对药品零售药店所提供的服务。

第二种情况是指根据影响相关市场的条件变化或试销性来确定价格差别。

第三种情况是指在不同地区按照当地竞争对手的低价格确定在不同市场上的价格差别。大的连锁药店经常从这种销售方法的价格中获利。在药品行业中，生产者经常回收大的连锁药店没有销售出去的药品而不加任何惩罚。

2. 维持转售价格

维持转售价格、纵向限价或公平贸易法则。它涉及在同一个市场渠道中的不同层次的销售部门之间达成的协议，以某一价格出售产品。实行维持转售价格的国家不多，即使在提出维持转售价格的国家，也有一段复杂的历史。

（二）什么是药品零售中的横向限价、掠夺性价格和比价？

1. 横向限价

横向限价涉及连锁药店之间的协议，协议规定直接竞争的双方应当制定同样的价格。

考虑这样一种情况，假设有两个大型的连锁药店甲和乙，它们共同发起把食用油的零售价格固定在非常低的水平上。丙是一家有三个分店的小型连锁店，竞争不过他们。甲和乙就可以把食用油作为招徕品销售。但是，丙仅仅销售食用油。如果对食用

油的限价继续下去，丙将不得不关门。随着丙退出市场，甲和乙就可提高它们的食用油价格。显然，甲和乙的这种行为是反竞争的。横向限价永远是不合法的，因为它抑制竞争，同时还增加顾客的成本。

在零售市场上，连锁药店不应当和它的竞争对手讨论价格或销售的条件。销售的条件包括换货、送货的索价、免费包装等。如果连锁药店的管理者想知道竞争对手的某一特定药品的价格，他可以亲自或派他的助手暗地到他的竞争者对手处“购买”或考察。

2. 掠夺性价格

建立推销价格以驱动市场上的竞争被称为掠夺性价格，它是不合法的。然而，当一个连锁药店在不同的地区销售某些药品时，如果销售、运输等方面形成了不同成本，就可以制定不同的价格，而不能认为是掠夺性价格。一般来说，连锁药店可以以任意的价格销售药品，只要这样做的动机不是为了破坏竞争即可。

3. 比价

连锁药店是把待销售药品的价格与一个较高的“正常”价格或生产者的价格清单作比较。这种做法就是比价，它本是一个好的战略，因为它给了顾客一个价格比较，使得所出售的药品看起来便宜。但在不规范的情况下，却是价格欺骗。

当连锁药店做广告说，他们的价格是本地区最低价格，或他们的价格和竞争对手的价格一样，甚至还是低的时候，就会出现另一种形式的欺骗性价格。为了避免欺骗，连锁药店在做广告前要有证据证明他的价格确实是本地的最低价格。而且，如果广告上说他将保持和竞争对手一样的价格，或比其更低的价格，连锁药店就必须制定药店政策，并能够适时对价格作出调整，从而保持广告宣称的准确性。

总之，不论何时，连锁药店、批发商和生产者决定在不同的地方以不同的价格销售同一种药品，或以极低的价格吸引顾客时，就必须意识到他们可能会引起与其竞争对手的法律纠纷。但在实际工作中，获得足够的数据和法律帮助以证明自己受到了竞争对手的伤害是十分耗时且代价昂贵的，以至于受到伤害的一方仍然被挤出了市场。

（三）何为调价、特价和标价作业？

1. 两种调价方法调价

（1）正常调价

正常调价下，从开始将调价单及调价标签下发给各门店到调价生效日，一般有3天左右的时间，店经理在接到调价单后，可在调价生效前一日营业结束后，将调价药品进行盘点即可。

（2）紧急调价

紧急调价下，药店药品部会将调价药品的编码、药品名称、原售价、新售价、调价生效日期以电脑通知的方式下传给各个门店，各门店店长应该经常注意门店通知信息，如门店店长不当班，要指定专门人员负责接收门店信息通知，遇到紧急调价，一定要及时通知门店店长相关信息，按照药店的通知信息内容在调价生效前做好盘点的

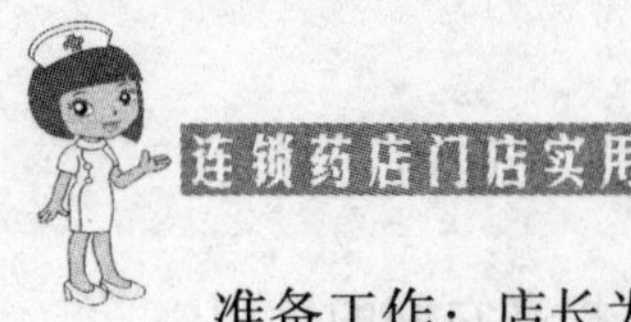

准备工作；店长为门店药品调价负责人，负责监督执行药店下达的调价指令。

(3) 调价中要注意的问题

药品调价严格要求时效性和统一性，调价操作必须严格按调价通知下达的时间进行，不得提前或延迟。

药品部将药品调价单下发门店。电脑部及时传递调价信息到各门店。

调价执行日前一天营业结束后，对调价药品进行单品盘点，将数量登陆在药品调价单上，并将调价药品的原价签去掉，重新打印新价签，并注意不要漏掉库存药品和在途药品。

在调价日营业开始前，检查计算机系统内药品价格是否与药品调价单一致。

门店已开始执行调价作业，配送下达调价药品应查清是调价前还是调价后的价格，如是调价前价格，则应纳入盘点范围进行盘点。

2. 特价药品的要求

(1) 特价药品由药品部责任人员输入电脑，生效后门店就按照特价销售。

(2) 特价药品在设定时，分为两种情况：一种情况是对本批特价品为每个单独药品定出特价，此种情况下，如果是会员来购买这些药品原则上就不允许再打折；另一种情况是对本批特价药品给出一个折率，则会员来购买这些药品时，还可以按照会员标准进一步打折。

(3) 店面负责人在得到特价药品通知后，应主动做好特价药品的广告宣传及展示工作。

3. 标价签作业

主要包括三部分内容：

(1) 主动铺货给门店时，由电脑系统将该门店的新药品筛选出来，由药品部有关人员将主动铺货门店的标价签打印出来，门店收到标价签后与新药品一起上架即可。

(2) 门店上传药品资料，如果门店发现遗漏了新药品的标签或门店的标签自然损耗，应该在门店下货日的前两天，可将需要标价签的药品资料上传给电脑房，电脑系统经过处理后即可由药品部有关人员打印即可。

(3) 调价后标价签，每一次调价后，药品部有关人员都会及时将调价标签打印出来，如果遇到紧急调价，标价签无法及时传递给每个门店，应及时取标价签。

指南七　财务与收银

一、连锁药店的财务管理内容

（一）什么是连锁药店的财务管理？

财务管理（Financial Management）是在一定的整体目标下，关于资产的购置（投资），资本的融通（筹资）和经营中现金流量（营运资金），以及利润分配的管理。财务管理是连锁药店管理的一个组成部分，它是根据财经法规制度，按照财务管理的原则，组织连锁药店财务活动，处理财务关系的一项经济管理工作。简单的说，财务管理是组织连锁药店财务活动，处理财务关系的一项经济管理工作。

连锁药店财务管理工作是组织财务活动、处理药店财务关系的一项经济管理工作，它包括连锁药店的筹资管理、连锁药店的投资管理、连锁药店的利润分配管理以及为了经营所做的财务分析等内容。

（二）连锁药店财务管理的特点是什么？

连锁药店财务管理的特点是与其经营管理特点分不开的，它具有以下特点。

1. 实行统一管理、统一核算的特点

连锁药店财务管理以货币化的形式，由总部进行统一核算。统一核算是连锁经营的核心内容。区域性的连锁药店，由总部实行统一核算；跨区域且规模较大的连锁药店，可建立区域性的总部，负责对本区域内的门店进行核算，再由总部对区域性总部进行统一核算。

连锁药店统一核算的主要内容是：对采购货款进行支付结算；对销售货款进行结算；进行连锁药店的资金筹集与调配等。

2. 票流、物流分开的特点

由于连锁药店实行总部统一核算，由配送中心统一进货，统一对门店配送，使得连锁药店票流与物流的运行与单店经营中现货同步运行差别很大。但从流程上看，票流和物流是分不开的，因此连锁药店管理中财务部门必须与进货部门保持联系。财务部门在支付货款前，要对进货部门转来的税票和签字凭证进行核对。同时，在连锁药店财务制度中要对付款金额相对应的签字权限做出限制，尽量保证票款相符，账实相符。

3. 资产统一运作，资金统一使用，发挥规模效应

(1) 连锁药店表面上看是多店铺的结合，但由于实行了统一的经营管理，连锁药店的组织化程度大大提高，特别是统一进货、统一配送，使资本的规模优势得到充分地发挥。

(2) 由总部统一核算，实行资金统一管理，提高连锁药店资金的使用率和效益，降低成本、减少费用，增加利润。

(3) 实行资产和资金的统一调配、统一调剂和通融。总部有权在连锁药店内部对各门店的商品、资金和固定资产等进行调动，以达到盘活资产、加快商品和资金周转，获得最大的经济效应的目的。

4. 促进连锁药店提高管理水平

财务管理能迅速反应连锁药店经营状况。在连锁药店中，决策是否得当，经营是否合理，技术是否先进，销售是否顺畅，都可以迅速地在药店财务指标中得到反应。例如通过资产的周转率、周转天数指标，就能反应连锁药店各项资产的周转利用程度。因此，财务部门应通过自己的工作，向连锁药店领导及时通报有关财务指标的变化情况，以便把各部门的工作都纳入到提高经济效益的轨道，加强管理，努力实现财务管理目标。

(三) 连锁药店财务管理的目标是什么?

连锁药店经营的目标主要是三个：生存、发展和获利。然而连锁药店财务管理的目标（又称连锁药店的理财目标），是连锁药店通过财务管理活动所希望实现的结果，是评价连锁药店的各项经营管理活动是否合理的标准。其具有相对稳定性、多元性、层次性的特点。归纳起来主要有以下几种具有代表性的模式。

1. 利润最大化目标

利润最大化目标，是假定在投资预期收益确定的情况下，财务管理行为朝着有利于连锁药店利润最大化的方向发展，是指财务管理工作的最终目标是不断增加连锁药店的利润，使连锁药店利润额在一定时期内达到最大。这种观点其优点是连锁药店必须讲求经济核算，加强管理，降低成本，提高经济效益。缺点是忽略利润发生的时间，货币的时间价值和风险价值，连锁药店决策容易有短期行为的倾向。正如在门店经营中是否将毛利率看的太重而导致的一系列短期经营行为。

2. 投资利润率最大化或每股收益最大化目标

投资利润率或每股收益是相对指标，能够将利润额与投入资本联系起来。投资利润率是指连锁药店的年利润总额与总投资的比率，计算公式为：

投资利润率＝年利润总额/总投资×100％。年利润总额＝年销售收入－年总成本费用－年销售税金及附加。

而每股收益即EPS，又称每股税后利润、每股盈余，指税后利润与股本总数的比率。它的计算公式为：

每股收益＝期末净利润÷期末股份总数。它是测定股票投资价值的重要指标之一，

是分析每股价值的一个基础性指标，是综合反映公司获利能力的重要指标，它是公司某一时期净利润与股份数的比率。该比率反映了每股创造的税后利润，比率越高，表明所创造的利润就越多。

与利润最大化模式相比可以弥补利润总额是绝对指标这一缺陷，但是这一指标仍无法弥补忽略资金时间价值和投资风险价值的缺陷，也不能避免连锁药店决策容易有短期行为的倾向。

3. 连锁药店价值最大化目标

价值是连锁药店的市场价值，是连锁药店所能创造的预计未来现金流量的现值，是社会公众对连锁药店总价值的市场评价。连锁药店价值最大化目标，反映了药店潜在的或预期的获利水平和成长能力。连锁药店价值最大化目标是通过财务管理，促进连锁药店长期稳定发展，不断提高赢利能力，实现连锁药店资产总价值最大，强调的是连锁药店长期稳定发展前提下的连锁药店价值最大化。其优点主要表现在：

(1) 考虑了资金的时间价值和投资的风险；

(2) 反映了对连锁药店资产保值、增值的要求；

(3) 有利于克服管理上的片面性，有利于避免连锁药店的短期行为，有利于连锁药店的长期稳定发展；

(4) 有利于兼顾连锁药店各方利益的统一；

(5) 有利于社会资源合理配置。

然而连锁药店价值最大化目标的主要缺点是连锁药店价值的确定比较困难，特别是对于非上市公司，然而我们大多数的连锁药店都没有上市，因此连锁药店价值更加难以确定。

上述三种财务管理目标各有优缺点。前两种财务管理目标尽管存在不足，但由于意义直观、方便计算、便于考核，因而被很多连锁药店青睐。第三种财务管理目标理论上完美，但是其计算过程中各种影响因素难以准确界定，所以，目前理论界和实务界仍在研究和探索阶段。

(四) 连锁药店财务管理有哪些职能?

财务管理在连锁药店的管理中占有很重要的位置，因此也担负着不可避免的重要的职能。

1. 财务预测职能

财务预测职能是制定财务计划的重要依据，任何一个连锁药店都必须对未来的发展作出种种设想或方案，这些方案、设想中的收入、成本、利润和资金需要量等数据都是财务预测提供的。

财务预测的作用：一是公司经营活动成功的基础。二是有助于改善财务决策。例如，根据销售前景估计出的融资需要，不一定总能满足生产和投资本身的资金需要，这时，就必须根据可能筹措到的资金来安排销售的增长以及有关的投资项目，使投资决策建立在可行的基础上。三是进行财务预算的依据。因为财务预算是财务活动的详

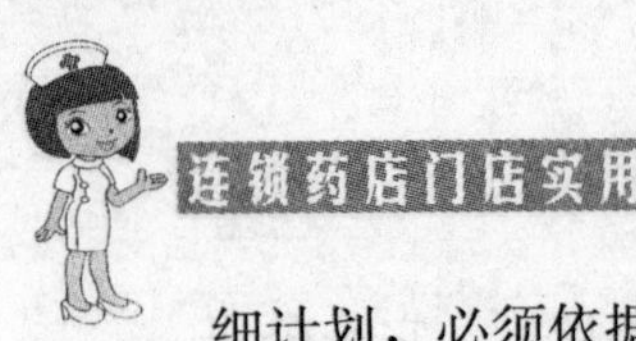

细计划，必须依据预测数据进行分解和落实。

2. 财务决策职能

财务决策职能是指在预测的基础上，按连锁药店财务目标的要求，采用一定的方法，从备选方案中选择最佳方案，如筹资方案、投资方案、利润分配方案等。

3. 财务预算职能

财务预算职能是根据财务预测和决策的结果，采用科学的预算方法，协调连锁药店的财务资源而制定财务活动计划。预算体系主要由销售收入、先进、资本预算等构成。

财务预算从内容上看包括现金预算、预计现金流量表、预计资产负债表和预计利润表。

（1）现金预算

现金预算是对预测期内预计的现金收入和现金支出的列举，是关于短期现金流量的财务计划。现金预算实际上是其他预算有关现金收支部分的汇总，以及收支差额平衡措施的具体计划。它的编制要以其他各项预算为基础。

① 编制销售预算。销售预算通常按品种、月份、销售区域、推销员来编制。在销售预算中与现金预算有关的是预计现金收入的计算。由于销售有一个收现期，所以编制时要考虑各期对以前期间赊销的收回数、本期的现销数以及本期的赊销数等，以便形成一个完整的销售回收计划。一般一年的第一个月的回收数要考虑以前年度的赊销在本期的收回数，其他类推。

② 编制生产预算。生产预算主要内容有销售量、期初和期末存货、生产量。

③ 编制直接材料预算。直接材料预算要以生产预算为基础，同时要考虑原材料的存货水平。材料预算要涉及现金的支出的计算，主要是采购材料的支出，其编制形式可参照销售预算的现金收入的预计，也就是说要考虑赊购的情况。

④ 直接人工预算。以生产预算为基础。

⑤ 制造费用预算。制造费用的预算分为变动费用的预算和固定费用的预算，也是以生产预算为基础。制造费用中扣除折旧费用后的数额往往就是先进支出的费用。

⑥ 销售及管理费用的预算。一般以过去的开支为基础，再结合未来的可能事项进行编制，是现金支出预算的基础。

最后编制现金预算。现金预算由四部分组成：现金收入、现金支出、现金多余或不足、资金的筹集和运用，表 7-1 为某公司的 2012 年度现金预算。

表 7-1　　2012 年度现金预算　　单位：元

项目	一季度	二季度	三季度	四季度	全年
期初现金余额	20000	10440	10558	39007	20000
加：销货现金收入	76000	108000	148000	148800	480800
可供使用现金	96000	118440	158558	187807	500800

续表

项目	一季度	二季度	三季度	四季度	全年
减：各项支出					
直接材料费用	20640	28112	36464	37916	123132
直接人工费用	8400	12400	15840	14560	51200
制造费用	6720	8420	8222	7998	31360
销售及管理费用	38380	38380	38380	38380	153520
所得税	10420	10420	10420	10420	41680
购置设备费	21000				21000
股利分配				40000	40000
支出合计	105560	97732	109326	149274	461892
现金多余或不足	－9560	20708	49232	38533	38908
资金的筹集和运用					
向银行借款	20000				20000
还银行借款		10000	10000		20000
借款利息（年利3%）		150	225		375
合计		10150	10225		20375
期末现金余额	10440	10558	39007	38533	38533

现金收入部分包括期初资金余额和预算期现金收入，销货取得的现金收入是其主要来源。“期初现金余额”是在编制预算时预计的，“销货现金收入”的数据来自销售预算，“可控使用现金”是期初余额与本期现金收入之和。

现金支出部分包括预算期的各项现金支出。

“现金多余或不足”部分列示现金收入合计与现金支出合计的差额。差额为正，说明收大于支，现金有多余，可用于偿还过去向银行取得的借款，或者用于短期投资。差额为负，说明支大于收，现金不足，要向银行取得新的借款。本例中，该公司需要保留的现金余额为 10000 元，不足此数时需要向银行借款。

（2）预计现金流量表

预计现金流量表是从现金流入和流出两个方面反映预算期内公司经营活动、投资活动和筹资活动所产生的现金流量的预算。它在已编制的现金预算的基础上，结合预算期内相关的现金收支资料编制而成。预计现金流量表的编制，有利于了解预算期内公司的现金流转状况和经营能力，更能突出表现一些长期资金的筹资和使用方案，有利于发现问题和修正预算。

表 7－2 是某公司 2012 年的简要预计现金流量表。

表 7－2　　2012 年度预计现金流量表　　单位：元

项目	行次	金额
经营活动产生的现金流量		
销售商品、提供劳务收到的现金	1	480800
收到税费返还	3	
收到的其他与经营活动有关的现金	8	
现金收入小计	9	480800
购买商品、接受劳务支付的现金	10	146212
支付给职工工资以及为职工支付的现金	12	111480
支付的各项税费	13	43680
支付的其他与经营活动有关的现金	18	99520
现金流出小计	20	400892
经营活动产生的现金流量净额	21	79908
投资活动产生的现金流量		
收回投资所收到的现金	22	—
取得投资收益所收到的现金	23	—
处置固定资产、无形资产和其他长期资产而收到的现金净额	25	—
收到的其他与投资活动有关的现金	28	—
现金流入小计	29	0
购买固定资产、无形资产和其他长期资产所支付的现金	30	21000
投资所支付的现金	31	—
支付的其他与投资活动有关的现金	35	—
现金流出小计	36	21000
投资活动产生的现金流量净额	37	－21000
筹资活动产生的现金流量		
吸收投资所收到的现金	38	—
借款所收到的现金	40	20000
收到的其他与筹资活动有关的现金	43	

续表

项目	行次	金额
现金流入小计	44	0
偿还债务所支付的现金	45	20000
分配股利、利润或偿付利息所支付的现金	46	40375
支付的其他与筹资活动有关的现金	52	0
现金流出小计	53	—
筹资活动产生的现金流量净额	54	40375
汇率变动对现金的影响额	55	—
现金及现金等价物净增加额	56	18533

（3）预计资产负债表

该表是利用本期期初资产负债表，根据销售、生产、资本等预算的有关数据加以调整编制的。

表 7－3 是 A 公司的预计资产负债表。

表 7－3　　**预计资产负债表**　　单位：元

资产			负债及所有者权益		
项目	年初	年末	项目	年初	年末
现金	20000	38533	应付账款	7092	14888
应收账款	20000	43200	长期借款	100000	100000
直接材料	6000	8100	普通股	10000	10000
产成品	3540	7080	未分配利润	71620	117025
固定资产	160000	181000			
减：累计折旧	20000	36000			
资产合计	189540	241913	负债及权益合计	189540	241913

其中，期末未分配利润＝期初未分配利润＋本期利润－本期股利。

编制预计资产负债表的目的在于判断预算反映的财务状况的稳定性和流动性。如果通过预计资产负债表的分析，发现某些财务比率不佳，必要时可修改有关预算，以

改善财务状况。

(4) 预计利润表

预计的利润表与实际的利润表内容、格式相同，只不过数字是面向预算期的。通过编制预计的利润表，可以了解公司预期的赢利水平。如果预算利润与最初编制方针中的目标利润有较大的不一致，就需要调整部门预算，设法达到目标，或者经公司领导同意后修改目标利润。

表 7－4 是 A 公司的预计利润表。

表 7－4　　2012 年度预计利润表　　单位：元

项目	金额
销售收入	504000
销货成本	223020
毛利	280980
销售及管理费用	153520
利息	375
利润总额	127085
所得税（33%）（估计）	41680
税后净收益	85405

4. 财务控制职能

控制职能影响着连锁药店运用的各个方面，对财务工作尤为关键。如果连锁药店想保持健康并不断成长以发挥全部潜力，就必须学会聪明地、及时地进行控制，想要获得真正的成功，处理者必须研究各种财务控制方法提供的数据资料，并据此对连锁药店的运营进行审查。财务控制过程中常用的重要工具包括预算、资产负债表、利润表、财务比率、审计等。

5. 财务分析职能

财务分析职能是运用各种技术和分析工具，分析连锁药店财务报表中的有关资料。这种分析不仅可以评价连锁药店过去的经营业绩，而且可以了解连锁药店目前的财务状况，进而预测连锁药店未来的发展趋势。通过财务分析，可以降低决策的盲目性。

（五）连锁药店财务管理的主要工作内容有哪些？

1. 连锁药店筹资管理

连锁药店的筹资管理即连锁药店会根据经营活动对资金需求数量的要求，通过金融机构和金融市场，采取适当的方式，获取所需资金的一种行为。筹资管理是连锁药店财务管理最基本的职能。

连锁药店筹资的基本目的是为了自身的维持和发展。而具体的筹资活动通常受特定的动机驱使，如为了扩大生产经营规模而进行的筹资，为了偿债而进行的筹资，临时性的筹资等。

连锁药店筹资应遵循的原则：规模适当、筹措及时、来源合理、成本最低、资本机构最佳。

2. 连锁药店投资决策管理

连锁药店投资决策管理是连锁药店投入财力，以期望在未来获取收益的一种经济行为。在商场经济条件下，连锁药店能否把筹集到的资金投放到收益高、回收快、风险小的项目上去，对连锁药店的生存和发展是十分重要的。连锁药店的投资包括对内投资和对外投资。通过投资，才能促进连锁药店的发展，分散和降低连锁药店的风险，进而实现连锁药店财务管理的目标。

（1）投资决策管理的基本原则

认真进行市场调查，及时捕捉投资机会；建立科学的投资决策程序，认真进行投资项目的可行性分析；及时足额地筹集资金，保证投资项目的资金供应；认真分析风险和收益关系，适当控制连锁药店投资风险。

（2）投资决策方法

定性分析方法。即通过借助有关专业人员的知识技能、实践经验和综合分析能力，在调查研究的基础上，对投资项目做出的评价。

定量分析方法。通过一定的指标对投资项目进行分析，包括不考虑资金时间价值的投资回收期法、投资收益率法及考虑资金时间价值的净现值法、净现值比率法等。

3. 连锁药店资金运营管理

连锁药店资金运营管理即连锁药店在营运过程中对资金和资产的管理。这里的资产管理主要是指对流动资产的管理。该部分内容将在以下问题中详细介绍。

4. 连锁药店成本管理

连锁药店的成本管理主要是通过商品的毛利率、费用开支标准及范围、销售费用率三大指标进行控制。由总部统一进行成本核算，统一管理。

成本管理的具体内容是：

（1）总部要严格控制自身的费用开支，同时规定各门店的费用项目范围及开支标准，原则上不允许随意扩大和超标；

（2）总部要建立毛利率预算管理，加强对各门店的计划控制；

（3）总部统一计提整个连锁药店的资产折旧，统一支付贷款利息；

（4）总部对一些费用要进行分解，尽量细化到各门店或商品的种类，并对各门店的费用通过下达销售费用率进行总体控制，建立费用率计划管理制度。

5. 连锁药店人员薪资及奖惩管理

连锁药店对员工工资、奖金的分配办法应在现行的政策法规下，结合连锁经营的特点和连锁药店的实际情况，本着调动员工的积极性合理分配原则制定。

6. 连锁药店收银现金管理

连锁药店的现金收银管理在连锁药店的财务管理中占有很大的比重，因此也显得格外重要。此部分内容也将在下面的问题中具体体现。

二、连锁药店筹资管理内容

筹集资金是指连锁药店向外部单位或个人以及从连锁药店内部筹措和集中生产经营所需资金的财务活动。筹集资金是资金运动的起点，是财务管理的首要环节。医药连锁药店无论是进行日常的生产经营活动还是进行扩大再生产，必须筹集到一定的资金，尤其是连锁药店门店的拓展也是需要大量的资金的。

（一）连锁药店筹资的方式有哪些？

连锁药店筹资的分类主要有两种方式。

1. 按使用时间长短分为长期资金筹集和短期资金筹集

长期资金筹集是指使用期限在一年以上的资金筹集。长期资金筹集的方式有：吸收直接投资、发行股票、经营积累、发行长期债券、长期借款和融资租赁等。短期资金筹集是指使用期限在一年以内的资金筹集。短期资金筹集的方式有：短期借款、发行短期债券和商业信用。

2. 按筹资产权关系不同分为股权性筹资和债券性筹资

股权性筹资是指出资者成为连锁药店所有者的投资形式，如吸收直接投资、发行股票等方式筹集资金。采用这种方式筹集资金一般不用还本，财务风险小，但付出的资金成本相对较高。债权性筹资是指投资者成为连锁药店债权人的筹资形式，如短期借款、发行债券等方式筹集资金。采用这种方式筹集资金到期要归还本金和支付利息，一般承担较大风险，但相对而言，付出的资金成本较低。

连锁药店筹资需要通过一定渠道，采用一定的方式来合理筹集资金，如表 7－5 所示。

表 7－5　筹资方式与筹资渠道合理分配

方式 组合 渠道	吸收 直接投资	发行股票	银行贷款	商业信用	发行债券	租赁经营
国家财政资金	√	√				
银行信贷资金			√			
非银行金融机构资金	√	√	√		√	√
其他连锁药店资金	√	√		√	√	√
民间资金	√	√			√	
连锁药店自留资金	√	√				
外商连锁药店	√	√				√

（1）吸收直接投资

直接投资是指现金、实物财产和无形资产直接投入连锁药店的一种股权性投资，它是长期资金筹集的重要方式。吸收直接投资，应由接受投资的连锁药店向投资者出具出资证明，如股权证书，以确认其股权。连锁药店可以通过联营、引进外资等渠道吸收直接投资，以扩大资金来源。吸收直接投资筹资的优点：有利于增强连锁药店信誉，有利于尽快形成生产能力，有利于降低财务风险。缺点：资金成本高，容易分散连锁药店控制权。

（2）发行股票

股票是股份公司为筹集自有资金而发行的有价证券，是持股人拥有公司股份的入股凭证。股票代表股份公司的所有权，股票持有者为连锁药店的股东。因此，股票投资属于股权性投资，同时，又是一种间接投资。发行股票是现代连锁药店筹集长期资金的最主要方式，具体包括发行普通股和发行优先股两种方式，在我国，发行优先股的较少。

发行普通股筹资的优点：没有固定利息负担，没有固定到期日，不用偿还，筹资风险小，能增加连锁药店信誉，筹资限制较少。缺点：资金成本高，容易分散控制权。2012—2013 年老百姓大药房、益丰大药房等相继准备上市，以发行股票的方式筹集资金。

（3）长短期借款

长短期借款是连锁药店从银行或其他金融机构等方面取得各种借款。它体现了筹资连锁药店与银行或其他金融机构之间的债务债权关系。因此，长短期借款属于债权性筹资。

目前，我国医药连锁药店长期借款的主要种类有：流动资金借款、固定资产投资借款、技术改造借款和科研开发借款等（借款期一般为 1～5 年不等）。短期借款的主要种类有：周期借款、临时借款、票据贴现借款和卖方信贷等（借款期一般为 1 年以内不等）。长短期借款筹资的优点：筹资速度快，借款弹性大，借款成本低，可以发挥财务杠杆的作用。缺点：筹资风险高，限制性条款较多，筹资数量有限等。

（4）发行债券

债券是表明持券人与发行债券的连锁药店之间债务关系的证券，发行债券属于债权性筹资，同时又是吸收间接投资的一种重要方式。由于发行债券的时间长短不同，债券可分为发行期超过一年的长期债券和发行期在一年内的短期债券。发行债券筹资的优点：资金成本较低，保证控制权，可以发挥财务杠杆作用。缺点：筹资风险高，限制条件多，筹资额有限。

（5）融资租赁

融资租赁是出租者按合同规定将固定资产（主要指设备）租给承租者使用，并向承租者收取一定租金，于租赁期满付清租金后，将固定资产的所有权转给承租方的交易行为。融资租赁实质上相当于连锁药店从租赁公司分期付款购买固定资产。因此，融资租赁是一种债权性的长期筹资方式。融资租赁的优点：筹资速度快，限制条款少，

设备淘汰风险小，财务风险小，税收负担轻。最主要的缺点就是资金成本较高。

（6）商业信用

商业信用是商品交易中以延期付款或预收货款方式进行购销活动而形成的连锁药店之间的直接信用关系。它是一种债权性的短期筹资方式。商业信用的方式主要有：应付账款、应收票据和预售账款等。商业信用筹资的优点：筹资便利，筹资成本低。缺点：期限较短，如果放弃现金折扣，则要付出较高的资金成本。

下面以联想公司为例具体说明一下筹资管理的实际应用。

联想的筹资活动具有很明显的阶段性特征，上市初期主要就是股权融资活动，包括境外合作资金，可转换债券，公开上市，发行高息债券。上市第二年主要是通过各种债务的方式筹集资本，例如配股，发行可售债、贷款等。2006年是联想筹资活动最少的一年，基本没有大额的筹资活动，2008年以后联想在银行贷款的基础上开始大力发展信托融资，这一时期信托融资频繁。

联想在2006年以及2012年筹资数额最为庞大，且两年的主要筹资方式均为负债筹资，同时基本呈现递增的态势。联想近几年的现金流量表反应的经营活动现金流量净额均为负值，也就是说联想近年的现金流主要是依赖高额的融资活动现金流入来维系。

筹资主要是从两方面入手：一方面是从企业内部筹集资金，另一方面是从企业外部筹集资金。

对于联想而言，内部筹资主要是通过赢利以及预售订金，外部筹资主要是通过银行贷款、关联人士借款、信托贷款、可转股债券以及高息债券。

①内部筹资

联想每年的溢利大部分用来发放股息，联想每年的股息占溢利总额的很大比重，除此之外，联想每年还会拿出一部分溢利资金来购入附属公司的额外权益（见表7-6）。

表7-6　联想年度溢利的主要流向　单位：千元

	2009年	2010年	2011年	2012年
年度溢利	1005589	566622	1092132	1915547
股息	(490184)	(448023)	(441178)	(533671)
股息/年度溢利	48.75%	79.07%	40.40%	27.86%
购入附属公司的额外权益	(12753)	(216536)	(354483)	(504934)
购入附属公司的额外权益/年度溢利	1.27%	38.21%	32.46%	26.36%

②外部筹资

外部筹资的各主要部分可以从报表中的融资活动现金总流入的主要方式看出。具

体内容见表 7－7。

表 7－7　　融资活动现金流入各主要组成部分　　单位：千元

	2009 年	2010 年	2011 年	2012 年
融资活动现金总流入	17097571	8117877	20488087	35085059
银行及其他借款所占比重	35.12％	88.53％	90.94％	80.58％
来自关联人士借款筹资所占比重	33.05％	8.06％	4.10％	7.56％
信托贷款筹资所占比重	0	0	0	8.98％

联想的主要筹资方式中，银行及其他借款所占比重最为庞大，说明联想对于银行贷款的依赖越发的明显。越发高额的银行贷款使得信贷额度逐渐缩减，再通过银行贷款来筹集资金就越发的困难了。

（二）连锁药店的资金成本计算方法有哪些？

资金成本是指为筹集和使用资金而付出的代价，它包括筹措成本和资金使用成本两部分。在财务管理上通常用相对数来表示资金成本，即资金成本率，是连锁药店筹集资金费用与实际使用资金（筹资总额扣除筹资费用后的余额）的比率。

正确测算资金成本不仅是决策的重要依据，更重要的是可以通过预期的投资利润率与资金成本率的比较，评估一个投资项目的可行性和一个连锁药店的经营结果。

1. 发行股票筹集资金成本计算

针对连锁药店发行股票筹集资金而产生的资金使用成本是指连锁药店实际支付给股东的股利和其他收益，这些支出在税后利润中列支。普通股（我国一般发行的皆为普通股）的成本率按下列公式计算：

$$普通股成本=\frac{普通股年股息支出}{普通股发行总额\times(1-筹资费率)}\times100\%+预计每年增长率$$

例如，某企业为筹集资金，计划发行债券 200 万元，票面利率 8％；普通股 100 万元，预计下一年的股利率为 20％，股利以每年 2％的速度递增，筹资费用率为 5％。那么该企业的普通股资本成本率＝20％/（1－5％）＋2％≈23.05％

2. 发行债券筹集资金成本计算

连锁药店发行债券筹集资金，资金使用成本是指连锁药店实际支付给债权人的利息，这部分利息可以计入成本，在缴纳所得税前列支。其计算公式为：

$$债券成本=\frac{长期债券利息支出\times(1-所得税率)}{长期债务总额\times(1-筹资费率)}\times100\%$$

例如，A 公司发行一笔债券筹资 1000 万元，手续费 0.1％，年利率 5％，期限 3

年，每年派息一次，到期一次还本，公司所得税33%，这笔债券的资本成本是：债券成本$\frac{1000 \times 5\% \times (1-33\%)}{1000 \times (1-0.1\%)}=3.35\%$。

3. 多渠道筹资综合资金成本计算

如果连锁药店在一定时期内采用多种方式筹集资金，在测算出各项资金成本后，就可以采用加权计算法，求出综合资金成本。其计算公式为：

平均资金成本＝∑某种奖金来源占全部资金的比重×该资金来源的资金成本率

B公司现有长期资本总额10000万元，其中长期借款2000万元，长期债券3500元，优先股1000万元，普通股3000万元，留存收益500万元，各种长期资本成本率分别为4%、6%、10%、14%和13%，则该公司的加权平均资本成本为2000/10000×4%＋3500/10000×6%＋1000/10000×10%＋3000/10000×14%＋500/10000×13%＝1.22%。

三、连锁药店的投资决策管理

投资是货币转化为资本的过程，可分为实物投资和证券投资。前者是以货币投入连锁药店，通过生产经营活动取得一定的利润。后者是以货币购买连锁药店发行的股票和公司债券，间接参与连锁药店的利润分配。

（一）连锁药店投资有哪些类型?

1. 按投资与生产经营的关系分类

按投资与生产经营的关系分类，可以分为直接投资与间接投资。直接投资是指连锁药店将资金直接投放于能够形成生产经营能力的实体性资产，以获取利润的投资活动。主要包括连锁药店创建的初始性投资、连锁药店维持经营的重置性投资、连锁药店扩大经营规模的扩充性投资等形式。间接投资又称为证券投资，是连锁药店把资金投放于金融资产，主要是有价证券，以期获得股利、利息或资本利得的投资活动。

2. 按投资的方向分类

按投资的方向，投资可分为对内投资和对外投资。对内投资又称为内部投资，是指把资金投在连锁药店内部，购置各种生产经营用资产的投资。对外投资是指连锁药店以现金、实物、无形资产等方式或者以购买股票、债券等有价证券方式向其他单位的投资。

3. 按投资回收期的长短分类

按投资回收期的长短，可以分为短期投资和长期投资。短期投资又称为流动资产投资，是指能够且准备一年以内收回的投资，主要是对现金、存货、应收账款、短期有价证券的投资。长期投资是指投资回收期在一年以上的连锁药店投资，主要包括连锁药店对厂房、机器设备等固定资产、无形资产和长期有价证券的投资。

（二）什么是流动资产投资中的现金管理？

流动资产是指连锁药店在一年或者超过一年的一个营业周期内变现或者运用的资产，是连锁药店资产中必不可少的组成部分，主要包括现金、短期有价证券、应收账款和存货等。

现金是指生产过程中暂时停留在货币形态的资金，即广义现金，包括库存现金、银行存款、银行本票和银行汇票等，现金是连锁药店中流动性最强的资产，拥有足够的现金对于降低连锁药店财务风险、增强连锁药店资金的流动性有十分重要的意义。但是，现金属于非营利性资产，其赢利能力也非常低，现金持有量过多，所提供的流动性边际效益会随之下降，进而导致连锁药店整体收益水平降低。因此，现金管理的目标就是在现金资产的营利性和流动性之间进行平衡，也就是采用一定的方法找出一个最佳现金余额。最佳现金余额的常用确定方法有成本分析模式和存货模式。

1. 成本分析模式

成本分析模式是根据现金有关成本，分析预测其总成本最低时现金持有量的一种方法。持有现金的总成本＝机会成本＋短缺成本＋管理成本。

机会成本是因持有现金而丧失的在投资收益，通常以债权人或投资者所要求的投资报酬率表示。连锁药店持有现金越多，机会成本越大。短缺成本是连锁药店因现金短缺而遭受的损失。短缺成本与现金持有量负相关，现金持有量越大，短缺成本越小；反之，现金持有量越小，短缺成本越大。管理成本具有固定成本的性质，与现金持有量不存在明显的线性关系。因此，成本分析模式只考虑持有一定量的现金而产生的机会成本及短缺成本，而不考虑管理费用与转换成本。

2. 存货模式

存货模式的着眼点也是现金相关总成本最低。在这些成本中，管理费用因其相对稳定，同现金持有量的多少关系不大，因此在存货模式中将其视为决策无关成本而不予考虑。现金的短缺成本存在很大的不确定性和无法计量性，也不予考虑。在存货模式中，只对机会成本和固定性转换成本予以考虑。能够使现金管理的机会成本与固定性转换成本之和保持最低的现金持有量，即为最佳现金持有量。

设 A 为预算期内货币（现金）需要总量；Q 为最佳货币持有量；R 为有价证券利率或报酬率；F 为平均每次证券变现的固定费用，即转换成本；TC 为现金管理总成本。

现金管理总成本＝持有机会成本＋固定性转换成本

用公式表示为：

$$TC=\frac{Q}{2}R+\frac{A}{Q}F$$

通过求导，可以确定出最佳货币持有量及最低货币（现金）管理总成本。

$TC'=\left(\frac{QR}{2}+\frac{AF}{Q}\right)'=\frac{R}{2}-\frac{AF}{Q^2}$，令 TC′=0，得最佳货币持有量 $Q=\sqrt{\frac{2AF}{R}}$。

证券变现次数为 $\frac{A}{Q}$，最低现金管理总成本为 $TC=\sqrt{2AFR}$。

假设某企业明年需要 8400 万元，持有现金的机会成本率为 7%，将有价证券转换为现金的成本为 150 元/次，要求计算最佳现金持有量和相关的最低总成本。

$$\text{最佳现金持有量}=\sqrt{\frac{2\times 8400\times 0.015}{7\%}}=60\ \text{万元}$$

$$\text{最低现金管理总成本}=\sqrt{2\times 8400\times 0.015\times 7\%}=4.2\ \text{万元}$$

（三）什么是流动资产投资中的应收账款管理?

应收账款，是连锁药店流动资产投资的重要组成部分。随着市场经济的发展，商业信用的推行，连锁药店应收账款数额明显增多，应收账款管理已成为流动资产管理中一个重要的问题。因此，制定合理的信用政策，权衡应收账款的收益与风险，比较不同方案下的成本与收益，追求应收账款管理效益最大化，就成为应收账款的管理目标。在日常管理过程中主要通过结合以下三种方式进行。

1. 进行应收账款追踪分析

应收账款一旦形成，连锁药店就必须考虑如何按期足额收回的问题。要达到这一目的，连锁药店就有必要在收账之前，对该应收账款进行追踪分析，而对应收账款的追踪分析主要应放在赊销产品的销售与变现方面。客户以赊销方式购入商品后，如果能实现销售并收回货款，又具有良好的信用，则赊销连锁药店回收款一定没有问题，但客户的商品也可能积压或赊销，此时客户的现金支付能力相对匮乏。客户能否履行赊销连锁药店的信用条件取决于两个因素：一是客户的信用品质；二是客户现金的持有量与调剂程度。如果客户的信用品质良好，持有一定的现金余额或可调剂程度大，他们一般是不会以损失商业信誉为代价而拖欠连锁药店账款的。

2. 应收账款账龄分析

应收账款的账龄分析就是应收账款账龄的结构分析，是指连锁药店在某一时点，将发生在外的各笔应收账款按照开票日期进行归类，并计算出各账龄应收账款的余额占总计余额的比重。一般来讲，逾期拖欠的时间越长，账款催收的难度越大，成为坏账的可能性就越高。因此，进行账龄分析，应密切注意应收账款的回收情况。通过应收账款账龄分析，提示财务管理人员在把过期款项视为工作侧重点的同时，有必要进一步研究与制定新的信用政策。因此，充分发挥财务管理人员的主观能动性，正确认识、分析与合理预期，是可以在较大程度上抑制和减少应收账款逾期拖欠及坏账损失风险，进而取得良好的应收账款收现效率，优化应收账款的投资结构。

3. 建立应收账款坏账准备制度

坏账损失是指因应收账款最终无法收回而给连锁药店带来的直接损失。坏账损失有以下两种情况：一是因债务人破产或死亡，以其破产财务或遗产清偿后，仍不能收

回的应收款项；二是债务人逾期未履行偿债义务，并有明显特征表明无法收回的款项。在信用社会里，坏账损失对连锁药店来说，无法完全避免，连锁药店应尽力减少损失，同时做好善后处理事宜。

（四）什么是流动资产投资中的存货管理？

存货是指连锁药店在生产经营过程中为销售或耗用而储备的物资，包括材料、燃料、低值易耗品、在产品、半产品、产成品、协作件、商品等，然而对于药店来说最大的存货类型则为药品。通常情况下，药店经营的药品系列组合都不会有太大的变化，但由于顾客需求的变化及竞争状况的变迁，应定时增加以前所没有的新产品系列；相反，如果销售情况不佳，收益性或吸收顾客的效果不理想时，也可能要剔除一部分药品品种。因此对于药品的采购成为日常存货管理极其重要的内容。以下有三种方式可以对药店存货数量进行有效的管理。

1. 按顾客需求确定存货数量

药品采购数量的确定必须针对顾客的需求，根据药店总体经营目标，调查了解消费者的需求，从而进行经济采购，力求是药店的采购和顾客的需求相结合。为了准确预测顾客需求，药店可以从以下三个方面收集信息。

① 对内部资料进行调查。药店要整理日常各种记录，按内部资料进行调查，如关于销售量，要分析不同季节、不同月份、不同种类药品以及药品价格的变化；分析不同年龄段的消费者购药习惯，分析消费者选择药店的变化；在药店的发送记录上，分析区域的变化。

② 对统计资料进行调查。从政府部门、行业团体、研究机构发表的统计资料上进行调查如人口统计、疾病发病率统计等。政府的这些统计资料可以从各地方政府的文件、行业协会的刊物及服务中心等获得。

③ 对外部资料进行收集。药店本身要配备意见簿、缺断货统计本，派遣调查员收集外部的资料。如顾客范围，对本店的评论和希望，顾客的职业、收入程度、平均每月的购买额等。从各个角度，把这些调查情况填入意见单进行研究。

2. ABC 控制法确定存货数量

对于一个大型连锁药店来说，经常有成千上万种存货。在这些存货中，有的价格昂贵，有的不值一文；有的数量庞大，有的寥寥无几。如果不分主次，面面俱到，对每一种存货都进行周密的规划和严格的控制，就会抓不住重点，不能有效地控制主要的存货资金，甚至浪费人力、物力和财力。

ABC 控制法正是针对这一问题而提出来的重点管理方法。这种方法把存货分成 A、B、C 三大类，目的是对存货资金进行有效管理。A 类存货种类虽少，但占用的资金多，应集中主要力量进行管理，应对其经济批量进行认真规划，对收入和发出要进行严格控制；C 类存货虽然种类繁多，但占用的资金不多，不必耗费大量人力、物力和财力去控制；B 类存货介于 A 类和 C 类之间，也应当给予相当重视，但不必像 A 类那样进行非常严格的控制。

具体运用 ABC 控制法的步骤如下：

我们面临的处理对象，可以分为两类：一类是可以量化的；一类是不能量化的。

对于不能量化的，我们通常只有凭经验判断。对于能够量化的，分类就要容易得多，而且更为科学。现在我们以库存管理为例来说明如何进行分类。

第一步，计算每一种材料的金额。

第二步，按照金额由大到小排序并列成表格。

第三步，计算每一种材料金额占库存总金额的比率。

第四步，计算累计比率。

第五步，分类。累计比率在 0～60%的，为最重要的 A 类材料；累计比率在 61%～85%的，为次重要的 B 类材料；累计比率在 86%～100%的，为不重要的 C 类材料。

以下为某医药公司采用 ABC 控制法对药品存货的管理情况，详细见表 7－8。

表 7－8　　某医药公司药品存货分类

药品名称	占总金额比率	累计比率	分类
A	25%	25%	A类
B	16%	41%	
C	19%	60%	
D	17%	77%	B类
E	8%	85%	
F	8%	93%	类
G	7%	100%	
合计	100%		

其中 A 类药品就是需要进行严格控制的，对于 B 类药品的控制力度就可以减弱，C 类药品就不需要耗费过多的财力和物力了。

3. 药品品种组合确定存货数量

药店药品品种齐全是很重要的。顾客会去哪家药店购药，是因为他认为那里可以买到需要的药品。然而希望的落空使得药店的形象受损，顾客对药店的满足度和信任感也大打折扣，更可怕的是，一旦顾客感到失望或不满，对药店不良的印象很可能永远留在他们心中，有的客人很可能失望一次便不再上门。药品品种组合就是要设定药品品种的宽度、深度和高度。所谓宽度，具体地说指各类药品的配置。如处方药、非处方药、保健品、中药饮片等类型齐备。所谓深度，即指同一类药品中规格、剂型的多寡。所谓高度，则指陈列药品的库存量。药店要非常注重缩减库存量，以减少库存成本。

(五) 什么是固定资产投资管理?

针对药店的固定资产投资最为广泛的是为新店的设立，其次是为老店固定资产的更新和改进。固定资产管理要准确核定固定资产需要量，加强对固定资产的折旧管理以及做好固定资产的日常管理工作。按季度对各个门店及总部的固定资产进行盘点和检查是必不可少的内容。比如在门店设立兼职资产管理员，有助于总部更好地管理门店的资产。同时，由于固定资产投资涉及价值高、时间长、风险大，当然预期的投资报酬率也可能大，在进行固定资产投资决策时，要考虑风险因素。

四、连锁药店降低成本增加利润的方法

连锁药店作为营利性的企业，最终的目的是要达到利润最大化。然而在实际的运营过程中，连锁药店的利润往往不是很理想。连锁药店毛利低的原因主要有：促销品项太多；正常药品售价太低；进货成本高；价格错误造成无形损失；与竞争对手的价格竞争无形拉低毛利。针对以上原因现提出几种方法提高药店利润。

1. 降低进货成本

(1) 经由集中采购和供应厂商议价，降低商品进价。

(2) 产地直销，减少中间差价。

(3) 适当调整商品结构。

2. 减少损耗

防止下列各项不当因素所引起的损耗。

(1) 商品流程不当。采购不当、价格制定不当、进货验收不当、变价作业不当、退货作业不当、收银作业不当、仓储管理不当、商品结构不当。

(2) 财务处理不当。传票漏计、计算错误、溢付贷款。

(3) 失窃。顾客偷盗、员工偷盗。

(4) 其他管理不当。不当折价、高价低标。

3. 降低商品流通费用

(1) 人员效率化以降低人事费。提高人员效率必须考虑人效及劳动分配率，只有有效运用人力资源，控制合理人数，才能提升人员效率，换言之，即重视人的质和量。在质的方面，必须制定各部门各阶层人员的资格条件，慎选用人，有计划培育人才，并制定奖励方法，创造良好易执行的工作环境，让员工的潜能有所发挥。在量的方面，应制定各部门各门店的标准编制，严格控制员工人数，简化事物流程，使用节省物力、人力的设备，妥善运用兼职人员，训练并培养员工的第二专长、第三专长，使不同部门人员可相互支援，同时宜采用连锁经营，将各店可在总部的作业集中。

(2) 做适当规模投资。降低折旧费，依销售额来规划设备的投资，因不适当的大规模投资将使折旧费增加，所以必须在不影响价格的条件下，尽量节省设备投资。

(3) 导入专柜。分担部分租金。

(4) 店里费用的节省。装设节点设备，严格把控空调的开关，不开不必要的灯。

(5) 其他费用。广告促销费用的有效运用，严格控制费用预算。

4. 增加营业外收入

(1) 吸引看板广告费。可以在不影响整体美观的情况下，将店内墙壁、橱窗、柱子出租给厂商或广告商。

(2) 年度折扣。与供应商签订合同，在年度营业额或商品销售量达到某一水平，收入不同比例的年度折扣。

(3) 广告赞助费。向厂商收取包括新开店、周年庆、节庆、平常促销等所需的广告赞助费。

(4) 利息收入。药店的销货一般均为现金，需加以充分利用来增加利息收入。

5. 减少营业外支出

减少财产叫交易损失，谨慎做好投资评估，以减少投资损失等来减少营业外支出。

6. 改善销售

(1) 寻找优良商圈，减少开店失败率。

(2) 提高商品的竞争力，注意自有品牌商品的合理运用。

(3) 销售力的强化，包括进行促销活动和顾客服务功能的多样化等。

7. 提升场地运用效率

在开店之前，需做好销售预测及店铺规划，规模适应力求适当。如果店面过于宽大但销售不振，将严重影响药店效率，也会造成投资浪费。后场面积也应尽量缩小，并使物流充分配合，必须做到订货缺失、送货迅速、少库存而不缺货，减少店铺作业场面积。

五、连锁药店财务分析

连锁药店财务分析是运用财务报表及其他相关资料，采用专门的方法，系统分析和评价连锁药店的过去和现在的财务状况、经营成果及对未来前景做出评价，财务报表分析可以为财务决策、计划和控制提供广泛的帮助。

(一) 财务分析的方法有哪些?

一般来说，财务分析的方法主要有以下四种。

(1) 比较分析。是为了说明财务信息之间的数量关系与数量差异，为进一步的分析指明方向。这种比较可以是将实际与计划相比，可以是本期与上期相比，也可以是与同行业的其他连锁药店相比。

(2) 趋势分析。是为了揭示财务状况和经营成果的变化及其原因、性质，帮助预测未来。用于进行趋势分析的数据既可以是绝对值，也可以是比率或百分比数据。

(3) 因素分析。是为了分析几个相关因素对某一财务指标的影响程度，一般要借

助于差异分析的方法。

（4）比率分析。是通过对财务比率的分析，了解连锁药店的财务状况和经营成果，往往要借助于比较分析和趋势分析方法。

上述各方法有一定程度的重合。在实际工作中，比率方法应用最广。

（二）连锁药店偿债能力有哪些指标？

偿债能力是指连锁药店偿还各种到期债务的能力。连锁药店偿债能力的大小，是衡量财务状况好坏的标志之一，是衡量连锁药店运转是否正常，是否能够吸引外来资金的重要方法。

1. 短期偿债能力

是指连锁药店流动资产偿还流动负债的能力，反应连锁药店偿还日常到期债务的实力。

（1）流动比率是连锁药店的流动资产与流动负债的比率，用于衡量连锁药店在某一时点上偿还即将到期债务的能力。

其计算公式：

$$流动比率=\frac{流动资产}{流动负债}$$

某公司年初流动资产为 120 万元，年末统计流动负债为 70 万元，那么流动比率＝120/70＝1.71。

结合我国的具体情况，作为连锁药店而言的药店运行良好，其流动比率一般都不少于 1。

（2）速动比率是连锁药店的速动资产与流动负债的比率，用来衡量连锁药店在某一时点上运用随时可变现资产偿还到期债务的能力。

其计算公式：

$$速动比率=\frac{速动资产}{流动负债}$$

速动资产指的是现金、短期债券投资、应收账款和应收票据。

某公司的流动资产为 21600 元，年初存货为 720 元，流动负债为 8000 元，那么速动比率＝（21600－9720）÷8000×100％＝148.5％。

（3）现金比率是现金类资产与流动负债的比率。所谓现金类资产，主要包括货币资金和交易性金融资产。

其计算公式：

$$现金比率=\frac{现金类资产}{流动负债}$$

A公司拥有现金1800元，流动负债是6000元，那么现金比率=1800/6000=0.3。

一般而言，连锁药店应保持适量的现金。现金比率过高，是一种资金浪费，但现金比率过低，又有可能使连锁药店陷入困境，没有机会把握未来的获益机会。一般情况下，现金比率维持在0.25以上，连锁药店就有了较充裕的直接支付能力。

2. 长期偿债能力

是指连锁药店支付长期债务的能力。资本结构的合理性是保证连锁药店长期偿债能力的前提条件；利润是长期偿债能力的动力源；而资产的保值增值则是连锁药店长期偿债能力的直接反映。

(1) 资产负债率是连锁药店的全部负债总额与全部资产总额的比率，用于衡量连锁药店的长期偿债能力。

其计算公式：

$$资产负债率 = \frac{负债总额}{资产总额}$$

资产负债率的高低，不仅反映了连锁药店的经营活力，而且反映了债权人的风险。连锁药店的资产负债率越低，意味着资产对负债的担保能力越强，债权人的风险越小；反之，债权人的风险就越大。一般来说，资产负债率应当小于50%，高于50%时债权人的利益缺乏保障。在实际的工作中，资产负债率的大小，还受其他诸多因素的影响，如连锁药店赢利的稳定性、销售额的增长率、行业特点、连锁药店规模、宏观经济等。

(2) 产权比率是负债总额与所有者权益总额的比率。

其计算公式为：

$$产权比率 = \frac{负债总额}{所有者权益总额}$$

该比率是连锁药店资本结构稳健与否的标志。产权比率高，是高风险、高报酬的资本结构，是表明债权人投入的资金受到股东权益的保障程度。

(3) 利息保障倍数是指连锁药店一定时期息税前利润与利息支出的比率。该指标反映了连锁药店偿付债务利息的能力。

其计算公式为：

$$利息保障倍数 = \frac{息税前利润}{利息支出}$$

分子中"息税前利润=利润总额+利息支出"同时"息税前利润=净利润+利息支出+所得税"。分母中"利息支出"是指本期发生的全部应付利息，包括财务费用中的利息费用，计入固定资产成本的资本化利息。资本化利息虽然不在损益表中扣除，但仍然是要偿还的。

某一企业营业收入200000元，总成本150000元，其中发生财务费用下利息支出10000元，所得税率为33%. 那么，不考虑利息的成本为150000-10000=140000，所以息税前利润为200000-140000=60000，利息保障倍数=60000/10000=6。

通常情况下，利息保障倍数应当大于1，该数值越大，公司拥有的偿还利息的缓冲资金就越多，同时表明连锁药店支付利息的能力就越强，债权人的风险就越小。国际上公认的利息保障倍数为3。

（三）连锁药店营运能力有哪些指标？

连锁药店的营运能力是指连锁药店的资产运用或管理效率，表明管理人员经营管理、运用资金的能力。连锁药店营运能力分析主要包括流动资产周转速度分析、应收账款周转速度分析、存货周转速度分析、总资产周转速度分析等。

1. 流动资产周转率

是销售收入与全部流动资产的平均余额的比率，其反应连锁药店流动资产周转速度。

其计算公式为：

流动资产周转率＝营业收入净额/流动资产平均占用额

流动资产周转天数＝计算期天数/流动资产周转率

某企业2008年主营业务收入净额为13800万元，流动资产平均余额为2208万元，那么2008年的流动资产周转率＝13800/2208＝6.25。

在一定时期内，流动资产周转次数越大，表明以相同的流动资产完成的周转额越多，流动资产利用效果越好。流动资产周转率用周转天数表示时，周转一次所需要的天数越少，表明流动资产在经历生产和销售各阶段时所占用的时间越短。

2. 应收账款周转率

是指连锁药店一定时期内营业收入（或销售收入）与应收账款平均余额的比率，是反映应收账款周转速度的指标。

其计算公式为：

应收账款周转率（次数）＝营业收入/应收账款平均余额

应收账款平均余额＝（期初应收账款＋期末应收账款）/2

应收账款周转期（天数）＝计算期天数/应收账款周转次数

＝（计算期天数×应收账款平均余额）/营业收入

某商业公司2000年赊销收入净额为2000万元，销售成本为1600万元，年初、年末应收账款余额分别为200万元和400万元，一年按照360天计算，那么应收账款周转天数＝（200＋400）/2×360/2000＝54天。

应收账款周转率高低反映了连锁药店应收账款变现速度的快慢和管理效率的高低。应收账款周转率越高，表明连锁药店应收账款越快，资产流动性越强，短期偿债能力强；收账费用和坏账损失越少，从而相对增加连锁药店流动资产的投资收益。同时依据应收账款周转期与连锁药店信用期限的比较，还可以评价购买单位的信用程度。

应收账款周转率＝销售收入/平均应收账款

应收账款周转率越高，平均收账期越短，说明应收账款的收回越快。

3. 存货周转率

指在一定的时期内，平均库存相对于总销售的周转次数，其计算公式为：

存货周转率（次数）＝计划期药品销售额/药品资金平均占用额

比率越高，表示经营效率越高或存货管理越好；比率越低，表示经营效率越低或存货管理越差。

存货周转天数＝计划期天数/存货周转次数

同理可得，期间越长，表示经营效率越低或存货管理越差；期间越短，表示经营效率越高或存货管理越好。

接着上一题的条件，该商业公司的年初、年末存货余额分别为 200 万元和 600 万元，那么存货周转天数＝（200＋600）/2×360/1600＝90 天。

一定时间周期内的商品平均库存，有日平均库存、月平均库存、年平均库存。其中药品销售额的计算根据月末的“药品进销存月报表”中的“本月累计销售额”找出月销售额。由于月末结余金额是按售价计算的，因此要换算成进价金额。

药品资金平均占用额（进价）＝药品资金平均占用额（售价）×（1－综合差价率）

按月计算的平均占用额：

月平均占用额（售价）＝（月初平均占有额＋月末平均占用额）/2

按季计算的平均占用额：

季平均占用额（售价）＝(季初占用额/2＋第一、第二月末占用额＋季末占用额/2）/3

按年计算的平均占用额：

年平均占用额（售价）＝(年初占用额/2＋第一、第二、第三季末占用额＋年末占用额/2）/4

(四) 连锁药店赢利能力有哪些指标?

赢利能力是指连锁药店赚取利润的能力，是连锁药店财务能力的集中体现，通常表明连锁药店获利水平的高低以及获利的稳定性和持久性。因此，其评价指标有：营业利润率、成本费用率、资产报酬率等。

1. 营业利润率

是连锁药店一定时期营业利润与营业收入的比率。其计算公式为：

营业利润率＝营业利润/营业收入

该指标越高，说明连锁药店主管业务市场竞争力强，发展潜力大，获利水平高。

2. 成本费用利润率

是指利润与成本的比率。其计算公式为：

成本费用利润率＝利润总额/成本费用总额

成本费用总额包括营业成本、营业税金及附加、销售费用、管理费用、财务费用。

3. 总资产报酬率

又称总资产利润率或总资产收益率，是连锁药店一定时期内获得的报酬总额与平均资产总额的比率，其用来衡量来源于不同渠道的连锁药店全部资产的总体获利能力。其计算公式为：

总资产报酬率＝息税前利润/平均资产总额

平均资产总额＝（期初资产总额＋期末资产总额）/2

某公司 2001 年净利润为 800 万元，所得税为 375 万元，财务费用 480 万元，年末资产总额 8400 万元，年初资产总额为 7500 万元，那么，总资产报酬率＝$\frac{800+375+480}{(7500+8400)/2}\times 100\%=20.82\%$。

该比率越高，表明连锁药店的资产利用效益越好，整个连锁药店赢利能力越强，经营管理水平越高。

六、连锁药店的收银工作内容

收银员做的工作有很多，但就收银工作而言，主要是收银业务、收入款项的管理与上交以及凭证的填制与装订业务等。

（一）收银业务包括哪些内容?

收银业务主要有现金收银业务、银行卡收银业务、支票收银业务和会员卡与优惠券收银业务。

1. 现金收银业务

现金收银业务主要包括核算 、收取现金、验钞、打单和找零等几个环节。收银员对顾客选取的药品一一清点数量，扫描计价，计算出顾客应付款总金额；收取现金并认真检验钞票的真伪；打印销售清单；退还顾客多余的现金。

在这个过程中需要注意的就是验钞环节，当顾客交来现金时，收银员必须对现金进行仔细检验，检查是否有伪钞和残损钞票，以避免给药店带来不必要的损失。

（1）检验伪钞的要点

检验钞票的真伪主要是采用直观对比和仪器检测相结合的方法。

① 直观对比方法

可概括为：“眼观、手摸、耳听”三种方法。以识别第五套人民币 100 元（见图 7－

1）为例：

“眼观”：即观察票面外观颜色、固定人像水印、安全线、胶印缩微文字、红色和蓝色纤维、隐形面数字、光变面额数字 100、阴阳互补对印图案、横竖双号码。其中隐形面额数字、光变面额数字是区分钞票真伪最简单、最直观的方法，也是目前国际上最通用、最有效的公众防伪手段之一。真钞正面下方“100”字样与票面垂直角度观察为绿色，倾斜一定角度则变为蓝色，假钞则没有颜色变换。真钞正面右上方有一椭圆形图案，将钞票置于与眼睛接近平行的位置，面对光源作平面旋转 45 度角或 90 度角，即可看到面额 100 字样，假钞则看不到面额 100 字样。

“手摸”：即用手触摸凹印人像，行名、面额数字、盲文面额标记等，真钞线纹光洁，有凹凸感。假钞因采用普通胶印机印刷，线纹没有凹凸感。

“耳听”：真钞是采用特殊工艺加工的钞票专用纸印刷，纸质挺括，用手甩、弹、抖，声音清脆，与假钞使用的民用纸质有明显的区别。

图 7－1　第五套人民币 100 元的真假对比

当对可疑钞票进行人工鉴别仍有疑点时，可以使用验钞机进行检验。对于可疑的钞票和面值为100元和50元的大额钞票，收银员一般都应进行验钞机和人工的双重检验。

②验钞机检验钞票

使用验钞机检验钞票时，首先开启电源开关，然后将一叠纸币捻成一定斜度，平放在滑钞板上，机器即自动完成点钞工作，待滑钞板上纸币全部输送完毕机器停止计数，此时显示屏上显示的数字就是该叠纸币的数量，取出接钞架钞票，每次清点纸币时显示器上显示的数值自动控制将清零后重新计数。

点钞时将钞票整理，最好是按不同的面值分开并清除钞票上的纸补贴及污染物，再将钞票扇开成小斜坡状，成捆钞票应先拍松再散开，垂直放入滑钞轮。

放钞不正确时，会产生真钞误报或机器提示出现点钞不准，请把接钞器上的纸币重新摆好，放到进钞台，按复位键再重新清点。放钞正确使鉴别能力更强，计数或者计数字更正确。

使用一般点钞机时，应避免可能对电网产生强干扰的电器，如手机、电焊机等，避免强光直射和强磁场干扰，以免造成鉴伪失灵。

断电停机后等待不少于5秒再开机，否则可能会导致机具工作不正常。

每周应该彻底清扫一次计数对管及各传感器上的灰尘，只需将上盖向上欣起，用毛刷把灰尘清扫完即可，注意清扫前关闭电源。

当出现进钞不顺畅或计数不准时，可通过调节进钞台螺钉来调整阻力橡胶片与捻钞轮之间的间隙解决，然后用手抓一张纸币放入捻钞与阻力橡胶片之间感到有拉力即可，注：顺时针方向收紧，逆时间方向放松。

（2）检验残损钞票的要点

残损钞票是在流通过程中，因长期使用造成票面残缺或污损而不能继续流通的人民币。检验残损钞票时，一定要按照残损人民币的鉴定标准进行操作。残损钞票一般是不能用来消费的，如确认顾客交的是残钞，应礼貌地要求顾客给予更换，并告知顾客可以将其残钞到银行进行兑换。

根据《中国人民银行残缺污损人民币兑换办法》中第二条规定可知，本办法所称残缺、污损人民币是指票面撕裂、损缺，或因自然磨损、侵蚀，外观、质地受损，颜色变化，图案不清晰，防伪特征受损，不宜再继续流通使用的人民币。

在对顾客进行找零的环节中，也应掌握一定的技巧。在日常工作中，应将不同面值的零钱放在钱箱内不同的格子中，以方便找零。找零时应按最大面值的现金组合来点数现金，以节约零钱。如找零数字为33.5元，所找零钱的组合应为：一张20元的纸币、一张10元的纸币、一张2元的纸币、一张1元的纸币（或一个1元的硬币）和一张5角的纸币（或一个5角的硬币）。

2. 银行卡收银业务

银行卡收银业务程序包括收卡验证、刷卡、签单、打单、退还卡等几个环节。顾客以信用卡付账结算时，收银员接受顾客的信用卡和身份证，并认真辨别持卡人与身份证是否相符；审核无误后刷卡；请持卡人签字并审认顾客签名笔迹；打印销售清单；将银行卡、身份证等退还顾客。

具体的银行卡收银业务操作验步骤如下：

（1）收卡和验证

当顾客以信用卡付款时，收银员要同时收取顾客的信用卡和身份证，结果信用卡后还应对顾客唱收，并礼貌地告诉顾客稍微等待并进行刷卡操作。

（2）确认、审卡、刷卡、签字

① 确认。收到信用卡后，收银员应首先确信本处有无该卡种业务。

② 审卡。收银员在接受顾客信用卡付款时应对顾客的信用卡选择审核，包括审核信用卡是否完整无损、顾客的有效身份证件、发行和到期年月、信用卡是否被相关金

融机构列入禁用名单。

③ 刷卡。把信用卡放在刷卡机的槽口刷卡，输入金额，并检查销售单上打印的信用卡号码、收银金额、日期、身份证件号码等是否完整、清晰。保证持卡人签字前的单据清晰、有效，以尽力减少工作失误和顾客的等待时间。

④ 签字。签字即顾客签字。在上述程序结束后，收银员将销售单据交给顾客并指导顾客在相应的位置上签字。收银员应将销售单上的签名与信用卡的签名进行对比，确保其真实性、正确性。

（3）认真核实

收银员完成上面的确认、审卡、刷卡、签字四个操作步骤后，还要认真地核实一遍，主要核实以下四个方面：

① 核实顾客所持信用卡的有效期限；

② 核实顾客的签字与信用卡背面的签字是否一致；

③ 核实并登记顾客的身份证号码；

④ 核实顾客所持信用卡号码是否在银行定期发布的通缉名单之上，防止有人使用盗窃而来的信用卡。

（4）打印单据

刷卡操作完毕后，收银员要向顾客开具收款凭证，打印电脑小票或销售发票。选择付款键，打开钱箱，完成交易。

（5）返还卡、证、单据

以上收款操作程序结束后，收银员应将信用卡、身份证件、信用卡单据连同电脑小票或销售发票一同交还给顾客，同时留下单据中的药店联并入钱箱，关闭收银箱。

3. 支票收银业务

支票收银业务程序包括查验支票、审验证件、填写支票、打印销售发票等几个环节。办理支票收银业务时，要认真审验支票各项要素是否齐全、正确、规范，有无涂改，是否在有效期内，查验持票人证件是否正确等，并留下购货单位电话和持票人身份证号码。

连锁药店经常接触到的支票一般包括现金支票和转账支票（见图 7－2 和图 7－3）。因此，对于支票的填写规则要尤为熟悉。

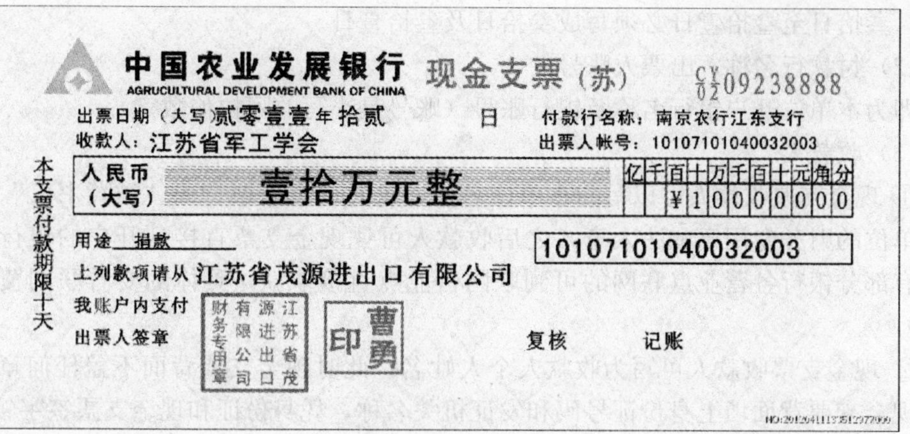

中国农业发展银行 AGRICULTURAL DEVELOPMENT BANK OF CHINA 现金支票（苏） CY/02 09238888

出票日期（大写）贰零壹壹年拾贰 日 付款行名称：南京农行江东支行

收款人：江苏省军工学会 出票人帐号：10107101040032003

本支票付款期限十天

人民币（大写）	壹拾万元整
亿千百十万千百十元角分	¥10000000

用途 捐款 10107101040032003

上列款项请从 江苏省茂源进出口有限公司

我账户内支付

出票人签章 江苏省茂源进出口有限公司财务专用章 印 曹勇 复核 记账

图 7-2 现金支票

以下为现金支票和转账支票的填写须知：

（1）出票的日期

数字规定必须大写，数字大写的写法是：零、壹、贰、叁、肆、伍、陆、柒、捌、玖、拾。

例如：2002 年 1 月 1 日：贰零零贰年零壹月零壹日。

捌月前零字可写也可不写，伍日前零字必写。

例如：2010 年 4 月 15 日：贰零壹零年零肆月壹拾伍日。

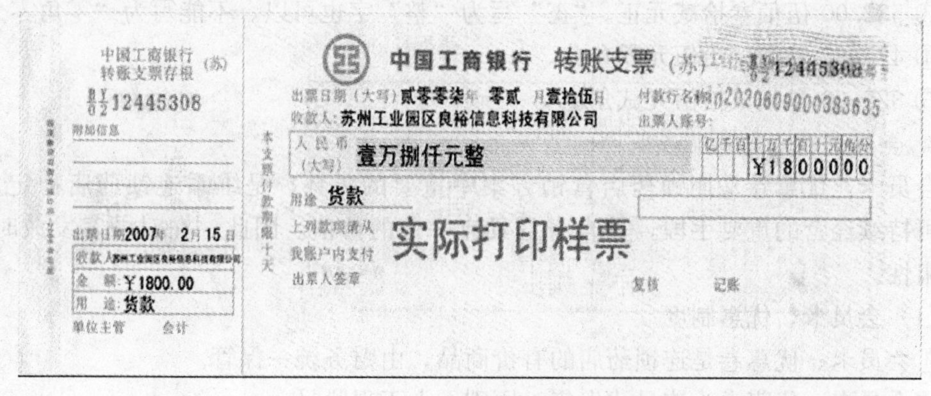

中国工商银行 转账支票存根（苏） BY/02 12445308

附加信息

出票日期 2007 年 2 月 15 日

收款人：苏州工业园区良裕信息科技有限公司

金额：¥1800.00

用途：货款

单位主管 会计

中国工商银行 转账支票（苏） BY/02 12445308

出票日期（大写）贰零零柒 年 零贰 月 壹拾伍 日 付款行名称：

收款人：苏州工业园区良裕信息科技有限公司 出票人账号：2020809000383635

本支票付款期限十天

人民币（大写）	壹万捌仟元整
亿千百十万千百十元角分	¥1800000

用途 货款

上列款项请从

我账户内支付

出票人签章 复核 记账

实际打印样票

图 7-3 转账支票

例如：

① 壹月贰月前零字必写，叁月至玖月前零字可写可不写。拾月至拾贰月必须写成壹拾月、壹拾壹月、壹拾贰月（前面多写了“零”字也认可，如零壹拾月）。

② 壹日至玖日前零字必写，拾日至拾玖日必须写成壹拾日及壹拾×日（前面多写了“零”字也认可，如零壹拾伍日，下同），贰拾日至贰拾玖日必须写成贰拾日及贰拾

×日，叁拾日至叁拾壹日必须写成叁拾日及叁拾壹日。

（2）付款行名称、出票人账号

即为本单位开户银行名称及银行账号（账号是小写的阿拉伯数字）。

（3）收款人

① 现金支票收款人可以写为本单位名称，这时现金支票背面“被背书人”栏内加盖本单位的财务专用章和法人章，之后收款人可凭现金支票直接到开户的银行领取现金（有部分银行各营业点联网的可到联网营业点直接取款，具体的要看联网覆盖范围而定）。

② 现金支票收款人可写为收款人个人姓名，此时现金支票背面不盖任何章，收款人在现金支票背面填上身份证号码和发证机关名称，凭身份证和现金支票签字领款。

③ 转账支票收款人应填写为对方单位名称。转账支票背面本单位不盖章。收款单位取得转账支票后，在支票背面被背书栏内加盖收款单位财务专用章和法人章，填写好银行进账单后连同该支票交给收款单位的开户银行委托银行收款。

④ 人民币：大写数字的写法是：零、壹、贰、叁、肆、伍、陆、柒、捌、玖、亿、万、仟、佰、拾。

支票填写样式和格式需要注意的：“万”字不带单人旁。

例如：

① 279546.26 贰拾柒万玖仟伍佰肆拾陆元贰角陆分。

② 7560.31 柒仟伍佰陆拾元零叁角壹分。此时“陆拾元零叁角壹分”中“零”字可写可不写。

③ 532.00 伍佰叁拾贰元正。“正”写为“整”字也可以。不能写为“零角零分”。

④ 425.03 肆佰贰拾伍元零叁分。

⑤ 325.20 叁佰贰拾伍元贰角。

4. 会员卡、优惠卷业务

会员卡、优惠卷是连锁药店营销方案中重要的一环，是维系连锁药店稳定发展、实现可持续经营的重要手段，其自身且具有一定的价值。因此。在对顾客发放时具有其严肃性。

（1）会员卡、优惠制度

①会员卡、优惠卷是连锁药店的有价商品，由财务统一保管。

②会员卡、优惠卷为连号式发售，原则上上不得跳号。

③收银员拥有会员卡的保管权，其他部门得参与。

④收银员，收银干部在会员卡销售过程中如果发生丢失、损坏、由领用（或发放）人依据金额赔偿。

⑤会员卡、优惠卷由收银班干部财务人员办理完相应手续后统一发放（注：财务人员做好详细编号登记，双方签字确认后可发放）。特殊情况（现场赠等）须由药店店长或药店经理、主管授权，由收银员经客人登记后发放，其他人无权发放。

⑥收银员、收银干部应做好每日的药店会员卡的盘点工作，若有耗损，须认真记

录并将损坏的会员卡退回财务部，若有遗失应照价赔偿。

⑦财务人员依据会员卡优惠的销售及库存情况，应及时通知主管人员进行提前制作。

(2) 会员卡、优惠卷交接制度

①各班次应严格依照库存卡的数量接卡，确保会员卡（结存、进、销、库存）的数据准确无误。

②收银干部应及时补足每日会员卡、优惠卷的使用量，以确保会员卡销售工作的正常进行。

其他交接：严格做好工作班次交接，上一班次遗留工作，如会员卡等，详细告知下一班次工作人员做好此类物品的领取登记工作。

(3) 会员资料管理制度

①应妥善保管好会员资料，不得以任何形式泄露会员信息，一经发现，予以免职。

②做好第日会员信息资料的登记工作。

③做好每月会员原始资料（销售、赠送、抵账、续费）的装订及封存交予财务。

④收集会员资料并时行系统化。

角字后面可加“正“字，但不能写“零分”，比较特殊。正字可以写成整字，两个都可以。

(4) 用途

① 现金支票有一定限制，一般填写“备用金”“差旅费”“工资”“劳务费”等。

② 转账支票没有具体规定，可填写如“货款”“代理费”等。

(5) 人民币小写

最高金额的前一位空白格用“￥”字头打掉，数字填写要求完整清楚。

(6) 盖章

支票正面盖财务专用章和法人章，缺一不可，印泥为红色，印章必须清晰可见，印章模糊只能将本张支票作废，换一张重新填写重新盖章。反面盖章与否见“(2) 收款人”。

(7) 支票常识

① 支票正面不能有涂改痕迹，否则本支票作废。

② 受票人如果发现支票填写不全，可以补记，但不能涂改。

③ 本支票付款期限十天就是说从你支票开票日开始到第 10 天这段时间你要到银行柜台转账或者支取现金。如果超过了 10 天就无效。

(二) 收入款项的管理及上交业务包括哪些？

收银台每天要收入大量的现金，是药店的重要部门，保证所收款项的安全完整是收银员的重要职责。收银员在收银工作结束后，首先，应将当天收取的营业款进行清点，核算出营业总金额；其次，将电脑小票和有价证券等分类整理，分别捆扎装订；最后，如数填制缴款凭证，将营业款连同缴款凭证上交总收款室。这里的缴款凭证指的就是我们常说的发票。

（三）会计凭证的管理包括哪些内容？

收银工作属于经济性工作，财务部门的部分会计凭证产生于收银业务中。因此，填制和装订凭证是收银员的重要业务内容之一。经收银员填制的凭证一般有销售发票、缴款单等。营业结束后，收银员要将各种凭证分类整理，分别捆扎装订，连同营业款一同交到总收款室。

1. 会计凭证的种类

会计凭证是记录经济业务的发生和完成情况，明确经济责任的书面证明，是登记账簿的依据。

在实际工作中会计凭证种类繁多，格式多样，作用不一，但按其编制或取得填制的程序和用途不同，可分为原始凭证和记账凭证。

（1）原始凭证。原始凭证又称为单据，是在经济业务发生或完成时取得填制的，用以记录或证明经济业务的发生或完成情况的原始凭证。原始凭证是会计核算的原始资料和重要依据。原始凭证按取得的来源不同，可分为外来原始凭证和自制原始凭证。

① 外来原始凭证。指在经济业务发生或完成时，从其他单位或个人直接取得的原始凭证，如购买货物取得的增值税专用发票、普通发票、铁路运单、对外单位支付款项时取得的收据，职工出差取得的飞机票、火车票等。

② 自制原始凭证。指由本单位内部经办业务的部门和人员，在执行或完成某项经济业务时填制的、仅供本单位内部使用的原始凭证。如领料单、收料单、产品入库单、产品出库单、借款单等。自制原始凭证按照填制手续及内容不同，分为一次凭证、累计凭证和汇总凭证。

a. 一次凭证。它是指一次填制完成、只记录一笔经济业务的原始凭证。如收据、收料单、发货单、借款单、银行结算凭证等。一次凭证是一次有效的凭证。

b. 累计凭证。它是指在一定时期内多次记录发生的同类型经济业务的原始凭证。其所填制的内容仅限于同类经济业务，是多次有效的原始凭证。具有代表性的累计凭证是“限额领料单”。

c. 汇总凭证。它是指一定时期内反应经济业务内容相同的若干张原始凭证，按照一定标准综合填制的原始凭证。汇总原始凭证合并了同类型经济业务，简化了记账工作量。

由于企业的各项经济业务不尽相同，原始凭证的具体内容和采取的格式也不尽一致。但任何一种原始凭证，都具备以下基本内容：原始凭证的名称，填制单位的名称，原始凭证的日期和编号，接受单位的名称即抬头（对外凭证），经济业务的内容摘要，经济业务所涉及的品名、数量、单价、金额等，经办部门和人员的盖章或签名。

原始凭证的填制要求是必须要真实、完整、规范、及时。

（2）记账凭证。它是会计人员根据审核无误的原始凭证或汇总原始凭证填制的，记载经济业务的简要内容，确定会计分录，是登记账簿的依据。按记账凭证所反映的经济内容不同，一般分为收款凭证、付款凭证、转账凭证和通用式记账凭证（见图 7－4、

图7-5、图7-6和图7-7)。收款凭证、付款凭证、转账凭证合称为专用式记账凭证。

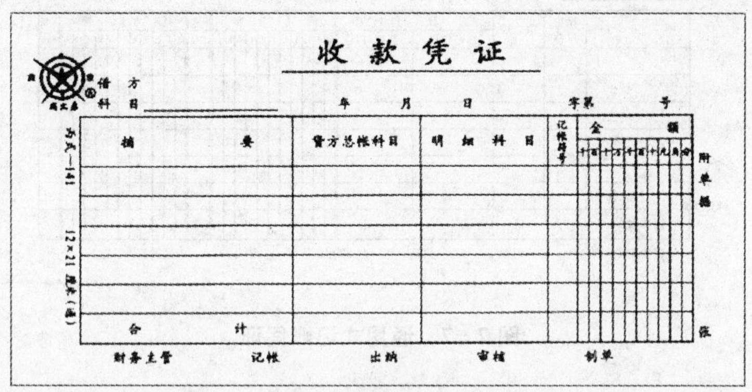

收款凭证

借方科目 ______ 年 月 日 字第 号

摘要	贷方总帐科目	明细科目	记帐符号	金额（千 百 十 万 千 百 十 元 角 分）
合计				

附单据 张

财务主管 记帐 出纳 审核 制单

方式—141 12×21

图7-4 收款凭证

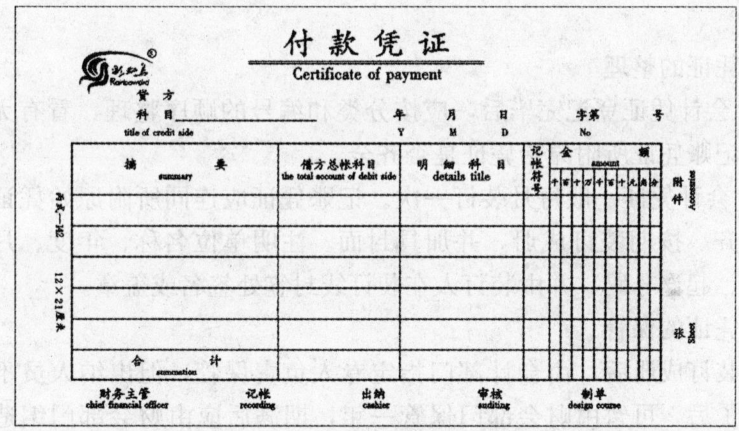

付款凭证
Certificate of payment

贷方科目 title of credit side 年 Y 月 M 日 D 字第 号 No

摘要 summary	借方总帐科目 the total account of debit side	明细科目 details title	记帐符号	金额 amount（千 百 十 万 千 百 十 元 角 分）
合计 summation				

附件 张

财务主管 chief financial officer 记帐 recording 出纳 cashier 审核 auditing 制单 design course

方式—142 12×21厘米

图7-5 付款凭证

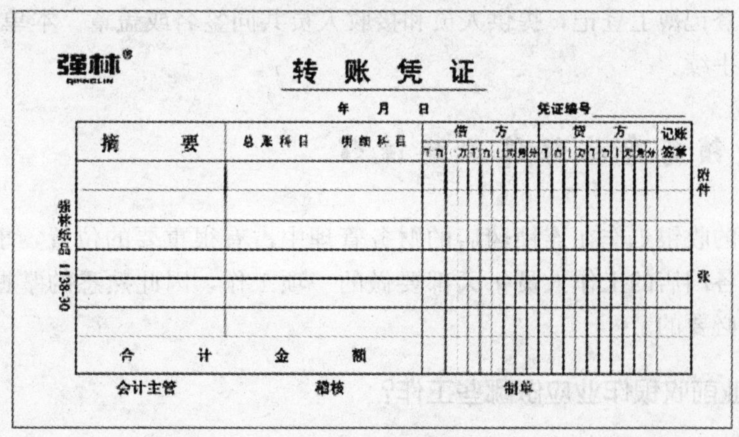

强林®

转账凭证

年 月 日 凭证编号 ______

摘要	总账科目	明细科目	借方（千 百 十 万 千 百 十 元 角 分）	贷方（千 百 十 万 千 百 十 元 角 分）	记账签章
合计金额					

附件 张

会计主管 稽核 制单

强林纸品 1138-30

图7-6 转账凭证

辽财会帐证 44—2 号

辽宁省财政厅监制 (03)

通用记账凭证

年 月 日

出纳编号_____

凭证编号_____

摘要	结算方式	票号	会计科目		借方金额										记账	贷方金额										记账
			总帐科目	明细科目	亿	千	百	十	万	千	百	十	元	角	分	符号	亿	千	百	十	万	千	百	十	元	角	分	符号
附单据		张	合	计																								

会计主管人员 记帐 稽核 制单 出纳 交领款人

图 7－7 通用式记账凭证

2. 会计凭证的整理与保管

会计凭证是重要的经济档案，为了保证会计凭证的完全完整，必须采取适当的方法，妥善保管。

（1）会计凭证的整理

① 编号。会计凭证登记完毕后，应按分类和编号的顺序整理，看有无缺号、重复编号等情况，记账凭证所附原始凭证是否齐全。

② 装订。会计凭证一般每月装订一次。记账凭证应连同所附原始凭证汇总表按编号顺序折叠整齐，按期装订成册，并加具封面。注明单位名称、年度、月份和起讫日期、凭证种类、起讫号码，并由装订人在装订线封签处签名或盖章。

（2）会计凭证的保管

会计凭证装订成册后，由会计部门指定专人负责保管，但出纳人员不得兼管会计档案。年度终了后，可暂由财会部门保管一年，期满后应由财会部门编造清册移交本单位档案部门保管并严格调阅制度。一般情况下，本单位会计凭证不得外借，其他单位因特殊情况需要调阅时，需经本单位会计机构负责人、会计主管人员批准，可以复制，并在专设登记簿上登记，提供人员和接收人员共同签名或盖章。本单位人员调阅，也要办理有关手续。

七、连锁药店收银作业的流程

连锁药店的收银工作在连锁药店的财务管理中占有很重要的位置，事实上这一部分内容是连锁各门店的工作人员每天都要做的一项工作，因此熟悉的掌握收银作业的流程是非常有必要的。

（一）营业前收银作业应做哪些工作？

1. 收银员穿工作服，并检查服装是否干净、整齐、是否佩戴员工卡；发型、仪容应整齐、清洁。

2. 收银员进入收银区并整理、打扫收银台。包括：擦干净收银台、收款机，掸掉灰尘。将收款机周围的地面、纸篓打扫干净。将购物车、购物筐准备妥当，检查有无损坏。

3. 准备好收银必备用具，如购物袋、复写纸、打印机、干净抹布、大胶条、笔、记录本、收款员款单、暂停结算牌、验钞机、发票等。

4. 收银员上岗前要了解当日促销活动，价格变动及特价商品。从领班处领备用金，清点后签字确认。

5. 按顺序逐个开机，检查机器设备运转是否正常，查看机内程序设定和各项统计数值是否正确归零，后台服务器与前台收款机连接是否正常，信息传输是否正确。

6. 输入收银员工号，检查工号与日期是否正确，打开收银通道。

（二）营业中收银作业应做哪些工作？

1. 收银操作步骤

（1）欢迎顾客。双眼目视顾客亲切自然地说“您好”，若为会员应输入顾客资料。

（2）用条形码扫描器输入商品资料。为顾客所选商品逐一结账，并进行消磁工作。

（3）商品结算。扫描结束后报出商品金额总数，并唱收唱付。

（4）商品装袋。迅速恰当地为顾客把所购商品分类装入包装袋。

（5）欢送顾客。礼貌地向顾客道别，目送顾客离开并说“您慢走”或“您走好”。

2. 收银作业注意事项

（1）收银员在交易前应认真核对每件商品的品名、规格、产地、价格等是否与计算机上的相符。

（2）每笔交易必须做到唱报、唱收、唱付，即向顾客报出应收金额、实收金额、应找金额，将商品按装袋原则装袋后和电脑小票一起交付给顾客。

（3）检查顾客支付的钞票，遇有疑问钞票还可借助验钞机检验。收银员若收到伪钞、残钞，由收银员承担赔偿责任。

（4）商品折扣、赠品赠送及商品的退换货按相关规定进行，支票由领班或组长登记后按规定收取。

（5）在收款机出现死机后，不得擅自重新启动，必须通知后台人员处理，并填写系统运行日志，详细记录死机情况及处理情况。

（6）营业期间不得清点收银机中的钱款，收银钱箱除收款、找零外不得开启。

（7）一般情况下门店不得记手工账，特殊情况（停电、故障）经营运部门批准后方可，并注明已输入情况，存底备查。

（8）收银员不可离开收银区域，如遇特殊情况需通知管理人员离开原因及回来的时间，退出收银界面，出示“暂停收银”的指示牌，并关闭收银通道。

（三）交接班有哪些注意事项？

1. 交接班

（1）早班交接班应在收银台展示“暂停收银”的指示牌，晚班交接班应在所有顾

客离开营业厅后进行。

（2）收银员交接班一般应在当班负责人的监督下进行，两班收银员当面交接备用金、发票和收银物品等，前班人员签退，并如实填写收银交班表，接班人员核实确认，签字认可后可完成交接班工作。如有异议，应当面提出，否则责任由下一班收银员承担。

（3）由当班负责人打印解款小票，与收银员一起清点现金（先清点备用金，再清点营业款）。

（4）与解款小票核对，出现长、短款，按公司相关规定处理。

（5）与解款小票核对无误的，早班营业款按公司规定交财务；晚班营业款和备用金由当班负责人存入保险箱。晚班收银员与当班负责人交接之后出现的一切差错由当班负责人承担。

（6）所有促销、优惠或会员兑换的各种形式的代金券（礼券、兑换券等）必须按规定装订成册，交财务审核。

2. 营业后作业

（1）结算营业总额。指整理现金，点清钱款按规定封存，填写缴款单；整理当日销售记录、账表。

（2）关闭收款机。将钱箱货款取出，签退后安全关机，盖上防尘罩，切断电源。

（3）协助现场人员处理善后工作。擦拭购物车、筐，安放定位，将滞留在收款台的商品返回原处，整理收款台周围环境，检查各项电源、电器是否关闭。

（四）营业后的钱款如何处理？

由于各医药连锁药店或门店的情况与规章制度不一样，所以交款或存款的流程也不完全相同，从目前的情况来看，主要有以下几种：

1. 交接班时，由收银员结算营业总额，整理现金，点清钱款按规定封存，填写缴款单，在当班负责人或保安的陪同下，走员工专用通道直接向财务交款。

2. 营业结束后，收银员与当班负责人一起清点钱款。由财务主管和出纳来收银台接款。

3. 营业款由收银员和当班负责人两人一起到银行存款。当班负责人也可指定其他人员协助存款，但由此引起的责任由当班负责人承担。一般情况下，每日营业款分两次存入指定银行：第一次是上午10点钟之前将前一日晚班营业款存入指定银行；第二次是在当天交接班后存入早班营业款。

严禁营业款、备用金在收银员或其他相关人员个人手中滞留或挪用。

（五）门店收银与存款作业的处理流程？

在于银行存款的门店，存款后应及时将存款单（需加盖银行收款章）交回门店，并由当班负责人、收银员和营业员三人在银行交款单背面签字。各门店可根据指定存款银行距离远近等具体情况确定返单时间，如超过正常时间，当班负责人应引起高度

重视，并采取相应措施。

一般情况下，每月初（一般为每月 1 日）门店应将银行存款单、电脑解款小票与《门店零售月报表》一起交公司财务部，并且双方必须在交接记录本上签字。

门店所有员工均有存款作业的监督权，对不按要求存款的行为有责任向财务部、内控部及时汇报。店长必须每天监督、检查存款情况，核对银行存款回单金额是否与电脑解款小票相符，否则由此引发的责任由店长及相关人员承担。

（六）门店收银过程中的特殊情况有哪些？

（1）如有特殊情况未能按时存入银行，应及时报告公司财务部。

（2）当遇顾客使用支票时，一方面请顾客稍候，另一方面通知财务部负责人，经同意后，及时到对方开户行划款，划款成功后才能将商品交给顾客。

（3）当收银机发生故障或停电时，应先向营运部门报告，经同意后安排专人登记购物清单，收银员才能收款。收银机恢复正常后，由登记人员监督收银员再逐笔输入计算机。

（4）不能多收顾客的购物款项。如因工作失误，出现长款，门店应将长款与当班营业款一起存入公司指定账户，并在存款单上备注；出现短款，由当班收银员本人补足，且这两种情况均应在收银交接班本上登记，绝不允许用长款抵短款。

（5）如政府部门检查，保存原始检查记录，盘点时统一处理。

（6）遇节假日，可将现金存入指定账户，财务部、内控部、营运部门检查监督。

指南八　药店设备与安全管理

一、连锁药店对设备设施的分类

把连锁药店验收、检验、养护、营业等业务环节所用的设施设备按其功能划分，可分为以下三大类：

1. 营业场所设施和设备

（1）药品陈列展示的设备：包括多层结构的柜台货架等。

（2）包装打码设备：包括打印机、封口机、打码机等。

（3）电脑收银设备：包括收银机、UPS、扫描仪、打印机等。

（4）多媒体设备：包括信息电视、触摸式电脑、电子钟等。

（5）购物篮。

（6）符合药品特性需求的设备：包括冰箱、冷柜、放置特殊管理药品的专柜等。

（7）顾客休息区的设备：包括垃圾箱、绿色植物、饮水机、便民盒、顾客意见簿、缺货登记表、养生保健书柜等。

（8）便民服务设备：包括免费测血压、身高、体重等设备，会员兑奖处、存包处、导购图等。

（9）药学服务台设备：包括合理用药知识或日常保健卫生常识宣传板、执业药师导购台等。

（10）药店广告宣传设备：包括店内广告、店外广告和户外流动宣传方式的广告等。店内广告包括招牌、橱窗、门、灯箱、POP 广告、招贴画、吊旗等；店外广告包括广场标志物、小区专栏、气球悬吊广告；户外流动宣传方式包括车贴、车体广告等。

（11）促销区设备：包括厂家广告、桌椅、相关的检测设备等。

（12）员工休息室设备：包括桌椅、电视、投影仪、屏幕、相关的锦旗、奖杯、荣誉证书等。

（13）安全设备：包括防火设备和防盗设备。防火设备包括：消防标志、消防通道、紧急出口、疏散图、火警广播、紧急照明等相关的消防设施。防盗设施包括：警示标语、监控设施、电子防盗设备、防盗门等。

（14）经营中药饮片所需要的调配处方和临方炮制的设备：包括营业用的计算设备、衡器、调配工具、小型粉碎切片机、干燥设备、包装用品等。

（15）分类、指引、区别、识别的标志牌等设备。

2. 储存与保管用设施和设备

（1）保证药品正常储存的设备和设施：包括支架、货架、柜橱、底垫等。

（2）通风防潮设施与设备：包括排风扇、通风器、吸湿剂和除湿机等。

（3）监测和调节温、湿度的设施和设备：包括温、湿度检测仪，空调、除湿机、库房散热器、供暖通道、电加湿器等。

（4）储存特殊管理药品、贵重药品具有安全功能的专用保管设备：包括专业保险铁柜、专用仓库等。

（5）符合药品特性要求的常温、阴凉和冷藏保管设备：包括空调、冷柜、散热器、暖气等。

（6）消防、安全防盗设备：包括灭火器、消防管道、消防栓、防盗门、防盗网等。

（7）药品防尘、防虫、防鼠、防污染和防霉变等设备：包括纱窗、门帘、电猫、灭蝇灯等。

（8）分类码放设备，货位标志牌等。

3. 检验、验收与养护用设施和设备

（1）验收设施和设备：包括崩解仪、千分之一天平、澄明度检测仪、操作台及灯检台等，经营中药材、中药饮片的还应配置水分分析仪、紫外荧光灯、解剖镜或显微镜等。

（2）防尘、防潮设施：包括空调、温湿度检测仪、除湿机、排风扇等。

二、法律法规对设备设施、服务环境的要求

（一）新版 GSP 对设备管理设施、服务环境有哪些要求?

《药品经营质量管理规范》（新版 GSP）对药店设备设施的配备做了如下要求：

第四十三条规定：企业应当具有与其药品经营范围、经营规模相适应的经营场所和库房。

第四十四条规定：库房的选址、设计、布局、建造、改造和维护应当符合药品储存的要求，防止药品的污染、交叉污染、混淆和差错。

第四十五条规定：药品储存作业区、辅助作业区应当与办公区和生活区分开一定距离或者有隔离措施。

第四十六条规定：库房的规模及条件应当满足药品的合理、安全储存，并达到以下要求，便于开展储存作业：

（1）库房内外环境整洁，无污染源，库区地面硬化或者绿化；

（2）库房内墙、顶光洁，地面平整，门窗结构严密；

（3）库房有可靠的安全防护措施，能够对无关人员进入实行可控管理，防止药品被盗、替换或者混入假药；

（4）有防止室外装卸、搬运、接收、发运等作业受异常天气影响的措施。

第四十七条规定：库房应当配备以下设施设备：

(1) 药品与地面之间有效隔离的设备；

(2) 避光、通风、防潮、防虫、防鼠等设备；

(3) 有效调控温湿度及室内外空气交换的设备；

(4) 自动监测、记录库房温湿度的设备；

(5) 符合储存作业要求的照明设备；

(6) 用于零货拣选、拼箱发货操作及复核的作业区域和设备；

(7) 包装物料的存放场所；

(8) 验收、发货、退货的专用场所；

(9) 不合格药品专用存放场所；

(10) 经营特殊管理的药品有符合国家规定的储存设施。

第四十八条规定：经营中药材、中药饮片的，应当有专用的库房和养护工作场所，直接收购地产中药材的应当设置中药样品室（柜）。

第四十九条规定：经营冷藏、冷冻药品的，应当配备以下设施设备：

(1) 与其经营规模和品种相适应的冷库，经营疫苗的应当配备两个以上独立冷库；

(2) 用于冷库温度自动监测、显示、记录、调控、报警的设备；

(3) 冷库制冷设备的备用发电机组或者双回路供电系统；

(4) 对有特殊低温要求的药品，应当配备符合其储存要求的设施设备；

(5) 冷藏车及车载冷藏箱或者保温箱等设备。

第五十条规定：运输药品应当使用封闭式货物运输工具。

第五十一条规定：运输冷藏、冷冻药品的冷藏车及车载冷藏箱、保温箱应当符合药品运输过程中对温度控制的要求。冷藏车具有自动调控温度、显示温度、存储和读取温度监测数据的功能；冷藏箱及保温箱具有外部显示和采集箱体内温度数据的功能。

第五十二条规定：储存、运输设施设备的定期检查、清洁和维护应当由专人负责，并建立记录和档案。

(二)《药品流通企业通用岗位设置规范》对设备设施、服务环境有哪些要求?

1. 设备设施

(1) 零售药店应有与经营药品规模相匹配的营业场所、提供专业咨询服务的区域和符合药品储藏要求的区域。

(2) 零售药店的营业场所、仓库、办公、生活等区域应分开，营业用货架、柜台齐备，店内指示性标志和警示语规范醒目。

(3) 零售药店的营业场所应保持整洁、卫生，应有提供员工洗手和消毒的设施用具。

(4) 零售药店应建立信息管理系统，能够记录药品经营的全过程，做到过程可追溯；具备符合政府规定的完善的基本药物信息管理系统。

(5) 零售连锁门店与其总部计算机信息管理系统互联互通。

（6）零售药店应建立消费者用药信息系统及档案，有条件的零售药店应建立慢性病消费者的药历档案信息系统。

2. 营业场所

（1）营业场所店面整洁、牌匾醒目；营业场所外应悬挂代表药品零售行业标识的“绿十字”灯箱。

（2）营业区域统一布局，组合紧凑，装饰环保，色彩搭配协调，环境宜人。

（3）营业场所内醒目位置设置药学技术人员岗位监督公示牌（包含半身免冠照片、姓名、岗位、专业技术职称和执业资格等内容）。

（4）营业场所内服务公约、便民措施等张挂齐全，内容准确，用字规范。零售药店应履行服务承诺，设立消费者意见簿、缺药登记簿以及政府监督电话和零售药店投诉电话。

（5）营业场所灯光明亮，设置应急照明设备并定期检查维护。

（6）禁止在商业经营中使用高音喇叭，或者采用其他发出高噪声的方法招揽消费者。

（7）营业环境应符合相应的卫生标准，各种设备、设施保持清洁。

（8）营业场所保持空气新鲜，温、湿度适宜。

（9）营业场所不乱堆乱放物品，不乱张贴广告、标语；及时清除过期广告，保持广告的时效性；霓虹灯、灯箱、电子显示牌等固定广告设施定时保洁维修，保持功能完好。

3. 商品陈列

（1）商品陈列应符合药品质量管理和分类管理的相关法规。

（2）商品陈列应科学规范，美观醒目，搭配有序。

（3）商品陈列实行一货一签，明码标价，货签对位。

（4）陈列商品类别标识正确清晰，特殊商品应标有警示用语。

（5）商品陈列设施应符合安全标准并定期维护，商品陈列应稳固、便利。

三、连锁药店的陈列设备

（一）药品陈列设备设施有哪些？

该类设备通常由多层结构的柜台、货架构成，应该符合牢固、安全、易于标识和识别药品的要求。

对于货架的管理要注意以下几点：

（1）货架应背靠背成双行排列，并与主通道垂直，单行货架可以靠防火墙放置，同时还要考虑药品的摆放情况，应置于顾客方便选购的位置。

（2）货架标志应放在各行货架面向通道的两端，以便标明各行货架编号及存放药品的种类，层格货架每隔应有粘贴固定标签的位置，并粘贴标签。

（3）货架内药品应按照药品批号的先后顺序摆放，效期较近的放置在外，效期较远的放置在里。

（4）为了便于在高层货架上取货，可以配备取货小梯子。

（5）柜台要透明，柜台内要按药品性能作用和药品分类管理的要求摆放药品，同时要有价格标签等；柜台外要有柜组标识。

（6）对柜台、货架要经常擦洗、保持整洁。

（二）怎样对药品储存设备进行管理？

这类设施设备包括支架、货架、柜橱和保持药品与地面间有一定距离的地面衬垫物、底垫。货架有两种，其中单层地脚架用于大量成箱成件药品的堆垛，多层货架用于放置一些零星不成件的药品。对这类设施设备的管理要注意以下几点：

（1）配置的设备应符合新版 GSP 条款的规定，应能与营业场所、仓库的内部结构相适合。

（2）注意防潮、防虫，使货架或其他设施处于良好的使用环境中。

（3）设备要经常保持清洁，保证木质的货架等设备不腐蚀掉屑。

另外，在药店营业场所、货架、货柜及相关功能区域，对所经营的药品按照不同类别、不同用途、不同品种的药品进行正确与清楚的分类、区别与标识。如商品的陈列或商品的品种有变更时，此类标志应及时挪移或更换，并保持其整洁。

（三）怎样对连锁药店的标牌进行管理？

库内对不同性质的药品要分区域储存，药品要做到分类码放，货位上设货位牌。当货位上的药品有变更时，此类标志应及时挪移或更换，并保持其整洁性。

定期检查有标识设备状态的标识牌。设备正常运行时挂正常运行标识（绿牌），暂停运行时挂暂停运行标识（红牌），维修期间或维修处理时挂修理标识（黄牌）。

库存药品应实行色标管理。其统一标准是：待验药品库、退货药品库为黄色；合格药品库为绿色；不合格药品库为红色。如图 8－1 所示。

合格药品库（绿色）	待验药品库（黄色） 退货药品库（黄色）
不合格药品库（红色）	

图 8－1　色标牌图示

四、连锁药店的货架管理

货架展示是药品陈列的重要部分，货架陈列的好坏也直接影响整个药店的销售业绩。货架有不同的构造形式和规格，其设计既要讲究实用、牢固、灵便，便于营业操作，便于消费者参观，又要适应摆放各类药品的要求。

常见的货架有：单面货架、双面货架、端头架、小背网货架、四柱式货架、角钢货架、多变货架、促销架、置物架等。货架的基本尺寸不仅和人体高度和人体活动幅度密切相关，还应考虑人的正常视觉范围和视觉规律。人的正常视觉有效高度范围为从地面向上 30～230 厘米，通常地面以上 60～164 厘米为药品的重点陈列空间。对于敞开式自选药店来说，顾客识别和选取药品的有效范围为地面以上 60～200 厘米，一般顾客选取药品频率最高的范围为地面以上 90～150 厘米，60 厘米以下时难以吸引顾客注视。

店内使用的货架应尽量适合所要放置的位置。紧靠墙壁放置的货架高度一般为 1.6～2.2 米；放置在店堂中间的货架一般来说高度为 1.5 米左右；柜台的高度一般为 80 厘米。

陈列台一般置于药店的入口或货架的两端比较显眼的地方，陈列台处可放置的货架有：两面展示架、四面展示架、三叠面展示架等，一般用来展示特价药品、打折药品或新药，这种货架造型新颖独特，主要是用来吸引顾客。

至于店铺使用哪种规格的货架或柜台比较合适，要结合店堂具体的情况和经营风格而定。一般来说，中央陈列货架不宜太高，方便顾客环视，靠近店堂四周的货架可稍高一些，使顾客远远就能看见药品。货架不仅要摆放和展示药品，同时还必须和药店的其他方面保持一致。例如：在那些设计风格属于传统风格的药店里，顾客希望看到的是许多木质陈列架，而不是塑料与金属的陈列架。而在那些设计风格属于豪华风格的药店里，顾客看到最多的则是设计新颖造型独特的金属材质货架。

货架在风格、颜色、大小和材质方面可以多种多样，药品零售企业可以根据企业形象统一设计，例如：海王星辰的 Logo 是绿色小海星的标志，每个连锁门店内部的货架、促销架、配件的设计也与绿色海星标志相呼应，使顾客联想到大海，给人以广阔、悠远的感觉。

以下举例某实体药店的平面布置规划图，如图 8－2 所示。

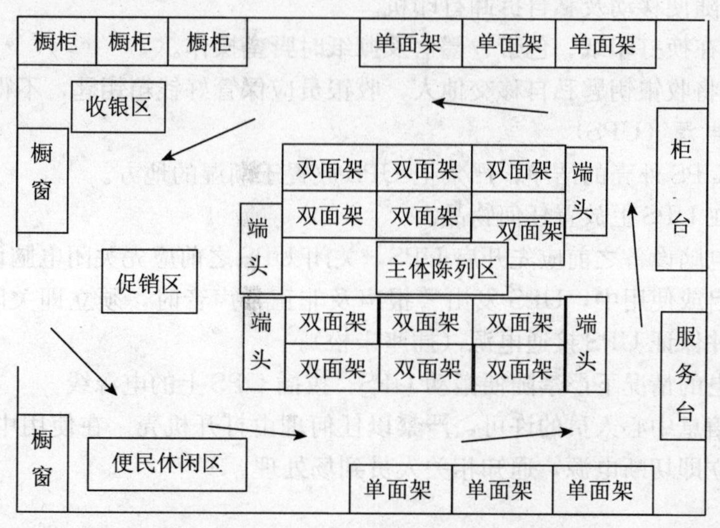

图 8－2　某实体药店的平面布置规划图

五、连锁药店的收银设备管理

收银设备包括：收银机、不间断电源（UPS）、扫描仪、打印机等。

收银机是机电一体的设备，在安装放置机器的时候，注意不要将机器放在高温、潮湿、酸性的环境中，并且在使用的过程中要严格遵守操作规程，注意设备的养护和日常护理。

1. 收银机

（1）收银机由收银员负责日常使用及管理维护工作，收银员有责任确保收银机在门店的正常安全使用。

（2）收银员必须保持收银机及其周边相关设备的清洁。对于收银机的键盘、打印机、内壳的清洁工作每天不少于一次。

（3）开机时须先打开 UPS 电源、电源插板、再开启主机电源；关闭时必须先退出收银系统，关闭主机电源、电源插板，再关闭 UPS 电源。

（4）收银员必须熟悉收银机线路及接口位置，收银员需对收银机后的接口进行编号确认，以便自行检查线路接口。

（5）严禁用力敲击键盘。如键盘能正常使用而会员卡无法正常刷入时，请先确任该卡已经生效。

（6）严禁随意转动客户屏，以免客户屏数据线松动或扭断。

（7）严禁在收银机上放置任何物品和粘贴任何东西。

（8）严禁在收银机周边放置液态物品，以防液体浸入机身。当收银机不小心浸入液体时，需立即切断电源，通知相关人员到场处理。

（9）严禁频繁开启和关闭收银机。当收银机相关设备损坏或出现电脑故障时，收银员有义务和责任配合完成故障处理。

（10）严禁随便移动及私自拆卸打印机。

（11）严禁在换打印纸、色带、墨盒及撕纸时野蛮操作。

（12）严禁将收银钥匙私自移交他人，收银员应保管好钱箱钥匙，不得丢失。

2. 不间断电源（UPS）

（1）保持 UPS 外壳的洁净，严禁把 UPS 放置于潮湿的地方。

（2）严禁在 UPS 上放置任何物品。

（3）开启电脑设备之前应先开启 UPS，关闭 UPS 之前应先关闭电脑设备。

（4）在开启或使用中，UPS 发出警报声及非正常声音时，须立即关闭收银机，检查是否停电，并保证 UPS 接通电源（插座未松）。

（5）在带电的情况下严禁随便搬动 UPS、拔插 UPS 上的电源线。

（6）未经信息中心人员的许可，严禁以任何理由打开机壳。在使用中 UPS 电源一旦短路，必须立即切断电源，通知相关人员到场处理。

3. 扫描仪

扫描仪有台式扫描仪和手持扫描仪两种。在使用台式扫描仪时需注意以下几点：

（1）保证台式扫描仪的位置摆放正确。

（2）接通电源后，绿色指示灯亮，内置马达高速旋转，听到连续的“嘟嘟”声，并产生垂直向上、纵横交错激光网，表示扫描仪正常工作。

（3）扫描商品条码时，应注意条码是否有断码、变色、模糊等现象；扫描时应将商品条码朝下，将条码方向顺箭头方向悬空扫入，听到“嘟”一声响，表示条码信息已被正确输入。

（4）当扫描仪窗口上红灯亮、扫描商品时听不见“嘟”一声响或扫条码后无商品资料显示等现象时，应在信息中心人员指导下检查线路接口是否松动。

（5）扫描仪待机时，应用盖板遮住扫描窗口。平时注意避光、避尘，应尽量防止窗口磨损，保持扫描窗口表面的清洁。

在使用手持扫描仪时需注意以下几点：

（1）开机前，先检查设备连接端口，是否插在正确位置。

（2）如有异常现象（如扫描仪亮红灯、开机或扫条码无“嘟嘟”声、商品信息无法输入等）须及时与相关人员取得联系。

（3）接通电源后，扫描仪绿色灯亮，同时听到“嘟嘟”响，表示扫描仪处于待机状态。

（4）使用时应注意商品条码是否有断码、变色、模糊等现象。

（5）商品扫描时，手握扫描仪手柄，将扫描口对准商品条码，商品条码与扫描仪之间的距离不超过30厘米。

（6）当扫描仪发出“嘟嘟”声，表示商品条码已被识别输入。

（7）待机时，需小心置于托架上，当扫描仪关闭时，也必须切断手持扫描仪的电源。

（8）平时要保持扫描仪表面清洁，轻拿轻放，严禁摔碰。

4. 打印机

打印机用于顾客购物详单和发票的打印。在操作时需要注意以下几个方面：

（1）必须保持清洁卫生，摆放整齐以及严禁随便移动或私自拆卸。

（2）不能在更换打印纸、色带和墨盒时野蛮操作。针式打印机在工作时，应该用面板上的按钮调节纸张位置，禁止手动走纸。

（3）打印机在打印时，使用人员应注意看守，如果出现卡纸等情况应立即停机处理。

（4）严禁在针式打印机上打印图形文件。

（5）使用多层打印纸时，控制按钮一定要调到相应的数字指示位置。

（6）未经许可严禁使用网络打印机。

（7）在发现打印机有异常时，应立即与相关人员联系，严禁自行维修。

六、药品的专用保管设备及温控保管设备的管理

药品由于性质不同，对温度和湿度的要求也不相同，不同药品对温湿度各有一定

的适应范围，当温湿度与药品性质不相适应时，就会对药品质量带来影响。

(一) 如何对特殊药品和贵重药品的专用保管设备进行管理?

专用保管设备包括专业保险铁柜、专用仓库。

有条件的连锁药店对于特殊管理药品应设置专用仓库；仓库应为砖钢混结构，且无窗无通风孔，安装钢制保险房门，防撞，并与附近的公安派出所建立联系，以便做好重点防护的准备。

无条件或经营数量较少而不需要建立专用仓库的连锁药店，要有特殊管理药品存放的专用保险铁柜，由钢制而成，结实不易撬开，设置双门双锁，或使用专用保险铁柜。

(二) 如何对符合药品特性的温控设备进行管理?

1. 温控设备

符合药品特性的温控设备主要包括空调、冷冻机组、散热器、暖气等。

大部分药品可在常温下保存，对于该类药品一般置于货架上，利用空调来调节气温，而对于需要阴凉存放或冷藏存放的药品应配备电冰箱或小冷藏库，如生物制品、生化制剂等。

药品的储存特性要求通常在药品包装的储存条件上注明。根据药品的储存特性，适当的启动空调、冷柜、散热器、暖气等相关设备。

经常检查这类设备的性能，检查中发现的问题应及时向质量负责人汇报并尽快处理和备档。

2. 检测和调温设施设备种类

检测和调温的主要设备有：温湿度检测仪、空调、除湿机、散热器、供暖通道、电加湿器等。

温度测量器可以选用普通温度表、最高最低温度计、自动记录温度计、半导体点温计。

湿度测量器可选用干湿球湿度计、毛发湿度计、通风湿度计、自记湿度计、手摇湿度计等。干湿球湿度计是最常用的湿度测量仪器。

另外，还要有一定的隔热设施，如墙体、屋顶材料的使用，仓库朝向和屋高也对仓库的温湿度有影响。

喷雾洒水，用电加湿器产生蒸汽，以提高空气湿度。

3. 检测和调节温湿度设施设备的管理

(1) 温湿度检测仪一般悬挂在不靠门窗而空气又能相对流通的地方，不宜悬挂在墙上或墙角处，并要避免阳光直射。其高度以人的视线平行为准，一般以 1.5 米为宜。相对湿度应保持在 45%～75%。

(2) 温湿度检测仪每季度应进行一次校验或检查，并做校验或检查记录。

(3) 最高最低温度计根据其使用原理，使用时不能横卧倒量放置，以免酒精渗入

水银，使其所示温度不准。

(4) 定期检查空调和除湿机等，空调和除湿机等仪器每次使用前后都应该检查是否正常，并填写“设备使用记录”。

(三) 如何对干湿球温度计进行维护?

(1) 要注意保护干湿球温度计的完整无损，并且要经常检查它的准确性。例如：外管管内标尺磁板是否活动，水银柱上部空管内有无水银和污渍，水银柱内是否有气泡或有无中断情形，如发现上述情形应立即调换。

(2) 应当保持其清洁，如发现干球上有灰尘或水分，应立即用清洁湿布轻轻擦拭。

(3) 湿球上包的纱布在任何时间都应该保持洁白、柔软和湿润，一般应每周调换一次纱布，但如果遇上特殊天气如风沙现象，致使湿球纱布上沾有灰尘，则需要立即更换。

(4) 更换纱布时，要把干湿球温度计从百叶箱内拿出来，先洗干净手再去下旧纱布，把水银球用清洁的水洗干净，再用洁白软布擦拭，再把新纱布条放在蒸馏水中浸透，然后紧紧地把它包在水银柱上，注意不要有皱痕，并使纱布绝大部分露出在水银球底下。水银球上的纱布边缘交叠部分，不得超过球部表面面积的 1/4，这样包好之后，即用准备好的纱线做成活扣，把高出水银上面的纱布扎紧，多余的纱线剪掉。

(5) 纱布放在水盂内应折叠平整（使用纱布长度在 10 厘米为准），水盂内应经常保持满水，最好在每次定时观测后进行添水，添水时间无论如何不得迟于下次观测前半小时。

(6) 清洗时应当用蒸馏水，如果没有蒸馏水就用清洁的雨水或雪水，但一定要用滤纸或细棉花滤过，绝对禁止用井水或泉水。

(7) 当湿球纱布开始冻结的时候，应把湿球温度计下的水盂从百叶箱内取走，以防止水盂冻裂。

(四) 药店的通风和防潮设备怎样管理?

仓库内通风、防潮设备包括：排风扇、通风器、吸湿剂和除湿机。以保证库内通风、阴凉、干燥，符合药品存放条件。对这类设施的管理要注意以下几点：

(1) 库房安装排风扇或通风器，根据药品的特性，可以在适当的时候开启机器持续适当时间。定时检查排风扇或通风器是否沾上灰尘，及时加以清理。

(2) 可铺用吸湿剂如生石灰、氯化钙、硅胶等，用木箱、篓等盛装，置于库内四周货架下及门窗附近。当用石灰块作为吸湿剂时，石灰块变成粉末时应加以更换；当用硅胶作为吸湿剂时，硅胶变色时应加以更换。

(3) 有条件的仓库可购置除湿机，根据需要可选用固定式或移动式，但该类设备投资较高，噪声和振动较大，用于结构严密的仓库。定时检查除湿机性能，记录存档，如发现问题应及时修理。

七、连锁药店的验收养护设备管理

灰尘、虫、鼠等一些意外情况对药品的污染很大，特别是一些袋装药品，如板蓝根、葡萄糖等，一旦发现鼠害则问题非常严重。防尘、防虫、防鼠、防污染和防霉变的设备包括纱窗、门帘、灭蝇灯、电猫、鼠夹等。定期检查纱窗、门帘是否有漏洞并及时修补；定期检查电猫、鼠夹等设备的性能，观察其是否生锈、是否正常工作，检查中发现的问题应及时向质量负责人汇报并尽快处理和备档。

验收养护设备包括：崩解仪、千分之一天平、澄明度检测仪、标准比色液、操作台、灯检台。经营中药材、中药饮片的还应配置水分分析仪、紫外荧光灯、解剖镜或显微镜。管理时应注意以下几点：

（1）质量管理人员和养护人员应经常检查养护设备的进行状况，检查设备的配备情况是否达到 GSP 的要求，设备的运行状况如何，在检查的过程中发现有不符合要求的设备，应向店长汇报并提出维修或购置计划。

（2）对不能正常运转的仪器和设备不得使用，要及时维修做好维修记录。对主要设备和精密仪器应制定保养和管理的方法，并建立使用记录、大修记录、检定记录。

（3）对于强制性检定的设备要按照政府计量行政部门的要求按时进行检定，做好检定记录，填写“强制检定计量器具历史记录卡”，并形成档案。

八、员工休息区和顾客体验区的设备的管理

（一）员工休息区设备怎样管理？

员工休息区可以配备的设备包括：桌椅、电视、话筒、电动投影仪、屏幕、奖杯、锦旗、荣誉证书等。

对桌椅、奖杯、锦旗、荣誉证书等要经常擦拭使其鲜亮，电视、话筒、电动投影仪、屏幕等要经常检查其是否正常工作，一旦发现问题应尽快报修。

（二）顾客休息区怎样管理？

设备顾客休息区可以配备的设备包括：垃圾箱、绿色植物、饮水机、便民盒、顾客意见簿、缺货登记表、养生保健书柜等。

（1）药店店堂内的垃圾箱应在店员每次卫生清扫时及时清理，在夏天可以增加清理次数，以免有异味发出。

（2）在药店营业场所内应尽量放置易成活的绿色植物，增加药店环境的鲜活性。

（3）在每天清扫卫生时注意检查饮水机的工作状况，注意加水。

（4）每天要检查便民盒的东西是否齐全，便民盒内包括老花镜、放大镜、红药水、紫药水、棉签等，如果缺少物品应及时补上。

（5）店长每日查看意见簿，并进行相关的回复，对顾客提及的优秀营业员要进行表彰和奖励，而对于有问题的营业员要进行调查处理。

（6）店长每日审核缺货登记表，尽量满足顾客的要求。对于可以替代的药品，可以建议用替代药品；对不能替代的药品应尽量在最短的时间内和厂家取得联系，尽量做到让顾客满意。

（7）药店店堂内可以放置一些养生保健的书籍、报刊供顾客休息时翻看，尽量多一些关于常见疾病的书籍，应保证书籍的整齐摆放，查看是否缺页撕角并防止被顾客带走。

（三）顾客设备体验区怎样管理？

便民服务区可以配备的设备包括：测血压、身高、体重的设备，以及吸氧机、会员礼品兑换处、存包处、导购图等。

（1）定时检查检测仪器的指针是否归零，能否正常工作。

（2）经常擦拭橱窗的玻璃，使其光亮、整洁。

（3）导购图放在存包处旁边，导购图和存包处要经常擦拭，使其整洁。

（4）注重吸氧机的清洁，在顾客吸氧后要及时的消毒。

九、药学服务设备和广告宣传设备的管理

（一）连锁药店的多媒体设备怎样进行管理？

药店的多媒体设备主要包括触摸式电脑、信息电视、电子钟等。

1. 触摸式电脑

触摸式电脑的作用在于为消费者提供以下信息：所售药品的种类，同类药品中各种药品的价格、生产厂家、生产日期、有效期等，特别是还对每一种药品提供药品说明书。

随着新药开发上市速度的不断加快，以及药品剂型、包装的改变，对药品说明书数据库要及时进行更新和维护。

2. 信息电视

（1）信息电视主要用于播放药店的促销信息、广告、药店公告及新闻等。

（2）营业开始前必须开启信息电视。

（3）信息电视必须保持图像清晰。

（4）信息电视出现墨点，图像模糊变形等，需立即通知相关人员。

（5）营业结束后必须关闭信息电视。

3. 电子钟

电子钟放在店堂内供员工和顾客看时间之用。电子钟能显示年、月、日、时间和星期，亦能显示店堂内的温度，如果温度显示过高或过低，就可以进行调节，使店内

温度保持在正常安全范围内。

需每日检查药店内电子钟数据显示的正确性，如有不准的情况出现需对其进行调节。如其停止工作，需及时更换电池或进行相关的维修。

(二) 广告宣传区设备怎样进行管理？

药店广告宣传区设备包括广告宣传、药学服务设备、促销区设备三大类。

1. 药店广告设备

主要包括店内广告、店外广告和户外流动宣传方式的广告等。店内广告主要有招牌、橱窗、门、灯箱、POP广告、粘贴画、吊旗等。店外广告主要有广场标志物、小区专栏、氢气球悬吊广告等。户外流动宣传方式主要包括车贴、车体广告等。对于这类广告，一方面要保持其清洁，使其形象鲜亮，另一方面要根据广告的性质及时更新。药品广告宣传应符合《药品管理法》及《中华人民共和国广告法》的有关规定。

2. 药店药学服务设备

主要包括安全合理用药知识和日常保健卫生常识宣传板、执业药师导购台等，通常要注意以下几点：因季节、节日不同，应不定期更换宣传板上的内容，如春季是感冒的多发期，就可以集中宣传感冒的防范和用药。特别是老年病等常见病，要增加其养生保健及调养的内容。执业药师导购台，应有执业药师坐堂咨询，为顾客审方并指导其合理用药。

3. 药店促销区设备

主要包括厂家广告、桌椅、相关的检测设备等。这一类设备应该按照药店其他设备一样，应经常擦拭，检查其是否正常工作。在给顾客检查身体的过程当中，要注意不能私自调节仪器，使其测量结果与真实值不符，欺骗顾客。

十、中药饮片调配处方和临方炮制所需设备的管理

(一) 调配处方和临方炮制设备的种类有哪些？

一般包括营业用的计算机、衡器、调配工具、小型粉碎切片机、干燥设备、包装用品等，所用计量工具必须按规定检测合格。

1. 衡器

是指能用来衡量物质体积、质量和重量的器具，包括量杯、量筒、天平、称等。

2. 中药调配工具

(1) 冲筒。有钢制和铁质两种，用于某些特殊材料临配前的捣碎处理，如一些矿石类、动物角质类、介壳类中药。

(2) 研钵。有瓷制、玻璃制、玛瑙制、金属制等几种，由钵和乳杆组成，用于研磨药品。

(3) 铁碾。全部由铁制成，其上口较宽，向下斜至底部，形似船成窄沟状，中有

一方孔，安装一碾轴，将药物至于槽中，用脚蹬轴，使砣往返轮转碾轧，使药物渐成粉末。

(4) 切药刀台。由切药刀、刀枕、刀闩、刀板、固定架几部分组成，与切药刀相配套的传统工具有竹把子、虎头钳、刷子、药斗等。

(5) 药筛。药筛主要用于药粉颗粒的选择或混合。

(6) 戥称。由杆称和砝码组成，有大小两种规格，大的主要用于调配一些饮片药处方，称量范围在1～500克；小的主要用于调配一些贵细药物和毒性中药处方，称量范围在0.2～50克。

(7) 托盘天平，其规格较多，中药调剂的最大称量为500克，感量（称量标尺的分度值）0.5克为宜，主要用于中药的预分装。

3. 包装用品

有药袋，符合卫生要求的塑料袋、纸张、包装绳等。

4. 其他用品

如药罐、大秤、清洁卫生用具、小型粉碎切片机、干燥设备等。

（二）调配处方、临方炮制设备怎样管理?

(1) 对衡器、计算工具、调配工具应定时检验基准是否归零，如没有归零应进行校正。

(2) 保持包装用品的清洁卫生，使其透明光亮如新，使药品没有陈旧的感觉。

(3) 对小型切片机，要经常检查其刀锋的锐度，并及时上油。

十一、连锁药店的包装打码设备的管理

包装打码设备包括打价机、封口机、打码机、手包机、电子秤等。

1. 打价机

打价机用于药品价格标签的打印、粘贴。在操作时需要注意以下几个方面：

(1) 按打价机说明书中的装纸要求将打价纸装入机内，合上打价机底盖时注意不要用力过猛。

(2) 核对实物和标价无误后，按照标价签上的编码和价格调出相应的数字，并核对打出的价格、编码是否正确。

(3) 调校数字时轻轻拉动数字调节器尾端，将指示箭头对准所调数字的位置后，再转动数字调节按钮，调出所需数字，当箭头在两数字中间位置时，严禁转动调节按钮。

(4) 打价机使用完毕后应放在指定位置，严禁随手放在药品、货架或地上。

(5) 当打出的字不清晰时，必须给油墨头加墨，注意加墨量一次在2～3滴。

2. 封口机

封口机主要用于压封商品塑料包装。在操作时需要注意以下几个方面：

(1) 每次压封时间应控制在10秒以内，严禁超时。

(2) 压封强度不宜过大，应待塑料袋冷却后方可取出。

(3) 严禁空压机器。

(4) 应经常用干抹布擦拭机身，保持接口处电热丝洁净，注意在每次清洁时应当切断电源。

3. 打码机

用于药品外包上打码和电脑收银系统配备，使药品价格管理成一体系。在操作时需要注意以下几个方面：

(1) 开启打码机电源开关时，要检查指示灯是否正常。

(2) 在安装标签和色带时注意不要划伤打印头。

(3) 打印头必须每两天清洁一次，若是使用频繁则应该每天清洁一次。

(4) 未经相关人员同意，不得随意搬动、拔插打码机的电源线和数据线。

(5) 每次更换色带时，必须用酒精和棉签清洁打印机头和滚筒。

(6) 若发现故障，则应立即和相关人员取得联系。

4. 手包机

主要用于密封包装所销售的各种药品。在操作时需要注意以下几个方面：

(1) 手包机使用前应预热20分钟。

(2) 手包机预热后严禁用手或利器接触发热板。

(3) 使用时应注意温度的调节，严禁长期处于高温状态。

(4) 发热板严禁沾水。

(5) 手包机使用长时间后会产生大量静电，应拔出电源后将机壳接触墙壁，待静电消失后再重新使用。

(6) 严禁在设备表面放置其他物品。

(7) 设备表面应保持洁净。

十二、药店营业氛围的管理

药店环境管理包括：卫生、色彩、照明、温度、湿度、音响、气味、通风的管理等内容。

1. 药店卫生管理

为顾客创造一个整洁的购物环境是文明经商的要求。

(1) 保证地面平整、环境整洁、无积水、无污染源。

(2) 根据店内营业员的数量进行值日安排，包括对橱窗玻璃、陈列用具的清洗、地面的保洁、卫生间的保洁，确保店堂内饮水机的正常运行等。清洁工作在每天开业前、午饭后及晚间分三次进行。

(3) 对柜台及货架之间过道的清理，应该实行单人负责制，即谁负责该区域的药品谁负责该区域的卫生。

(4) 营业员要着装整洁，讲究个人卫生。

2. 药店照明管理

目前，各大药店一般采用的照明装置是吊灯、吸顶灯和壁灯，来营造一个温馨舒适的购物环境，在药店的照明管理上应注意以下几点：

(1) 药店照明重视亮度分布，不宜平均使用，要重点突出药品陈列的部位，同时需要注意的是药店总的照明亮度要达到一定的强度，这样才能引导和促进顾客购物。

(2) 防止照明对药品的伤害。要注意光线的热度、灼烧度和药品的褪色性，要充分地考虑电灯的选择和器材安装的距离，防止因照明而引起的药品褪色、变质等类似事件的发生。在平时应该留心以下事项：选用优质、高效、节能的新光源新灯具，使光束的照射部位多在药品的空包装盒上。

(3) 对药店内的灯管每天进行检查，是否有闪灯、坏灯等现象，如果有以上情况应该马上进行维修。

(4) 每隔一周要对药店内的照明设施进行安全清洁。

3. 药店通风管理

药店要保持空气清新通畅，冷暖适宜，应采用空气净化措施，加强通风系统的建设。通风来源可以分自然通风和机械通风，采用自然通风可以节约能源，保证店堂内部适宜的空气，一般小型药店多采用这种通风方式。而大中型药店一般采取紫外线灯光杀菌设施和空气调节设备来改善药店内部的环境质量，为顾客提供舒适、清洁的购物环境。店内应有控制室温的设备，使其适合药品的存放。

4. 药店的音响管理

为了使顾客购物时感觉环境舒适，避免过于严肃的感觉，在店内可以安装相应的音响设备，如广播，广播的内容要与顾客的购物心理相结合，可以播放一些活动安排、促销活动介绍等，也可以播放音乐。

5. 药店的气味管理

药店内的气味对创造最大限度的销售额来说，也是非常重要的。当前消费者在电视、杂志、报纸等的广告宣传的强大攻势下，视觉与听觉已略有麻木。此时，抓住敏锐的嗅觉，用细腻的情感将产品与消费者联系起来，在细节之处感动消费者，加入适当的“气味”营销，药品就会有很大的发展空间。

十三、连锁药店盗窃和抢劫的预防

(一) 员工内部偷盗怎样预防?

1. 内部偷盗的手段

员工内部偷盗的手段主要包括以下几种：员工直接偷盗药店的商品；员工直接偷盗同事的私人财物；员工未按有关程序而故意丢弃商品以逃避责任；员工与员工或外人进行勾结、策划、协助进行盗窃；员工利用改换标签或包装，将贵重的商品以便宜的商品价格结账；员工未经正常程序，故意将价格标低，使自己的朋友、亲属受惠；员工未经许可，私自使用供应商提供的赠品；员工贪污公款，携款潜逃；收银员从收银机中盗窃钱款；收银员为亲属、朋友等少结账或不结账；员工收受供应商的回扣、礼品等各种形式的馈赠。

2. 内部偷盗的预防

（1）挑选诚实的员工

核实员工以前的雇用史；多种方式的面谈；推荐人的核查；教育程度的核实，信誉调查等，不允许员工对企业有任何的不诚实。

（2）开展员工教育工作

对员工进行从入职开始的不间断的教育工作，分正、反面教育并采用开会、板报、组织活动等多种方式，在开展教育工作时必须向员工阐明：本店具有严格的管理制度和监视系统；对偷盗严厉打击的措施和处理方法；员工应具备在本行业最基本的道德规范；员工因偷盗给个人带来严重的后果，包括承担刑事责任；偷盗不仅影响本店的利益，同时损害所有同事的利益和福利。

（3）健全内部职责考核制度

施行最低商品失窃制度，超过失窃标准，相应的员工要负担一定的责任。同时，如发现某一小组人员中有内盗行为，则这一小组人员均要承担一定的责任，以此建立监督检查机制，让所有员工齐抓同管，相互监督。

（4）设置收银机监视系统

收银机监视系统是针对收银人员每天接触大量现金，容易发生盗窃行为而设计的。它采用收银操作界面与闭路电视监控画面相叠加的技术，以确保药店管理人员得知：是谁卖了什么东西？什么价格？减少在收银、退货操作过程当中收银员可能会有的盗窃行为。

（5）突击盘点

如果在日常的销售统计中发现某些商品被私吞了，可以对此类商品找个理由进行突然盘点，时间选择在休息时间或营业结束后，由店长发布命令。经常注意这方面的动向，并且对多种商品进行突击检查，使工作人员产生一不小心就会被查出的心理。

（6）严格管理和检查制度

严格特殊标签的管理程序，降价的执行程序，赠品的管理与发放程序，现金的提取程序，夜班作业的开关门程序，仓库的管理程序，垃圾的处理程序。

（二）如何对药店外部偷盗进行预防及处理？

外盗是指顾客或假装成顾客的人偷窃药店里的商品。由于现在越来越多的药品采取了开架自选的方式销售，药品的体积小，重量轻，所以商品失窃的防范更应该引起重视。歹徒盗窃的时机除了在一般的营业时间之外，夜晚停止营业后也必须加以防范。部分歹徒是本药店的离职员工，由于他们相当熟悉药店内的各项装置，容易达成偷盗的目的，应特别加以防范。

1. 偷窃行为的防范

（1）亲切地向每位顾客问好，打招呼，主动适时地给予帮助。

（2）经常对员工进行相关知识的培训，互相交流经验，使新员工能尽快熟悉偷窃人的特点，做到一有窃贼出现，就能敏捷地察觉出来的效果。

（3）制造舆论导向，在卖场处贴上警示标语。保安员、店员经常走动，避免旁若无人的聊天。

（4）配备便衣保安，定期在店内巡视，随时注意周围顾客的购物情况，提高警戒心。

（5）店员经常整理并检查商品的排面，避免因为排面的零乱让人有机可乘。

（6）尽量将高单价或体积小的商品陈列在柜台附近，以利营业员就近管理。

（7）在药店内外配备防盗设施，尤其是卖场死角地带，增设辅助设施，如：反射镜、闭路电视、监视系统等。建立电子防盗系统，如图 8－3 所示。

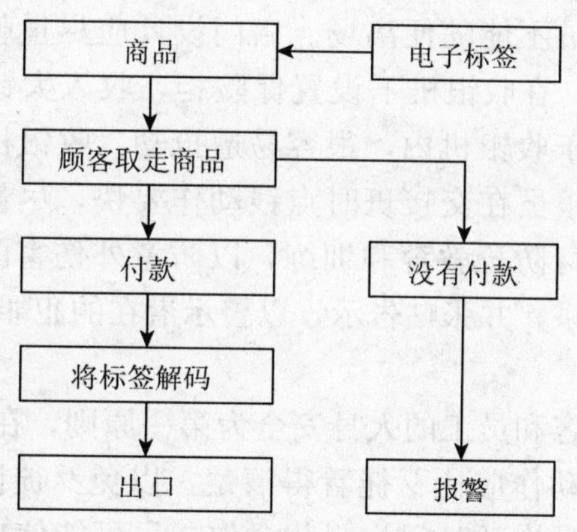

图 8－3　药店电子防盗系统

2. 发现窃贼的处理

发现窃贼时，立即盯梢并注意其行踪，以注视、咳嗽等方式引起窃贼的注意，使他们自动终止偷窃行为并将偷窃商品物归原处。只有在证据确凿的情况下，并且确定窃贼离开收银柜台之后商品仍在窃贼身上方可采取行动，如果不确定，绝不可将窃贼拦下。对于情节轻微者，以“是否有商品忘记了交款”或“是否拿错了东西”等问题来诱导窃贼将赃物交回。只有在确定窃贼未付款并离开药店经营范围以后，才可捉拿，并立即通知药店负责人。捉拿嫌疑犯时，应由两位以上的人员执行，一人为人证，其中一人应尽可能与窃贼同性别。

偷窃发生后，要求窃贼主动将未付款的商品放在桌上，不要对窃贼搜身。对于拒不承认的窃贼，还可通过出示证据，使其无以抵赖。要求窃贼填写声明书，并签名表示一切陈述属实。要求窃贼交出有效证件，以登记记录。对于情节较恶劣的，可以利用营业以外的区域联系公安部门，告知报案人的姓名、店名、地址、事件的经过，并要求警方前来协助。

警察到来之后，将窃贼交给警察，由警察做进一步的查询。警察有权审核事件证据确凿与否，如果警察认为证据不足，不可与警察争辩。事后应定期对偷窃情况进行总结，找出药店经营中的漏洞，并制定相应的制度，以防止同样事件再次发生。建立偷盗者档案，提高警惕。

（三）连锁药店怎样预防和处理抢劫？

抢劫的对象，除了药店本身以外，也会发生歹徒在卖场抢劫其他顾客的事件，这会对药店的形象和声誉造成极坏的影响。在药店营业时间逐渐延长的趋势下，有必要对抢劫的情形加以防范。

1. 抢劫的预防

商品杂乱，陈列拥挤，灯光暗淡、乱贴海报的药店，遭抢劫的可能性较大。因此药店要注意商场的内部布局和商品陈列方法，陈列要整齐，留有一定的过道空间。卖场灯光明亮，使用白炽灯。店内的广告不要悬挂和张贴太低，以免妨碍视线。在顾客稀少时要十分警惕，保安员不能随便离场。店门设计应尽量朝着大马路，不要朝着小岔路，店门不宜开口太多。在收银机下设置保险柜，收入大钞应直接投入保险柜。未设保险柜，现金直接存放于收银机内，很容易遭抢劫。收银机内的现金不得超过一定金额，超过则需投库。收银员在交接班时点钱动作要快，尽量避免在顾客面前长时间数钱。平时药店对员工进行防抢教育和训练，以防意外伤害的发生。与公安机关或保安公司建立密切合作的关系，并张贴告示，以警示潜在的犯罪分子。

2. 遭抢劫的处理

遭抢劫时，要确保顾客和员工的人身安全为第一原则，在歹徒手持凶器的情况下，不作无谓的抵抗，双手的动作应让歹徒看得清楚，以免歹徒误解而造成伤害。在不影响人身安全的情况下，尽量拖延时间，假装合作，尽可能使现金损失降至最低，也可谎称不知道保险柜的密码。

记住歹徒的容貌、衣着、身高和年龄等特征；乘歹徒不备时，其他人员趁机报警，并迅速按下报警器。

抢劫后，向上级主管部门报告，并向公安机关报案。在歹徒离去的三分钟内，立即填写歹徒特征表，包括事件发生的时间、歹徒人数、性别、身高、脸型、身材、口音、抢劫工具、年龄、发型、服装形式、服装颜色、鞋子、面貌特征、身体特征、抢劫用车辆；保持犯罪现场的完整性，不要碰到歹徒曾经碰触过的地方，以免破坏了可能存在的指纹和其他证据。待公安人员和主管负责人到达现场查看完毕后，清点损失情况。

十四、连锁药店消防器材及火灾预防

（一）如何预防火灾？

药店除了应具备各项符合国家规定，或经消防主管机关审核认可的各项消防设施及设备外，应拟定一套完善的消防作业应变程序，以便在火警发生时，能确保财产、人员及顾客的安全。消防安全管理工作的范围包括：火灾预防及抢救；各项消防安全设备的定期检查和管理；消防水源的定期检查和管理；消防安全的教育及宣传。

药店应具有：消防标志（例如“禁止吸烟”“危险品”“紧急出口”“消防设备”等）、消防通道、紧急出口、疏散图、消防设施、火警广播等。

药店应将“防火器材位置图”张贴在店内的指定位置。定期保养和检查各种消防措施，如果灭火设施发生故障或性能过期，应随时向安全小组组长反映，并立即做出处理。定期对员工进行培训，讲解灭火设备的功能、使用方法，以及防火注意事项和逃生的基本常识。尤其是对新入职员工，在上岗培训时要加强消防知识内容培训，考试合格后方能上岗。负责清理卫生的人员应随时注意有无火种，电器插座、马达附近应经常清扫，不留杂物。物品的存放要井然有序，不要阻塞疏散通道及安全门，不要遮住逃生标志。店内不能存放易燃物品，店内的装饰材料选用耐火材料。员工禁止乱丢烟蒂，派专人负责空调、瓦斯、抽风机和各项电器设备的管理。随时提醒员工树立防火意识，包括不要忽视任何小火苗，注意电源插头有无松动或损坏，如有应及时报告经理或负责人。定期举行防火演习。

（二）火灾发生时的处理方法有哪些？

如果发生的是轻度火灾，发现人员应立即向药店经理报告，并利用就近的消防设施迅速扑灭火势。

如果发生的是重大火灾，应在第一时间拨打火警电话，并告知药店经理。除电灯外，及时关掉所有电器设备。通过店内广播通知全体员工保持镇定，按平时消防演习的程序行动。

疏散人员立即分散在店内不同位置，疏通安全通道，打开安全门，指挥店内顾客迅速离开现场。如果有浓烟出现，应匍匐在地上爬行，迅速离开现场；不要使用电梯，尽量从楼梯疏散。通信组与消防人员取得联系，并在他们到来之时介绍店内情况，帮助消防人员进行救灾。安全管理组长或负责人应指挥店员将现金及贵重物品移到安全位置。但要注意的是，人身安全是第一重要的，不要因收集现金而危及人身安全。如果发现顾客或员工受伤，应立即进行临时抢救并送医院治疗。

（三）火灾发生后的处理方法有哪些？

全体人员到指定地点集合，药店经理迅速清点人数，并告知店员未经许可不得进

入火灾现场。如有必要，可向公安部门报案，并协助公安人员在现场调查取证。药店经理在清点财务的损失后，编列清单，及时向上级主管提出报告。分析火灾发生的原因及应变处理过程中存在的问题，提出今后的改整措施。如果出现顾客和员工被烧伤而被送往医院治疗，应以关心的态度了解顾客和员工的恢复情况。如果发生的是一般的小火警，火势虽然被扑灭，也需要向经理汇报，并找出原因，以防患未然。

（四）连锁药店的消防器材怎样进行管理？

药店在开张前要制定一整套完整的消防制度，配备一套完整的消防设备，经相关部门审核并通过后才能开业。

防火设备包括消防标志、消防通道、紧急出口、疏散图、火警广播、紧急照明、监控中心和相关的消防设施等。对消防设备和设施的管理要注意以下几点：

（1）药店中所有的消防报警设施、灭火器材必须建立档案登记，包括在药店中的分布图，安全部门和工程部各留档案备案。

（2）安全部门负责所属的消防报警设施、灭火器材的管理，负责定期的检查、实验、维修以确保性能良好。

（3）除每月检查外，在重大节日前，安全部门要对场内所有的消火栓、灭火器等器材进行特别检查和试喷，并在器材检查表上进行签字确认。

（4）各部门对本部门区域内设置的消防器材，由义务消防员进行管理和定期维护，发现问题及时上报安全部门。

（5）严禁非专业人员私自挪用消防器材，各部门的消防器材因管理不善而发生丢失、损坏，则该部门应承担一定的责任和经济损失。

（6）消防器材放置区域不应随意更改，区域内不能随便陈列、销售药品，要保持器材区域内的通畅，严禁以任何理由阻挡、遮盖、装饰、侵占、利用、拆除消防设施或消防标志。

（7）禁止无关人员动用消火栓内的设备，禁止将消火栓用于其他工作。

（8）消防器材特别是灭火器，必须按使用说明进行使用，包括对环境和放置的特殊要求。

（9）其他上述消防器材、设施的管理规定按《中华人民共和国消防法》所规定的有关条款执行。

十五、连锁药店停电事故的预防和处理

（1）发生停电、停水、停气事故，首先店长及店员等工作人员应保持冷静，组织力量妥善采取措施，增设巡逻岗，作好现场安全保卫工作，维持秩序。

（2）做好顾客人身和财产的安全和保护工作。

（3）通知工程维修人员查明原因，并要求及时采取补救措施。

（4）工作人员应保持冷静，并真诚的向顾客致歉，借助应急照明灯尽可能的安抚

顾客，给顾客一个合理的解释。例如：先生或女士，本药店由于线路原因临时停电，我们的维修人员正在启动备用电源，很快就好。给您带来的不便请您谅解。

(5) 待采取补救措施恢复供电后，协助有关部门恢复正常秩序，并督促有关方面进行检查，防止电器故障、煤气泄漏、漫水等其他事故的发生。

(6) 事毕将事故的情况详细、及时填写事故报告并呈报上级领导。

十六、连锁药店防止意外伤害的发生的方法

药店内的工作人员除了负责接待顾客，处理投诉之外，还担负着对意外事故处理的责任。常见的药店意外事故包括药店财务损坏、顾客财务失窃、顾客意外伤害、停电、火灾、斗殴、醉酒以及其他意外事故。需要注意的是无论采取何种处理方法，对顾客应以礼相待，处理过程合情合理，不伤害宾客自尊心。事毕将事件过程和处理结果通知上级部门，填写事故报告存档，并呈报领导。

1. 处理顾客损坏药店财物

(1) 接到顾客损坏药店财物报告，亲自检查被损物品，听取当事人的陈述并进行核实。

(2) 应礼貌的向顾客了解损坏的原因。无论顾客是有意或无意损坏药店财物，应分清性质，根据实际情况有礼貌地对顾客讲明药店的制度，并作出合情合理的处理。

(3) 如确属顾客无意而又轻微的损坏，一般不予赔偿。除此以外，如顾客承认并愿意赔偿，应赔偿金额。

2. 处理顾客物品失窃及物品受损

(1) 药店必须在店内放置“顾客须知”，贵重物品寄存至前台保险箱。

(2) 接到顾客物品失窃或物品受损报告，首先要了解情况，及时报告店长或总经理，必须做到“及时、正确、保密”。

(3) 立即采取措施，店长与安保人员或店内相关人员共同到达出事现场协助调查。

(4) 如一般物品失窃：若在现场未能找到物品，除相关人员继续查寻外，记录事故报告单呈送上级领导，原始报告留档备查。

(5) 随时了解事态进展，将查询结果及时通知顾客，如果顾客离店前案件尚未查明，而又坚持要求赔偿，一方面向顾客解释情况请求谅解，另一方面报告总经理，请示解决方法。

(6) 事毕将事件处理结果填写事故报告存档，并呈报领导。

3. 处理顾客意外受伤

(1) 首先店内工作人员应立即前往现场，了解顾客的伤势与受伤原因。

(2) 根据受伤具体情况，可建议受伤顾客前往医院作进一步检查。

(3) 如伤势严重，在经顾客同意的情况下，安排专人陪同受伤顾客去医院治疗，并立即将事件向总经理汇报，随时与在医院的陪同人员取得联系，掌握顾客伤情的最新情况。

（4）在顾客治疗期间，由店长代表药店总经理探望和慰问顾客。

（5）如顾客受伤是因店方原因造成，应立即报告总经理并采取保密措施，根据受伤程度，药店将酌情给予一定的赔偿。如事态严重，总经理必须向公司总部领导汇报，防止事态扩大。

（6）详细记录整个事件的发生和处理过程，填写事故报告，呈报领导。

指南九　药品储存与养护

一、仓库面积和建设要求

《药品经营质量管理规范》对药店的仓库建设提出严格的要求。药品零售企业的仓库应与营业场所隔离，库房内地面和墙壁平整、清洁，有调节温度、湿度的设备。隔离措施可以是不同形式的建筑体、不同形式的隔离带，并配以醒目的文字和颜色标示出不同的区域。当然，企业要依据自身经营的需要和环境的特点来处理，并注意艺术性和对环境的美化。

（一）对仓库面积的要求有哪些？

用于药品零售的营业场所和仓库，面积不应低于以下标准：大型药品零售企业营业场所面积100平方米，仓库面积30平方米；中型药品零售企业营业场所面积50平方米，仓库面积20平方米；小型药品零售企业营业场所面积40平方米，仓库面积20平方米；零售连锁门店营业场所面积40平方米。（以上面积均为建筑面积）

注：各个省市不同，药品零售连锁企业开办的营业场所和仓库面积也不同，例如辽宁省药品零售（连锁）企业，用于药品零售的营业场所和仓库面积，应符合以下标准：县以上地区的药品零售企业营业场所面积不低于80平方米，仓库面积不低于30平方米；乡（镇）所在地的药品零售企业营业场所面积不低于40平方米，仓库面积不低于20平方米；乡（镇）以下地区的（包括连锁门店）药品零售企业营业场所面积不低于20平方米；药品零售连锁门店营业场所面积不低于40平方米。其中经营规模较大，配送的药品当天不能全部摆放货架、柜台上的，应设置与经营规模相适应的仓库；在超市等其他商业企业内设立的专门经营乙类非处方药的药品零售企业营业面积不低于15平方米。

（二）仓库内建设的具体要求有哪些？

药店药品仓库内部建设应该达到如下要求：

（1）库内地面以水泥或其他硬质材料铺设，铺设层下应施以防水材料，如沥青、油毡等。

（2）仓库应采用易于清洁的结构，墙与墙、地面与墙、顶棚与墙相接处有一定的弧度，以便于清扫。

（3）仓库的设计建筑应能做到防止鸟类、昆虫、鼠和其他动物进入。

（4）仓库内墙面、地板和天花板表面应当坚硬、光滑、无裂缝和空隙，没有微粒脱落现象。

（5）库房主体应采用发尘量少、不易黏附尘粒、吸湿性小的材料。

（6）仓库应尽量减少窗户及其面积，门窗结构密闭，设计及造形简单、适用，易于清扫，不易积尘，门框不得加设门槛。

（7）仓库内管线、电器、给水管道和通讯线路要合理布局，管道尽量暗装。

（8）仓库内装修应采用发尘量小、便于清扫、吸湿性小、隔热好、不开裂、不产生缝隙、不易燃、防静电、不易黏附尘粒的材料。

（9）墙面装修可依实际情况适当选择。如：抹灰刷白墙面、油漆墙面、白瓷砖墙面、乳胶漆墙面。

（10）地面装修可依实际情况适当选择。如：水泥沙浆地面、水磨石地面、塑料地面和人造大理石地面、瓷砖地面等。

（11）库内应配置药品防尘、防潮、防污染和防鼠的设备。

二、药品的储存

（一）药品储存与养护的目的是什么？

（1）保证药品的安全有效。

（2）确保药品储存安全。

（3）降低损耗。

（4）保证药品市场供应。

（5）促进药品流通顺畅迅速。

（6）促进中药商品生产的标准化。

（7）提高药品的应急能力。

（8）消除地区间的差异。

（二）药品储存管理制度应如何制定？

（1）按包装标示的温度要求储存药品，包装上没有标示具体温度的，按照《中华人民共和国药典》规定的储藏要求进行储存。

（2）储存药品相对湿度为35%～75%。

（3）在人工作业的库房储存药品，按质量状态实行色标管理：合格药品为绿色，不合格药品为红色，待确定药品为黄色。

（4）储存药品应当按照要求采取避光、遮光、通风、防潮、防虫、防鼠等措施。

（5）搬运和堆码药品应当严格按照外包装标示要求规范操作，堆码高度符合包装图示要求，避免损坏药品包装。

（6）药品按批号堆码，不同批号的药品不得混垛，垛间距不小于 5 厘米，与库房内墙、顶、温度调控设备及管道等设施间距不小于 30 厘米，与地面间距不小于 10 厘米。

（7）药品与非药品、外用药与其他药品分开存放，中药材和中药饮片分库存放。

（8）特殊管理的药品应当按照国家有关规定储存。

（9）拆除外包装的零货药品应当集中存放。

（10）储存药品的货架、托盘等设施设备应当保持清洁，无破损和杂物堆放。

（11）未经批准的人员不得进入储存作业区，储存作业区内的人员不得有影响药品质量和安全的行为。

（12）药品储存作业区内不得存放与储存管理无关的物品。

（13）企业应当对库存药品定期盘点，做到账、货相符。

（14）在药品储存、陈列等区域不得存放与经营活动无关的物品及私人用品，在工作区域内不得有影响药品质量和安全的行为。

（三）影响药品储存的因素有哪些?

在存储药品的过程中，影响药品质量的因素有两方面，一是内因，主要是药品本身物理、化学等性质的变化引起的；二是外因，外界环境影响也非常重要。

1. 内在因素

在药品发生理化性质的时候，其主要的质量影响因素在于内在因素，这主要是由于某些药品本身包含的淀粉、挥发油、糖类、油脂、色素、水分等成分常因受自然界的影响而引起变异。

2. 外在因素

（1）日光。日光中有一种紫外线，对药品变化常起着催化作用，能加速药品的氧化、分解等，使药品变质。

（2）空气。空气是各种气体的混合物，氧气由于其性质活泼，易使某些药物发生氧化作用而变质。空气中的二氧化碳被药品吸收，发生碳酸化而使药品变质。

（3）温度。温度过高或过低都能使药品变质。特别是温度过高与药品的挥发程度、形态及引起氧化、水解等理化和微生物的寄生有很大关系。因此，药品在储存时要根据其不同性质选择适宜的温度。例如：青霉素加水溶解后，在 25℃放置 24 小时，即大部分失效。中药材与饮片，当温度在 20～35℃时，害虫、霉菌及其他腐生菌都容易滋生繁殖。当温度＞35℃时，含糖、油脂的药物会泛油或发生粘连，挥发成分也易挥发。

（4）湿度。水蒸气在空气中的含量叫湿度。它随地区及温度高低而变化。湿度对药品的质量影响很大。湿度太大能使药品潮解、液化、变质或霉烂，湿度太小，也容易使某些药品风化。湿度对药品质量的影响主要是风化和吸湿。风化是指含有结晶水的药物，常因放置在干燥的空气中，自动失去其所含结晶水的一部分或全部，以致本身由无色透明结晶变成白质不透明的结晶体或粉末。风化后的药品，其化学性质一般并未改变，但其重量减少，在使用时剂量难以掌握。特别是剧毒药品，可能因超过用量而造成事故。易风化的药品如硫酸阿托品、磷酸可待因、硫酸镁、硫酸钠及明矾等。吸湿是指大多数药品在湿度较高的情况下，能吸收空气中的水蒸气而使药品稀释、潮解、变形、发霉等现象。

(5) 微生物。目前，微生物主要指的是细菌、霉菌、酵母菌等，这些昆虫对于包装不严密的药品能够造成腐败、发霉和发酵的现象，从而引起药品变质，甚至是造成药品产生一定的毒性。

3. 时间因素

有些药品因其性质或效价不稳定，尽管储存条件适宜，时间过久也会逐渐变质、失效。如抗生素、细胞色素、维生素 C 等。因此药典对某些药品特别是抗生素制剂，根据它们的性质不稳定的程度，均规定了不同的有效期。有效期系指药品在规定的储存条件下，能够保持质量合格的期限，要求使用单位在规定的期限内使用。

中药材也以新为好。石菖蒲所含的挥发油储存一年后损失近 20%，两年后近 35%，三年后 50%；穿心莲的主要成分穿心莲内酯的含量，储存 2 个月为 12.5mg/g，储存 22 个月后为 6.4mg/g。

（四）药品储存中如何进行效期管理？

药品在储存时，应有效期标志。

(1) 药品有效期是指在规定的储存条件下，能使药品的质量的期限得以保持。根据市场需求、确定合理的进货数量、药品的有效期限来购进药品，原则上采购员不得购进效期在六个月以内的药品。

(2) 近效期是指有效期在六个月以内的药品，对近效期药品，库房内要设“近效期药品示意表”，一式三份，并于每月 5 号前报质量管理负责人、销售人员各一份，一份存档，将每批药品失效期（指药品的失效之日）的先后分别标明，使之一目了然。库房人员可以通过“近效期药品示意表”掌握到货、发货的效期情况。工作人员要定期检查，按效期先后及时调整货位，做到近期先用。

(3) 每一货位要设货位卡，注明效期与数量，记录发药、进货情况应与“近效期药品示意表”相一致，在一个小牌上注明数量和失效时期，挂在该药品的堆架下。

(4) 采购员对近效期药品应积极与供货单位联系退货并有相应的记录，营业员对近效期药品积极采取催销措施。

(5) 每次购进新药时，再按效期先后做适当调整，发药时取排在最先的该批药品，销售人员应采用“近效期先出，近效期先用”的原则。

(6) 对于过效期失效的药品，应存放在不合格区，按照相关条款要求，做销毁处理。

(7) 不合格药品也应放入不合格区，并依照规定，由药品监督管理部门监督销毁。

不合格药品要详细记录不合格的原因、相关责任人、处理结果等。

(8) 对于退货的药品应有记录，先放在待验区，进行严格检查，对照药品的批号、批准文号、规格、品名、生产厂家、有效期及外包装、药品的性状等，确保其无可疑方可入库。

近效期药品示意表如9-1所示。

表9-1 近效期药品示意表

有效期至：______年______月______

品名	批号	1月	2月	3月	4月	5月	6月	7月	8月	9月	10月	11月	12月
说明	1. 在有效期截止的月份栏内打“√”即可； 2. 近效期药品均要填入该表； 3. 有效期尚有一年时，每月开始填报催销报表												

有些药品，如青霉素、链霉素等抗生素、牛痘苗、胎盘球蛋白等生物制品，胰岛素、催产素等生物、化学药品以及其他某些药品，由于性质不稳定，易受外界因素的影响，当储存一定时间后，会逐渐变质失效或降低效价。为了确保药品质量和人民用药安全有效，药典对上述药品制剂，根据它们性质不稳定的程度，规定了有效期。

对于规定有效期的药品，在保管过程中，应经常注意期限，随时检查，特别对有效期限短（仅半年或一年），而基层进货时又往往离失效期接近，则更应掌握“先进先出、近期先用”的原则，以防过期失效、造成损失。凡过期的药品，未经检验，不得再用。因过期药品制剂，多数外观性状不正常，如有的针剂久贮产生混浊或析出沉淀，不仅药效降低，而且注射后增加局部刺激。

在保管有效期限药品的工作中尚应注意下列问题：①有些药品（如麻醉乙醚、酒石酸锑钾注射液）规定了储藏期或使用期，是指在规定时间内使用，才能确保临床使用安全有效，这一规定与有效期不同。如超过规定的使用期限应重新检查（复检），符合规定后才能继续使用。②有效期并不等于保险期。因此，必须按药品性质于规定条件下予以储存。例如储存温度和有效期有密切关系，温度超过规定，或保管不善，即使在有效期限内，也可能已降效或变质。③包装容器不同，虽同一药品，有效期会不同，如注射用青霉素钠（钾），用安瓿熔封的有效期是四年，以橡皮塞轧口小瓶（属“严封”）的，有效期仅两年。④同一原料药的不同剂型，根据其稳定性的差异，有效期也会不同。如硫酸新霉素片、软膏为三年，其眼药水为一年。又如注射用盐酸金霉素为四年，其片剂、胶囊、眼膏、软膏均为三年。⑤药品离开原包装时，例如将片剂倾至工架装置瓶内，针剂离开针盒别放的，应将有效期注明在变换后的容器上，以便查对。

(五)药品储存中如何进行色标管理?

药品储存时应实行色标管理。其统一的标准是:待验药品区为黄色;合格药品库为绿色;不合格药品库为红色。如图 9-1 所示。

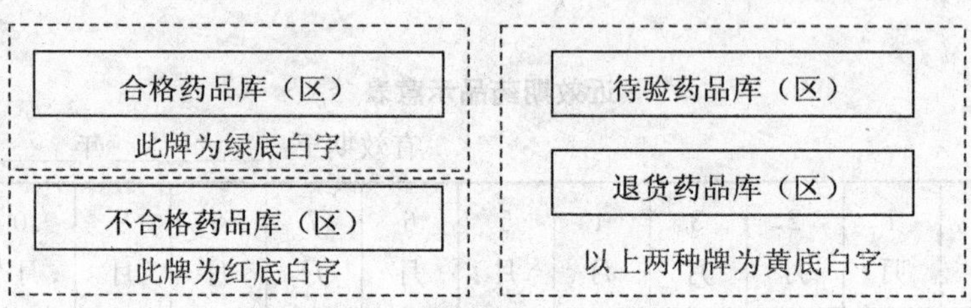

图 9-1　药品储存的色标标示

(六)特殊管理药品应如何储存?

麻醉药品、精神药品等特殊管理药品应专库或专柜加双锁集中存放,绝不允许与其他药品混放,应设置专职人员保管、专用账卡登记管理制度;严格出库手续,随时和定期核对账货,做到数字准确,账货相符;按药品的性质决定贮藏条件,如麻醉药品的大部分品种遇光易变质,故都应注意避光保存;由于破损、变质、过期失效而不可供药用的药品,应清点登记,列表上报,监督销毁,并由监销人员签收备查,不得随便处理。

(七)药品的货位应如何规划?

规划货位是解决药品的存放方法和排列位置,根据物资的外形、包装与合理的堆码苫垫方法及操作要求,结合保管场地的地形,规划各货位的分布和货架的位置。

货位的布置方式有横列式、纵列式和混合式三种。横列式指货垛与库房的宽平行。若货垛与库房的宽垂直排列,就是纵列式。两者都有,则为混合式。货位的长和宽要与库房的长和宽成可约的倍数,以便提高库房面积利用率。这种布置方式有利于库内通风和物资进出库,较好地利用自然采光,但这种方式支道多,面积利用率低,特别是采用叉车作业时,这种货位布置使叉车必须进行直角转弯,操作不便,并需要足够的通道,减少了储存面积。因此当采用托盘储存结合叉车作业时,可采用不同的布置形式。

(八)药品堆垛时应注意什么?

堆垛是指将药品向上和交叉堆放,以增加药品在单位面积上的堆放高度和堆放数量,减少药品堆放所需的面积,提高仓容使用效能。在实际堆垛过程中,还要考虑到药品的性质、包装形式及库房条件(如荷重定额和面积大小)而定,尽量做到:合理、牢固、定量、整齐及节省。无论是在楼房底层还是在楼层,摆放药品必须配备底垫。

药品的搬运和堆垛严格遵守药品外包装图示要求规范操作。药品堆码合理、整齐、牢固、无倒置现象。怕压药品应控制堆放高度。

药品堆垛时应注意五个问题：

（1）与墙壁的距离。堆垛时，药品与墙的间距不小于30厘米。留出墙距，能起到防止墙壁的潮气影响药品，便于开关窗户，通风散潮，检点药品，进行消防工作和保护仓库建筑安全等作用。墙距又分为外墙距和内墙距两种。墙外无其他建筑物的称外墙，墙外有其他建筑物与之相连的称内墙。外墙距要留得宽一些，通常按墙距规定辐度的数值。

（2）与柱的距离。垛与柱的间距一般不小于0.3米。留出柱距，能起到防止药品受柱子潮气的影响和保护仓库建筑安全的作用。

（3）与屋顶的距离。垛与屋顶之间距离不少于0.3米。留出顶距，能起到通风散潮，查漏接漏，隔热散热，便于消防等作用。顶距一般规定为：平房仓库0.3～0.5米；多层建筑库房底层与中层0.2～0.5米；顶层不得低于0.3米；人字屋架的库房，货垛顶层不能顶着天平木下端，应保持0.3米以上的距离。

（4）与照明灯的距离。货垛上方及四周与照明灯之间的安全距离必须严格保持在0.5米以上，这是防火的要求。

（5）与货垛的距离。货垛与货垛之间的距离，视药品性能、储存场所条件、养护与消防要求、作业需要而定。在一般情况下，货垛间距为1米左右。药品与仓间地面的距离不小于10厘米。一般采用支架等隔离设施，支架一般要易于保持清洁，木制的支架不能腐蚀掉屑。

三、药品的养护

为避免药品本身物理、化学等性质的变化和外界环境的影响，保证药品在储存过程中的质量，药店对药品要进行必要的养护。

（一）药品养护工作的任务有哪些？

（1）指导保管人员对药品进行科学储存。

（2）检查库存药品的储存条件是否符合要求，配合保管人员进行仓间温湿度管理，及时调整库存条件。

（3）对库存药品定期进行循环质量抽查，循环抽查的周期一般为一个季度，易变质药品要缩短抽查周期。

（4）对抽查中发现的问题，提出处理意见和改进养护措施。配合保管人员对有问题品种进行必要的整理。

（5）根据季节气候的变化，拟定药品检查计划和养护工作计划，列出重点养护品种，并予以实施。

（6）建立药品养护档案。

（7）对重点品种开展留样观察，考察变化的原因及规律，为指导合理库存，提高保管水平和促进药厂提高产品质量提供资料。

（8）开展养护科研工作，逐步使仓库保管养护科学化、现代化。

（二）药品养护人员的职责有哪些？

养护人员应当根据库房条件、外部环境、药品质量特性等对药品进行养护，主要内容是：

（1）指导和督促储存人员对药品进行合理储存与作业。

（2）检查并改善储存条件、防护措施、卫生环境。

（3）对库房温湿度进行有效监测、调控。

（4）按照养护计划对库存药品的外观、包装等质量状况进行检查，并建立养护记录；对储存条件有特殊要求的或者有效期较短的品种应当进行重点养护。

（5）发现有问题的药品应当及时在计算机系统中锁定和记录，并通知质量管理部门处理。

（6）对中药材和中药饮片应当按其特性采取有效方法进行养护并记录，所采取的养护方法不得对药品造成污染。

（7）定期汇总、分析养护信息。

（三）药品养护工作中温度和湿度工作内容有哪些？

1. 指导储存

保证药品存放在规定的温度和湿度条件的环境下，不同状态的药品使用不同色标，效期药品有明显标志，不同类别的药品分区存放，药品堆垛符合要求。

2. 检查养护设备

养护人员应每月一次检查仓库使用的养护设备。检查设备的配备情况是否达到GSP的要求，设备的运行状况如何，并填写“设备检查情况登记汇总表”（见表9-2）。在检查过程中发现有不符合要求的设备，应向主管汇报，并提出维修或购置计划。

对不能正常运转的仪器和设备不得使用，要及时维修，做好维修记录。对主要设备、精密仪器应制定保养和管理的方法，并建立使用记录、大修记录、检定记录。

空调和除湿机等每次使用前、后都应检查是否正常，填写“设备使用记录”（见表9-3）。

温湿度检测仪每季度应进行一次校验或检查，并做校验或检查记录。

有标识设备状态的标识牌：正常运行时挂正常运行标识（绿牌），暂停运行时挂暂停运行标识（红牌），修理期间或待修理时挂修理标识（黄牌）。

表 9-2　　设备检查情况登记汇总表

填报人：________　　填写日期：________

检查时间	设备编号	设备名称	起用时间	维修次数	运转情况	检查结论	处理结果	实施人

表 9-3　　设备使用记录

设备编号：________　设备名称：________　规格型号：________

使用日期	工作起止时间	运转情况	操作人	备注

3. 调控温湿度

温度过高，能使许多药品变质失效，特别是生物制品、抗生素、疫苗血清制品等对温度的要求更严。即使是普通药品过高温度下储存，仍能影响药品的质量。因此，必须保持药品储存期间的适宜温度。对于普通药品，当库内温度高于库外时，可开启门窗通风降温。在夏季对于不易吸潮的药品可进行夜间通风。应注意通风要结合湿度一起考虑，因为药品往往怕热也怕潮，只要库外温度和相对湿度都低于库内，就可以通风降温。装配有排风扇等通风设备的仓库，可启用通风设备进行通风降温（危险药品库除外）。对库内温度较高，需尽快降温的或不适宜开窗通风降温者，如室内没有空调设施的，可采用加冰降温，一般是将冰块或冰盐混合物盛于容器中，置于库内 1.5 米左右高度，让冷气自然散发，下沉。也可采用电风扇对准冰块吹风，以加速对流，提高降温效果。但要注意及时排除冰融化后的水，因冰融化后的水可使库内湿度增高，故易潮解的药品不适宜此方法。此外，对一些不怕潮解对湿度特别敏感的安瓿类注射剂，如生物制品、脏器制剂、疫苗、菌苗注射剂一般可置地下室或冰箱、冷藏库内储存。

（1）如何控制和调节温度

①通风降温

对一些温度过高容易风化、挥发或变质，而温湿度影响不大的药材如玻璃瓶或铁桶装药品、化学试剂等，在温度较高的季节里，可以进行夜间通风，直到日出后，气温回升时再停止通风。通风必须和严格密封结合运用，才能取得较好的效果。

②遮光降温

隔热条件较差的库房，可在库房外搭棚，棚离屋顶 30～40 厘米或更高，并在受光曝晒的外墙也搭上棚，减少日光辐射热，使库内温度下降。

③加冰降温

可选择密闭、隔热条件较好的库房，加冰使室内温度降低。一般是将冰块或冰盐混合物盛于铁桶或木槽内。盛冰容器置于库内较高处（高度1.5米左右），便于冷空气下沉，加速对流。容器下部设排水管，将水引至库外。为了防止库内温度的提高，可加放吸湿剂。

④密封保温

在库房顶棚、门窗设保温装置（如吊顶棚、窗户加钉塑料膜或糊窗缝、门上悬挂棉门帘等），这些方法，在气候不太冷的地区，具有一定的保温效果。此外，还可以利用篷布、塑料膜等进行货垛密封保温。

（2）如何控制和调节湿度？

在我国长江以北地区，冬季气温有时很低，有些地区可出现－40～－30℃甚至更低。这对一些怕冻药品的储存不利，必须采取保温措施。一般可采用暖气片取暖，火炉取暖，火墙取暖等方法，提高库内温度，保证药品安全过冬。暖气片取暖应注意暖气管、暖气片离药品隔一定距离，并防止漏水情况。火炉取暖应在火炉周围左、右、后三方用砖砌成防护墙，防护墙与货垛的距离不得少于0.5米。库内不能存放易燃易爆药品。生火炉期间应有专人看管，注意防火，加强消防措施，同时要防止库内因长时间燃烧而造成缺氧空间，导致人员煤气中毒事故。火墙取暖应注意火墙暖库必须远离其他库房，添火口设在库外，库内药品要离暖墙1米以上，并经常检查墙壁有无漏火现象。

在我国气候潮湿的地区或阴雨季节，药品库房往往需要采取空气降湿的措施。为了更好地掌握库内湿度情况，可根据库内面积大小设置数量适当的湿度计，将仪器挂在空气流通的货架上。每天定时观测，并作好记录。记录应妥善保管，作为参考资料，以掌握湿度变化规律，并作为考察库存期间药品质量的依据之一。一般来说，库内相对湿度应控制在45％～75％为宜，控制方法可采用通风降湿、密封防潮及人工吸潮降湿相结合。

通风降湿要注意室外空气的相对湿度，正确掌握通风时机，一般应是库外天气晴朗，空气干燥时，才能打开门窗进行通风，使地面水分、库内潮气散发出去。密封防潮是阻止外界空气中的潮气入侵库内。一般可采取措施将门窗封严，必要时，对数量不多的药品可密封垛堆、货架或货箱。人工吸潮是当库内空气湿度过高，室外气候条件不适宜通风降湿时，采取的一种降湿措施。一般可采用生石灰（吸水率为自重的20％～30％）、氯化钙（吸水率为100％～150％）、钙镁吸湿剂、硅胶等，有条件的可采用降湿机吸湿。此外，减少潮湿来源也是必不可少的，如减少围护结构传入的湿量，地面施工时采用防水材料，隔断地下湿气泛潮，怕湿药品尽量放置在楼上等。

在我国西北地区，有时空气十分干燥，必须采取升湿措施。具体方法有：向库内地面洒水，或以喷雾设备喷水；库内设置盛水容器，储水自然蒸发等。

① 喷雾增湿

在一般气候条件下，药材需增湿储存的条件很少。只有在特别干燥的情况下，对少数怕干燥的药材，需要进行喷雾洒水或用电加湿器产生蒸汽，以提高空气湿度。

② 通风散潮

利用自然气候进行通风降潮，可使地面水分、库内潮气、包装用品及药材水分散发出去，是一种比较经济、简单而容易收效的方法。利用通风来降低库内相对湿度时，必须以绝对湿度为依据，正确掌握通风时机，即只有当库外绝对湿度低于库内时，才能进行通风。因此，在通风以前，先测定库内外温湿度，然后进行库内外绝对湿度比较，考虑能否通风。当库外温度、相对湿度都低于库内时，可以长时间开启门通风。反之，应密闭门窗，不可通风。当库外温度稍高于库内，但绝对湿度和相对湿度低于库内时也可以通风。库外温度和绝对湿度都低于库内时，而相对湿度稍高时，也可以通风，因为库外绝对湿度低，通风后也比库内低。库外温度低于库内，但绝对、相对湿度都比库内高时，不宜通风。库内外温差较大，特别是日温差较大或梅雨季节，要防止潮暖空气进入库内。另外，还可总结经验，一般天气晴朗或虽阴天但云块不黑并有东北风、北风或西北风时可以通风，但要对比一下库内外温湿度再进行。雨天、大雾、雨后初晴以及沿海地区刮南风、东南风时不宜通风。通风时初开启门窗进行自然通风外，有条件的还可以装置排风扇等通风设备。

③ 密闭防潮

密闭时隔绝外界空气中潮气的侵入，避免或减少空气中水分对药品的影响，以达到防潮的目的。密封就是将库房的门窗缝隙封闭，将通风洞、气孔用砖砌紧，只留一二门进出。门做成两道门，并挂厚棉帘。此外，还可根据药品的性质和数量，采用密闭垛、密封箱等形式防潮。密封性较好的库房，如装有风幕自动门，即使库房打开，人员照常进出作业，由于风幕的作用，库房内外的空气仍不会进行自然对流，而起到防潮的作用。应指出，我们能做到的只是相对密封，并不能完全隔绝气候对药品的影响，故密封保管时，最好结合吸潮降湿，可取得更好的效果。

④ 吸潮降湿

在梅雨季节或阴天不宜通风，而库内湿度又过高时，可以在密封库内用降湿机除湿。降湿机除湿的原理是采用机械冷冻的方法，凝结湿空气中的水蒸气借以降低空气中的温度，可在环境温度为17～35℃、相对湿度50%～90%的条件下使用。一般库房还可使用吸湿剂降湿。常用的吸湿剂有生石灰、氯化钙、硅胶等。

养护人员对库存药品质量每季度检查一次。检查的内容包括：检查日期、品名(通用名)、规格、单位、库存数量、生产厂家、生产批号、有效期、质量情况等并应按规定做好“库存药品质量养护记录”。

4. 避光

有些药品对光敏感，如：肾上腺素遇光变玫瑰红色，维生素C遇光变黄棕色，双氧水遇光分解为水和氧气等。因此，在保管过程中必须采取相应的避光措施。除药品的包装必须采用避光容器或其他遮光材料包装外，药品在库储存期间应尽量置于阴暗处，对门、窗、灯具等可采取相应的措施进行遮光，特别是一些大包装药品，在分发之后剩余部分药品应及时遮光密闭，防止漏光，造成药品氧化分解、变质失效。

5. 防鼠

库内物品堆集，鼠害常易侵入，造成损失。特别是一些袋装原料如葡萄糖等一旦

发生鼠害则严重污染药品。因此，必须防鼠灭害，一般可采用下列措施：认真观察，堵塞一切可能窜入鼠害的通道；库内无人时，应随时关好库门、库窗（通风时例外），特别是夜间；加强库内灭鼠，可采用电猫，鼠夹，鼠笼等工具；加强库外鼠害防治，仓库四周应保持整洁，不要随便乱堆乱放杂物，同时要定期在仓库四周附近投放灭鼠药，以消灭害源。

6. 防火

药品的包装尤其是外包装，大多数是可燃性材料，所以防火是一项常规性工作。在库内四周墙上适当的地方要挂有消防用具和灭火器，并建立严格的防火岗位责任制。对有关人员进行防火安全教育，进行防火器材使用的培训，使这些人员能非常熟练地使用防火器材。库内外应有防火标记或警示牌，消防栓应定期检查，危险药品库应严格按危险药品有关管理方法进行管理。

（四）不同性质药品应如何进行保管与养护？

1. 易受光线影响而变质的药品的保管养护

（1）凡遇光易引起变化的药品，如银盐、双氧水等，为避免光线对药品的影响，可采用棕色下斑瓶或用黑色纸包裹的玻璃器包装，以防止紫外线的透入。

（2）需要避光保存的药品，应放在阴凉干燥不易直射到的地方。门、窗可悬挂遮光用的黑布帘、黑纸，以防阳光照入。

（3）不常用的怕光药品，可储存于严密的药箱内，存放怕光的常用药品的药橱或药架应以不透光的布帘遮蔽。

（4）见光容易氧化、分解的药物如肾上腺素、乙醚、氯仿等，必须保存于密闭的避光容器中，并尽量采用小包装。

2. 易受湿度影响而变质的药品的保管养护

（1）对易吸湿的药品，可用玻璃软木塞塞紧、蜡封、外加螺旋盖盖紧。对易挥发的药品，应密封，置于阴凉干燥处。

（2）控制药库内的湿度，以保持相对湿度在70%左右为宜，可辅用吸湿剂如石灰、木炭，有条件者，可设置排风扇或通风器，尤其在雷雨季节，更要采取有效的防霉措施。除上述防潮设备外，药库应根据天气条件，分别采取下列措施，即在晴朗干燥的天气，可打开门窗，加强自然通风；当下雾、下雨或室外湿度高于室内时，应紧闭门窗，以防室外潮气浸入。

（3）对少量易受潮药品，可采用石灰干燥器储存，即用木箱瓦缸等容器装入块状1/4容量左右，石灰层上面存放药品，待石灰吸湿成粉状后，应及时换掉。

3. 易受温度影响而变质的药品的保管养护

一般药品储存于室温（1～30℃）即可。如指明“阴凉处”或“凉限处”是指不超过20℃，冷处是指2～10℃。在一般情况下，对多数药品储藏温度在2℃以上时，温度越低，对保管越有利。

（1）对怕热药品，可根据其不同性质要求，分别存放于“阴凉处”或“冷处”。常

用的电冰箱可调节至2～10℃，如无冰箱，可根据具体条件，因地制宜，存放于水井、地窖（对防潮药品还须注意密封，或用一口大缸埋于地下温度较低处）。有条件者，也可采用加冰的土冰箱，盛冰容器应置放于顶部，药品放于底部，以便冷热空气对流，提高降温效果。对少量怕热药品短期储存，则可采用冰瓶。

（2）对挥发性大的药品如浓氨溶液、乙醚等，在温度高时容器内压力大，不应剧烈震动。开启前应充分降温，以免药液冲出（尤其是氨溶液）造成伤害事故。

（3）对易冻和怕冻的药品，必须保温贮藏。

4. 易燃、易爆危险品的保管养护

易燃、易爆危险品系指易受光、热、空气等外来因素影响而引起自燃、助燃、爆炸或具有强腐蚀性、刺激性、剧烈毒性的药品，如果处置不当、保管不当，都能引起爆炸、燃烧等严重事故，给人民生命财产带来极大损失。

保管原则和方法：

（1）此类药品应储存于危险品库内，一般不得与其他药品同库储存，并远离电源。同时应有专人负责保管。

（2）危险品应分类堆放，特别是性质相抵触的物品（如浓酸与强碱）。灭火方法不同的物品，应该隔离储存。

（3）危险品库应严禁烟火，不准进行明火操作，并应有消防安全设备（如灭火机、沙箱等）。

（4）危险品的包装和封口必须坚实，牢固、密封，并应经常检查是否完整无损、渗漏，如有毁损、渗漏，必须立即进行安全处理。

（5）如少量危险品必须与其他药品同库短期储存时，亦应保持一定的安全距离，隔离存放。

（6）氧化剂保管应防高热、日晒，与酸类、还原剂隔离，防止冲击磨擦。钾、钠、钙金属应存放于水中；易燃品、自燃品应与热隔绝，并远离火源，存放于避光阴凉处。

5. 中药的保管养护

（1）中药材如何保管与养护？

储存少量药材一般用大干燥器、大塑料袋（外包纸和或木箱）、缸等，用石灰或硅胶为干燥剂。或用干砂子埋藏法，如党参、怀牛夕、板蓝根、山药等。或用花椒防虫法，适于有腥味肉性动物药材，如乌鞘蛇、祁蛇、海龙、海马等。或大蒜防虫法，适于土鳖虫、斑蝥、全蝎、红娘子等储存。或用酒精防虫法，于大缸底放一开口瓶盛酒精，上码药材如瓜蒌、枸杞子等，50千克药材可用95%酒精0.5～1千克，然后将缸用2～3层塑料布扎紧，则因酒精蒸汽而杀死虫卵与成虫。

中药材及其制剂大都含有淀粉、脂肪、醣（糖类）、蛋白质、氨基酸、有机酸、纤维素、鞣质等成分，另外还有维生素类、无机元素。其中营养成分俱全，若温度和水分适宜则极易滋生昆虫或细菌，发生虫蛀或霉变，加速药材的变质。

中草药材种类繁多，性质各异，有的易吸热，有的具有挥发性等，应根据其特性加以妥善保管。如保管不当将会发生霉变、虫蛀、失性、变色等现象而影响质量，甚至完全失效。中草药变质的原因，除空气、湿度、日光和温度等因素的影响外，还受到昆虫和微生物的侵蚀。为使中草药的外部形态和有效成分在储存期间尽量不起变化，必须掌握各种中草药材的性能，摸清各种变化规律，采取各种合理的保管措施，其中以防止霉变及防治虫蛀两项更为重要。

中药材在储存中常遇的两点问题：

① 虫蛀。中药材含水量大时，易生虫并受虫蛀。昆虫生长繁殖的适宜温度为18～35℃（22～32℃最适）。故在我国北方每年5～8月间昆虫生长繁殖最旺，而仓库中害虫一般能耐38～45℃，在10℃以下能停止发育，高于48℃为致死温度，−4℃以下也不能成活。当然这也与昆虫的种类和不同生长发育阶段有关。

② 发霉。俗称“霉药不治病”，发霉的中药在颜色和气味上必发生改变。发霉的原因也是因含水量过高（>15%）、温度较高（20～25℃）或阴暗不通风。

中药材的虫蛀和霉变是同时进行的。药材遭虫蛀，必增加药材组织细胞与空气、光线和湿气（水）的接触面积，从而加速药材中鞣质、酚类、黄酮类等易自动氧化作用，使药材颜色变深。寄生虫在生活中的排泄物及昆虫所携带细菌和微生物，污染了药材组织，又使药材遭到微生物的发酵作用。而微生物和昆虫寄生在药材组织中的主要营养物为蛋白质或氨基酸、糖类（包括淀粉、低聚糖、双糖或单糖）、脂肪等。这些营养物被昆虫和微生物利用后，其排泄物必发出腐败气味，如脂肪的酸败、氨基酸的脱羧或脱氨等。腐败的分解产物，变为有毒物质甚至进行对中药有效成分的破坏。故霉败的中药材应弃去，不能用于治疗。

中药材的防霉与防虫的五点措施：

① 中药材防霉，主要应严格控制本身的水分和储存场所的温度、湿度、避免日光和空气的影响，使霉菌不易生长繁殖。易发霉的中草药，应选择阴凉干燥通风的库房，垛堆应离地用木条垫高，垛底垫入芦席或油毛毡等隔潮。地面上铺放生石、炉灰或木炭、干锯末等防潮剂，使药材经常保持干燥，以防止霉变。

② 为防虫蛀，药材进库前，应把库内彻底清理，以杜绝虫源，必要时在药材进库前，可用适量的6%可小米性六六六或滴滴涕乳剂对四壁、地板、垫木以及一切缝隙进行喷洒。

③ 储存过程中，为防止霉菌、害虫的生长繁殖，可将中草药材干燥后，打成压缩包以减少与空气的接触面积。储存期间，尤其是热天或雨季，由于大气湿度较高，天气暖和，最适合霉菌、害虫的繁殖，更要选择晴朗的天气及时翻晒。并将仓库进行通风。但在湿度大的天气，应闭门窗，以防潮氯浸入。

④ 如发现虫害时，可采用高温杀虫法如曝晒、烘烤、热蒸等措施杀灭害虫，也可用化学药剂如硫黄、氯化苦（三氯硝基甲烷，CICNO）等熏蒸法消灭虫害，以及采用红外线照射，防止发霉生虫。但氯化苦能腐蚀金属，并影响种子发芽率；硫黄燃烧后产生的二氧化硫气体有漂白作用，易使某些药品变色、变酸味，且对种子发芽也有不良影响，使用时应加注意。

⑤已虫蛀的药材，可按虫害轻重分开处理，凡生虫严重而有结块现象的不宜再供

药用，严重霉烂变质的中草药材也不能再供药用。

中药材养护的常用九种方法：

① 干燥法

干燥法又包括日晒法、烘干法、阴干法和石灰干燥法。

• 日晒法是指将药材或中药饮片摊在晒场上曝晒，并实施反动，使受热均匀。充分利用太阳的热能及紫外线将害虫和霉菌杀死。

• 烘干法是指适用于太阳热力晒不透或易泛油的药材及其饮片。具体做法是将药材及其饮片摊在干燥室内、火坑上或烘干机内，温度控制在 50℃左右，烘 5～6 小时即可。

• 阴干法是指凡含挥发性成分、或日晒烘烤熔化的药材，应将药材置阴凉通风处阴干。

• 石灰干燥法是指遇光或热易变质的贵重药材，用石灰箱或缸等干燥，石灰占空间的 1/6～1/5 即可，石灰失效应及时更换。

② 吸潮法

主要采用吸潮剂或去湿机，使空气中的水分或药材及其饮片中的水分减少，达到去虫去霉目的。

③ 密封法

包括传统密封和气调密封两种，使药材及其饮片与外界影响其变质因素隔离，保持其本身质量。

• 传统密封法分为整库密封和小件密封两种。前者将库房全部密封起来，让库内吸潮剂吸潮，以控制药材及其饮片的水分在安全范围内。后者用箱、桶、缸或在库内墙壁边做水泥槽，将数量不多的药材或饮片放入密封，达到不透湿气的目的。

• 气调养护分为机械降氧和自然降氧两种，主要降低空气中氧气的浓度，以保证药材不受虫害。机械降氧在有罩账密封的药材中充氮（CO_2）降氧，使密封垛内保持低氧状态。其操作方法是：将药材装箱码垛，用草袋或麻袋包好，外套塑料并以高频热合机手钳封闭，将药材密闭。选一适当处自塑料罩面开一小孔，作为抽进气。开动真空泵抽出垛内空气，当垛内压力为 200～300mmHg 时停止抽气，检查有无漏气现象，然后将氮（或 CO_2，或用干冰即固体 CO_2）充入罩内，并使垛内压力与外界几近平衡。

自然降氧在密封堆垛内，利用药材、仓虫、需氧微生物的呼吸作用，将氧逐步消耗而达到杀虫和杀灭微生物的目的。用该法是将仓库密闭，降低室内含氧量，提高 CO_2 含量使害虫窒息，虫卵孵化延缓，霉菌和其他杂菌生长受到抑制。该法对药材的色、味不受影响。

④ 低温冷藏法

将适宜用低温冷藏的药材及其饮片用不透气的包装物包裹置于冷库内储藏，以保持药材本质。

⑤ 对抗储藏法

将两种可以互相制约的药材放在一起储存而保持其本质。如泽泻与丹皮共存，泽泻不生虫；花椒与动物类药材共存，则动物类药材不生虫。

⑥ 化学药物防治法

即将仓库整体密封或部分密封，用磷化铝熏蒸或硫黄熏蒸，从而使害虫窒息而死。

⑦ 低药低氧法

即在药垛密封的条件下，投入少量化学药物使其在密封的空间内挥发而达到杀虫的目的。

⑧ 化学熏蒸法

用硫黄、氯化镁、磷化铝等药物。硫黄燃烧产生二氧化硫能杀灭虫卵、幼虫、蛹或成虫。例如：川芎、羌活、泽泻、半夏、延胡索、独活、天麻、玄参、白术、当归、党参、白芷、桔梗、防风、葛根、狼毒、南沙参、甘遂、山药、枣仁等均可用此法。但因二氧化硫有漂白作用，对大黄、紫草、瓜蒌、红花、冬花、甘草等有使之退色或变性，不能用该法。

熏蒸法：于一间约 12 平方米砖瓦平房，密闭。沿墙放 4 付竹制搁架，离地面 4 米排成方形，架是堆放药材，药材间留有空隙。室内中间放一熏盆，约距药架约 1 米，每 25 千克药材用硫黄 300 克，点燃后熏蒸 24 小时。有时虫卵不能 1 次杀尽，1 周后再熏 1 次。

应当注意防火，室内不能有电源、电线及其他火源；熏后应彻底通风后人员方可入室，并将金属器涂刷一次油漆，因 SO 腐蚀金属。

磷化铝熏蒸法：磷化铝吸湿分解产生磷化氢，为强杀虫剂，能杀灭成虫、蛹及虫卵。但对杀螨效果较差。对霉菌也有一定抑制作用。用于空库为 1～3 片/平方米，储药材库用量为 3～6 片/平方米，条件：在 12～15℃时需密闭熏 5 天；16～20℃熏 4 天；20℃以上熏 3 天。熏后要通风散毒 5 天。配方比例为磷化铝∶醋酸∶木屑∶碳酸氢铵＝3.5g∶1.5g∶1.25g∶25g。

⑨ 辐射防霉法。

用放射性元素 60Co［钴 60］产生 γ 射线或加速器产生的 β 射线进行照射。当霉菌、杂菌、害虫吸收放射和电荷，产生自由基，破坏其正常新陈代谢以达杀灭作用。例如可用于枣仁、附子、川贝、党参、当归、黄芪、川芎等的杀虫灭菌。也可用于各类中成药制剂或仪器的灭菌。

(2) 中成药的保管与养护

对于中成药要根据原料和剂型决定保管方法。药酒能防腐、杀菌和防虫，但应避光储存，露剂如金银花露，为防止挥发性成分损失，应用小品瓶严封。中药糖浆因含糖少（约 35％），为防止霉变如 15％～20％甘油或乙醇，或防腐剂，如加苯甲酸、尼泊金等并密封避光储存。蜡壳丸可储存 3～4 年，但应置阴凉处。密丸，则含水较多，易吸湿霉变，应密闭置阴凉处，还要经常检查。水丸的含水量约 15％～30％，颗粒疏松易吸湿变质，应密闭于阴干处存放。糊丸易霉变，不易储存；但因其制造时易烘干，故购入后严格防潮、避光阴凉储存，仍可久放。散剂须用蜡纸包装如七里散、参苓白

术散等，可用带塞（木塞、胶塞等）密封，必要时蜡封瓶品，于阴干处存放。膏药如狗皮膏、拔毒膏，多含挥发性成分，储存过久或过热，不仅成分挥发，还能减低粘度或药层脱落，应置塑料袋于阴凉处储存。茶剂的储存与散剂相似。冲剂一般用塑料包皮袋，应严防潮湿。依中成药的性状，可将养护方法分述如下：

① 易生虫中成药的养护。水丸、蜜丸、糊丸、散剂、片剂、冲剂如储存不当容易生虫，应储存于阴凉干燥处。温度不超过 28℃，相对湿度不超过 70%。如温、湿度过高过大，应及时做好降温吸潮措施，做好清洁卫生工作。

② 易发霉中成药的养护。温度 28℃以下，相对湿度不超过 68%为宜，要勤加检查，一般以 5～7 天检查一次为宜。

③ 易挥发散失气味中成药的养护。储存在既凉爽干燥又不通风处。温度 28℃以下，相对湿度不超过 70%，同时采用按件密封，以防气味散失。

④ 易融化泛油中成药的养护。要储存在低温、干燥、通风和阳光不能直射处。温度不超过 25℃，相对湿度以 70%～75%为宜。

⑤ 易发酵变味中成药的养护。储存在低温通风处。温度 28℃以下，相对湿度以 75%左右，阳光不能直射。

⑥ 防鼠。因中药含糖、淀粉、脂肪等有机物质，极易遭致鼠害。因此，中药库必须加有防鼠设备。

(五) 不同剂型药品应如何进行保管与养护?

1. 片剂

片剂的保管主要是防潮，因片剂中含有淀粉等辅料吸湿而使片剂发生质量变化，产生碎片、潮解、粘连等现象，一般片剂的储存，库房湿度一般以相对湿度在 60%～70%为宜，不得超过 80%。糖衣片最好储存于阴凉库，库房的相对湿度保持在 45%～75%。像维生素 C 片剂等对光敏感的片剂应避光保存。含挥发性药物的片剂，受热后药物会挥发，影响疗效，因此应放置于阴凉处保存。

2. 注射剂

注射剂在储存过程中要注意温度的变化，温度过低或过高都会影响注射剂的质量，最适宜的保管温度是 2～8℃。

注射剂中的粉针剂，在储存保管过程中要注意防潮，严格控制湿度，相对湿度保持在 45%～75%。

药品库门窗应采取避光措施，因为日光中的紫外线能加速药品的氧化分解。

注射剂在储存过程中澄明度会起变化，因此储存中应加强澄明度检查。

3. 胶囊剂

胶囊剂的原料主要是明胶，受热吸潮后易变软、粘连变性或破裂，因此胶囊剂的保管应防潮和防热，一般的胶囊剂应密封、干燥、置阴凉处保存，但不宜过分干燥，以免发生脆变。有色胶囊应存放于阴凉库，以免出现变色，色泽不均等现象。

4. 软膏剂

乳剂基质和水溶性基质制成的软膏，在温度较低的条件下会发生水分与基质相分离的现象，因此在冬季应注意防冻，一般在常温库保存。还要防止重压锡管变形。

5. 栓剂

栓剂在储存时应控制温度，温度过高会融化变形影响质量，温度过低也会干裂。栓剂一般储存在30℃以下的常温库密闭保存，并控制好相对湿度，太干燥时栓剂也会裂开。

6. 糖浆剂

糖浆剂储存不当会发生霉变腐败、沉淀和变色等质量问题，温度过高，含乙醇挥发性物质的制剂及芳香水剂会挥发。糖浆剂受热、光照等因素易产生霉变和沉淀，因此应存放于阴凉库，避免阳光直射。糖浆剂在保管时应注意密封，并在30℃以下避光保存。如糖浆剂包装密封不严，受热或被污染则易出现生霉、发酵，甚至变酸、发臭，产生大量气体，加之受热膨胀，可使容器爆破。对糖浆保管养护主要以防热、防微生物污染为主。

（六）如何保管与养护特殊药品？

1. 麻醉药品

麻醉药品一般分为阿片类、可卡因类、大麻类、合成麻醉药类及卫生部指定的易致躯体依赖性的药品、药用原植物及其制剂。

麻醉药品应严格按照专人、专柜加锁管理，特别是针剂遇光易变质，应采用避光保存，做到定期盘点、账物相符。同时执行出库制度，出库严格时要有专人对品名、数量、质量进行核查，并有第二人复核，发货人、复核人共同在单据上盖章签字。

对于破损、变质、过期失效，而不可供药用的品种应清点登记，单独妥善保管，并列表上报药监部门批准，监督销毁，并有监销人签字，存档备案。

2. 精神药品

精神药品是指作用于中枢神经系统，使之兴奋或抑制，连续使用可以产生精神依赖性的药品。精神药品分为第一类、第二类。一类精神药品实行专柜、双人双锁保管制度。并建立了一类精神药品专用账目、专人登记、定期盘点，做到账物相符，发现问题及时向药品主管部门报告，并且出入库时坚持双人验收、签字制度。二类精神药品储存在普通仓库内。

3. 毒性药品

毒性药品是指使用不当会致人中毒或死亡的药品。储存在专用库房专柜加锁，由专人保管，并设报警器等安全措施，毒性药品验货、收货，需共同在单据上签名盖章。

4. 放射性药品

放射性药品是指用于临床诊断或者治疗的放射性核素制剂或者其标记化合物。放射性药品实行专库（柜）、双人双锁保管，专账记录。出库验发时要有专人对品种、数量进行复查。过期失效专门处理。它的储存应有与剂量相适应的防护装置，同时避免拖拉或撞击。

四、药品在库检查的内容和方法

药品在库储存期间，由于经常受到外界环境因素的影响，随时都有可能出现各种质量变化现象。因此，除需采取适当的保管、养护措施外，还必须经常地和定期地进行在库检查。药品的在库检查，指对库存药品的查看和检验。通过检查，及时了解药品的质量变化，以便采取相应的防护措施，并验证所采取的养护措施的成效，掌握药品质量变化的规律。

(一) 检查的时间和方法有哪些?

药品在库检查的时间和方法，应根据药品的性质及其变化规律，结合季节气候，储存环境和储存时间长短等因素掌握，大致可分为以下三种。

1.“三三四”检查

即每个季度的第一个月检查30%；第二个月检查30%；第三个月检查40%，使库存药品每个季度能全面检查一次。

2. 定期检查

一般上、下半年对库存药品逐堆逐垛进行一次全面检查，特别对受热易变质、吸潮易引湿，遇冷易冻结的药品要加强检查。对有效期药品、麻醉药品、精神药品、医疗用毒性药品、放射性药品等特殊管理的药品，要重点进行检查。

3. 随机检查

一般是在汛期、雨季、霉季、高温严寒或者发现有药品质量变质苗头的时候，临时组织力量进行全面或局部的检查。

(二) 检查的内容与要求是什么?

药品检查的内容包括：库房内的温度，药品储存条件及药品是否按库、区、排、号分类存放，货垛堆码、垛底衬垫、通道、墙距、货距等是否符合规定要求，药品有无倒置现象，外观形状是否正常，包装有无损坏等。在检查中，要加强对质量不够稳定、出厂较久的药品，以及包装容易损坏和规定有效期的药品的查看和检验。

药品在库检查，要求做到经常检查与定期检查、员工检查与专职检查、重点检查与全面检查结合起来进行。检查时要做好详细记录，要求查一个品种规格记录一个，依次详细记录检查日期、药品存放条件、品名、规格、厂牌、批号、单位、数量、质量情况和处理意见，做到边检查，边整改，发现问题，及时处理。检查完后，还要对检查情况进行综合整理，写出质量小结，作为分析质量变化的依据和资料。同时，还要结合检查工作，不断总结经验，提高在库药品的保管养护工作水平。

指南十　执业药师

一、执业药师

执业药师（Licensed Pharmacist）也称药剂师、药师，是指同时具有执业药师资格证书和执业药师注册证，并在药品生产、流通、使用单位执业的医药技术人员。执业药师主要提供药物知识及药事专业服务，他们是药物的专家，同时也是解答市民大众有关药物问题的最适当人选。

《执业药师资格制度暂行规定》第三条明确了执业药师是指经全国统一考试合格，取得《执业药师资格证书》并经注册登记，在药品生产、经营、使用单位中执业的药学技术人员。第四条规定了凡从事药品生产、经营、使用的单位均应配备相应的执业药师，并以此作为开办药品生产、经营、使用单位的必备条件之一。国家药品监督管理局负责对需由执业药师担任的岗位作出明确规定并进行检查。

《执业药师资格制度暂行规定》第五条规定了人事部和国家药品监督管理局共同负责全国执业药师资格制度的政策制定、组织协调、资格考试、注册登记和监督管理工作。

二、执业药师的报名条件和报名方法

（一）执业药师的报名应具备哪些条件?

凡中华人民共和国公民和获准在我国境内就业的其他国籍的人员，遵纪守法并具备以下条件之一者，均可参加执业药师资格考试：

（1）取得药学、中药学或相关专业中专学历，从事药学或中药学专业工作满七年。

（2）取得药学、中药学或相关专业大专学历，从事药学或中药学专业工作满五年。

（3）取得药学、中药学或相关专业大学本科学历，从事药学或中药学专业工作满三年。

（4）取得药学、中药学或相关专业第二学士学位、研究生班毕业或取得硕士学位，从事药学或中药学专业工作满一年。

（5）取得药学、中药学或相关专业博士学位。

按照国家有关规定评聘为高级专业技术职务，并具备下列条件之一者，可免试

《药学（或中药学）专业知识（一）》《药学（或中药学）专业知识（二）》两个科目。

（1）中药学徒、药学或中药学专业中专毕业，连续从事药学或中药学专业工作满二十年。

（2）取得药学、中药学专业或相关专业大专以上学历，连续从事药学或中药学专业工作满十五年。

根据《关于同意香港、澳门居民参加内地统一组织的专业技术人员资格考试有关问题的通知》（国人部发〔2005〕9号），凡符合执业药师资格考试相关程序和要求可报名参加考试。

（二）执业药师的报名时间及方法如何确定？

报名时间一般为每年的3月（以当地人事部规定的香港、澳民居民均可按照文件规定的考试部门公布的时间为准）。

报考者由本人提出申请，经所在单位审核同意后，携带有关证明材料到当地人事考试管理机构办理报名手续。党中央、国务院各部门、部队及直属单位的人员，按属地原则报名参加考试。考试以两年为一个滚动周期。报考全部科目的人员，须在连续两个年度内通过考试；免试部分科目的人员，须在一个年度内通过考试。

三、执业药师的考试时间、考试科目及题型

（一）考试时间如何安排？

执业药师资格考试时间一般在每年的10～11月。表10－1是2013年的考试时间及科目安排。

表10－1　　考试时间及科目安排

考试日期	考试时间	考试科目
2013年10月19日	上午09：00－11：30	药学（中药学）专业知识（一）
2013年10月19日	下午14：00－16：30	药学（中药学）专业知识（二）
2013年10月20日	上午09：00－11：30	药事管理与法规
2013年10月20日	下午14：00－16：30	综合知识与技能（药学、中药学）

（二）考试科目有哪些？

表10－2为执业药品师资格考试的科目与内容。

表 10－2　　　　考试科目与内容

（1）药学类	
①药事管理与法规（药学类、中药学类共考科目）	
②药学专业知识（一）	含药理学部分和药物分析部分
③药学专业知识（二）	含药剂学部分和药物化学部分
④药学综合知识与技能	
（2）中药学类	
①药事管理与法规（药学类、中药学类共考科目）	
②中药学专业知识（一）	含中药学部分和中药药剂学部分
③中药学专业知识（二）	含中药鉴定学部分和中药化学部分
④中药学综合知识与技能	
（3）备注	
中药学专业知识（一）	中药学部分和中药药剂学部分卷面分值比例为6：4
中药学专业知识（二）	中药鉴定部分与中药化学部分卷面分值比例为6：4
药学专业知识（一）	药理学部分与药物分析部分卷面分值比例为6：4
药学专业知识（二）	药剂学部分与药物化学部分卷面分值比例为6：4

（三）考试题型有哪几种？

执业药师资格考试采用以多选题为代表的客观性试题较多。多选试题的类型不同，但试题的基本结构大致相同。试题由两部分组成，一为题干，是试题的主体；二为选项，即备选答案。考生在固定的备选答案中选择正确的、最符合题意的答案，无须作解释和论述。

国家执业药师资格考试试题分为A、B、X三种题型。现举例说明如下。

1. A型题（最佳选择题）

A型题题干在前，选项在后。共有A、B、C、D、E五个备选答案，其中只有一个为最佳答案，其余选项为干扰答案。考生须在5个选项中选出一个最符合题意的答案（最佳答案），并按考试规定的方式将答题卡相应位置上的字母涂黑。

例1：既祛风通络，又凉血消肿的药是__________。

A. 海风藤　　B. 雷公藤　　C. 络石藤

D. 青风藤　　E. 鸡血藤

答案：AB●DE

例2：不宜用于变异型心绞痛的药物是__________。

A. 硝酸甘油　　B. 硝苯地平

C. 普萘罗尔　　D. 维拉帕米

E. 地尔硫卓

答案：AB●DE

2. B 型题（配伍选择题）

B 型题是一组试题（2～4 个）共用一组 A、B、C、D、E 五个备选答案。选项在前，题干在后，每题只有一个正确答案。每个选项可供选择一次，也可重复选用，也可不被选用。考生只须为每道试题选出一个最佳答案。

例 1：

A. 杀虫消积　　B. 杀虫疗癣

C. 杀虫活血　　D. 杀虫止血

E. 杀虫涩肠

（1）槟榔的功效是＿＿＿＿＿。

（2）使君子的功效是＿＿＿＿＿。

答案：

（1）A●CDE　　（2）●BCDE

例 2：

A. 青霉素 V　　B. 苯唑西林

C. 替卡西林　　D. 哌拉西林

E. 氨苄西林

（1）主要用于耐药金葡菌感染的半合成青霉素＿＿＿＿＿。

（2）耐酶，抗菌活性不及青霉素，与青霉素有交叉过敏＿＿＿＿＿。

（3）口服不吸收，临床主要用于绿脓杆菌感染治疗＿＿＿＿＿。

答案：

（1）●BCDE　　（2）A●CDE　　（3）AB●DE

例 3：

A. 乙胺丁醇　　B. 利福平

C. 链霉素　　D. 对氨基水杨酸

E. 卡拉霉素

（1）诱导肝微粒体霉、加速皮质激素和雌激素代谢＿＿＿＿＿。

（2）长期大量应用可致视神经炎、视力下降、视野缩小，出现盲点＿＿＿＿＿。

（3）尿中析出结晶，损害肾脏，碱化尿液可减轻＿＿＿＿＿。

（4）对第八对脑神经损害严重＿＿＿＿＿。

答案：

（1）A●CDE　　（2）●BCDE

（3）ABC●E　　（4）ABCD●

3. X 型题（多项选择题）

X 型题由一个题干和 A、B、C、D、E 五个备选答案组成，题干在前，选项在后。要求考生从五个备选答案中选出两个或两个以上的正确答案，多选、少选、错选均不得分。

例 1：既善清热解毒，又能疏散风热的药是________。

A. 连翘　　B. 金银花　　C. 牛蒡子

D. 败酱草　　E. 黄菊花

答案：●●●D●

例 2：适用于高血压病伴肾功能不良的药物是________。

A. 卡托普利　　B. 利舍平　　C. 哌唑嗪

D. 氢氯噻嗪　　E. 甲基多巴

答案：●B●D●

（四）通过标准有哪些？

执业药师（药学、中药学）各科目考试合格标准均为 60 分（各科目试卷满分均为 100 分）。考试合格标准见表 10－3。

表 10－3　考试合格标准

专业名称	科目名称	试卷满分	合格标准
执业药师	药事管理与法规	100	60
	药学综合知识与技能	100	60
	药学专业知识（一）	100	60
	药学专业知识（二）	100	60
	中药学综合知识与技能	100	60
	中药学专业知识（一）	100	60
	中药学专业知识（二）	100	60

各地按上述合格标准对各专业考试成绩进行复核，确认无误后，与当地人事部人事考试中心核对相关数据，并将核准后的数据按要求逐项填写，在一定期限内报送相关部门后备案，备案数据作为发放相应专业资格证书的依据，并按照有关文件精神，及时通过适当方式向社会公布考试合格标准，并抓紧做好相应专业资格证书发放及考试后期的各项工作。

《执业药师资格制度暂行规定》中第十条指出：执业药师资格考试合格者，由各省、自治区、直辖市人事（职改）部门颁发人事部统一印制的、人事部与国家药品监督管理局用印的中华人民共和国《执业药师资格证书》。该证书在全国范围内有效。

四、执业药师的注册流程

（一）执业药师注册包括哪些方面?

执业药师应按照执业类别、执业范围、执业地区进行注册。执业类别分为药学、中药学、药学与中药学三类；执业范围包括药品生产、经营、使用单位；执业地区为省、自治区、直辖市。

（二）执业药师的注册管理机构和注册流程如何?

国家食品药品监督管理局为全国执业药师资格注册管理机构。各省、自治区、直辖市食品药品监督管理部门为执业药师注册机构。

持有《执业药师资格证书》的人员，必须向注册机构申请注册并取得《执业药师注册证》后，方可以执业药师身份执业。执业药师注册申请必须同时具备下列条件：

（1）取得《执业药师资格证书》；

（2）遵纪守法，遵守职业道德；

（3）身体健康，能坚持在执业药师岗位工作；

（4）经执业单位同意。

执业药师注册后核发《执业药师注册证》，此证分正、副本，有效期为三年，有效期满需再次注册。下附执业药师网上注册申报流程图（见图10－1）。

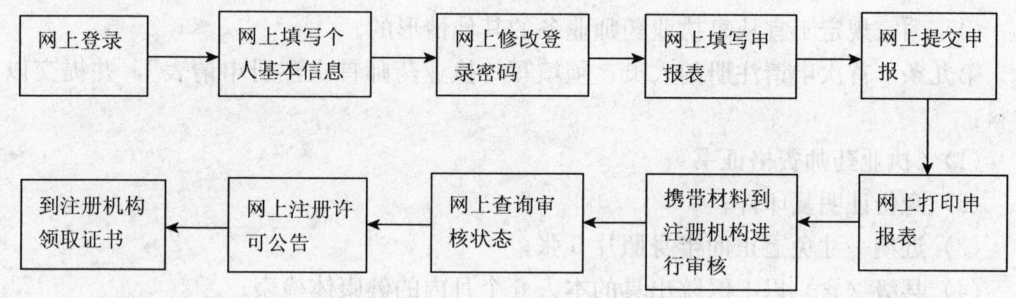

图10－1　执业药师注册申报流程图

五、执业药师的注册制度

（一）总则

第一条　为保证执业药师资格制度的实施，加强执业药师注册管理工作，根据人事部、国家药品监督管理局联合颁发的《执业药师资格制度暂行规定》，制定本办法。

第二条　执业药师实行注册制度。国家药品监督管理局为全国执业药师注册管理

机构，各省、自治区、直辖市药品监督管理局为本辖区执业药师注册机构。

第三条　持有《执业药师资格证书》的人员，经向注册机构申请注册并取得《执业药师注册证》后，方可以执业药师身份执业。

第四条　执业药师按照执业类别、执业范围、执业地区注册。执业类别为药学类、中药学类；执业范围为药品生产、药品经营、药品使用；执业地区为省、自治区、直辖市。

第五条　执业药师只能在一个执业药师注册机构注册，在一个执业单位按照注册的执业类别、执业范围执业。

（二）申请注册

第六条　药品生产、经营、使用单位的人员取得《执业药师资格证书》后即可向执业单位所在地区的执业药师注册机构申请办理注册手续。

第七条　申请执业药师注册的人员，必须同时具备下列条件：

（1）取得《执业药师资格证书》；

（2）遵纪守法，遵守职业道德；

（3）身体健康，能坚持在执业药师岗位工作；

（4）经执业单位同意。

第八条　有下列情况之一者，不予注册：

（1）不具有完全民事行为能力的；

（2）因受刑事处罚，自刑罚执行完毕之日到申请注册之日不满二年的；

（3）受过取消执业药师执业资格处分不满二年的；

（4）国家规定不宜从事执业药师业务的其他情形的。

第九条　首次申请注册的人员，须填写“执业药师首次注册申请表”，并提交以下材料：

（1）《执业药师资格证书》；

（2）身份证明复印件；

（3）近期一寸免冠正面半身照片 5 张；

（4）县级（含）以上医院出具的本人 6 个月内的健康体检表；

（5）执业单位证明；

（6）执业单位合法开业的证明复印件。

第十条　执业药师注册有效期为三年。持证者须在有效期满前三个月到原执业药师注册机构申请办理再次注册手续。超过期限不办理再次注册手续的人员，其《执业药师注册证》自动失效，并不能再以执业药师身份执业。

第十一条　申请再次注册者，须填写“执业药师再次注册申请表”，并提交以下材料：

（1）《执业药师资格证书》和《执业药师注册证》；

（2）执业单位考核材料；

(3)《执业药师继续教育登记证书》;

(4) 县级(含)以上医院出具的本人6个月内的健康体检表。

第十二条 凡取得《执业药师资格证书》,按规定完成继续教育学分,可保留执业药师资格。取得《执业药师资格证书》一年后申请注册的,除按第九条规定外,还需同时提交载有本人参加继续教育记录的《执业药师继续教育登记证书》。

(三)注册与管理

第十三条 执业药师注册机构须在收到申请之日起30个工作日内,对符合条件者予以注册;对不符合条件者不予注册,同时书面通知申请人并说明理由。

第十四条 执业药师注册机构根据申请注册者的《执业药师资格证书》中注明的专业类别进行注册。

第十五条 执业药师注册机构办理注册时,在《执业药师资格证书》中的注册情况栏内加盖注册专用印章,并发给国家药品监督管理局统一印制的《执业药师注册证》。

第十六条 执业药师在同一执业地区变更执业单位或范围的,须到原执业药师注册机构办理变更注册手续,填写"执业药师变更注册登记表",并提交以下材料:

(1)《执业药师资格证书》和《执业药师注册证》;

(2) 新执业单位合法开业的证明复印件;执业药师变更执业地区的,须到原执业药师注册机构办理变更注册手续,填写"执业药师变更注册登记表",并向新执业地区的执业药师注册机构重新申请注册。新的执业药师注册机构在办理执业注册手续时,应收回原《执业药师注册证》,并发给新的《执业药师注册证》。

第十七条 执业药师注册后如有下列情况之一的,予以注销注册:

(1) 死亡或被宣告失踪的;

(2) 受刑事处罚的;

(3) 被吊销《执业药师资格证书》的;

(4) 受开除行政处分的;

(5) 因健康或其他原因不能从事执业药师业务的。注销注册手续由执业药师所在单位在30个工作日内向注册机构申请办理,并填写"执业药师注销注册登记表"。执业药师注册机构经核实后办理注销注册,收回《执业药师注册证》。

第十八条 执业药师注册机构每年将注册情况报国家药品监督管理局备案,并定期公告。

第十九条 国家药品监督管理局发现上报备案的执业药师中有不符合规定条件的,有权责令执业药师注册机构复查并予以改正。

第二十条 对不予注册或注销注册持有异议的当事人,可以依法申请行政复议或者向人民法院提起诉讼。

第二十一条 凡以骗取、转让、借用、伪造《执业药师资格证书》、《执业药师注册证》和《执业药师继续教育登记证书》等不正当手段进行注册的人员,一经发现,

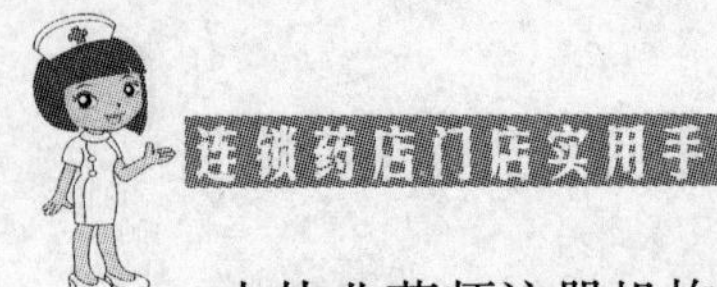

由执业药师注册机构收缴注册证并注销注册。构成犯罪的，依法追究其刑事责任。

第二十二条　执业药师注册机构的工作人员，在注册工作中玩忽职守、滥用职权、徇私舞弊，由其所在单位依据有关规定给予行政处分；构成犯罪的，依法追究刑事责任。

（四）附则

第二十三条　持有《执业药师资格证书》的人员未经注册，不具有执业药师身份，不得从事执业药师业务活动，其所出具的与执业药师业务有关的证明，均属无效。

第二十四条　执业单位系指合法的药品生产、经营、使用单位。

第二十五条　本办法由国家药品监督管理局负责解释。

第二十六条　本办法自发布之日起施行。

（五）特别说明

香港、澳门永久性居民执业药师注册事项：

国家食品药品监督管理局就有关事项印发通知明确：从2009年10月1日起，各省（区、市）食品药品监管部门受理已取得内地《执业药师资格证书》的香港、澳门永久性居民提交的执业药师注册申请，并按照《关于修订印发执业药师注册管理暂行办法的通知》（国药管人〔2000〕156号）等相关规定办理。对已取得内地《执业药师资格证书》的香港、澳门永久性居民申请在内地执业注册时，除按规定提交注册申请材料外，还须出具《台港澳人员就业证》、香港药剂师执照或澳门药剂师执照原件，并同时提交复印件，且执业单位储存应与《台港澳人员就业证》上所注明的用人单位相一致。

（六）我国实行执业药师注册制度的意义

（1）对获得执业药师资格人员在执业活动前必须经过的准入控制，注册机构通过对申请注册者的资格审核，符合条件才予以注册，同意准入。

（2）对执业药师进行行政管理，加强监督调控的一种手段。

（3）通过注册制度对药品生产、经营、使用单位的用人实行依法监督管理。

六、执业药师的首次注册、变更注册、再次注册和注销注册需要的材料

（一）首次注册需要哪些材料？

1. 首次注册

首次注册是指获得《执业药师资格证书》后，第一次到执业药师注册机构办理注册手续的为执业药师首次注册。首次注册没有时间限制，但是在取得《执业药师资格证书》后必须每年参加继续教育。

2. 首次注册所需材料

(1)《执业药师首次注册申请表》一式两份；

(2)《执业药师资格证书》;

(3) 身份证原件及复印件、毕业证书复印件;

(4) 执业单位证明;

(5) 近期一寸免冠正面半身照片5张;

(6) 县级(含)以上医院出具的本人6个月内的健康体检表;

(7) 执业单位合法开业的证明复印件;

(8) 取得《执业药师资格证书》一年后申请注册的,需提交《执业药师继续教育登记证书》。

(9) 已取得内地《执业药师资格证书》的香港、澳门永久性居民申请在内地执业注册时,除按以上规定提交注册申请材料外,还须出具《台港澳人员就业证》、香港药剂师执照或澳门药剂师执照原件,并同时提交复印件,且执业单位应与《台港澳人员就业证》上所注明的用人单位相一致。

(二) 变更注册需要哪些材料?

1. 变更注册

变更注册是指执业药师在同一执业地区变更执业单位或执业范围时,须到原执业药师注册机构办理变更注册手续。执业药师变更执业地区的,应当持《执业药师资格证书》和《执业药师注册证》正、副本原件及复印件,并填写《执业药师变更注册申请表》,向新执业单位所在地区的执业药师注册机构申请办理变更注册手续。执业药师变更注册申请表内容见表10-4。

2. 变更注册所需材料

(1)《执业药师变更注册申请表》一式四份;

(2)《执业药师资格证书》;

(3)《执业药师注册证》正副本;

(4) 近期一寸免冠正面半身照片3张;

(5) 新执业单位合法开业的证明复印件;

(6) 原单位辞职证明。

表10-4　　执业药师变更注册申请表

注册地区:＿＿＿＿＿＿省(自治区、直辖市)＿＿＿＿＿＿

姓名		性别		民族		照　片
学历		专业		职称		
身份证号码						
执业资格证书号码				考试年份		

续 表

<table>
<tr><td>毕业学校</td><td></td><td>参加工作时间</td><td></td></tr>
<tr><td>执业范围</td><td>生产 使用 批发 零售</td><td>执业类别</td><td>药学
中药学
药学与中药学</td></tr>
<tr><td>新执业单位名称</td><td></td><td>联系电话</td><td></td></tr>
<tr><td>通讯地址</td><td></td><td>邮编</td><td></td></tr>
<tr><td>变更注册理由</td><td colspan="3"></td></tr>
<tr><td>新的执业单位意见</td><td colspan="3">负责人　　　　（公章）
年　月　日</td></tr>
<tr><td>执业药师注册机构审查意见</td><td colspan="3">负责人　　　　（公章）
年　月　日</td></tr>
<tr><td>备注</td><td colspan="3"></td></tr>
</table>

本表一式两份，执业药师注册机构、执业药师本人各一份。

（三）再次注册需要哪些材料?

1. 再次注册

再次注册是指执业药师注册有效期满（有效期三年），持证者须在有效期满前三个月到执业药师注册机构申请办理再次注册手续。申请再次注册的执业药师必须有参加执业药师继续教育的记录。执业药师再次注册申请表内容见表 10－5。

对执业药师执业活动的监督管理不是一次就可以，要不断的对执业药师的执业行为、职业道德、技术水平、工作态度、能力业绩等进行评价、检查和监督，特别是要考察其执业能力，是否保持和提高到必备的执业标准，上述情况都是通过再次注册的形式来实现的，可见再次注册是十分必要。

2. 再次注册所需材料

(1)《执业药师再次注册申请表》一式四份；

(2)《执业药师资格证书》;

(3)《执业药师注册证》正副本;

(4)《执业药师继续教育登记证书》;

(5) 近期一寸免冠正面半身照片2张;

(6) 注册执业单位考核资料（即药品经营许可证或药品生产许可证或医疗机构执业许可证复印件，并加盖公章）；如再次注册单位与原注册单位不一致，还需提供本人与原注册单位的解聘合同书；

(7) 县级（含）以上医院出具的本人6个月内的健康体检表。

表10-5　**执业药师再次注册申请表**

注册地区：　　　省（自治区、直辖市）

<table>
<tr><td>姓名</td><td></td><td>性别</td><td></td><td>民族</td><td></td><td rowspan="4">照片</td></tr>
<tr><td>学历</td><td></td><td>专业</td><td></td><td>职称</td><td></td></tr>
<tr><td colspan="2">身份证号码</td><td colspan="4"></td></tr>
<tr><td colspan="2">执业资格证书号码</td><td colspan="2"></td><td>考试年份</td><td></td></tr>
<tr><td colspan="2">毕业学校</td><td colspan="2"></td><td>参加工作时间</td><td colspan="2"></td></tr>
<tr><td colspan="2">执业范围</td><td colspan="2">生产　使用　批发　零售</td><td>执业类别</td><td colspan="2">药学
中药学
药学与中药学</td></tr>
<tr><td colspan="2">执业单位名称</td><td colspan="2"></td><td>联系电话</td><td colspan="2"></td></tr>
<tr><td colspan="2">通讯地址</td><td colspan="2"></td><td>邮编</td><td colspan="2"></td></tr>
<tr><td>继续教育完成情况</td><td colspan="6"></td></tr>
<tr><td>执业单位考核意见</td><td colspan="6">负责人　　（公章）
年　月　日</td></tr>
<tr><td>执业药师注册机构审查意见</td><td colspan="6">负责人　　（公章）
年　月　日</td></tr>
<tr><td>备注</td><td colspan="6"></td></tr>
</table>

本表一式两份，执业药师注册机构、执业药师本人各一份。

（四）注销需要哪些材料？

1. 注销

执业药师注册后如有下列情况之一的，予以注销：

（1）死亡或被宣告失踪的；

（2）受刑事处罚的；

（3）被吊销《执业药师资格证书》的；

（4）受开除行政处分的；

（5）因健康原因或其他原因不能从事执业药师业务的。

2. 注销注册所需材料

（1）《执业药师注销注册申请表》；

（2）《执业药师资格证书》；

（3）《执业药师注册证》正副本。

各省、自治区、直辖市的具体材料要求可能不同，应以当地的食品药品监督管理局发布的信息为准。执业药师注销注册申请表见表 10－6。

表 10－6　　执业药师注销注册申请表

注册地区：　　省（自治区、直辖市）

<table>
<tr><td>姓名</td><td></td><td>性别</td><td></td><td>民族</td><td></td><td rowspan="4">照　片</td></tr>
<tr><td>学历</td><td></td><td>专业</td><td></td><td>职称</td><td></td></tr>
<tr><td colspan="2">身份证号码</td><td colspan="4"></td></tr>
<tr><td colspan="2">执业资格证书号码</td><td colspan="2"></td><td>考试年份</td><td></td></tr>
<tr><td colspan="2">毕业学校</td><td colspan="2"></td><td>参加工作时间</td><td colspan="2"></td></tr>
<tr><td colspan="2">执业范围</td><td colspan="2">生产　使用　批发　零售</td><td>执业类别</td><td colspan="2">药学
中药学
药学与中药学</td></tr>
<tr><td colspan="2">执业单位名称</td><td colspan="2"></td><td>联系电话</td><td colspan="2"></td></tr>
<tr><td colspan="2">通讯地址</td><td colspan="2"></td><td>邮编</td><td colspan="2"></td></tr>
<tr><td>注销注册理由</td><td colspan="6"></td></tr>
<tr><td>执业单位意见</td><td colspan="6">负责人　　（公章）
年　月　日</td></tr>
<tr><td>执业药师注册机构审查意见</td><td colspan="6">负责人　　（公章）
年　月　日</td></tr>
<tr><td>备注</td><td colspan="6"></td></tr>
</table>

本表一式两份，执业药师注册机构、执业药师本人各一份。

七、执业药师的继续教育

执业药师依法接受继续教育是执业药师不断提高业务水平，及时掌握最新药学理论、技术知识，保持高水平的执业道德和执业能力的必要条件，是正确履行其职责的必要条件。

执业药师继续教育项目分为指定、指导和自修3类，包括培训、研修、学术讲座、学术会议、专题研讨会、专题调研和考察、撰写论文和专著等。其中指定和指导项目学习每年不得少于10学分，自修项目学习可累计获取学分。指定项目、指导项目由省执业药师培训中心承担，省药监局审核批准；自修项目由执业药师自行选定项目，如参加学术会议、专题考察、撰写论文等业务学习。

《执业药师资格制度暂行规定》对执业药师继续教育做出了相关规定：

第二十二条规定　执业药师需努力钻研业务，不断更新知识，掌握最新医药信息，保持较高的专业水平。

第二十三条规定　执业药师必须接受继续教育。国家药品监督管理局负责制定执业药师继续教育管理办法，组织拟定、审批继续教育内容。各省、自治区、直辖市药品监督管理局负责本地区执业药师继续教育的实施工作。

第二十四条规定　国家药品监督管理局批准的执业药师培训机构承担执业药师的继续教育工作。

第二十五条规定　执业药师实行继续教育登记制度。国家药品监督管理局统一印制《执业药师继续教育登记证书》，执业药师接受继续教育经考核合格后，由培训机构在证书上登记盖章，并以此作为再次注册的依据。

八、执业药师继续教育学分获取途径

执业药师继续教育实行学分制、项目制和登记制度。具有执业药师资格的人员由省级食品药品监督管理局发放国家食品药品监督管理局统一印制的《执业药师继续教育登记证书》；关于执业药师继续教育的学分制，2002年前（含）每年参加继续教育的学分不得少于25学分，其中指定项目10学分，指导项目10学分。2003年起（含）执业药师每年参加继续教育的学分不得少于15学分，注册期3年内累计不得少于45学分。其中必修和选修内容每年不得少于10学分，自修内容学习可累计获取学分。继续教育学分如果没完成会影响的执业药师证的再次注册，因此学分的获取对执业药师来说是非常重要的。

执业药师继续教育学分取得方式：

（1）参加执业药师继续教育必修、选修内容学习；由施教机构在《执业药师继续教育登记证书》上确认与登记盖章。

（2）一个月以上的脱产专业学习、专业学位课程学习；须提交当年学习考核成绩

证明。

（3）参加学术会议、专题报告会、出国考察、发表论文、培训、讲学、出版论著，研究性工作计划、总结和报告，调研或考察报告、阅读专业期刊等；须提交论文原件及相关证明医学教育网搜集整理。

（4）获得科研成果奖励或国家专利等；须提交成果或专利证书复印件及单位关于本人参与工作的证明。

（5）国家执业药师资格标准制定、考试命题、继续教育内容遴选评审；须提交国家食品药品监督管理局执业药师资格认证中心和中国执业药师协会的证明。

（6）单位组织的业务学习；须提交所在单位组织业务学习的证明。

（7）各省、自治区、直辖市食品药品监督管理部门认可的其他形式的教育培训活动。

学分授予程序为：

（1）取得上述第（1）条规定的学分，由施教机构在《执业药师继续教育登记证书》上确认与登记盖章。

（2）上述第（2）条、第（3）条、第（4）条、第（6）条、第（7）条学分由各省、自治区、直辖市（食品）药品监督管理部门人事教育部门或由省级（食品）药品监督管理部门委托的机构负责确认与登记盖章。

申请第（2）条学分的人员，需提交当年学习考核成绩证明；申请第（3）条的人员，需提交论文原件及相关证明；申请第（4）条的人员，需提交成果或专利证书复印及单位关于本人参加工作的证明；申请第（5）条的人员，需提交国家食品药品管理局执业药师资格认证中心和中国执业药师协会的证明；申请第（6）条的人员，需提交所在单位组织业务学习的证明。

学分核定主要根据培训内容与学时，学分计算方法一般为参加者按每3小时授予1学分，主讲者按每1小时授予1学分。第二条学分计算方法一般为参加者按每8小时授予1学分，主讲者按每1小时授予1学分。其他学分计算参考表10－7。

表10－7　执业药师继续教育自修内容学分授予表

项目性质	级别范围	学分核算	备注
在学术会议上宣读论文	国际性	8～6	论文的第一作者记高分限，以此类推到第三作者
	全国性	6～4	
	行政区级	5～3	
	省级	4～2	

续表

项目性质	级别范围	学分核算	备注
在学术会议上提交书面论文或摘要	国际性	6～4	论文的第一作者记高分限，以此类推到第三作者
	全国性	5～3	
	行政区域	4～2	
	省级	3～1	
	仅列题目	1	
在学术刊物上发表论文、综述	国外刊物	10～8	论文的第一作者记高分限，以此类推到第三作者
	国际标准刊号 ISSN	8～6	
	省级刊物	6～4	
	地级以下	4～2	
	内部刊物	2～1	
著作	1000 字	1	最高记 45 分
发表专业译文	1500 字	1	最高记 45 分
出国考察报告	3500 字	1	最高记 15 分
出版继续教育项目课程的录像教材和幻灯片	讲授实录者	1/10 分钟	以成品放映时间核算，每个项目最高记 25 学分
	讲授与编辑者	2/10 分钟	
	课程编导者	1/10 分钟	
	制作幻灯片者	1/分钟	
国家自然科学奖、科学进步技术奖、发明奖、星火奖	一等奖	20～16	一项成果同时获多项奖的记最高学分。以第一获奖者记学分上限，以此类推到第三获奖者
	二等奖	15～11	
	三等奖	11～7	
省、部级奖	一等奖	12～8	
	二等奖	10～6	
	三等奖	8～4	
地、市级奖		6～4	
国家专刊	发明	12	
	实用新型	9	
	外观设计	6	
外出进修或读学位课程			当年最高记 25 分
单位组织的业务学习		0.5/次	当年最高记 10 分

续 表

项目性质	级别范围	学分核算	备注
培训、研究性工作计划、报告、总结			当年最高记 10 分
阅读专业期刊及答题	全国性	0.5～0.1/题	当年最高记 5 学分
	省级	0.3～0.1/题	当年最高记 3 学分
阅读专业期刊及写出学习总结 3500 字		1 学分	当年最高记 2 学分
国家执业药师资格标准制定、考试命题			当年最高记 15 学分

九、总部执业药师的岗位职责

(一) 规范制度中对执业药师的要求有哪些?

在《执业药师资格制度暂行规定》中执业药师的职责已经明确：

第十八条规定　执业药师必须遵守职业道德，忠于职守，以对药品质量负责、保征人民用药安全有效为基本准则。

第十九条规定　执业药师必须严格执行《药品管理法》及国家有关药品研究、生产、经营、使用的各项法规及政策。执业药师对违反《药品管理法》及有关法规的行为或决定，有责任提出劝告、制止、拒绝执行，并向上级报告。

第二十条规定　执业药师在执业范围内负责对药品质量的监督和管理，参与制定、实施药品全面质量管理，对本单位违反规定的行为进行处理。

第二十一条规定　执业药师负责处方的审核及监督调配，提供用药咨询与信息，指导合理用药，开展治疗药物的监测及药品疗效的评价等临床药学工作。

在《药品流通企业通用岗位设置规范》中也规定了执业药师的职责：

(1) 遵守职业道德，忠于职守，以对药品质量负责、保证消费者用药安全有效为基本准则。

(2) 具备沟通、辅导他人的职业能力并参与药店员工药学教育、培训及辅导工作。

(3) 掌握零售药店中常见疾病的对症荐药、用药咨询，掌握合理用药指导、健康信息传播、消费者教育和慢性病管理的知识和技能。

(4) 负责处方的审核、核对、发药及调配监督，提供用药咨询与信息服务，指导合理用药。负责药物不良反应的记录、上报工作及处方管理工作。

(5) 负责药品质量的监督和管理，参与制定、实施药品全面质量管理工作，对违反《药品管理法》及有关法规的行为或决定有责任提出劝告、制止、拒绝执行，并按规定报告。

(6) 负责制定和审核售药标签、药历和药品相关资料，做好消费者随访和信息反馈分析工作。

（7）积极参与基层卫生健康服务，为消费者提供良好的药学服务和卫生保健服务。

（8）每年定期参加专业知识和业务技能的培训，完善知识结构，持续提高专业水平和执业能力，满足对消费者用药指导及卫生保健服务的需要。

（二）执业药师的主要职责有哪些？

而作为企业的主要负责人，企业质量负责人、企业质量管理部门负责人必须具有执业药师资格，他们的主要职责如下：

（1）在企业负责人的直接领导下，分管质量管理工作，带领企业全体员工认真学习并贯彻执行《药品管理法》《药品经营质量管理规范》等有关法律法规，落实企业的各项规章制度及岗位职责。

（2）全面负责企业的质量管理工作，对公司的质量管理工作进行监督、指导、协调，有效实施质量否决权并对本企业的药品负有质量监督责任。

（3）负责组织制定和修订各项质量管理制度，维护公司质量管理制度的有效运行，主持质量管理制度的检查与考核工作，协调各部门之间的质量管理工作，负责向企业负责人报告质量管理工作的执行情况。

（4）定期组织召开质量分析会，及时掌握质量管理工作动态，研究解决有关质量问题。

（5）主管质量方面培训教育工作的实施。

（6）研究、部署、检查各地的质量管理工作，对质量工作的奖惩提出建议。

十、门店执业药师的岗位职责

门店执业药师的岗位职责，除了《执业药师资格制度暂行规定》中已经明确的岗位职责外，还有以下几点：

（1）门店执业药师必须对医师的处方进行审核，然后正确调配签字、销售。

（2）门店执业药师不能随意更改处方或给予代用药品。处方中如有配伍禁忌或超剂量，应拒绝调配销售，或与医生联系，或要求购买者请医生修改处方，才能调配销售。

（3）门店执业药师有指导患者用药的责任，对患者提供用药指导，特别是对使用非处方药进行自我治疗的消费者。为了保障消费者的用药安全，执业药师应完整地保存顾客的用药记录，随时检查可能产生的药物不良反应，并向消费者详细说明用药知识及注意事项。

（4）门店执业药师有责任对处方提出质疑，有查证处方的法律及职业责任。

门店执业药师的岗位职责，除了《执业药师资格制度暂行规定》《药品流通企业通用岗位设置规范》中已经明确的岗位职责外，还有以下几点：

（1）门店执业药师必须对医师的处方进行审核，然后正确调配签字、销售。

（2）门店执业药师不能随意更改处方或给予代用药品。处方中如有配伍禁忌或超

剂量，应拒绝调配销售，或与医生联系，或要求购买者请医生修改处方，才能调配销售。

(3) 门店执业药师有指导患者用药的责任，对患者提供用药指导，特别是对使用非处方药进行自我治疗的消费者。为了保障消费者的用药安全，执业药师应完整地保存顾客的用药记录，随时检查可能产生的药物不良反应，并向消费者详细说明用药知识及注意事项。

(4) 门店执业药师有责任对处方提出质疑，有查证处方的法律及职业责任。

十一、中医医师资格考试

我国的《执业医师法》规定了中医医师的分类管理制度、考试资格、考试范围及执业注册制度等，在考虑到我国实行多层次医学教育、多结构医师职称的历史现状，以及我国存在中医等多种传统医学的实际情况，我国中医医师实行分级分类管理。

中医医师资格考试分为执业医师和执业助理医师两级。其区别在于执业助理医师执业范围受到一定的限制，只能在执业医师的指导下执业，不能独立执业，但在乡镇的医疗、保健机构中工作的执业助理医师可以根据医疗诊疗的情况和需要，独立从事一般的执业活动。

中医医师资格考试分为中医专业、中西医结合专业、民族医专业三类，民族医专业中开考的有藏医、蒙医、维医、傣医、朝医、壮医六个民族医专业。中医医师资格考试参考人员复杂，类别繁多，报考类别共有 18 个。

(一) 主管部门及报名条件如何规定?

(1) 主管部门

卫生与人口计划生育部主管全国的医师工作，县级以上卫生、中医药行政管理部门负责管理本行政区域内的医师工作。卫生与人口计划生育部、国家中医药管理局、解放军总后卫生部三部委局共同成立卫生部医师资格考试委员会负责全国医师资格考试，负责研究制定四个类别医师资格考试的共性政策；中医医师资格考试的具体工作和实际操作由国家中医药管理局负责。

(2) 报名条件

参加中医医师资格考试的考生分为三类：一类是具有国家承认学历的高中等中医药院校毕业生；一类是国家认可的以师承方式学习的人员；一类是符合报名条件的外籍人员和台港澳居民。

(二) 考试范围有哪些?

2006 年 2 月，卫生部医师资格考试委员会颁布了 2006 年版中医师（助理医师）考试大纲，在突出中医、突出临床、突出基本知识的原则下，合理删减了部分考试科目，(中医不考人解、生理、病理之类的) 将中医经典著作内容纳入了中医基础理论考试范围之中，将传染病学、医学伦理学等科目纳入了考试范围，将针灸学纳入了中西医结合医师考试范围，同时合理扩展了各考试科目的知识范围。

中医医师考试范围如表 10－8 所示。

表 10－8　　　　中医医师考试范围

（一）中医执业助理医师考试范围为：					
中医基础：	中医基础理论	中医诊断学	中药学	方剂学	
中医临床医学：	中医内科学	中医外科学	中医妇科学	中医儿科学	针灸学
西医及临床医学：	诊断学基础	传染病学	内科学	医学伦理学	卫生法规
（二）中医执业医师考试范围为：					
中医基础：	中医基础理论	中医诊断学	中药学	方剂学	
中医临床医学：	中医内科学	中医外科学	中医妇科学	中医儿科学	针灸学
西医及临床医学：	诊断学基础	传染病学	内科学	医学伦理学	卫生法规

（三）考试题型有哪几种?

中医类别医学综合笔试全部采用客观选择题，包括 A1 型题、A2 型题、B1 型题。A1 型题是单句型最佳选择题，A2 型题是病例摘要型最佳选择题，B1 型题是标准配伍题。

1. A 型题

A 型题又称最佳选择题或单项选择题。每道试题由一个题干（即问题）与 A、B、C、D、E 5 个备选答案（即选项）组成，题干在前，5 个备选答案在后。5 个备选答案中只有一项是最佳选择（即正确答案），其余 4 项为干扰答案。答题时，须按题干要求，从 5 个备选答案中选择 1 项作为正确答案。

A 型题采用 A1 型题、A2 型题两种题型。

A1 型题：题干以论述题形式出现，或为叙述式，或为否定式。答题时，要求在 5 个备选答案中肯定或否定 1 项，作为正确答案。

例 1：治疗下痢，属“通因通用”法的方剂是__D__。

A. 葛根黄芩黄连汤　B. 大承气汤　C. 白头翁汤

D. 芍药汤　E. 黄连解毒汤

A2 型题：以 1 个简要的病例作为题干，后面是与题干有关的 A、B、C、D、E 共 5 个备选答案。答题时，要求从中选择 1 项作为正确答案。

例 2：患者下痢不止，色暗不鲜，便脓血，赤白相兼，里急后重，日久不愈。腹痛喜温，小便短赤，舌苔淡白，脉沉迟。治疗应首选的方剂是__C__。

A. 白头翁汤　B. 木香槟榔丸　C. 桃花汤

D. 四神丸　E. 真人养脏汤

2. B 型题

B 型题又称配伍题，目前采用 B1 型题。

B1 型题：每道试题由 A、B、C、D、E 5 个备选答案与两个或两个以上的题干组成，5 个备选答案在前，题干在后。答题时，要求为每个题干选择 1 项作为正确答案。每个备选答案可以选用 1 次或 1 次以上；也可以 1 次也不选用。为了试卷的规范化及分数计算的统一性，命题时要求 B1 型题一律用 2 个题干。

例：

A. 午后发热　　B. 傍晚发热　　C. 潮热骨蒸

D. 身热夜甚　　E. 夜热早凉

（1）清骨散证的热型是＿C＿。

（2）清营汤证的热型是＿D＿。

（四）如何取得资格？

中医医师资格考试的通过标准以每年的中医执业医师分数线为准。取得中医医师资格，即具有了法律规定的中医医师行业的准入资格，其资格终身有效。中医医师资格证书由卫生部统一印制，中医医师资格证书与其他类别的证书样式完全一致，在中国境内（除台港澳地区）的任何地方均合法有效。其取得分为两种途径：

一是参加中医医师资格考试，成绩合格者可取得中医医师资格。

二是具有下列条件者，通过认定可以取得中医医师资格：

（1）1998 年 6 月 26 日前，按照国家有关规定已经取得中医学专业技术职务任职资格的人员；

（2）1998 年 6 月 26 日前经县级以上卫生、中医药行政管理部门批准取得有效行医资格，并具备 25 年以上中医（民族医）临床工作经历的有效证据，年龄 55 岁以上，未取得中医学专业技术职务任职资格，经过省级中医药管理部门组织的实践技能考试考核合格的师承或确有专长中医（民族医）从业人员；

（3）具有国家承认的中等以上医学校中医学专业学历，以及医学院校中医学专业本科毕业后在医学影像科室工作，无医学专业技术职务任职资格的，经省级卫生行政部门组建的医学专业技术任职资格评审委员会认定，符合中医医师条件者；

（4）具有中国国籍，香港、澳门工作、生活者，认定中医医师资格的规定同内地医师资格认定条件。

（五）如何取得注册证书？

国家实行医师执业注册制度。中医医师经注册取得由卫生部统一印制的《医师执业证书》后，方可按照注册的执业地点、执业类别、执业范围从事相应的医疗、保健活动。

凡取得中医医师资格的，均可以申请中医医师执业注册。未经注册取得执业证书的，不能从事医疗活动。卫生部负责全国医师执业注册监督管理工作。县级以上地方卫生、中医药行政管理部门是中医医师执业注册的主管部门，负责本行政区域内的医师执业注册监督管理工作。

拟在医疗、保健机构中执业的中医医师，要向批准该机构执业的卫生、中医药行政管理部门申请注册。获得中医医师资格后两年内未注册的，还要提交有省级卫生、中医药行政管理部门的机构接受 3～6 个月的培训，并经考核合格的证明。

不具有完全民事行为能力的，以及受刑事处罚，自刑罚执行完毕之日起至申请注册之日止不满两年的，健康状况不适宜或不能胜任医疗、保健业务工作的等，不予注册。中止医师执业活动两年以上的，以及不予注册的情形消失的医师，要申请重新注册。重新注册需到县级以上卫生、中医药行政管理部门指定的机构成组织，接受 3～6 个月的培训，并经考核合格。

中医医师变更执业地点、执业类别、执业范围等注册事项，要到注册主管部门，变更注册手续。死亡或者被宣告失踪的；受刑事处罚的；受吊销《医师执业证书》行政处罚的，因考核不合格，暂停执业活动期满，经培训后再次考核不合格的，中止医师执业活动满两年的，身体健康状况不适宜继续执业的，有出借、出租、抵押、转让、涂改《医师执业证书》的；以及卫生部规定不宜从事医疗、保健业务的其他情形的，将被执业注册主管部门予以注销注册。

十二、药师和中药师、执业药师和执业中药师的区别

（一）药师和中药师的区别有哪些?

药师和中药师是我国人事职称制度为药学专业技术人员设立的专业技术职称，按晋升级别分为药士、药师、主管药师、副主任药师、主任药师；中药士、中药师、主管中药师、副主任中药师、主任中药师。专业技术资格的考核和认定、发证部门为各地的职称改革委员会。药师职称人员在学生阶段所学的为药学（西药）类专业，主要从事药学（西药）方面的专业技术工作。中药师职称人员在学生阶段所学的为中药类专业，主要从事中药学方面的专业技术工作。由于我国提倡并推行中西医结合，表现在学校课程设置上药学、中药学专业课程有一定的交叉，到专业课时深入学习的课程才差别较大。在实际工作中工作内容也难免有一定的交叉，只是工作分工的侧重点不同。

（二）执业药师和执业中药师的区别有哪些?

执业药师资格制度是国家药监局与国家人事部参考国际惯例，为推进我国药品生产、流通制度改革与发展而设立的执业资格制度，只要相关专业人员符合报考条件经全国统考合格者均可取得该资格。具体考核科目分执业药师考试和执业中药师考试，发证机构为国家人事部和国家食品药品监督管理局共同颁发。除了具体的考试科目不同外，在实际的执业中，执业药师和执业中药师最大的区别在于执业范围不同。一般

来说，一个大型的连锁药店一定会配备执业药师和执业中药师各一名，他们各司其职，各付其责，互不交叉。在药品的生产流通领域，凡是涉及中药、中药饮片的企业一定要配备执业中药师。简单说如果一个药店全部经营西药，那配备执业药师和执业中药师任意一个都可以，而如果一个药店经营部分中药、中药饮片，那就必须至少配备一名执业中药师。

（三）药师和执业药师的区别有哪些?

药师属于一种职称，按专业不同具体分为中药师和（西）药师，中药师与西药师都是药师，级别待遇相同，仅为具体专业不同。中药师与（西）药师都属于初级职称。上下级药师之间在业务技术上有指导关系。药师制度主要是“评”的，主要适用于医疗卫生系统。

执业药师是一种从业准入资格，需要通过全国执业药师的资格考试，在取得《执业药师资格证书》后，需要在药监部门注册登记，取得《执业药师注册证》。主要是面向药品生产、经营、使用单位中执业的药学技术人员。也可以这样理解：通过全国执业药师资格考试，取得执业药师资格证书，并经执业注册的药师称执业药师。具体也分为执业中药师和执业西药师，职称等级相当于医疗机构的中级职称。执业药师可以被用人单位聘用，从事中级职称级别的质量管理工作，并享受相应的待遇。执业药师制度是“考”的，主要适用于药品生产、流通领域。

根据国家规定，我国零售药店必须配备驻店药师。一些大中城市，要求驻店药师必须具有执业药师资格。

十三、连锁药店的“中医坐堂”

“药店+诊所”模式在2000年年初一直被视为非法行医，使“坐堂医”这一传统角色一度退出历史舞台，但是在2010年，国家中医药管理局出台了新的政策，鼓励有条件的药品连锁企业开办中医坐堂医诊所。当然国家中医药管理局对中医坐堂做出了很多明确的限制。药店中的中医只允许开中药饮片处方，不能开具中成药、西药和保健品，也不能提供针灸、拔罐、推拿等中医治疗手段。此外，国家中医药管理局还规定，严格按照相关法规对药店申请举办中医坐堂医诊所进行审批。对于发现有出于经济利益驱动的大处方和误导、诱骗就诊者购买药品等现象的，一经查实，将视情节向社会公示，并按照规定给予罚款，情节恶劣或经警告仍未改正的，吊销其中医坐堂医诊所许可证。以下附中医坐堂医诊所管理办法（试行）和中医坐堂医诊所基本标准（试行）。

(一) 中医坐堂医诊所管理办法（试行）

第一条　为了加强对中医坐堂医诊所的管理，保障公民享有安全、有效、便捷的中医药服务，根据《中华人民共和国执业医师法》和《医疗机构管理条例》等法律法规的有关规定，制定本办法。

第二条　药品零售药店申请设置的中医坐堂医诊所，适用本办法。

第三条　国家中医药管理局负责全国中医坐堂医诊所的监督管理。县级以上地方人民政府卫生行政部门、中医药管理部门负责本行政区域内中医坐堂医诊所的监督管理。

第四条　申请设置中医坐堂医诊所的药品零售药店，必须同时具备以下条件：

(1) 具有《药品经营质量管理规范认证证书》、《药品经营许可证》和营业执照；

(2) 具有独立的中药饮片营业区，饮片区面积不得少于50平方米；

(3) 中药饮片质量符合国家规定要求，品种齐全，数量不少于400种。

第五条　设置中医坐堂医诊所，必须按照医疗机构设置规划，由县级地方人民政府卫生行政部门、中医药管理部门根据《医疗机构管理条例》《医疗机构管理条例实施细则》和《中医坐堂医诊所基本标准》以及本办法的有关规定进行设置审批和执业登记。《中医坐堂医诊所基本标准》由卫生部、国家中医药管理局另行制定。

第六条　中医坐堂医诊所的法定代表人由药品零售药店法定代表人担任。

第七条　中医坐堂医诊所登记注册的诊疗科目应为《医疗机构诊疗科目名录》“中医科”科目下设的二级科目，所设科目不超过2个，并且与中医坐堂医诊所提供的医疗服务范围相对应。

第八条　中医坐堂医诊所的命名由识别名称和通用名称依次组成。识别名称：药品零售药店名称和地名，通用名称：中医坐堂医诊所。

第九条　中医坐堂医诊所聘用的医师，应当是取得医师资格后经注册连续在医疗机构从事5年以上临床工作的中医类别中医执业医师。中医坐堂医诊所可以作为中医类别中医执业医师的第二执业地点进行注册，但至少有1名中医类别中医执业医师的第一执业地点为该诊所。

第十条　中医类别中医执业医师可以在中医坐堂医诊所执业，其他类别的执业医师不得在中医坐堂医诊所执业。

第十一条　中医坐堂医诊所只能提供中药饮片处方服务，不得超出执业范围；同一时间坐诊的中医类别中医执业医师不得超过2人。

第十二条　中医坐堂医诊所执业，须严格遵守国家有关法律法规、规章和技术规范，加强对中医从业人员的教育，预防医疗事故，确保医疗安全和服务质量。

第十三条　中医坐堂医诊所须建立健全以下规章制度：

(1) 人员职业道德规范与行为准则；

(2) 人员岗位责任制度；

(3) 人员聘用、培训、管理、考核与奖惩制度；

(4) 技术规范与工作制度；

(5) 医疗事故防范与报告制度；

(6) 医疗质量管理制度；

(7) 医疗废物管理制度；

(8) 就诊患者登记制度；

(9) 财务、收费、档案、信息管理制度；

(10) 其他有关制度。

第十四条　中医坐堂医诊所要严格执行国家关于中医病历书写、处方管理的有关规定。要严格按照国家规定规范使用有关部门统一印制的收费票据。

第十五条　中医坐堂医诊所应当在显著位置公示诊疗科目、诊疗手段、诊疗时间以及收费标准等。

第十六条　中医坐堂医诊所发生医疗事故，按国家有关规定处理。

第十七条　县级地方人民政府卫生行政部门、中医药管理部门负责对中医坐堂医诊所实施日常监督与管理，建立健全监督考核制度，实行信息公示和奖惩制度。

第十八条　县级地方人民政府卫生行政部门、中医药管理部门应当建立社会民主监督制度，定期收集接受服务公民的意见和建议，将接受服务公民的满意度作为考核中医坐堂医诊所和中医从业人员的重要标准。

第十九条　违反《中华人民共和国执业医师法》、《医疗机构管理条例》及其实施细则等法律法规、规章的，按照有关规定予以处罚。

第二十条　各省、自治区、直辖市卫生行政部门、中医药管理部门可根据本办法，制定具体实施细则。

第二十一条　本办法由国家中医药管理局负责解释。

第二十二条　本办法自发布之日起施行。

(二) 中医坐堂医诊所基本标准（试行）

第一条　中医坐堂医诊所由中药饮片品种不少于 400 种的药店设置，只允许提供中药饮片处方服务。

第二条　人员

至少有 1 名取得医师资格后经注册连续在医疗机构从事 5 年以上临床工作的中医类别中医执业医师。

第三条　房屋

设置的诊室必须独立隔开，不超过 2 个。每个诊室建筑面积不少于 10 平方米。

第四条　设备

设有诊察桌、诊察床、诊察凳和与开展诊疗科目相应的设备设施。

第五条　制度制定各项规章制度、人员岗位责任制，有国家制定或认可的医疗技术操作规程，并成册可用。

十四、“中医坐堂店”的开办条件

在我国申请设置中医坐堂医诊所的药品零售企业必须同时具备以下条件：

（1）具有《药品经营质量管理规范认证证书》《药品经营许可证》和营业执照；

（2）中医坐堂医诊所由中药饮片品种不少于400种的药店设置。

（3）在中医坐堂医诊所只允许提供中药饮片处方服务，不得随意改变或扩大执业范围；同一时间坐诊的中医类别中医执业医师不超过2人。

（4）配备的医师必须是取得中医类别中医执业医师资格后从事5年以上临床工作的医师。

（5）设置的诊室必须独立隔开，诊室不超过2个，每个诊室的建筑面积不少于10平方米。

（6）必须设有诊察桌、诊察床、诊察凳和与开展的诊疗科目相适应的设备设施。

（7）制定各项规章制度、人员岗位责任制，有国家制定或认可的医疗技术操作规程，并成册可用。

国家一方面重视和鼓励传统医学的发展，同时对中医也相应的做了不少规定，具体可参见国家食品药品管理局和国家中医药管理局的相关规定。

十五、全国执业药师的数量与分布

到目前为止，在我国获得执业药师资格的人数为20余万人，注册在药品生产、经营、使用单位的执业药师为8万余人，而我国执业药师人数排名前五位的省市依次是浙江省、江苏省、广东省、山东省、上海，这五个位于东部地区的省市执业药师人数占全国执业药师总人数的40%左右。而西藏、青海、宁夏、黑龙江、海南这几个省区执业药师人数分布较少，除黑龙江（中部地区）、海南（东部地区）外，其余三个省份位于我国西部经济不发达地区。从执业药师东、中、西部分布情况看来，各省市对执业药师资源投入、重视程度不同，中西部执业药师资源差距依然很大。

在药品零售单位的执业药师占执业药师总人数的60%左右，药品批发单位的执业药师占执业药师总人数的30%左右，药品经营领域（零售、批发）的执业药师超过执业药师总人数的90%，而药品生产、使用领域的执业药师只占执业药师总人数的5%和4%左右。

2009年国务院印发的《医药卫生体制改革近期重点实施方案》明确要求：完善执业药师制度，零售药店必须按规定配备执业药师为患者提供购药咨询和指导。新出台的政策规定零售药店必须配备、使用执业药师，在零售药店推行执业药师、执业助理药师、营业员分层使用制度，明确了各级人员的岗位和职责。这使得执业药师进入药品零售领域工作的人数逐步增加，现在零售药店的执业药师占执业药师总人数的近2/3。

加强执业药师队伍建设，有效利用资源，逐步改善执业药师东、中、西部地区间执业药师数量分布不够合理的现象，充分发挥高层次执业药师人才优势，让其药学服务质量在行业内部保持领先水平，提升零售药店药学服务水平，只有这样零售药店才能满足公众的用药需求，在未来的市场得以良性发展。

指南十一　门店顾客管理

一、顾客行为

（一）何谓顾客？

1. 顾客的含义

狭义的顾客是购买、使用各种产品或服务的个人或居民；广义的顾客是指购买、使用各种产品或服务的个人或组织。消费活动是一个动态的、复杂的过程，消费过程是需求、购买和使用消费品或服务的统一过程。在现实生活中，这一过程有时可能发生在同一个人身上，有时也有可能分解为不同人的行为，凡参与这一过程的全部或部分活动的人，都可称为顾客，即顾客是指商品或劳务的需求者、购买者和使用者。

2. 顾客的分类

（1）依据消费的目的，可分为产业顾客和最终顾客。

①产业顾客：只为了满足生产和经营的需要而消费的用户。例如：批发商、医院、零售药店等。

②最终顾客：是指一般理解的个体消费或以家庭为单位的顾客，只为了满足个人或家庭需要而消费商品或劳务的主体。

（2）依据对某种商品的消费状况，可分为现实顾客、潜在顾客和非顾客。

①现实顾客：对某种商品或劳务有现实需要，且实际从事商品购买或使用活动的顾客。

②潜在顾客：指当前还未购买、使用或需要某商品，但在未来有可能产生需求并进行购买及使用的顾客。

③非顾客：指那些对某种消费品不可能产生消费需求和购买欲望的人。

3. 潜在顾客的成因

（1）需求意识不明确。例如：有些人不知道自己该服用六味地黄丸，所以没有购买行为。

（2）需求程度不强烈。例如：缺锌的人对缺锌产品的态度。

（3）购买能力不足。例如：深海鱼油价格较高，人们不愿意购买。

（4）缺乏有关商品信息。例如：不知道 VE 可以用来抗衰老。

（5）市场上缺乏能满足需要的商品或消费环境限制。例如：吗啡、海洛因、冰毒

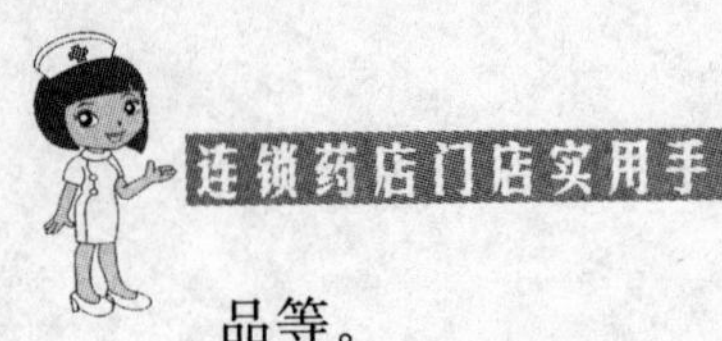

品等。

（6）涉及隐私，碍于面子。例如：性保健品的购买。

（7）政策限制。例如：有些顾客会因为某药店不能使用医保卡而不进行药品购买，主要是受医保卡消费政策的限制。

（二）什么是顾客需求与欲望?

满足需要的特定方式取决于个人特有的经历、学习体验和文化环境。欲望是用以满足需要的特有消费形式。例如：有两个同学体育课结束没有及时穿衣服，受凉引起感冒了，他们都对治疗感冒症状有需要，并且他们各自的症状差不多，但是，他们满足这一需要的方式可能是截然不同的。第一个可能认为去泡泡澡，喝点热水，出一身汗就好了；而另一个认为需要马上吃药，否则感冒会严重的。

1. 顾客需求的含义

顾客需求是指顾客在生理和心理上的匮乏状态，即感到缺少些什么，从而想获得它们的状态。根据菲利普·科特勒在其经典的营销管理教材中所下的定义，需要是指“没有得到某些基本满足的状态”。例如：人在生病时产生了对药品的需要。

2. 医药顾客需求的产生

需求可以在如下两种情况下激发：

（1）由于内在的生理或心理上的反应，某种需要被激发。如一个人感到头痛、鼻塞等生理方面的症状时，就会激发人们产生相应的购药需要；当一个人希望自己身材苗条时，为了达到目的，去购买减肥药，这种需要是由于心理上的反应而被激发。

（2）在一定的外部刺激下，人们的某种需要被激发。外部刺激包括商业提示、社会导向。商业提示是由零售商、制造商、批发商或其他一些卖主主动发出的信息，商业提示的目的在于使零售顾客对药品发生兴趣。广告、销售员的推销、药品展示、POP、DM单等属于商业性的刺激。例如：感冒药广告“白天服白片不瞌睡，晚上服黑片睡得香”给人们留下了特别深刻的印象，一旦感冒就会产生对该药的需要。

3. 顾客需求的分类

（1）按需要的产生原因划分

①自然需要

自然需要是指顾客为了生命的维持和延续而对衣、食、住、安全等基本条件方面的需要。自然需要是由顾客的生理特性决定的，因而自然需要又称人的生理需要。自然需要是人类最原始的需要。

②社会需要

社会需要是顾客在社会活动中形成的、具有人类社会特点的某些需要。例如：人们对社会交往、求知求美、获得荣誉等方面的需要。人们的社会需要受到社会环境的影响，具有时代、文化、阶级的烙印。因为社会需要由人的心理特征决定的，因此又称为心理需要。

（2）按需要的层次分类划分

美国心理学家马斯洛在1943年提出了需要层次理论。马斯洛将人的需要划分为五个层次：生理需要、安全需要、归属和爱的需要、自尊的需要、自我实现的需要这五个层次。

马斯洛的需要层次理论的基本内容是：一个人必须先满足最基本的需要，才可能产生更高层次的需要，例如：一个饥饿的人不会对自我实现感兴趣。该理论说明了顾客重视的产品属性随当前所能得到的东西而变化。马斯洛的需要层次理论存在一定的文化局限性，该需要的层次可能只仅限于西方文化，其他文化中（也在西方文化内部）的人们可能会质疑各个层次的先后顺序。例如：一个立誓单身的宗教信仰者就不一定认为达到自我实现之前必须满足生理的需要。尽管这一理论有一定的局限性，但这一需要层次依然在营销中得到了广泛应用。它对营销者的裨益不是因为它明确指出了顾客的需要在阶梯上攀登，而是因为它提醒了我们，顾客在不同的情境下和不同的生命阶段中会有不同的优先需要。

（3）按顾客需要实现的程度划分

顾客的需求可以分为显性需求和潜在需求两大类。

显性需求是顾客有意识的、明确的欲望，一般来说市场上应该存在一个特定的产品与之对应。

潜在需求是顾客朦胧的、模糊不清的欲望，有时甚至非常隐蔽。

潜在需求其实是显性需求的一种拓宽，它往往依附于显性需求，有时连客户也说不清楚这种需求到底是什么，但当药店借助于显性需求进行触发和引导时，这种模糊不清的需求将会逐渐变得清晰。医药企业可以从研发的角度去满足顾客的显性需求，但更应该从营销的角度去研究和满足顾客的潜在需求，开发产品的独特价值和广阔的市场前景。

4. 医药顾客需求的特征

医药顾客需求具有多样性、发展性、层次性、可变性、周期性、互补性和互替性等特点。药品与人的健康、生命相关联，是一种特殊的产品，主要用于治疗或预防疾病。因此，顾客在满足其健康的需求上也存在特殊性，主要表现在以下几个方面。

（1）被动性需求

健康是人的生理需求的一部分，它的产生是不能完全自主的。主要表现在：

①由于遗传、环境、个性等多种因素导致人们是否患病，是完全不能自观控制的。

②疾病及其成因的复杂性需要很高的专业技术和专业技能才能得到确定，人们对所患疾病的确诊和治疗方式是不能完全自主的。

③药品本身具有高技术特性，其内在质量和药效作用等需要较强的专业技术加以识别，因而人们用什么药来治疗疾病也是不能完全自主的。

（2）被迫性需求

需求的被迫性是指这种需求一旦产生，就迫使人们不得不去满足。

（3）急迫性需求

急迫性需求是指医药顾客需求属于急切需要满足的需求。具体表现为：这种需求

如果不能及时满足就会给人们带来生理或心理方面现有的或潜在的痛苦；这种需求如果延迟满足就有可能增加顾客的总成本、可能会造成难以满足或不再有机会得到满足、可能导致生命终结；大多数疾病的发病都是非预期的，因而导致对健康的需求也是非预期的。

(4) 目标指向性需求

目标指向性需求是指不是所有的药品都能满足某一特定顾客的需求，也就是说，顾客的这一需求只能是由一种或几种药品来满足，大多数其他药品对这一需求不起作用或没有意义，不能对顾客总价值有所贡献。顾客对所要购买的药品有很强的针对性，目标指向集中。例如：感冒顾客不会到药店去购买心血管类药物，甚至除了购买感冒药外，不会去浏览其他柜台。健康需求不是所有药品都能满足的，不能够指向顾客需求的药品，不仅不能给顾客带来满意体验，还会加大顾客成本，降低顾客满意度。

(5) 需要量精准的需求

就某一特定顾客的某一特定需求而言，其对药品需求的数量是非常精准的。因为满足这一需求的药品既不能多，也不能少。用量少了，治疗效果就会不明显；用量多了，药品的毒副作用会增加。超过治疗量的用药容易导致中毒，甚至死亡。就病程而言，超过疗程的用药显然没有意义，保存起来也未必能有用的必要，过期失效后增加了顾客购买药品的成本。因而，医药顾客一次的购买量一般是预计现实疾病治愈的量。也就是说，满足这一需求的药品提供量，不管是多了还是少了，顾客都会不满意。

(6) 谨慎满足的需求

常言道“是药三分毒”，因此用药不当不仅不能治病，还可能致病。顾客在选择药物时是很慎重的，他们甚至愿意多花钱去买“好”药，由于顾客对疾病和药品缺乏相应的知识，他们往往错误地把药品价格作为判断药品价格的好坏。

(7) 缺乏弹性的需求

所谓弹性需求就是指顾客需求随收入变化而变化的程度。收入的高低对医药顾客需求影响并不明显，尤其是治疗药物，人在健康时，即使收入再高，药品价格再低，也没有需求；而生病时，特别是关系到生命时，往往尽其所能，不计成本，甚至倾家荡产。

5. 顾客需求分析

顾客需求分析是通过市场调研及统计分析等一系列手段，挖掘顾客潜在的或显现的消费需求的过程。顾客需求分析一般包括以下几部分：

(1) 顾客定位

对目标消费群的定位是需求分析的基础，包括对现有消费群的定位与潜在消费群的定位。对现有消费群的定位往往比较简单，我们只需要从历史的销售记录和顾客反馈信息中就可以得到他们的资料。而针对潜在顾客这个问题，需要列出一张不是明显顾客的人员名单，这些人可能是医药品或服务的受益者，由此可能成为未来的顾客。

(2) 数据收集

确定了目标消费群后，药店店员便需要通过市场调研来采集有关的数据信息。数

据信息一般通过问卷调查、历史数据收集等有关手段获得。其中，问卷调查又因其反馈的及时性、成本的低廉性而成为市场调研中最常用的手段之一。

问卷调查包括问卷设计与现场调查两个环节。调查使用的问卷要根据调查者希望得到的信息以及目标消费群体的特点来设计。一般来说，调查问卷应简洁、明晰，问卷构成以封闭式问题为主，辅之以少量开放式问题。同时问卷的长度要适宜。此外，问卷调查人员应该是经过相关调查培训，善于与顾客交流沟通又能客观地执行调研任务的人员。在问卷完成之后，一般需要向被调研者发放小礼品以表示感谢，赠送赠品的过程也能起到引导顾客产生偏好的作用。

(3) 统计分析

从市场调研中获得的信息，并不能直接用于指导生产或销售工作，要灵活运用的指导决策。问卷资料必须进行相应的统计分析与数据挖掘，这个过程由于颇具复杂性和重要性，需要有掌握数据挖掘技术的专业人员来完成。

但调研数据的统计分析结果，有时不能反映出顾客的全部需求，我们还需要定性的寻找隐含的消费需求的驱动因素，比如，从顾客的意见或投诉挖掘消费需求的部分答案。从客观上说，顾客的抱怨和投诉往往是对某一医药产品功能或服务需求的一种潜在反映。通过追溯顾客的投诉，来分析消费需求的驱动因素，也是挖掘消费需求的一个有效途径。

(4) 结果应用

统计分析得出的指导性数据一般用于以下几个方面：一是应用于设计和生产环节，给予顾客的需求设计、新的医药产品或改善服务，营造一个以顾客为中心的概念，这是对顾客需求挖掘和实现的统一；二是应用于销售环节，将顾客的需求与现有医药产品的功能匹配统一起来，在促销过程中诱导顾客的偏好，使顾客实施购买行为。

(三) 什么是购买态度?

1. 顾客购买态度的定义

哈格斯将态度定义为“个体对客体特性喜爱或不喜爱的倾向性”。顾客对品牌、产品、公司、商场或广告持有一定的态度，顾客的态度就是指他们喜爱或不喜爱这些刺激。态度是习得的，而不是与生俱来的。

2. 顾客态度的功能

顾客对产品、服务或药店形成某种态度，并将其储存起来，当人们需要的时候，就会将其从记忆中提取出来，以应付或帮助解决当前的购买问题。态度有助于顾客更加有效的适应动态的购买环境，从这个意义上来说，态度本身就具有一定的功能。卡茨 (D. Katz) 赋予态度 4 项功能：

(1) 适应功能

适应功能又称动力功能，它使态度能使人更好地适应环境。认识社会性动物，社会环境对人的生存和发展具有重要作用。只有形成适当的态度，才能从他人或群体那里获得赞同、奖赏或与其打成一片，从而更好地适应环境。

（2）自我防御功能

自我防御功能是指态度能够帮助个体回避或忘却那些严峻环境或难以正视的现实，从而保护其自我意象和保持心理健康。

（3）知识功能

指形成关于某些事物的态度，更有利于人们对事物的认识和理解。态度可以作为人们理解世界的参照物，有助于人们赋予动态的外部世界以某些特殊的意义。

（4）价值体现功能

指形成某种态度，可以借助它向别人表达自己的核心价值观念。例如：有些人喜欢服用西药，而有些人喜欢服用中药，不同的态度表达了人们时间和健康上的不同价值观。

3. 态度的形成理论

西方学者对态度的形成提出过许多不同的理论解释，包括学习理论、平衡理论、认知失调理论、自我知觉理论、社会判断理论以及价值期望理论等，这些理论都各有其侧重点，但它们并不互相矛盾和冲突，而是相互补充的。下面给大家介绍以下几个理论：

（1）学习理论

学习理论，其代表人物是美国耶鲁大学的霍夫兰德（Carl Hovland），他认为态度和人的习惯一样，是通过后天的学习得到的。人们在获得信息和事实的同时，也认识到与这些事相联系的情感和价值观。这也就意味着基本的学习过程应该也适用于态度的形成过程。

人的态度主要是通过连接、惩罚或强化和模仿3种方式逐步形成的。

① 通过连接或经典条件反射，人们可以获得对医药产品或服务的相关信息和情感体验。态度的形成是一个中性概念与一个带有积极的或消极社会含义的概念重复匹配的结果。例如："医药广告"作为客观事物本身只是一个中性概念，但当顾客多次听到它与虚假这一次发生连接，就会形成医药广告都是假的这种态度。

② 惩罚或强化都能增加态度形成的可能性，如果顾客购买了某一药品后，产生了一种满意的感觉，那么他的这一行动就得到了强化。所以，在医药营销中，药店会经常用这个强化的手段来促进顾客形成积极的态度，如使用优惠券、赠送礼品、折扣等来促进顾客对某药品形成肯定的态度。惩罚通常会使顾客产生负面的态度，例如：顾客选择某药物没有取得预想中的疗效，就会对该药物或厂家形成负面的态度。

③ 人们还可以通过模仿习的某种态度，模仿是一种重要的学习方式。人们常常会模仿那些在一个团体中处于领袖地位的人物或亲近人物的行为。例如：儿童常常会模仿家长和老师，到了青春期，他们会在很多事情上模仿同龄人的态度。因此，在人们的行为和态度改变过程中，利用同龄人进行教育是一个非常有效的方法。

态度的形成和变化一般要经历以下三个阶段：

第一阶段是服从，即在社会影响下，个人仅仅在外显行为表现的与他人一致，对于之所以要如此行为并没有多少深刻的认识，也没有太多的情感成分。

第二阶段是认同，即个体自觉自愿地接受别人的观点、信念、态度与行为的影响，使自己的态度与行为逐渐与他人的态度和行为接近的过程。

第三阶段是内化，就是指个体把感情认同的东西与自己持有的信念、价值观等联系起来，是指融为一体，对情感态度给予理智上的支持。此时，个体态度以认知成分为主导，同时附有强烈的情感成分，因而比较持久和不易改变。

（2）平衡理论

你也许听过这样的表达方式："他的朋友就是我的朋友。""我的敌人的敌人就是我的朋友。"

平衡理论探讨的是人们感知不同态度对象之间关系的方式，以及人们改变态度以保持这些态度对象之间彼此协调一致的方式。这个观点包括了三个要素之间的关系，所以得出的最终态度结构为三角。每个三角包括：① 一个人和他的感知；② 态度对象；③ 对象。这个理论指出，人们渴望三角之间的关系是和谐的，不然就会出现紧张状态，它促使我们通过改变感知来达到平衡，消除这种紧张状态。

我们利用两种方式之一把这些元素组合在一起：他们可以是归属关系，即一个人与一个态度对象存在的某种关系；或者是情感关系，即一个人表达喜欢或不喜欢一个态度对象。

为了理解平衡理论的作用方式，试设想下面的情景：

亚克斯很想约会和她一起上课的拉里。用平衡理论的术语讲，亚克斯对拉里产生了一种积极的情感关系。一天，拉里带着一个耳环出现在教室，拉里对这个耳环有一种积极的归属关系。但亚克斯不喜欢戴耳环的男人，她对带耳环的男人产生了一种消极的情感关系。

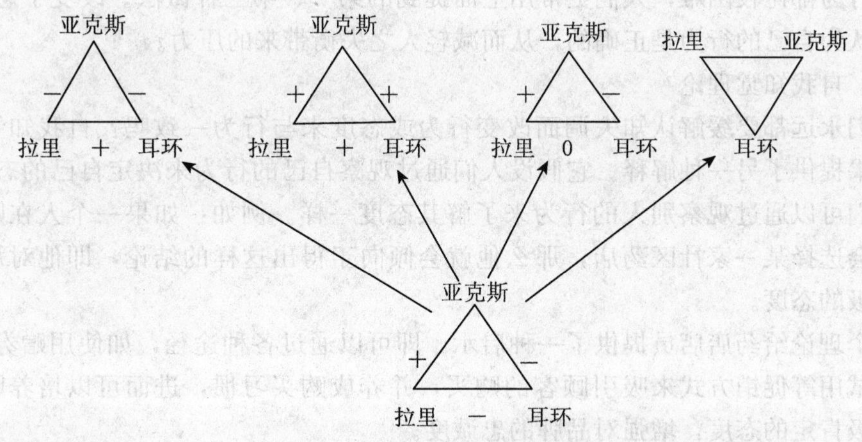

图 11－1　不平衡的三角关系

根据平衡理论，亚克斯面临一个不平衡的三角关系，如图 11－1 所示。她会经常改变三角中某些方面来恢复平衡的压力。她会做什么呢？她可以选择不再喜欢拉里，或者她对拉里的爱促使她决定男人戴耳环很有型。甚至她可以通过认为拉里作为学校兄弟会的一员而必须戴耳环，尝试否定拉里和耳环之间的归属关系。最后，她可以选择“离开这个地方”，接受与拉里的室友布兰特约会。这个平衡理论并没有指出应该走哪条路线。为了达到平衡，亚克斯的一种或几种看法都会发生改变。虽然这个例子在代表态度的过程中过于简单，但它有助于我们更好地理解平衡理论。

平衡理论提醒我们，但各种感觉和看法平衡时，态度是最为稳定的。另外，当不一致时，更可能观察到态度的变化，平衡理论有助于解释为什么顾客喜欢那些能得到积极评价的物体相联系。对一个流行产品形成一种归属关系，也会提高某人与三角关系中的其他人形成正向关系。

这种平衡关系是名人支持活动的核心内容，市场药店店员希望名人的知名度影响到产品的知名度。但入股公众对名人支持的态度从正面走向负面，这种利用明星和产品之间归属关系的创新也会引火烧身起反作用。

（3）认知失调理论

认知失调理论表明，当一个人面对态度或行为之间的不协调时，他会采取一些行动消除这种“不协调”，可能改变态度或调整行为。这个理论是态度理论的重要分支和补充。

人们消除认知不一致的方法有很多，主要有：① 改变自己的认知态度；② 去除和改变自己的行为；③ 在不改变原来两个认知因素的条件下，增加新的认知。以吃保健品为例，一个人有吃保健品的嗜好，他对保健品有益健康可能有如下 3 种处理方式：一是会认为“保健品有益于健康，但许多不吃保健品的人身体仍然很健康”；二是会认为“吃保健品有益于健康，自己开始吃保健品有益”；三是会认为“保健品有益于可以提高身体免疫力但是某种程度上需要不断挣钱买保健品又耗费了身体的健康状态”。通常改变行为都比较困难，人们更常用上面提到的第一、第三种做法。改变了态度之后，人们会认为自己的行为是正确的，从而减轻人之失衡带来的压力。

（4）自我知觉理论

我们永远都要缓解认知失调而改变行为或态度来与行为一致吗？自我知觉理论对失调效果提供了另一种解释。它假设人们通过观察自己的行为来决定自己的态度如何，就像我们可以通过观察别人的行为来了解其态度一样。例如：如果一个人在购买药的时候都会选择某一家社区药店，那么他就会倾向于得出这样的结论，即他对那家药店持有积极的态度。

这个理论给药店店员提供了一种启示，即可以通过各种途径，如使用赠券、赠品、折扣、试用等促销方式来吸引顾客的购买，并养成购买习惯，进而可以培养顾客对其形成积极肯定的态度，增强对品牌的忠诚度。

自我知觉理论有助于解释营销学上的一种推销技术——脚踏进门技术，就是一个推销人员如果能说服目标顾客答应一个很小的请求，就会有可能接受更大的请求。当目标顾客答应了一个小小的请求后，就会进行内部归因，对自己形成一个印象，即是喜欢该产品的顾客。因此，当面临第二个请求时，由于认知一致性的需求，他就有可能答应这个更大的请求。需要指出的是，这两个请求必须是相似的。这一技术被广泛用于推销产品、慈善募捐活动等。

认知失调理论认为人们的态度是强烈持久的，所以当个体行为与态度不一致时才会感到不安和紧张，产生认知失调效应；相反，自我知觉理论认为人们的态度是有偶然性，人们观察到自身行为发生的那一刻，才敢知道自己对食物的态度。但两者并不矛盾，人们认为两种理论的使用情景不一样。当你处于模糊的情境中，处理不熟悉的事情，对于某一产品或某一品牌并不了解时，或者遇到微笑或新奇的产品或品牌时，在这些情境中，个体有一种探索的需求，自我知觉理论比较适用。当对涉及的态度对象很熟悉，或事情更富有争议，个人利益牵涉更多时，认知失调理论可能更适用。

4. 医药顾客的态度对消费行为的影响

(1) 医药消费主要根据产品和服务的质量作出决策

医药产品和服务与人的生命健康有着密切的关系，因此医药顾客对医药产品和服务的关注度很高。在一项调查中发现，87.2％的顾客在购买药品时考虑的最主要因素是“质量”，有大约90％的顾客表示，如果他们发现某一药品或某一销售地的药品存在质量问题时，他们不会再购买该药店的其他产品。从中可以看出，在独立做出购买决策时，医药顾客对药品质量的态度。

(2) 医药顾客对不同产品的价格因人而异

不同的顾客对价格差异的理解不同，如果顾客倾向于对这种价格的差异化作出合理解释，就能够接受价格高的药品。如果顾客认为价格高的药品仅仅是广告宣传力度比较大，成本高，在质量和疗效方面没有明显的优势，那么顾客就不会选择价格高的药品。有研究表明，对于普通疾病用药，不管顾客对价格差异持何种态度，大多数顾客倾向于选择中间价位的药品，这样就避免了低价药品“价低质次”的风险，又避免了高价药品与质量不成正比造成的金钱损失。但发生严重疾病时，顾客倾向于选择价格高的药品，并且其价格承受能力随着疾病的严重程度增加，反映了顾客在不能确定药品和疗效时，将价格作为判断其质量和疗效的标准。但对于顾客认知程度高的药品，如扑热息痛、板蓝根等，顾客倾向于选择价格低的药品。

(3) 医药顾客更信赖名牌

调查结果显示，顾客更倾向于选择名牌药品，或者是知名企业生产的药品，或者到知名药店购买药品，认为产品质量更值得信赖，用的比较放心。

(4) 医药顾客对药品产地、生产日期的偏好影响购买行为

有很多的顾客将药品生产地是否为北京、上海、广州等大城市作为判断其药品质量的标准之一，还有的顾客将生产日期作为药品优劣的评价标准，在无法判断同类药品质量的优劣势时，倾向于选择生产日期最近的产品。

(5) 医药顾客凭经验或习惯购买药品

我国具有悠久的中医药传统，民间流传着各种各样的偏方，人们在日常生活中也积累了一定的药物治疗经验，例如：膏药可以治腰酸腿痛；云南白药可治跌打损伤；夏季中暑用藿香正气水或十滴水等，顾客在购买这些药品时主要是凭经验和习惯购买。

5. 医药顾客的购买行为与态度不一致的原因

(1) 缺乏购买动机

尽管顾客对某一产品持有积极的态度和好感，但是如果缺乏购买动机，顾客也不会采取购买行动。医药产品的需求具有刚性，例如：只有高血压的顾客才会去购买降压药，正常人不会因为某种降压药的效果比较好而去购买并用药。所以医药顾客态度的测定应针对有购买动机的人群，或者相关亲属、朋友等相关的群体进行调查，因为只有这些人群的态度对预测消费行为才有意义。

(2) 制度限制

我国目前的医疗保险制度主要分为三种：一是适用于企业职工的医疗保险制度；二是适用于机关事业单位工作人员的公费医疗制度；三是适用于农村居民的医疗合作制度。顾客必须到指定的医疗机构就诊才能享受到这一保障，因而顾客进行医药消费之只能进行有限的选择，而不能按照自己的喜好随意挑选医院。因此，如果顾客本身对自己就诊的医疗机构持否定的态度，而院方又不能化解，那么双方的矛盾更容易激化。

(3) 情景限制

在医院就诊时，医生处方基本上起到了决定作用，顾客的消费行为与态度没有太大的关联。特别是在发生急诊时，顾客的态度和选择的产品几乎没有多大的内在联系。

(4) 购买能力限制

顾客可能对某种产品比较推崇，但由于经济能力的限制，只能选择价格低一些的同类产品。许多顾客对进口药品质量和疗效持肯定态度，但在购买时，如果不是病情特别严重、或者需要长期服药时，往往会选择同类的国产药品，原因：进口的药品虽然质量高，但同时也意味着顾客需要支付更高的价格。因此，像感冒药、口服抗生素等治疗常见疾病的药，顾客比较推崇价格适中的药品。

(5) 测量方面的问题

行为与态度不一致，有时可能由于对态度的测量存在误差。例如：只测量了顾客对产品的态度，而没有测量顾客对同类竞争产品的态度；只测量了家庭中某一成员的态度，而没有测量其他家庭成员的态度等。

(6) 态度测量与行动之间的延滞

即态度测量与行为之间存在着一定的时间间隔。在这段时间内，新产品的出现、竞争品的新促销手段等都有可能改变顾客的态度，从而影响顾客的购买行为。时间间隔越长，态度与行动之间的偏差就会越大。

(四) 什么是购买行为?

顾客购买行为，是指顾客为了满足自己的某种需求，在寻找、购买、使用以及评估药品营销或服务时所表现出的行为。医药顾客的购买行为是一个相对复杂、受多种相关因素影响的连续行为。药店店员对顾客购买行为的理解越深刻，也就越能开发有效的营销策略和提供合适的药品来满足顾客的需求。

1. 购买行为过程

要充分了解顾客的购买行为，就要对顾客的购买过程进行分析，这样就能针对特定环节进行维护，从而提高销量。根据美国的 Smith 和 Knapp 在《药房、药物和医疗保健》中提出的理论，顾客的购买行为过程可概括为五个步骤：意识到需要用药；选择具体药物；选择治疗方案；获得药物并使用药物；取得治疗结果，如图 11－2 所示。

图 11－2　完整的消费决策过程

① 突发性需要

这是医药市场中最常见的行为，对顾客而言，因为疾病的发生是没有规律的，所以对药品的需要没有预见性和预期性。

② 经常性需要

这种购药行为发生在个体身上，是由于患了某种慢性疾病而长期需要购买某种药品。例如：高血压顾客需要长期购买降压药。对于这种购买行为，药店的营销工作：一方面保持产品质量、合理的价格和一定的存货水平，对现有顾客进行强化工作；另一方面要利用适当的提示物，例如：利用广告宣传吸引潜在顾客注意本产品，改变顾客原有的购买行为习惯。

③ 无意识需要

这类需要一是指顾客本身已经存在某种疾病，但由于一些原因没有引起注意，因此没有用药的需要。二是由于宣传的工作没有做好，顾客不知道有这种药品的存在，所以也没有购药的需要。对于这种情况，医药企业一方面要提高顾客的健康意识，另一方面需要进行合理的广告宣传，提高产品知名度，把无意识的顾客变为现实的顾客。

④信息收集阶段

当顾客认识到需要，并确立要进行购药行为后，就开始收集各种相关的信息。首先，顾客会在心中列出一个可以解决其需要的药品名单，这个名单一般来自顾客的记忆。其次，顾客会收集每一种可选方案的信息。有经验的顾客会从记忆中搜索每一种可选择药品的性能，而没有经验或无法确定的情况下，顾客从外部查找可选择的信息。商业信息、公共的社会信息均可用于收集有关的药品性能。

⑤分析选择阶段

收集到足够的药品信息后，顾客首先要根据个人的购买能力、兴趣爱好、药品的效用满足程度等对可选择的药品进行认真分析和评价，对比他们的优缺点，淘汰某些不信任的类型和品牌的药品，缩小选择范围；其次，对所确认的品牌进行质量、价格比价研究，以选择最佳性能和最佳满足的药品。

这个阶段药店店员要认真分析顾客选择药品的因素有哪些，从而继续改进信息传递方式和内容的针对性评定。

⑥购买阶段

做出选择后，顾客准备实施购买行为。在这一步中仍要作出重要选择，如购买地

点、购买时间、购买数量等。在这一阶段，药店起着重要作用。药店店员主要是帮助顾客消除各种疑虑，强化药品作用中的疗效和用药注意事项等，尽可能的抓住顾客在现场的购买决策心理，促成顾客的购买行为，甚至使未能作出决策的顾客也能达到现场购买。

2. 顾客的购买类型

(1) 顾客对购买目标的确定程度类型

① 确定型顾客

这类顾客在购买之前已有明确的购买目标，对所要购买药品的种类、品牌、价格、性能、规格、数量等均有具体的要求，只要药品合意，便果断购买。这类顾客一般不需要他人的介绍、帮助和提示，但在实际销售活动中比较少见。

② 半确定型顾客

这类顾客在购买之前，已有大致的购买意向和目标。但是，这一目标不是很具体、明确。购买时顾客仍需要了解、判别，需要对同类药品进行反复比较和选择，之后才能确定购买的具体对象。这类顾客易受他人观点的影响，一般需要提示或介绍，店员可见机行事，坚定其购买决心。这类顾客为数众多，是药店店员的重点对象。

③ 不确定型顾客

这类顾客没有明确的购买目标，他们只是顺路、散步，或是茶余饭后信步进入药店。漫无目的的观看、浏览药品。究竟是否会发生购买行为，与药店购买环境、气氛、顾客心理密切相关。药店店员应主动热情的的服务，尽力激发其购买欲望。

(2) 顾客购态度类型

① 习惯型

这类顾客一般根据以往的购买经验、消费习惯来购买药品。他们或长期惠顾某药店，或长期使用某品牌的药品，以致形成了某种定势。这种购买习惯不会因为年龄的变化，环境的变化而变化。不受时尚风气的影响，购买行为表现出很强的目的性，在购买药品时迅速果断。针对这种购买，药店要注意给顾客留下深刻的印象，广告要强调该药店的主要特点，要以鲜明的视觉标志，巧妙的形象构思吸引顾客对本药店的青睐。

② 理智型

这类顾客在购买药品时比较善于观察、分析、比较，有较强的选择药品能力。他们在购买之前广泛收集所需药品信息，购买时慎重、理智、不受他人及广告宣传的影响，挑选产品仔细认真。在整个购买过程中始终由理智支配行动，表现出很强的自主性。

③ 经济型

这类顾客对价格非常敏感，往往以价格高低作为选择标准。这类顾客又可分为两种类型：一种是以价格高低评价药店优劣的顾客；另一种是对廉价药品感兴趣的顾客，对同类药品价格的差异十分敏感，喜欢购买优惠价的药品，因此经济型又称廉价型。

④ 冲动型

这类顾客选购药品的能力比较弱，对外界刺激敏感，心理反应活跃，情感变化快，很容易在最后一刻改变主意。因此，这类顾客很容易受药店的外观、广告、店员的影响而不进行比较分析，草率购买，买后常常后悔不已，下次购买依然如故。新药品、时尚保健品对这类顾客有很强的吸引力。

⑤ 感情型

这类顾客感情丰富、想象能力强，常常因药店药品的颜色、布局等外形的美而引起遐想。在购买药品时容易受感情支配，也容易受环境的感染诱导，往往会心血来潮，发生购买行为。

⑥ 疑虑型

这类顾客性格内向、优柔寡断、多疑多虑。在购买药品前三思而后行；购买中细致、拿不定主意，购买后还会疑心上当受骗。

⑦ 随意型

这类顾客缺乏主见，在购选药品时都希望得到店员的提示和帮助，对购买的药品不去分析比较，常常受社会购买趋势的影响。有的顾客在生活上不挑剔、不苛求，购买药品时也比较随意，此类消费者也属于随意型。

3. 顾客购买过程要素和销售技巧

要分析顾客的购买行为，就要分析购买过程结构和要素。顾客的购药行为一般包括六个要素。将以下六个方面简称为“5W1H”？

• 购买对象（What），即顾客需要和购买什么品种的药品。

• 购买者（Who），即有谁来承担购买药品的角色。

• 购买目的（Why），即顾客为何购买药品，是治疗，还是预防。

• 购买地点（Where），即在何处购买药品。

• 购买时间（When），即何时购买药品

• 购买方式（How），即选择何种行为或购买方式购买药品。

（1）判断顾客的购买类别

“What”，即了解顾客知道什么，购买什么。

① 了解顾客知道什么，一是了解顾客知道的药品有哪些？如品种、名称、哪个药店的药品等；二是要知道顾客对知道的药品评价如何，了解顾客对产品知晓的深度；② 了解顾客购买什么，掌握产品的被接受性，如调查顾客购买了什么品牌的维生素产品。

顾客对药品的综合认识通过结合三个方面的知识来实现，一是药品属性，如外包装、说明书、药品外观，服用方便性、口感等；二是药品利益，如疗效、不良反应、起效速度、安全性等；三是药品价值满足和延伸价值，如品牌。

（2）识别顾客购药角色

“Who”既要了解顾客是那些人，同时也要弄清 OTC 药品购买行为中的购买角色问题。顾客是谁，指的是目标顾客；购买角色，即研究购药过程中不同人所起的作用。购药过程中的角色有以下几种类型。

① 发起者，即购买行为的建议人，首先提出需要购买的药品。

② 影响者，即家人、朋友、医生、药店店员、广告代言人，这些人虽然不能进行最终的购买决策，但他们的意见会对购买决策者有一定的影响。

③ 决策者，即对是否买、为何买、如何买、在哪买等问题作出最终决策的人。

④ 购买者，实际购买的人。

⑤ 用药者，实际消费药品的人。

这五种角色共同促成购买行为，是医药营销的主要对象。OTC 药品的概念和特点决定了药品的购买者：一是成年人，有一定的疾病判断能力，能较为准确的判断疾病的类别和病情严重程度，有一定的药品使用经验。二是经济上有一定收入来源的顾客，可以自主支配费用。三是文化程度高的人和有较强医疗保健意识的人，在做出购买决策时有较强的自主性，并具有明显的品牌倾向；四是工作节奏快的人。

在部分药品的购买活动中，购买者、决策者与零售顾客是分离的。因此。在药品购买行动中弄清谁是决策者，谁对购买行动有重要影响，以及由谁来购买对营销者来说是非常必要的。如儿童是用药者，但购买药品的决策者和购买者一般是父母或其他亲属。正确识别不同角色才能找准营销对象，提高营销活动的效率。

（3）调查顾客购药地点

“Where”，即了解顾客在哪里买药，以及药品在哪里使用。

了解顾客在哪里购药，即了解顾客在购买某类 OTC 药品时的习惯。一是顾客购买 OTC 药品的区域范围；二是顾客购买 OTC 药品选择医疗机构和社会零售药店的比例，购买地点包括医院药房、社会药店、社区诊所和自选商场等。医院和药店是顾客购买 OTC 药品的主要地点，也是 OTC 药品集中的零售终端。

在哪里使用，即顾客是在什么场所、什么场合使用该 OTC 药品。根据顾客使用的地点、场所的特征，提供的产品包装和服务更具适应性。

（4）总结顾客的购药时机

“When”，即了解不同顾客在一年中的哪个季节，一季节中的哪个月，一个月中的哪一个星期及一个星期中的哪一天，一天中的时间点。顾客一般在疾病发生时才购买药品，或方便时一起购买部分药品，因此 OTC 药品不同程度的存在淡旺季。

（5）清晰顾客购药目的

“Why”，即了解顾客用药行为的动机和影响其行为的因素。顾客为什么喜欢这个品牌而不喜欢另一个；为什么购买这种包装规格的 OTC 药品，而拒绝其他种类的药品等。只有了解顾客的购买原因与动机，了解顾客的需求和偏好，产品的定位才会准确，了解顾客的购买趋向，经营中才能进行有效管理。

（6）知晓顾客购药方式

“How”，既要了解顾客怎样购买、喜欢什么样的销售方式，又要了解顾客对购买的 OTC 药品如何使用。一是了解顾客怎样购买，主要是了解顾客在购药时的付费方式；二是了解顾客喜欢的销售方式，作为零售药店，调查顾客喜欢开架式自选方式，还是柜台式销售方式？喜欢环境是安静的，还是舒服的？喜欢的促销形式？三是了解顾客喜欢的服务状况，包括药店店员的性格类型，药品的服务项目，药店提供的服务内容等。了解顾客的购买情形和偏好，有助于做出销售决策。

（五）影响顾客的因素有哪些？

1. 社会文化状况

（1）社会因素

顾客的参照群体、家庭、社会风俗、人们的社会角色与地位等都会影响顾客行为，如口碑、家庭、朋友、邻居、同事在消费购买行为和消费观上的相互影响。儿童和青少年的OTC药品消费主要受父母的影响，因为父母有经验，在购药和消费方面父母起着决定性作用，父母是决策者，从父母身上可以学到一些常见病的诊断和治疗方法，这将影响子女在成人后的消费观念。家庭成员之间有意识无意识的消费观念和消费行为均相互影响，所以顾客购买行为与其所属的社会阶层有着密切的关系。一些顾客会因角色和地位因素，在选择非处方药时考虑品牌和药品档次。

（2）文化因素

文化是影响顾客行为、顾客需求和购买行为的最基本因素。每一种文化都能为其成员提供具体的认同感，不同的地理区域、不同民族、宗教、种族团体和社会阶层都有其独特的行为方式和行为特征，这些都影响着顾客。随着顾客文化水平的提高和保健意识的增强，人们对疾病预防和自身保健更加重视。一是高收入阶段的中老年人，对补充维生素、防病强身、改善生活质量的OTC药品和保健品的消费支出逐年增加。二是中青年女性更愿意购买具有减肥和养颜功能的产品。

（3）心理因素

用药决策受个人性别、年龄、职业、教育背景、经济状况、生活方式、性格等因素的影响。个人的药品消费心理因素尤其影响消费行为，药品顾客的心理因素产生的消费行为类型。① 追求同步心理顾客购买药品时喜欢攀比，追求时尚、新潮，看别人服用滋补药品，自己也想尝试，而不管自己是否需要。② 追求实惠心理。顾客追求最佳性价比，要求购买的药品经济、实惠、价廉物美，只要少花钱，治好病就行。③ 追求名牌心理。消费注重药品的品牌，是否是进口，是否名贵新药，而不管花多少钱，是否对症治疗等。

（4）药事法规

药品是否属于《基本医疗保险药品目录》范畴之内，影响到顾客对OTC药品的选购。调查显示，当顾客经常使用某种疗效不错的公费药变为自费药时，享受公费医疗的顾客中有约50%的人会从公费药品目录中寻找替代药，而不会自费购买药品，只有约13%的顾客会自费购买该药。目前的非处方药尚未受到公费报销的限制，公费报销品种目录中有不少是非处方药。

2. 药品认知状况

对于OTC药品来说，很多顾客在家中可能就想好了要购买药品的品牌，如购买感冒药，就会买银翘片、新康泰克、白加黑、感康等。这样的决定基于从前的用药经历、广告的影响、医生的建议、朋友的推荐等诸多因素。品牌的作用在OTC药品影响中非常大，因为医生的建议和朋友的推荐可能就来源于对某一品牌有较高的认知，对于药店也是如此。

对于药店品牌认知情况的研究包括：①药店品牌知名度；②药店品牌认知来源；③了解药店品牌特性的渠道；④对药店品牌的好感程度；⑤了解各种沟通手段对药店品牌认知的贡献。如电视广告、平面广告、网络广告、促销活动、药店POP、药品陈列等都可以向顾客传递品牌信息，但怎样的组合能到达最佳效果，这就需要通过市场调研来确定适当的药店品牌传递方式。

3. 药品购买习惯

消费习惯是指人们在消费过程中，长期、稳定的保持重复性的行为。购买习惯是消费心理行为中的极为重要的特征，也是人们日常行为的重要反映。购买习惯是人们在长期的生活中慢慢积累而形成的，反过来对人们的日常生活构成重大影响。购买习惯不同于兴趣爱好，顾客兴趣仅仅是消费心理的一种倾向反映，并不立即表现为真正的购买行为。而购买习惯是生活中经常发生的购买行为，需要购买药品才能满足顾客的习惯行为，顾客对于习惯的品牌或药品，购买决策简单，购买行为可重复，顾客长期存在这样的需要，这些因素都会给药店产生直接的效益。

对顾客购买习惯的研究，主要有以下几方面。

（1）对购买频率的探索：研究顾客购买某一品牌的药品是，单位时间内购买的频率，一般使用每周、每月、每年等时间单位表示。

（2）关于习惯程度的划分：调查顾客每次购买药品的种类和数量及消费的金额、数据汇总之后，要对购买习惯的强度进行分类。

（3）对于不同购买强度的顾客特征探索：将顾客按购买强度划分后再进行分类，探索不同购买强度的顾客习惯。

在购药习惯的研究中，必须关注顾客以下行为：① 过去是否购买过同类药品；② 购买过的同类药品的品牌名称；③ 购买的价格、数量；④ 购买的时间、地点；⑤ 购买某品牌药品，还是临时决定的；⑥ 购买或不购买某品牌药品的原因。

通过以上研究，了解顾客购药时购买行为产生的诸多指标，如品牌的渗透率包括初次购买率、重复购买率、可以了解今后是否有增长点，并了解在价格、陈列、包装、规格上是否存在问题，通过购买或不购买本品牌药品原因的调查，分析本品牌在营销推广过程中有哪些优点和不足，并为今后的研究提供意见和建议。

4. 药店服务状况

顾客对药店服务的满意程度，是顾客是否购买的一个主要因素。顾客的满意程度来源于顾客对药品、营业场所、人员及服务质量的综合感受。顾客对药店满意与不满意的方面，满意与不满意的程度，以及与其他药店存在的差别，对顾客的购买决策起至关重要的作用。对于顾客的满意态度进行调查，有助于了解顾客对药店提供的服务和所售药品的真正需求，切实分析药店“服务”的各个环节上存在的优势和缺陷，从而找出改进质量、提高顾客忠诚度，是扩大销售的有效途径。

（六）不同消费群体的购买特点有何不同？

1. 不同年龄的顾客购买行为有何特点？

（1）少年儿童的购买特点

年龄在0～17岁的未成年人称为少年儿童。

少年儿童在购药时，由于其年龄偏小，不能对自己的病情进行简单的判断，尤其对于年龄相对偏小的0～3岁顾客，只能通过哭来表达不舒服，因此需要借助父母的帮助就医；他们没有经济来源，不能独立购买，也要依靠父母，其购买特点具有很强的依赖性；少年儿童具有很强的好奇心，对药品外观设计具有很强的好奇心，在购买药品时，偏好包装新颖独特，口味甜香怡人的药品；此外，这阶段的少年儿童处于成长期，自身免疫系统不健全，抵抗力较差，易发生感染性疾病，因此对抗感染性药品的需求量较大。

（2）青年顾客的购买特点

年龄在18～45岁的人称为青年，处于少年向青年的过度时期。

此阶段顾客，他们进入社会，没有过多的经济负担，对药品价格不敏感；喜欢时尚、新潮的东西，对药品包装、外观要求较高，受广告影响因素较大；受外界因素影响较大，冲动消费特征明显。因此，连锁药店推销药品时，应选择新上市、大品牌、新剂型。

（3）中年顾客的购买特点

年龄在45～60岁的人称为中年。

此类顾客，较为理性，喜欢凭借自己的生活经验购买药品，价格敏感度高，对于价格经济、性价比高、质量优良的药品更为青睐，注重药品的内在实质效果，对营业员的防备心理较重；追求便利，喜欢携带方便、服用便利的药品；对于疾病的预防能力提高，注重保健。因此，药店店员在推销药品时，要诚恳、专业，切忌喋喋不休。

（4）老年人的购买特点

一般年龄在60岁以上的人称为老年人。

老年顾客，心脑血管类疾病的高发人群，用药需求量大；对于广告和购药环境的影响较差，对习惯性用药，忠诚度较高；喜欢贪小便宜，愿意比价购药；对于营业员的服务态度要求很高，喜欢被关爱。因此，药店营业员在接待老年人时，要注意服务态度，药店可以定期举办购药送礼品活动等，抓住老年人购药心理。

2. 不同性别的顾客购买行为的特点有哪些？

（1）女性顾客购买特点

女性顾客情绪波动较大，购药时易受情绪影响；受外界因素影响较大，购买心理不稳定，喜欢听取别人的建议，比较浮躁；喜欢精打细算，对药品价格敏感度较高，喜欢贪小便宜；喜欢仔细挑选药品，对于药品的使用方法、剂量等仔细阅读，心思细腻。

（2）男性顾客购买特点

购买决策迅速，独立性较强，购买目标明确，受外界因素影响不大；对价格不关

心，注重疗效、质量，不愿意货比三家；缺乏耐心，不喜欢精挑细选。

二、会员制管理

（一）什么是会员制？

1. 什么是会员制？

会员制是指药店通过向特定的消费群体发放会员卡，并由顾客缴纳会费或不缴纳会费以团体或个人的身份入会，会员在购物时可以享受价格折扣、服务等方面优惠的经营形式。

会员制是一种人与人或组织之间进行沟通的媒介，它由公司发起并在该组织的管理运作下，吸引顾客自愿加入，目的是定期与会员联系，为他们提供具有较高感知价值的利益。会员制的目标是通过与会员建立富有感情的关系，不断地激发并提高他们的忠诚度。

2. 会员制有何特征？

（1）自愿性

顾客是完全自愿的加入会员组织的，而非强迫所为。

（2）有限性

通常每个不同经营公司的会员制都有自己独特的服务内容，其提供会员优惠和服务的同时，对其又有一定的限制和要求，这也可以让公司能更直接的面对会员顾客。

（3）目的性

会员制组织与会员之间有一定的共同目的，如社交、宣传、促销等。

（4）契约性

会员同实施会员制的公司之间以及会员之间具有一定的平等契约关系，彼此平等，相互依托。

（5）结构性关系

会员之间与连锁药店之间往往存在着一种相互支持、相互渗透的关系，他们之间不仅有交易关系，更有伙伴关系、情感关系、心理关系作为坚实的基础，因而这种关系具有稳固性，很难被竞争对手打破。

（二）会员制服务的意义有哪些？

会员制是会员制服务最基本的功能，是常客优惠的营销方式，连锁药店合理、恰当的实行会员制，能避开因价格而带来的恶意竞争，有助于连锁药店更好的树立品牌，它是连锁药店提升竞争力、留住客源的重要方式。

（1）培养顾客忠诚度

药品是一种极为特殊的商品，其销售对象是相对稳固的，药店通过实行会员制服务，可以保证连锁药店的客流量，培养忠诚顾客，为连锁药店创造稳定的目标顾客群，

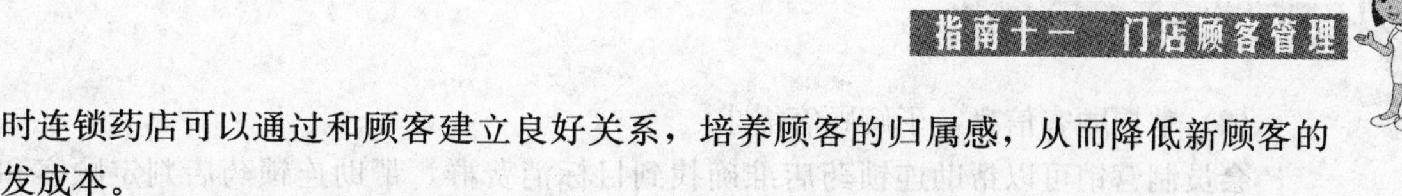

同时连锁药店可以通过和顾客建立良好关系，培养顾客的归属感，从而降低新顾客的开发成本。

（2）提供特色药学专业服务

连锁药店可以通过具有本连锁药店特色的药学服务，而吸引新顾客、巩固老顾客，不断提高连锁药店在顾客心目中的形象，提升药店的美誉度，来实现和其他竞争对手的差异化。如为连锁药店的每个会员都建立健康档案、定期上门服务，请医生为其检查身体、不定期为会员组织健康知识讲座等。

（3）强化药店的顾客服务意识和顾客需求分析

随着生活水平的不断提高，人们对健康的重视程度越来越高，越来越多的人开始注重养生等与健康有关的话题，人们健康观念的转变，致使顾客对药学服务的要求越来越高，用药安全成为顾客购药最为关心的问题。会员制通过对药品出售情况的记载，增强了连锁药店与顾客的沟通。

（4）增加与供应商的谈判能力

会员数量增多，将会加大与供应商谈判的筹码，而且顾客越多，药店的规模效应就越大，固定成本也就可以摊得越薄，从而使会员享有更优惠的价格折扣。

（5）提供药店与顾客的沟通渠道

会员制的建立，可以增加顾客和连锁药店的亲密程度，有利于药店和顾客的双向交流，可以促使顾客向药店提意见，及时了解顾客的需求，便于连锁药店改进自身的经营和服务。

（6）有利于药店提供满意服务

信任的基础分类可分为：基于个性特征的信任、基于制度的信任和基于信誉的信任三种。在大量的交易活动中，信任是靠信誉机制维持的。会员制的创立就基于信誉的信任，简单说是基于长期合作关系而建立起来的信任，是药店对顾客提供高质量服务的一种承诺。

（三）会员制的特点和方法有哪些？

1. 会员制有何要点？

会员制作为独特的营销模式，主要通过会员卡这种形式，通过有效的数据汇总、收集、分析等，针对不同的顾客提供不同的营销手段，达到提高营销效果、提高投入产出比、维护顾客忠诚度、提高品牌忠诚度的目的。作为连锁药店中的营销手段，主要包括以下几个方面：

（1）不断提高顾客的终身价值

会员制以便能够记录顾客最新反馈，培养顾客忠诚度，会员制的根本目标就在于建立稳定的消费资源，与顾客建立稳定的长久关系。连锁药店提供会员制服务，可以锁定目标顾客群，保证拥有一定数量的客源，为连锁总部带来稳定的销售收入，而且连锁药店通过与顾客之间建立良好关系，可以使顾客产生归属感，从而培养顾客的忠诚度，降低开发新顾客成本，提升药店竞争优势，树立药店品牌。

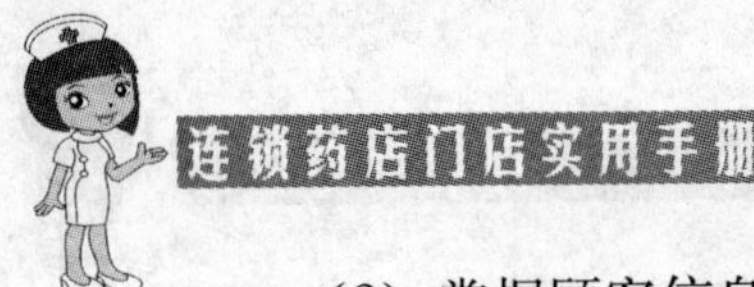

(2) 掌握顾客信息，了解顾客需求

会员制营销可以帮助连锁药店准确找到目标消费群，帮助连锁药店判定顾客和目标顾客的消费标准并准确定位。一般来说，连锁药店在顾客申请会员卡时要求其填写个人资料，这对连锁药店来说，可以收集到大量会员的基本情况和消费信息，药店可以明确自己的消费群体，掌握和了解药店顾客群的特点，有利于进行消费分析。同时，会员制提供了药店与顾客的沟通渠道，便于药店及时了解顾客的需求变化，为改进药店的经营和服务提供客观依据。

(3) 会员营销成本最小化，效果最大化

在最合适的时机以最合适的产品满足顾客需求，可以降低成本，提高效率。

(4) 双向个性化交流

买卖双方实现各自利益，任何顾客的投诉或满意度通过这种双向信息交流进入连锁药店顾客数据库，连锁药店根据信息反馈改进产品或继续发扬优势，实现最优化。

2. 什么是会员制的特点?

(1) 顾客数据的记录

通过有效的会员管理系统，详细记录顾客的信息，如年龄、性别、职业、收入、受教育程度等人口统计学范畴的数据。除此之外，还包括顾客每次消费药品的厂家、生产批号、批准文号、价格、数量等，这些是进行会员制营销的基础。

(2) 通过会员卡系统，实行拉式营销

根据顾客的记录进行分析，找出有代表性的顾客，邀请其参加连锁药店的商品引进的计划讨论，据此作出的决策将能在更大程度上符合顾客的需求，从被邀请的会员角度讲，会降低与连锁药店的距离感，拉近彼此的距离。

(3) 把顾客当成真正的服务对象

由于连锁药店的实际操作中，为了眼前利益的需要，使会员和非会员顾客所受到的优惠或服务基本无差别，削弱了顾客办理会员的积极性。连锁药店可以对消费点数进行积累，以便进行会员升级，使顾客倾向于选择固定的连锁药店，升级的会员应该能够得到奖励刺激。

(4) 发展战略联盟，合并会员卡功能，为顾客提供增值服务

连锁药店可以和其他行业的药店合作成为战略伙伴，合并会员卡系统，共享市场和顾客，拥有更多信息，同时给顾客带来方便，能同时接受多个药店的多方位、人性化服务。

3. 会员制的方法有哪些?

(1) 建立顾客沟通桥梁

会员制中建立顾客数据是很重要的，但其后的数据维护却更加重要，这是我们和顾客的沟通过程，此过程中要注意以下几点:

① 及时回复

顾客在办理完会员卡以后，连锁药店应马上进行电话或短信息等形式的沟通，这种沟通既可以核对确保信息的准确性又可以及时补充顾客当场不愿意回答的资料。

② 注意感情色彩

进行顾客回访时，访问员的语气非常重要，声音作为电话回访的唯一表现形式，其语气的舒服与否，直接影响与顾客的沟通。

③ 定期进行数据维护

顾客的基本资料由于其自身原因的影响，可能存在手机号码更换、搬家等问题，因此要定期维护顾客资料。

（2）利用积分诱惑顾客

在会员制中积分制无疑是必须使用的一个手段，积分的使用是不断地进行顾客忠诚度巩固的有效手段，提供给顾客的除了当时的优惠和折扣之外，还有积分所带来的增值服务和优惠，如特定时间消费或特定商品消费进行特定倍数的积分，通过不同的积分吸引顾客到本连锁药店门店购买药品。

（四）怎样开发新会员和维护老会员

1. 如何开发新会员

（1）鼓励员工积极办理会员卡，增加会员数量

让员工了解会员制的意义，不断培训员工，掌握正确办理会员卡的方法。倡导员工向每一位顾客介绍会员卡的办理办法，让更多的顾客通过会员卡了解药店，增强顾客对药店的信任度。运用激励方法，在店员之间展开办卡竞赛，提高办卡效率，也使他们增加了解顾客的机会。

（2）开发商圈内的团体会员

如果商圈内有机关、工厂、学校等，要主动拜访，通过办理会员卡来接洽，后续举办健康讲座、定期回访，建立友好合作单位等来争取顾客。

2. 如何维护会员关系

（1）现场服务

连锁药店的门店应定期进行维护，使连锁药店保持整齐、清洁，创造良好的购物气氛，加上员工细心、周到、温馨的服务和关怀，使顾客切身感受到药店的与众不同。

（2）记住顾客姓名

连锁药店门店的工作人员应尽可能地利用会员申请表所填的资料，对于经常光顾的门店的顾客应记住会员姓名，便于与顾客沟通，让顾客产生归属感。

（3）认真执行连锁药店的会员营销政策

门店内应贴示有关会员营销政策的海报，以吸引顾客注意，认真落实会员利益。

（4）提供个性化服务

建立会员档案，记录顾客的基本资料，内容包括姓名、性别、职业、年龄等，并根据需要为会员邮寄、赠送健康刊物，可以邀请会员参加健康讲座，会员联谊活动，与顾客保持良好的沟通。

（5）认真听取会员意见

对于顾客的抱怨或投诉，无论是因为服务不周还是承诺未兑现等，连锁药店应认

真倾听，及时发现问题加以改进，让顾客对药店有足够的信心，并根据情况适当补偿顾客。

3. 如何管理会员制

（1）会员管理

① 会员入会处理，包括输入会员的姓名、性别、职业等顾客的相关资料；上载会员资料并获取系统分配的会员卡号等内容。

② 会员资料更新，包括正确输入会员资料和上载更新后的会员资料两个方面。

（2）积分卡管理

① 录入积分，将积分卡资料录入系统；复查资料的正确性；计算会员的积分，查看积分记录是否有问题。

② 上载积分卡记录，每日上载新的积分卡记录；查询积分卡记录，确认是否正确上载。

③ 按期确认积分，每月月底之前确认已处理完本月所有的积分卡。

④ 信息发布和管理，核查所有会员的积分记录；如有需要，做积分的调整；确认积分记录的正确性；发布积分记录。

⑤ 查询服务，接受会员的查询，并告知其最新的积分情况。

（五）药店实施会员制应注意哪些问题?

（1）会员隐私的保护

连锁药店对于会员的信息要给予绝对安全的保护，应派专职人员进行会员档案信息的收集和管理，不得随意泄露会员个人信息，以免给会员带来不必要的麻烦。

（2）会员再分类

连锁药店可根据顾客的年龄层次、收入状况、顾客所患疾病的种类等将顾客进行分类，通过会员需求分析从而提供有针对性的服务，便于连锁药店掌握顾客的动态，对流失倾向的顾客要及时了解流失原因，对忠诚的顾客也要了解原因，以便针对这些情况，采取适当措施。

（3）会员活动的权威性与合法性

现在众多连锁药店打着讲座、义诊的名义，实则是为销售药品，这些名目众多的讲座、义诊活动造成了顾客对连锁药店的形象大打折扣，因此连锁药店应规范自己的会员活动，开展的活动应具有权威性、合法性，最好取得卫生部门的许可，提高连锁药店在顾客心中的形象，挽回连锁药店声誉。

（4）药学服务是形成药店核心竞争力的根本

药品不同于一般商品，具有其特殊性，错误的应用会危害消费者的身体健康、生命安全，因此连锁药店在销售药品时，应当向顾客提供必要的药学服务，促使消费者能正确的选择药品，让顾客能够安全有效经济地进行自我医疗，这对药店的服务提出了新的更高的要求，提供特色的药学服务才能形成药店独特的竞争力。既包括推荐合适的药品，介绍科学的用药方法，解释不良反应，也包括建立药历制度，健康护理服务，举办健康知识讲座，私人保健医生咨询等。

三、售后服务

（一）顾客退换货应遵循的原则有哪些？

药品作为一种特殊商品，其售后服务也具备一定的复杂性、特殊性。我国相关药品管理法规规定：药品作为特殊商品，除非发生质量问题，否则不予退货。

药品的二次销售存在着许多安全隐患，如对于存放要求非常严格的药品，顾客要求退货时，外表根本看不出有任何异常，但不排除存在药品内部变质、发霉的风险，如果变质、发霉的药品经退回后，再次销售给其他顾客，势必会对其他顾客的健康造成损害，其后果是难以估量的；另外，各大药店由于恶性竞争，可能存在药品被调包的风险。

药品是一种特殊商品，关乎到人们的身体健康和生命安全，一般情况下药店拒绝退换药品，但这又容易引起顾客对门店服务的不满。因此，当顾客要求退货时，门店遵循以下原则：

（1）顾客需出示本连锁药店的购物小票或发票，没有本药店购物小票或发票的一律不准退换货。

（2）对于所售出的药品存在质量问题的，在购药时间不超过七天的，予以退换货，超过七天的，不予退换货；非药品质量问题的，原则上不给退换货，但若有其他特殊情况，如商品经检查质量无异常、内外无破损、包装批号无问题，在确保不影响第二次销售的前提下，若纯属顾客选择误差，经权衡考虑可作换货处理，但互换商品必须遵循换出商品价格等于或略高于换回商品价格的换货原则。

（3）药店应严格遵照《中华人民共和国消费者权益保护法》等法律法规和《药品经营质量管理规范》规定解决退换货、服务质量问题。

（4）在出售需安装、调试的医疗器械商品时，应有满足顾客需求的服务措施，并定期收集消费者对商品使用情况的反馈意见。

（5）应设置专职部门或人员在授权范围内接待受理消费者投诉。接待消费者投诉时耐心热诚，做好记录，迅速调查核实并及时给予答复。

（6）应设置专用咨询电话提供专业化的电话用药咨询，为消费者解决药品售后使用中出现的问题。

（7）应为消费者提供售后药品使用跟踪服务，适时提示消费者在药品使用过程中应注意的相关事项。

（二）顾客退换货应遵循的程序有哪些？

（1）检查

顾客要求退货时，店长应检查是否符合退换货原则、是否为本店出售的药品。① 核对电脑小票或发票；② 核对品名、规格、生产批号、批准文号和生产厂家等；③ 检查药品内外包装是否完整、本店专用标价签是否存在、是否在有效期内及商品质量情况。

不符合商品退换货原则的，如非商品质量问题或人为损坏或是自购物日至今超过七日（含七日）等情况，不予退货。连锁药店门店应向顾客委婉做好解释，取得顾客的谅解。

（2）收银员工作程序

① 回收电脑小票或发票，已开发票的一定要回收，并在原发票上注明“作废”字样，小票或发票上还有其他商品的，如顾客需要，可将其他商品开发票给顾客。

② 填写《顾客退换货登记表》，并按以下操作：一是退货操作，用红笔、红复印纸开具销售小票，并请店长在小票上签名，小票一式三联（一联留底贴在《顾客退换货登记表》背面、一联交给收银员留底、一联交给顾客），将退货的凭证一起贴在《顾客退换货登记表》的背面。填写《顾客退换货登记表》相关项，退回货款，请顾客签字确认；二是换货操作，请顾客重新挑选商品，实行退货、销售操作。

③ 按退换货时间先后顺序，整理《顾客退换货登记表》。每班结束后在《收银交班本》上记录退换货情况以及退款货收付差额情况。

④ 完善《顾客退换货登记表》相关项目。

⑤ 区域经理每月定期核查《顾客退换货登记表》及退货商品，发现问题及时指正并处理。

退换货流程如 11－3 所示。

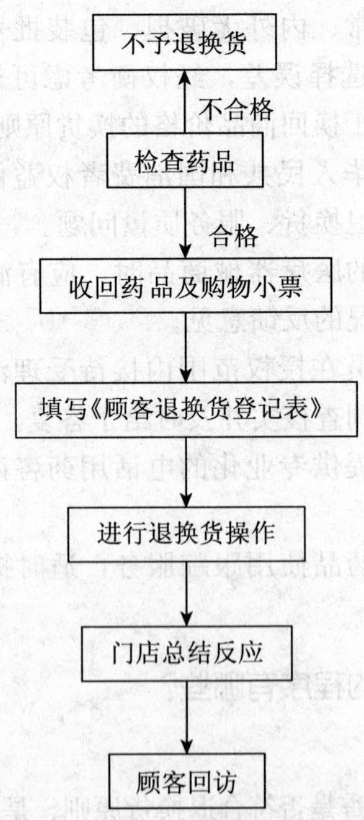

图 11－3　退换货流程图

（3）退回药品处理

①检查退回药品的同批号是否存在同样的质量问题，无法鉴别的请商品质量部门核查，将所有不合格商品放入不合格品柜。

②填写退货申请单，并注明原因，退回物流配送部。

③填写《门店商品质量问题报告表》。

（三）什么是中药代客加工？

1. 中药代客加工类型

（1）中药代煎

由于对普通顾客而言，汤剂的制备颇为不便，且操作方法掌握不好，难以保证药品质量，故为方便顾客，在某些连锁药店门店设有代客煎药的服务。汤剂是将中药饮片加水煎煮一定时间后，去渣取汁制成的液体剂型，主要供内服，少数可作洗浴、熏蒸、含漱用，它是我国使用最早、应用最广泛的一种剂型，目前仍是中医应用的中药剂型之一。

将煎煮得到的汤液进一步加热浓缩至一定稠度，即可得流浸膏。添加蜂蜜饴糖等制成煎膏。汤液浓缩的操作过程即成为煎膏。这种加工要求目前在门店中还比较少见。

（2）中药材切片

中药材切片是指将精选后的中药材进行软化处理后，切成一定规格的片、丝、块、段等形状的过程。其操作的目的是为了提高煎药的质量，或者利用进一步炮制、调配或储存。药材切制前需经过润泡等软化操作，使软硬适度，便于切制。但控制水的处理时间和吸水量至关重要。若浸泡时间过长，吸水量过多，则药材的成分大量流失，降低疗效，并给饮片干燥带来不利影响。若饮片厚度相差太大，在煎煮过程中会出现易溶、难容、先溶或后溶等问题，浸出物将会取气失味或取味失气，达不到气味相得的要求。

（3）中药材或饮片粉碎

粉碎是借机械力将大块固体物质破碎成适宜大小的碎块或细粉的过程。其操作目的在于：① 有利于药材中有效成分的浸出；② 增加药物的表面积，促进药物的溶解和吸收，提高药物的生物利用度；③ 便于混合、加工及服用；④ 有利于进一步制成各种剂型，如散剂、丸剂等。在药物粉碎的过程依药物的性质、医疗用途及制备的剂型决定。门店中常见的粉碎在粉碎度方面要求不高，主要是某些质地坚硬的中药或种子类中药配方时需要打碎。为方便浸出，一般的中药加工成饮片即可，不需要过度粉碎。但有些中药可能要求有较高的粉碎度，如珍珠要求制成极细粉。也有些顾客为服用方便要求将中药代加工成粉末状。因此在门店为顾客进行中药的粉碎加工，基本的原则是根据中药的用途适当控制粉碎程度。

2. 中药代客加工的注意事项

（1）收到需代煎的中药需注意的事项

① 要向顾客核对、询问来料中药的名称、数量、代煎剂数、顾客姓名、联系电话、

取药时间等信息，顾客签字并做好记录。

② 连锁药店门店按煎药程序操作，将煎好的中药按规定放置。

③ 顾客取药时，须出示凭证，发药人员收回凭证，根据记录仔细查对，交代有关事项。

（2）收到需切片的中药需注意的事项

① 要当面称量、核对药品重量，向顾客说明药材切片后可能会有一定的损耗。

② 得到顾客的认可后，按切片机的操作程序操作。

③ 切片完毕，包装好交给顾客。如顾客需事后取药，则应事前问清顾客姓名、联系电话、取药时间等，做好记录并由顾客签名确认。顾客取药时需凭凭证取药。

（3）收到需粉碎的中药材或饮片需注意的事项

① 要当面称量、核对药品重量，向顾客说明药材或饮片粉碎后可能会有一定的损耗。

② 对顾客需要粗粉的，可用冲筒冲打至所需程度；顾客需细分的则用打粉机打碎。以上得到顾客认可，按粉碎程序操作。

③ 粉碎完毕，包装好交给顾客。如顾客需事后取药，则应事前问清顾客姓名、联系电话、取药时间等，做好记录并由顾客签名确认。顾客取药时需凭凭证取药。

（4）其他要求

① 门店一般不进行外来中药材或饮片的干燥加工，烘箱仅用于切片、粉碎前的处理。

② 煎药、切片、粉碎均按门店的相关操作程序或规定进行操作。

③ 按规定填写有关记录。

参考文献

［1］王淑玲．药品零售管理与实务［M］．北京：人民军医出版社，2010.

［2］程华汉．店面销售情景训练［M］．北京：北京大学出版社，2006．

［3］陈晶．医药顾客行为学［M］．北京：清华大学出版社，2010.

［4］陈玉文．药店服务营销［M］．北京：中国医药科技出版社，2007.

［5］王献波．台阶背后的关爱［N］．中国医药报，2007－09－21（A7）.

［6］魏骅，黄传华．零售中药饮片存在的问题及其对策［J］．安徽医药，2006（11）：888－889.

［7］逄李翌，刘丹．药店卖药妆，重铸断裂之链［N］．21世纪药店，2013－09－23（A06）.

［8］欧慧敏．家用医械是药店"小菜"［N］．医药经济报，2011－09－12008.

［9］飞雪，海风藤，殷博武，等．保健品：网上药店销售宠儿［N］．医药经济报，2006－06－07（A10）.

［10］卫爱忠，宋永高．保健品短信营销模式［J］．经营与管理，2011（12）：22－23．

［11］艾叶，朱丽华，赵迎春，等．营养师：为保健品销售补充"营养"［N］．医药经济报，2006－08－09（A10）.

［12］迈克尔·R. 所罗门，卢泰宏，杨晓燕．顾客行为学［M］．北京：中国人民大学出版社，2008.

［13］侯力达．店员与顾客沟通的技巧［N］．中国医药报，2003－09－30.

［14］江新．药品陈列的类型与方式（二）［N］．中国医药报，2006－09－18（A06）.

［15］江新．药品陈列方式（三）［N］．中国医药报，2006－09－25（A06）．

［16］江新．药品陈列的类型与方式（四）［N］．中国医药报，2006－10－16（A06）.

［17］王义林．药品陈列四大原则［N］．医药经济报，2004－06－14（003）.

［18］胡慧平．药品陈列：打造"色彩"卖点［N］．医药经济报，2004－09－20.

［19］古月．药品陈列十大原则［N］．医药经济报，2004－09－29.

［20］傅晓慧．浅谈药品零售经营企业的药品陈列技巧［J］．中国医药指南，2012，12：748－749.

［21］彭睿，潘新华，郭莹．黄金分割在商品陈列管理中的应用浅析［J］．企业导

报，2012（9）：62－63.

［22］罗毅．商品陈列面面观［J］．中国药店，2008（3）：70－71.

［23］陈玉文．药店营业员必备：素质、知识、技能［M］．北京：中国医药科技出版社，2006．

［24］陈玉文．药店经营管理实务［M］．北京：中国医药科技出版社，2006.

［25］雷志钧，桂卉，颜红．门店药品陈列管理探讨［J］．中国药房，2008，19（31）：2479－2480.

［26］王惠忠．企业人力资源管理［M］．上海：上海财经大学出版社，2004.

［27］朱家永．医药人力资源管理学［M］．北京：中国医药科技出版社，2005.

［28］于桂兰，魏海燕．人力资源管理［M］．　北京：清华大学出版社，2004.

［29］中国就业培训技术指导中心．企业人力资源管理师［M］．北京：中国劳动社会保障出版社，2009.

［30］周三多．管理学（第三版）［M］．北京：高等教育出版社，2012.

［31］陈玉文．药店店长手册［M］．北京：人民卫生出版社，2010. 3.

［32］王淑玲．药店分级管理标准有待完善［N］．中国医药报，2014－1－20（007）.

［33］王淑玲．连锁药店审批标准有待于统一［N］．中国医药报，2014－6－12（007）.

［34］王淑玲，邵雪飞．连锁药店需配“督导”岗［N］．中国医药报，2014－5－5（007）.

［35］王淑玲．31城市药店布局密度样本解析［N］．医药经济报，2014－7－11（12）.

［36］王淑玲，王楠，张继伟．我国连锁药店品牌评估指标研究［J］．亚洲社会药学，2012（1）：30－35.

［37］王淑玲，孔令宇，肖向勤．电子政务背景下药店审批状况研究［J］．中国执业药师，2011（9）：32－35.

［38］王淑玲，孔令宇．药店顾客忠诚度与药店品牌分析［J］．中国执业药师，2011（3）：30－33.

［39］王淑玲，雷玉洁．连锁药店门店薪酬问题调查研究［J］．亚洲社会药学，2011（3）：32－37.

［40］王淑玲，孙亚男．连锁药店门店评估绩效分析［J］．中国执业药师，2010，7（8）36－40.

［41］王淑玲，孙亚男．药店防盗策略研究［J］．中国执业药师，2010，7（6）：29－32.

［42］王淑玲，郝一曼．药店客流量统计与经营策略［J］．中国执业药师，2010，7（4）：39－42.

［43］王淑玲，雷玉洁．零售药店店长培训现状及策略分析［J］．中国执业药师，

2010，7（3）：37－40.

［44］王淑玲，刘新书，雷玉洁. 药店可视化管理探讨［J］. 中国执业药师，2010，7（2）：36－38.

［45］王淑玲，徐露露，敖小进. 如何对药店店员进行360度绩效考核［J］. 中国执业药师，2010，7（1）：34－38.

［46］王淑玲，李士艳. 基本药物目录解析与药店经营调适［J］. 中国执业药师，2009，6（12）：43－45.

［47］王淑玲. 连锁药店采购管理研究［J］. 中国执业药师，2009，6（10）：42－44.

［48］王淑玲，刘皓. 连锁药店对供应商的管理方法与策略［J］. 中国执业药师，2009，6（10）：42 44.

［49］王淑玲，陈大华，闻浩. 药店与供应商合作方法分析［J］. 中国执业药师，2009，6（7）：45－46.

［50］王淑玲，杨舒杰. 针对药品零售环境制定药店零售战略［J］. 中国执业药师，2009，6（2）：38－42.

［51］王淑玲，杨舒杰. 连锁药店吸纳加盟的步骤与评估［J］. 中国执业药师，2009，6（5）：45－46.

［52］王淑玲，赵海鹏. 新医改连锁药店发展的思考［J］. 中国执业药师，2009，6（8）：41－43.

［53］王淑玲. 药品零售商与供应商冲突的成因及对策［J］. 中国执业药师，2009，6（6）：35－37.

［54］王淑玲，陈大华. 塑造药品零售企业形象［J］. 中国执业药师，2009，6（3）：31－34.

［55］王淑玲，李斌. 探析消费者用药行为提高药店销售成功率［J］. 中国执业药师，2009，6（1）：38－41.

［56］王淑玲，李斌. 如何设计药店零售交流计划［J］. 中国执业药师，2008，6（54）：35－38.

［57］王淑玲，刘淑平. 药店如何根据消费者购药行为创新服务模式［J］. 中国执业药师，2008，5（10）：44－46.

［58］王淑玲，郭彩薇，曲远芳. 药店绩效管理步骤及其内容［J］. 中国执业药师，2008，49（1）：38－40.

［59］王淑玲，郭彩薇. 药店员工培训方法对比分析［J］. 中国执业药师，2008，50（2）：37－40.

［60］王淑玲，曲远芳. 药店员工培训方法对比分析［J］. 中国执业药师，2008，51（3）：38－41.

［61］王淑玲，金丹凤. 探讨药品零售业态及其发展趋势［J］. 中南药学，2007，5（6）：574.

[62] 王淑玲，王楠．药店员工绩效考评的项目和内容［J］．中国执业药师，2008，52（4）：41－42.

[63] 王淑玲，曹龙．如何有效选择市场扩张［J］．中国执业药师，2008，53（5）：35－38.

[64] 王淑玲，孟令全．如何选择与顾客有效交流方式［J］．中国执业药师，2008，5（7）：40－43.

[65] 王淑玲，徐赞美．关于药店货架管理策略的探讨［J］．亚洲社会药学，2008，（3）：39－41.

[66] 王淑玲，徐露露，周鑫．药店招聘员工的途径与方法［J］．中国执业药师，2008，5（8）：39－41.

[67] 王淑玲，王爽．医保定点零售药店存在的问题及加强管理的措施［J］．中国药业，2008，（18）39－41.

[68] 王淑玲，徐赞美．有效管理顾客信息提高市场占有率［J］．中国执业药师，2008，5（11）：41－43.

[69] 王淑玲．视觉营销 药店竞争新策略［J］．西部药学，2007，4（1）：17－19.

[70] 王淑玲，金丹凤．药店顾客满意指标体系分析［J］．中国执业药师，2007，43（7）：34－36.

[71] 王淑玲，杨舒杰．利用药品配置表提高药店管理绩效［J］．中国执业药师，2007，44（8）：35－38.

[72] 王淑玲，陈大华．药店员工薪酬构成及改进策略［J］．中国执业药师，2007，45（9）：37－40.

[73] 王淑玲，王楠．如何用数字管理方法提高经营业绩［J］．中国执业药师，2007，46（10）35－37.

[74] 王淑玲，田丽娟，李楠．我国连锁药店的历史发展进程［J］．中国药业，2007，16（22）：20－21.

[75] 王淑玲，郭彩薇．如何有针对性地开发药店人力资源［J］．中国执业药师，2007，48（12）：38－40.

[76] 王淑玲，王丹．药店消费者的消费行为解析［J］．中国药业，2006（5）：39－41.

[77] 王淑玲，陈玉文．药店店员工作角色定位探析［J］．中国药房，2006（7）：558－560.

[78] 王淑玲，钟素艳．提升顾客满意度是药店应把握的经营理念［J］．中国药业，2006（13）：22－22.

[79] 王淑玲，孟令全．药店店员培训模式对比分析［M］．中国管理科学与工程，2006：211－214.

[80] 王淑玲．增品类降成本重服务药店发展需要三大步［N］．中国医药报，2009－7－6（07）.

[81] 王淑玲．线上线下齐把关 [N]．医药经济报，2011-8-15.

[82] 王淑玲．360 度绩效考核让能力升级 [N]．中国医药报，2009-5-11 (06).

[83] 王淑玲．成功销售从了解用药心理开始 [N]．中国医药报，2009-2-16 (4).

[84] 王淑玲．药店的文化营销 [N]．中国医药报，2008-2-18 (4).

[85] 王淑玲．OTC 零售市场开发策略 [N]．中国医药报，2008-2-18 (4).

[86] 王淑玲．情感营销：老年药品市场的创新模式 [N]．中国医药报，2008-3-24 (4).

[87] 王淑玲．挖掘保健品市场的最大潜力 [N]．中国医药报，2008-10-20 (4).

[88] 王淑玲．药品零售—向货架管理要效益 [N]．中国医药报，2007-2-5-B7 药店周刊.

[89] 王淑玲．视觉也是营销资源 [N]．中国医药报，2007-3-1-B4.

[90] 王淑玲．把握药品特点 破解销售难题 [N]．中国医药报，2007-12-17.

[91] 王淑玲．巧用事件 促进销售 [N]．中国医药报，2007-12-20.

[92] 候胜田，王淑玲．医药营销调研 [M]．北京：中国医药科技出版社，2008.

[93] 陈玉文，王淑玲．药店店员手册 [M]．北京：中国卫生出版社，2010.

[94] 候胜田，王淑玲．医疗服务营销 [M]．北京：经济管理出版社，2009 年.

[95] 王淑玲，李士艳．新农合背景下农村药店的现状及发展策略 [J]．中国执业药师，2010，5 (7)：29-32.

[96] 王淑玲，郭海鸥．药店招牌与视觉营销 [J]．中国科学学报，2005 (4)：57-58.

[97] 王淑玲，王恕．OTC 药品包装营销策略 [J]．中外包装与印刷，2005 (9)：56-58.

[98] 王淑玲，尹航．也谈药店招牌 [J]．中国药业，2005 (3)：22.

[99] 王淑玲，王丹．药店 POP 广告策略分析 [J]．医药企业，2005 (8)：22-25.

[100] 王淑玲，张伟．提升药品零售连锁企业的美誉度 [J]．中国药业，2004 (3)：11-12.

[101] 李飞立，王淑玲．我国药妆店发展特征及其对策 [J]．中国执业药师，2011 (11) 38-41.

[102] 张继伟，王淑玲．我国中药店的现状及其发展趋势探讨 [J]．中国执业药师，2012，(2)：44-47.

[103] 张继伟，王淑玲．基于层次分析法的连锁药店品牌竞争力评价研究 [J]．亚洲社会药学，2014 (3) 33-37.

[104] 王淑玲，孔令宇．药店经营过程中的不当营销分析 [J]．中国执业药师，2010 (9)：38-41.

[105] 刘蕊，王淑玲，等．“门诊药房精准配药系统”的简介与应用［J］．药学实践杂志，2013，2（2）：148－150．

[106]《执业药师资格制度暂行规定》（人发〔1999〕34号），国家人事部、国家药品监督管理局．

[107]《执业药师注册管理暂行办法》（国药管人〔2000〕156号），国家药品监督管理局．

[108]《执业药师继续教育管理暂行办法》（国食药监人〔2003〕298号），国家食品药品监督管理局．

[109]《关于执业药师注册管理暂行办法的补充意见》（国食药监人〔2008〕1号），国家食品药品监督管理局．

[110] 关于取得内地《执业药师资格证书》的香港、澳门永久性居民执业注册事项的通知（国食药监人〔2009〕439号）．

[111] 王淑玲，陈玉文，袁红梅．我国零售药店合理用药情况调查分析［J］．中国执业药师，2013，10（9）53－56．

[112] 王淑玲．药事管理与法规考试技能与方法（二）［N］．21世纪药店，2013－4－8．

[113] 王淑玲．药事管理与法规考试技能与方法（二）［N］．21世纪药店，2013－4－22．

[114] 王淑玲．药事管理与法规考试技能与方法（三）［N］．21世纪药店，2013－5－6．

[115] 王淑玲．连锁药店管理师培训刻不容缓［N］．健康报，2012－2－22．

[116] 李琳琳．投诉的顾客——药店的朋友［N］．中国医药报，2007－7－9．

[117] 郑友信，徐惠莉．药店如何提高顾客忠诚度［J］．黑龙江医药，2005－18－3（207）．

[118] 蔡荣光．如何让赠品在促销活动中演绎“士兵突击”［J/OL］．中国营销传播网．2008－02－21．

[119] 24小时自助售药机园区街头试运行 年内将在全市推广［EB/OL］．苏州新闻网．2014－2－25．

[120] 徐国．处方药的药店生存［J］．中国药店，2007（7）：28－30．

[121] 李从选．联合荐药提高客单价［J/OL］．21世纪药店．2007－06－29．

[122] 网上开店不得不知的六种最有效网店促销方法［J/OL］．世界品牌实验室．2009－06－18．

[123] 王淑玲．零售药店借支付改革猎食［N］．医药经济报，2014－9－1（A12）．

[124] 王淑玲．医保定点药店标准更新燃眉［N］．医药经济报，2014－8－4．

[125] 王淑玲．分级管理“标配”零售业［N］．医药经济报，2014－11－4．